KB195704

All New

토익
VOCA
최종점검

★★★★★
출제적중율
100%

CHRIS SUH

MENT🧭RS

All New **토익 VOCA 최종점검**

2025년 01월 02일 인쇄
2025년 01월 10일 개정판 포함 5쇄 발행

지 은 이 Chris Suh
발 행 인 Chris Suh
발 행 처 **MENT〇RS**

경기도 성남시 분당구 황새울로 335번길 10 598
TEL 031-604-0025 FAX 031-696-5221
mentors.co.kr
blog.naver.com/mentorsbook
* Play 스토어 및 App 스토어에서 '멘토스북' 검색해 어플다운받기!

등록일자 2005년 7월 27일
등록번호 제 2009-000027호
I S B N 979-11-94467-15-1
가   격 18,600원(MP3 무료다운로드)

Preface

신 TOEIC은 단어싸움!

신TOEIC은 Listening Test에 영국발음, 호주발음 등 비미국적인 발음을 채택했던 기존 New TOEIC에 난이도를 더 높이기 위해 대화문장을 장문으로 바꾸거나 독해문제의 난이도를 대폭 강화하였다. 그러나 TOEIC 문제가 어떻게 변하더라도 그 공략의 기본에는 어휘력 테스트에 있다. 다시 말해서 활용 어휘를 폭 넓게 사용함으로써 직접적인 어휘의 난이도를 높였을 뿐만 아니라 미국 발음에 익숙한 우리에게 갑자기 영국 및 호주식 발음을 듣게 하는 것 또한 우리에게 TOEIC 어휘의 필요성을 강조하고 있는 것이다. 결국 TOEIC에서 어휘학습의 필요성은 그 어느 때보다 중요해졌다.

신 TOEIC이 좋아하는 단어들은 따로 있다!

물론 TOEIC에서 사용되는 어휘의 범위가 다양화되고 있는 것이 사실이지만 그래도 TOEIC은 주로 기업, 경영 및 생산 그리고 은행, 회계 등의 등의 비즈니스 용어와 여행, 건강, 날씨 등 일상의 세계를 주테마로 하기 때문에 제대로 공략만 한다면 TOEIC 어휘의 정복은 어렵지 않을 것이다. 본서 〈신TOEIC VOCA 최종점검〉은 TOEIC이 좋아할 수 밖에 없는 그래서 곧잘 출제되는 TOEIC 필수표현을 집중적으로 총정리한 신 TOEIC 공략 필독 어휘서이다. 앞서 언급했다시피 TOEIC에서 어휘의 중요성이 높아가고 있는 시점이다. 이제 한번 정도는 진지하게 혹은 미친듯이 TOEIC에서 자주 나오는 필수표현을 통째로 외워보도록 하자.

TOEIC 필수표현 4천 여개는 TOEIC 필수단어를 중심으로 Chapter 1에서부터 Chapter 20까지 정리되어 있다. 각 단어별로 8~ 20개로 정리된 빈출표현들을 반드시 암기하고 또한 관련 예문을 MP3 파일로 녹음된 Native의 발음을 들으면서 실제 어떻게 쓰였는지를 파악한다. 단순히 텍스트로만 읽는 것이 아니라 필수표현들을 그리고 그 예문들을 원음과 함께 따라 읽으면서 익힘으로써 암기속도가 빨라질 뿐 아니라 기억 또한 오래오래 갈 수 있을 것이다.

신 TOEIC에서는 어휘를 몰라 답을 놓치는 경우가 많다!

TOEIC은 문제의 핵심보다는 어휘력의 부족으로 답을 놓치는 경우가 절대 많은 시험이다. 평소에 익히지 않았던 비즈니스와 실제적인 일상표현들 때문에 들어도 무슨 말인지 모르고 읽어도 무슨 뜻인지 모르는 경우가 태반이다. 이제 제대로 TOEIC 시험을 보기 위해서는 제대로 된 TOEIC 어휘책으로 꼭 학습을 해볼 필요가 있다. 무엇이든지 결정되면 그래서 학습을 시작한다면 여러 번 암기하면서 자기 것으로 소화해야 한다. 그런 다음 다른 책을 사서 부족한 점을 보완하면 되는 것이다. 기본 베이스도 없이 이책저책 쇼핑만 하면서 TOEIC어휘실력이 늘어나기를 바라는 부질없는 방향에 본서가 종지부를 찍기를 감히 바라며 아무쪼록 여러분의 비즈니스 어휘력이 향상되고 그래서 TOEIC 점수가 올라가게 되면 여러분의 커리어가 절로 일취월장될 수 있다는 것을 확신한다.

신 TOEIC VOCA 최종점검의 특징

1. TOEIC 필수표현

TOEIC시험이 좋아하는 알짜필수어휘를 중심으로 약 4,000개의 필수표현 및 예문을 수록하였다.

2. TOEIC 막판 최종점검

200 여개의 접두/접미어를 중심으로 파생된 단어들을 일괄 정리하였을 뿐만 아니라 TOEIC시험에 꼭 나오는 단어를 일목요연하게 정리하여 TOEIC 시험 막판에 최종점검할 수 있도록 정리하였다.

3. TOEIC 심화학습

본문에 수록된 4,000 개의 필수표현 및 예문을 모두 Native가 녹음하여 MP3 파일로 들으면서 단어도 외우고 리스닝 훈련도 심화할 수 있다.

신 TOEIC VOCA 최종점검의 구성

1. Chapter 1~20

TOEIC 시험에 단골로 출제되는 표현 4.000 여개를 집중적으로 수록하여 어휘력이 문제풀이의 관건이 되는 New TOEIC 시험 준비에 만전을 기했다.

2. TOEIC 어휘력 증강비법

난이도가 높아지는 New TOEIC 시험에 대응하기 위해 접두/접미어와 이를 중심으로 파생된 단어들을 정리하였다. 혹 모르는 단어가 나와도 익힌 접두/접미어를 바탕으로 그 의미를 유추할 수 있는 능력을 기를 수 있을 것이다.

3. TOEIC 시험직전 남몰래 살짝 보는 기출어구 총정리

TOEIC 시험 직전에 볼 수 있도록 시험에 꼭 나오는 단어, 동사구, 숙어 등 엑기스를 집약하였다. 자신의 TOEIC 어휘실력을 총정리할 뿐만 아니라 시험 직전 짧은 시간에 시험에 나오는 표현들을 머리 속에 저장할 수 있는 귀중한 자료가 될 것이다.

이렇게 **공부하라!**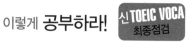

1. 먼저 TOEIC 필수단어와 우리말 설명을 읽고 단어의 전반적인 의미와 성격을 파악한다.

2. TOEIC이 좋아하는 필수표현을 모아놓은 "TOEIC 점수를 쑥쑥 올려주는 표현들"을 Native의 녹음을 들으면서 함께 따라 읽는다. 아예 암기한다.

3. 다음에는 역시 Native가 들려주는 예문들을 귀로만 들으면서 바로 전 암기한 TOEIC 필수표현들이 어떻게 쓰였는가를 확인하며 문장의 의미를 헤아려 본다.

4. 다시 한번 예문을 눈으로 보고 귀로 들으면서 자신이 생각한 문장의 의미와 책에 수록된 우리말 번역을 대조해가면 예문 학습을 마무리한다.

5. 페이지 하단에 있는 TOEIC 어휘력 증강비법을 통해 접두/접미어로 파생된 단어를 살펴보면서 접두/접미어의 형태와 의미를 머리 속에 각인해둔다.

TOEIC 필수단어 및 우리말 설명

TOEIC 필수표현으로 각각의 TOEIC 필수어가 어떤 표현을 양산해내는지 파악한다.

TOEIC 필수표현이 실제로는 어떻게 쓰이는지 알 수 있도록 수록한 예문들.

TOEIC 어휘력을 증강하기 위해 TOEIC에 자주 나오는 접두/접미어를 중심으로 그 의미와 파생된 단어들을 정리하였다.

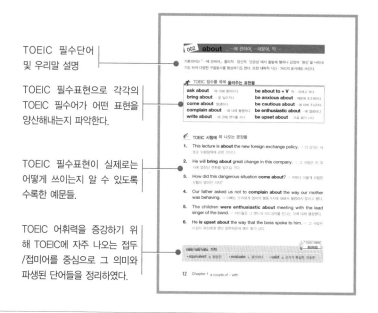

신 TOEIC VOCA
최종점검

Chapter

01

| Keywords | **a couple of ~ with**

a couple of _ 두 개[사람]의, 몇몇의

수량을 표시하는 보조수사. 가산명사는 many나 (a) few, 불가산명사는 much, (a) little이란 단순공식에서 벗어나 명사의 수량 · 종류 · 단위를 표시해주는 다양하고 화려한 표현들을 정리해 둔다.

🏃 TOEIC 점수를 쑥쑥 올려주는 표현들

1. 수 · 양

a great[good] deal of 많은, 상당한
a group of 일단의
a large[great] amount of 많은
a majority of 다수의
a number of 다수의, 많은
a volume of 많은

billions of 무수한
dozens of 수십가지의, 많은
hundreds of 수백의, 많은
plenty of 많은, 충분한
quite a few 꽤 많이

🏃 TOEIC 시험에 꼭 나오는 문장들

1. There was **a great deal of** commotion in the lobby of my apartment. ⇨ 내 아파트 로비에서 큰 소동이 있다.

2. The specialty stores do **a** great **volume of** business during the holidays. ⇨ 그 특산품 매장은 크리스마스 쇼핑 씨즌에는 거래량이 매우 많다.

3. **The majority of** the people who attended the presentation were disappointed. ⇨ 설명회에 참석한 사람들은 대부분 실망했다.

4. There were literally **hundreds of** cockroaches in the first apartment that I lived in. ⇨ 내가 처음 살았던 아파트에는 글자 그대로 바퀴벌레 수백마리가 들끓었다.

5. The guests brought **plenty of** food to the house-warming party. ⇨ 손님들은 집들이에 음식을 많이 가지고 왔다.

6. There were **quite a few** people at the amusement park despite the nasty weather. ⇨ 날씨가 좋지 않았지만 유원지에는 사람들이 꽤 많이 있었다.

2. 종류

a variety of 가지각색의, 여러가지의   **a kind of** 일종의 *cf.* kind of 얼마쯤, 좀
a wide range of 다양한   **a sort of** 일종의 *cf.* sort of 다소

3. 단위

a period of 기간   **a series of** 일련의
a piece of 한 조각   **a string of** 일렬의, 일련의
a portion of 한 조각, 일부   **the stack of** 더미, 많음

---

7. She had **a variety of** different perfumes and pieces of jewelry from around the world.

⇨ 그 여자는 세계 곳곳에서 여러 종류의 다양한 향수와 보석을 모았다.

8. We have a wide range of appliances for our clients to choose from. ⇨ 우리는 고객 여러분들이 고를 수 있는 다양한 종류의 가전제품들을 갖추고 있습니다.

9. He heard **a series of** loud banging noises and a lot of screaming. ⇨ 그 남자는 연달아 쾅하는 큰소리와 엄청난 비명소리를 들었다.

10. We had **a string of** clients come to examine our exhibit and ask questions. ⇨ 고객들이 잇달아 들어와 우리의 전시품을 둘러보고 질문을 했다.

TOEIC 어휘력
증강비법

corpor/corp 육체, 몸

- **corporal** a. 신체의, 개인적인
- **corporation** n. 회사, 법인
- **incorporated** a. 주식회사의
- **corps** n. 군대, 집단
- **corporate** a. 법인의
- **incorporate** v. 법인화하다, 합동시키다
- **incorporation** n. 법인설립, 합체, 합동
- **corpse** n. 사체

11

about _ …에 관하여, …때문에, 약 …

기본의미는 「…에 관하여」. 물리적 · 정신적 '연관성' 에서 출발해 행위나 감정의 '원인' 을 나타내기도 하며 다양한 구절동사를 형성하기도 한다. 또한 대략적 시간 · 거리의 표시에도 쓰인다.

🏃 TOEIC 점수를 쑥쑥 올려주는 표현들

ask about …에 대해 물어보다
bring about …을 일으키다
come about 발생하다
complain about …에 대해 불평하다
write about …에 관해 편지를 쓰다

be about to + V 막 …하려고 하다
be anxious about …때문에 초조해하다
be cautious about …에 대해 조심하다
be enthusiastic about …에 열광하다
be upset about …으로 화가 나다

🏃 TOEIC 시험에 꼭 나오는 문장들

1. This lecture is **about** the new foreign exchange policy. ⇨ 이 강의는 새로운 외환정책에 관한 것이다.

2. He will **bring about** great change in this company. ⇨ 그 사람은 이 회사에 엄청난 변화를 일으킬 거다.

3. How did this dangerous situation **come about**? ⇨ 어쩌다 이렇게 위험한 상황이 벌어진 거지?

4. Our father asked us not to **complain about** the way our mother was behaving. ⇨ 아빠는 우리에게 엄마의 행동거지에 대해서 불평하지 말라고 했다.

5. The children **were enthusiastic about** meeting with the lead singer of the band. ⇨ 아이들은 그 밴드의 리드싱어를 만나는 것에 대해 열광했다.

6. He **is upset about** the way that the boss spoke to him. ⇨ 그 사람은 사장이 자신에게 했던 말투때문에 매우 화가 났다.

TOEIC 어휘력 증강비법

vale/vali/valu 가치

• **equivalent** a. 동등한   • **evaluate** v. 평가하다   • **valid** a. 근거가 확실한, 유효한

003 across _ …를 가로질러, …의 전역에서

전치사와 부사 양쪽으로 두루 쓰이는 연결어. '한쪽에서 다른 쪽으로 이동'을 일컫는 점에서 over와 유사하나, 특히 평평한 장소나 표면(flat area or surface)을 '가로지르는' 경우에 쓰인다.

TOEIC 점수를 쑥쑥 올려주는 표현들

come across …을 우연히 만나다
run across …을 우연히 만나다
across the world 전 세계에
across the country 전국적으로
across the street 길 건너의

across-the-board 전반적으로
across-the-board agreement
일괄 합의
across-the-board pay increase
일괄적인 임금인상

TOEIC 시험에 꼭 나오는 문장들

1. I prepared a speech so that I wouldn't **come across** as being stupid. ⇨ 나는 어리석게 보이지 않으려고 연설을 준비했다.

2. If you attend many business conferences, you will begin to **run across** the same people. ⇨ 사업상의 회의에 많이 참석하다 보면 전에 보았던 사람들이랑 마주치게 될 거야.

3. The old-fashioned delicatessen **across the street** has become a popular place for lunch. ⇨ 길 건너의 고풍스러운 델리 식당은 인기있는 점심 식사 장소가 되었다.

4. They'll never forget riding their bicycles **across the country**.
⇨ 그 사람들은 자전거로 전국을 일주했던 기억을 결코 잊지 못할 것이다.

5. Stocks fell **across-the-board** on Thursday as investors rushed to sell before the election results were announced. ⇨ 선거 결과가 나오기 전에 투자자들이 주식을 팔러 몰려 오는 바람에 목요일날 주가가 전반적으로 하락했다.

TOEIC 어휘력 증강비법

spher/sphere 구

• atmosphere n. 대기　　• hemisphere n. 반구　　• sphere n. 구, 영역

after _ …때문에, …을 쫓아, …에도 불구하고

접속사로 익숙하지만 명사를 목적어로 받아 전치사로도 애용된다. 「…이후에」가 기본의미이며 나아가 「원인」(because of), 「양보」(in spite of), 「추구」(in search of) 등 다양한 용례로 사용된다.

✗ TOEIC 점수를 쑥쑥 올려주는 표현들

ask after …의 안부를 묻다	**take after** …를 닮다, 본받다
be after …을 따르다, …의 뒤를 쫓다	**after all** 결국, 어쨌든
look after …를 돌보다	**afterwards** 나중에
name after …의 이름을 따서 붙이다	**time after time** 수없이, 몇번이고
run after …을 뒤쫓다	**be the most sought-after** 가장 인기가 있는
seek after …을 추구하다	

🏃 TOEIC 시험에 꼭 나오는 문장들

1. The police **are after** the murderer. ⇨ 경찰이 살인범을 쫓고 있다.

2. A:The car is in bad condition considering it's only two years old.
   ⇨ 2년밖에 안됐다는 걸 감안하면 그 차는 상태가 너무 안좋아.

   B:It used to be a company car and no one **looked after** it. ⇨ 회사차였는데 아무도 관리를 안했어.

3. The cat **ran after** the mouse. ⇨ 고양이가 쥐를 쫓아갔다.

4. I am very shy of cameras, but the picture came out well **after all**. ⇨ 나는 원래 사진 찍는 것을 아주 싫어하지만, 어쨌거나 그 사진은 잘 나왔다.

5. Gallagher **is the most sought-after** producer of quality packaging in the world. ⇨ 갤러거는 세계적으로 우수한 포장재 제조업체로 가장 인기가 높다.

TOEIC 어휘력 증강비법

ped/pod 다리

- **expedition** n. 탐험, 원정, 파견
- **pedestal** n. (조각)주춧대
- **pedestrian** n. 보행자
- **pioneer** n. 개척자 v. 개척하다
- **podium** n. 연단

around _ 주위에, 여기저기, 경험이 있는, 약…

「…주변에」라는 '위치'를 비롯해 walk, go 같은 동사와 결합하여 「여기저기에」란 '운동'의 의미도 지닌다. 아울러 '경험,' '존재,' '시간,' '정도'의 의미로 부사와 전치사 양쪽에서 맹활약한다.

TOEIC 점수를 쑥쑥 올려주는 표현들

have been around 경험이 풍부하다   **around the corner** 모퉁이를 돌아서

show around 안내하며 돌아다니다   **all around** 도처에

turn around 돌아서다   **the other way around** 반대로, 거꾸로

go around 우회하다   **work around the clock**

around here 이 근처에   하루종일 일하다

TOEIC 시험에 꼭 나오는 문장들

1. Well, I hope there will be some time for me to **show** you **around** the city. ⇨ 글쎄, 앞으로 너한테 시내 구경시켜줄 시간이 날거야.

2. I **turned around** because I had a strange feeling that someone was following me. ⇨ 나는 누군가가 나를 따라오고 있다는 이상한 느낌이 들어서 뒤돌아 보았다.

3. The record shop is just **around the corner** on your left hand side. ⇨ 레코드 가게는 왼편 모퉁이 돌면 바로 있다.

4. The tour guide advised us to take **the other way around** the mountain. ⇨ 관광 안내원은 우리에게 산을 반대편으로 돌라고 말해주었다.

5. The nurses and doctors **worked around the clock** to save the little girl. ⇨ 간호사와 의사는 그 여자아이를 살리기 위해 하루 온종일 일했다.

TOEIC 어휘력
증강비법

lingu/lingui/linguo 혀

• bilingual n. a. 2개 언어(의), 2개 언어를 쓰는 사람 • linguist n. 언어학자

• linguistic a. 언어의, 언어학의   • linguistics n. 언어학

15

as _ …로서, …만큼, …이지만

부사, 접속사, 관계대명사, 전치사 등 품사의 경계를 넘나들며 다용도로 쓰이는 기능어. 의미도 「…로서」라는 '자격,' 「…만큼」이란 '비교'를 비롯해 '이유,' '양보' (though) 등 무궁무진하다.

TOEIC 점수를 쑥쑥 올려주는 표현들

might as well …하는 것이 낫다	**as soon as** …하자 마자
as a matter of fact 사실	**as usual** 여느 때처럼
as far as I'm concerned 나에 관한한	**as well as** …뿐만 아니라
as if 마치 …처럼	**as yet** 아직까지
as it were 말하자면	**inasmuch as** …이므로
as long as …하는 한은	**so as to** …하기 위해
as of + 날짜 …일 현재로	**such as** …와 같은, 이를테면

TOEIC 시험에 꼭 나오는 문장들

1. I told her that **as far as I'm concerned,** she could leave and I wouldn't care. ⇨ 나는 그 여자에게 나로서는 그녀가 떠나도 좋고 괜념치 않겠다고 말했다.

2. The new law will ban smoking in public offices **as of** 2002. 1. 1. ⇨ 새로운 법에 따라 2002년 1월 1일부로 관공서에서 흡연은 금지된다.

3. The contract was faxed to the client; however, there has been no response **as yet**. ⇨ 그 계약서를 팩스로 고객에게 보냈지만 아직까지 아무런 반응이 없다.

4. We went to the sauna after we worked out **so as to** relax and cool down. ⇨ 우리는 운동을 한 후에 푹 쉬면서 몸을 풀려고 사우나에 갔다.

5. I was told, **as a matter of fact,** that the company will be moving in a year or two. ⇨ 사실 그 회사는 일이년 후에 옮길 거라고 하던데.

at _ ···(때)에, ···를 향해, ···(비율)로

'장소'의 대표 전치사. 여기서 나아가 '시점'을 비롯해서 '행위의 방향'이나 '주어의 기량', 게다가 '비율·정도'의 의미까지도 나타낸다는 것을 이번 기회에 확실히 익혀둘 것.

🏃 TOEIC 점수를 쑥쑥 올려주는 표현들

aim at ···을 겨냥하다	**at a loss** 어쩔 줄 몰라서, 난처하여
at stake 위태로운 상황에 있다	**at any moment** 당장에라도
at all 전혀	**at any rate** 어쨌든
at all costs 어떤 대가를 치르고서라도	**at a standstill** 정지 상태에 있는
at a distance 어느 정도 거리를 두고	**at a time** 한번에

🏋 TOEIC 시험에 꼭 나오는 문장들

1. We realized that if we didn't call the police, our lives would be **at stake**. ⇨ 우리는 경찰을 부르지 않으면 목숨이 위태롭다는 것을 알았다.

2. **At any rate,** we expect that sales will pick up more than 5.5% this fiscal year. ⇨ 어쨌든 올 회계년도에 판매증가는 5.5%가 넘을 것으로 예상한다.

3. The lady estimated that the repair bill would amount to $30,000 **at most**. ⇨ 그 여자는 수리비가 많아야 3만달러에 달할 것으로 추산했다.

4. Most of the revenues from the previous month's sale period seemed to come in **all at once** during the last week. ⇨ 지난 달 판매기간중 수입은 대부분 지난주에 갑자기 생겨난 것 같았다.

5. According to the contract, the packages will be delivered to you **at your request**. ⇨ 계약서에 의하면 소포는 요청한 대로 귀하에게 배달될 것입니다

🌶 TOEIC 어휘력 증강비법

capit/capt 머리, 우두머리, 요점

- **capital** n. 수도, 자본, 대문자 a. 수위의, 중대한
- **capitalist** n. 자본가
- **capitalism** n. 자본주의
- **per capita** 일인당

at best 기껏해야, 고작	**at one's convenience** 편리한 때에
at first 처음에는	**at one's request** …의 요구에 의하여
at last 마침내	**at present** 목하, 현재
at least 적어도	**at the cost of** …을 희생하여
at most 기껏해야	**at the discretion of** …의 임의로
at no cost 희생없이, 공짜로	**at the expense of** …의 비용으로
at once 즉시	**at the risk of** …의 위험을 무릅쓰고
cf. all at once 갑자기	**at the same time** 동시에
at one time 한때는, 동시에	**while you're at it** 그것을 하는 김에

6. **At present,** the company employs 140 laborers, 15 managers, and a president. ⇨ 현재 회사에 근로자 140명, 관리자 15명, 사장이 1명 있다.

7. **At the cost of** losing a friend, I decided to tell the police exactly what I saw. ⇨ 친구를 한명 잃는 대가를 치르면서 나는 경찰에게 내가 본 것 그대로를 말하기로 결정했다.

8. Sales are expected to surge next year; **at the same time,** prices are expected to decline. ⇨ 판매는 내년에 치솟을 것으로 예상된다. 동시에 가격은 하락할 것이다.

TOEIC 어휘력
증강비법

man/manu 손, 손의

- **maintenance** n. 지속, 유지
- **maneuver** n. 기동작전, 계략
- **manipulation** n. 조작
- **manufacture** n. 제조(업) v. 제조하다
- **management** n. 경영, 관리
- **manifest** a. 명백한 v.명백히하다 n. 적하목록
- **manual** a. 손으로 하는 n. 매뉴얼
- **manuscript** n. 사본, 원고

by _ …에 의해, …까지, …차이[정도]로

수동태 전치사로 행위자나 결과의 원인을 나타내는 것으로 유명해졌으며, 한단계 나아가 '수단' '시기,' '차이·정도' 등 여러 용도의 기능으로 다양하게 활용되고 있는 스타급 전치사.

🏃 TOEIC 점수를 쑥쑥 올려주는 표현들

drop by 불시에 들르다	**by halves** 절반만, 불완전하게
know[learn] by heart 외우다	**by mail** 우편으로
play by the rules 규칙대로 하다	**by now** 지금쯤이면
stop by …에 들르다	**by no means** 결코 …하지 않다
by air 비행기로	**by oneself** 혼자 힘으로, 직접
by all means 반드시, 물론이죠	**by the time** …무렵에
by chance 우연히	**by the way** 그런데
by degrees 조금씩, 서서히	**near by** 가까이에

🐾 TOEIC 시험에 꼭 나오는 문장들

1. The manager asked his secretary to **drop by** the passport office on her way home. ⇨ 관리자는 비서에게 집에 가는 도중에 여권 사무실에 들르라고 했다.

2. The actor was so professional that he **knew** his lines **by heart** after reading the script only once. ⇨ 그 남자는 아주 직업적인 배우였기 때문에 한번만 대본을 읽고 나면 자신의 대사를 암기했다.

3. If **by chance** you find a red shirt at the flea market, please buy it for me. ⇨ 만일 벼룩시장에서 빨간 셔츠를 본다면 사다줘.

4. The catalogue will be sent to you **by mail** at the end of this month. ⇨ 그 목록은 이달 말에 우편으로 보내 드리겠습니다.

5. If everything went as planned, the missiles should have reached their target **by now.** ⇨ 모든 일이 계획한대로 되고 있다면 그 미사일들은 지금쯤이면 목표지점에 도달했을 것이다.

기본의미는 「아래로」. 주로 전치사와 부사로 쓰이며, write, walk 등과 동사구를 이루어 「(종이에) 적어」, 「…을 따라」(along)와 같이 변화무쌍한 의미를 갖는다. 명사로는 「오리털」이란 뜻도 있다.

🏃 TOEIC 점수를 쑥쑥 올려주는 표현들

down on …에 대해서 좋지않게 생각하는	**slow down** 활력이 떨어지다
downsize 감량경영을 하다	**taxi down** 비행기가 차가 움직이듯 가다
come down with (병 등에) 걸리다	**touch down** 착륙하다
go down (기온·가격 등이) 내려가다	**write down** 기록하다
settle down 정착하다, 착수하다	**downtime** 조업정지기간
shut down 정지시키다, 폐쇄하다	**downturn** 경기 침체, 하강

🏃 TOEIC 시험에 꼭 나오는 문장들

1. After losing his job, he was very **down on** the subject of corporate cost cutting. ⇨ 직장을 잃은 후로 그 남자는 회사의 비용절감 문제에 대해 반감을 많이 가졌다.

2. A rule of thumb is that most businesses grow and **downsize** in four-year cycles. ⇨ 기업은 대개 4년 주기로 성장과 기업축소를 반복한다고 말할 수 있다.

3. Bill **came down with** a cold and called in sick. ⇨ 빌이 감기에 걸려서 출근하지 못하겠다고 전화했어요.

4. The president of the company has decided to **shut down** the petrochemical facility. ⇨ 그 회사의 사장은 석유화학공장을 폐쇄하기로 결정했다.

5. Maintenance will be performed on third shift to minimize **downtime**. ⇨ 조업정지 시간을 최소로 줄이기 위해서 정비는 제 3교대 근무시에 실시될 것이다.

> TOEIC 어휘력 증강비법
>
> **hum/human 인간**
>
> • humane a. 인도적인 • humanity n. 인류, 인간성 • humble a. 겸허한

약방의 감초마냥 늘상 등장하는 전치사. 「…을 위하여」라는 '목적', 「…동안」이란 '시간'을 비롯해 '이유', '준비', '방향' 등 의미의 폭이 무한하므로 세심한 주의가 요구된다.

🏃 TOEIC 점수를 쑥쑥 올려주는 표현들

account for 설명하다, (숫자를) 차지하다	**provide for** …에 대비하다
allow for 고려하다	**sign up for** …에 등록하다
ask for …을 요청하다	**for a moment** 잠시 동안
be famous for …로 유명하다	**for a while** 잠시 동안
be in for (곤란한 처지에) 처하게 될 것이다	**for good** 영원히
be qualified for …의 자격이 있다	**for nothing** 공짜로
be responsible for …에 책임이 있다	**for one's age** 나이에 비해서
be suitable for …에 적합하다	**brace oneself for**
prepare for …을 준비하다	…에 대한 마음의 준비를 하다

🏋 TOEIC 시험에 꼭 나오는 문장들

1. The university students were told to **sign up for** the trip to the World Series. ⇨ 그 대학생들은 월드 시리즈 관람 여행에 등록하라는 말을 들었다.

2. The artist **was famous for** his photographs of the Eiffel Tower.
⇨ 그 예술가는 파리의 에펠탑을 찍은 사진으로 유명했다.

3. The boss told his workers that the office would be closed **for a while** due to renovations. ⇨ 사장은 직원들에게 사무실을 수리하기 위해 잠시동안 문을 닫는다고 말했다.

4. The man told his wife that he had decided to give up smoking cigarettes **for good**. ⇨ 남자는 아내에게 담배를 영원히 끊기로 결심했다고 말했다.

5. The stewardess told the passengers to **brace themselves for** a rough landing. ⇨ 그 승무원은 승객에게 비행착륙에 대비하라고 말했다.

「…로부터」란 뜻의 '근원·출처'의 전치사. 함께 어울리는 동사에 따라 '분리,' '억제,' '구별'의 의미로도 쓰이며, to와 짝을 이뤄「A에서 B까지」(from A to B)라는 '범위'를 나타내기도 한다.

🏃 TOEIC 점수를 쑥쑥 올려주는 표현들

absent oneself from …을 빠지다
be exempted from …을 면제 받다
be[come] from …출신이다
depart from …에서 출발하다
derive from …에서 파생하다
differ from …과 다르다
graduate from …를 졸업하다

leave from …에서 출발하다
recover from …에서 회복하다
tell A from B A와 B를 구별하다
from now on 지금부터
far from …에서 멀리, 조금도 …하지 않는
prevent ~ from + ~ing
…가 ~하는 것을 막다

🏃 TOEIC 시험에 꼭 나오는 문장들

1. He **is from** an island located somewhere in the Pacific Ocean.
   ⇨ 그 사람은 태평양 어딘가에 있는 섬 출신이다.

2. The English word canine **is derived from** the Latin root canem.
   ⇨ 영어단어인 canine(개)은 라틴어 어근인 canem에서 파생되었다.

3. The man was sent to the hospital so that he could **recover from** pneumonia. ⇨ 남자는 폐렴을 치료하려고 병원에 입원했다.

4. He can **tell** a fake **from** an authentic painting. ⇨ 그 남자는 진짜 그림과 모조품을 구별할 수 있다.

5. The airport authorities tried to **prevent** the hijacked aircraft **from** landing. ⇨ 공항 당국은 납치된 항공기가 착륙하지 못하도록 하려 했다.

TOEIC 어휘력 증강비법

neur/neuro 신경

- **neural** a. 신경의
- **neurologist** n. 신경과의사
- **neurology** a. 신경(병)학
- **neuron** n. 신경단위
- **neurosis** n. 노이로제
- **neurotic** a. 신경증의 n. 신경증환자

in _ …안에, …안으로, …때에, …한 상태로

「…안에」란 장소의 전치사로 유명한 in은 그밖에 연도, 월과 함께 「…때에」라는 일정기간의 '시간' 이나 감정, 분위기 등의 '상태' 를 나타내는 등 다양한 용례를 자랑한다.

🏃 TOEIC 점수를 쑥쑥 올려주는 표현들

cash in on …을 이용하다	**in brief** 요컨데
get involved in …에 관련되다	**in case (that)** …의 경우에 대비해
invest in …에 투자하다	**in charge of** …담당의
rake in 돈을 긁어 모으다	**in demand** 수요가 있는
tune in (라디오, TV의) 채널을 맞추다	**in-depth** 심도 있는
in a hurry 급히	**in effect** 사실상, 요컨대
in a nutshell 간단히 말해서	**in exchange for** …대신, 교환으로
in a row 일렬로	**in fact** 사실
in addition to …에 더하여	**in favor of** …을 위해, …에 찬성하여
in any case 어떤 경우든	**in force** 유효하여, 실시중

🏃 TOEIC 시험에 꼭 나오는 문장들

1. The company decided to **cash in on** all the publicity it had received. ⇨ 그 회사는 언론에 크게 보도되었던 것을 모두 이용하기로 결정했다.

2. We kept telling her not to **get involved in** that kind of business.
   ⇨ 우리는 그 여자에게 이런 종류의 일에 연루되지 말라고 계속해서 말했다.

3. The article claimed that all participants would **rake in** a lot of money. ⇨ 그 기사는 참가자는 모두 돈을 많이 긁어 모았다고 주장했다.

4. The professor told the students that, **in a nutshell,** they had all failed the exam. ⇨ 교수는 학생들에게 한마디로 하자면 모두 시험에 떨어졌다고 말했다.

5. The guards lined up the prisoners **in a row** and shot them one at a time. ⇨ 간수들은 죄수들을 한줄로 세우고는 한 사람씩 쏘았다.

in front of ···의 앞에	**in respect of** ···의 대가로
in general 일반적으로, 대체로	**in response to** ···에 응하여
in honor of ···에 경의를 표하여	**in return** 답례로
in-house 사내의	**in search of** ···을 찾아
in need of ···이 필요한	**in short** 요컨대, 결국
in one's absence ···의 부재중에	**in spite of** ···에도 불구하고
in one's place ···의 대신에	**in terms of** ···의 관점에서
in other words 바꾸어 말하면, 즉	**in the first place** 애당초
in particular 특히	**in the future** 앞으로
in person 직접, 몸소	**in the middle of** 한창 ···하는 중에
in practice 실제로는, 개업하여	**in time** 때 맞춰, 조만간
in proportion to ···에 비례하여	**in use** 쓰이는 중

6. **In any case,** the product will likely be launched sometime at the end of next month. ➡ 어떤 경우든 상품은 다음 달이 끝나기 전에 언젠가는 선보일 것이다.

7. The manager asked the head of sales to be **in charge of** organizing a farewell party for the secretary. ➡ 부장은 판매팀장에게 비서의 환송파티 준비를 책임지라고 했다.

8. The manager said that it was a very well presented and **in-depth** report. ➡ 관리자는 표현이 잘 된 심도있게 다룬 보고서라고 말했다.

9. **In spite of** poor sales growth, earnings jumped due to the massive reduction in overhead costs. ➡ 저조한 판매성장에도 불구하고 소득은 경상비의 엄청난 감소덕택으로 증가했다.

10. We can't process any of the documents because the computers we need are all **in use,** by other employees. ➡ 우리가 필요한 컴퓨터들을 다른 직원이 모두 사용하고 있었기 때문에 우리는 작업을 할 수가 없었다.

013 into _ …안으로, …상태로, …에 부딪쳐

「…안으로」라는 물리적 장소이동 외에도 다양한 '상태변화'를 나타낸다. 또 회화에 빈출하는 '주어의 관심'을 표현하는 「be into + 명사」 용법을 비롯해 아래의 필수 구절동사들도 확인하자.

🏃 TOEIC 점수를 쑥쑥 올려주는 표현들

be into …에 관여하다, …를 좋아하다	**move into** …로 이사하다, 입주하다
break into …에 침입하다	**peer into** …을 자세히 보다
burst into 갑자기 …하기 시작하다	**run into** 우연히 …을 만나다[겪다]
change into …으로 전환하다	**talk into + ~ing** …하도록 설득하다
look into …을 조사하다	**turn into** …으로 변화하다

🏃 TOEIC 시험에 꼭 나오는 문장들

1. They're really **into** going out for drinks on Fridays. ⇨ 그 사람들은 금요일마다 술마시러 가는 걸 정말 좋아한다.

2. The students **burst into** laughter when I read it. ⇨ 내가 그걸 읽으니까 학생들이 갑자기 웃음을 터뜨렸다.

3. He **changed** the company's losses **into** a profit after years of hard work. ⇨ 그 남자는 수년간 열심히 일해서 회사의 손실을 이익으로 전환시켰다.

4. They **moved into** the new office building yesterday. ⇨ 그 사람들이 어제 새 사무실로 입주했다.

5. She **talked** me **into** signing another contract. ⇨ 그 여자가 나를 설득해서 또 다른 계약에 서명하도록 했다.

TOEIC 어휘력 증강비법

number/numer 수, 숫자

- **enumerate** v. 열거하다
- **innumerable** a. 무수한
- **numerous** a. 다수의, 많은
- **numeral** a. 수의 n. 숫자
- **numerate** v. 세다, 계산하다
- **numerical** a. 숫자의

014 **no** _ (전혀) …없는, (결코) …아닌, 설마

질문에 대해서 yes에 대응하는 부정적인 대답으로 애용되는 단어. 명사, 형용사 앞에 쓰여 강한 '부정,' '금지,' '반대' 의 의미를 나타내기도 하며, '놀라움' 이나 '실망' 의 표현으로도 활용된다.

🏃 TOEIC 점수를 쑥쑥 올려주는 표현들

no doubt 의심할 바 없이, 확실히

no-frill(s) 실질적인, 불필요한 것을 제거한

no longer 더이상 …않다

no more 더이상 …않다, …도 또한 아니다

in no time 곧, 금새

no sooner than …하자마자 곧 ~하다

no-show 극장, 식당, 비행기 등의 표를 예약한 후 나타나지 않는 사람

have no choice[option] but to …할 수 밖에 없다

(It is) No wonder (…은) 당연하다

There is no way~ …하는 일은 결코 없을 것이다

🏃 TOEIC 시험에 꼭 나오는 문장들

1. The company is dedicated to providing our clients with **no-frill** shopping malls and discount outlets. ⇨ 당사는 고객들에게 꼭 필요한 것만 갖춘 쇼핑몰과 할인매장을 제공하는데 전념하고 있습니다.

2. Discouraged job seekers and those **no longer** seeking work are not counted as part of the work force. ⇨ 일자리를 구하지 못한 사람과 이제는 일자리를 찾으려 하지 않는 사람은 노동 인구로 산정되지 않는다.

3. Of the six people who registered for the conference, five attended and one was a **no-show**. ⇨ 회의에 등록한 6명 중에 5명은 참석하고 한명은 불참했다.

4. They **had no choice but to** linger around the building until they were picked up. ⇨ 차가 그 사람들을 태워갈 때까지 그들은 건물 근처를 서성일 수 밖에 없었다.

5. **There is no way** he's going to give you tomorrow off. ⇨ 그 사람은 절대 너를 내일 하루 쉬게 해주지 않을 거야.

015 not _…아닌, …않은, 하나의 …도 없다

부정사(negative)의 대표격으로 단어, 구, 절 등을 수식해 정반대의 의미를 부여한다. 또 all, every 따위를 수반하면 '반드시 …는 아니'라는 부분부정이 된다.

🏃 TOEIC 점수를 쑥쑥 올려주는 표현들

not A until B A해서야 비로소 B하다
not a little (양·정도가) 적지 않은
not at all 전혀 …않다
not ~ either of 어떤 것도 …아니다
not even …조차도 ~않다
not every 모두가 …한 것은 아니다
not that I know of 내가 알고 있는 한

not to speak[mention] of 게다가
not ~ without …할 때마다 ~하다
notwithstanding …에도 불구하고
have-not 무산자(無産者)
so as not to …하지 않도록
not only A but also B
A 뿐만 아니라 B도 …하다

🏃 TOEIC 시험에 꼭 나오는 문장들

1. **Not every** husband has an affair with another woman. ⇨ 남편이라 고 해서 모두 다른 여자와 바람을 피우는 건 아니다.

2. I'm **not** familiar with **either of** the computer programs that were installed on my computer. ⇨ 난 내 컴퓨터에 설치된 프로그램 중에서 제대로 다루는 것이 하나도 없다.

3. He **cannot** write a report **without** making several grammar and spelling errors. ⇨ 그 사람은 보고서를 작성할 때마다 문법과 철자에서 몇 개씩 실수 를 한다.

4. It's one of the best restaurants in town, **not to mention** one of the most reasonably priced. ⇨ 그 레스토랑은 우리 지역에서 최고에 속해, 게 다가 가격도 아주 저렴한 편에 속하고.

5. **Not only** do we get a holiday, **but** we get paid for it as well. ⇨ 우리는 휴가 뿐 아니라 휴가 보너스도 받는다.

of _ ···의, ···로 구성된, ···라는 내용을

「···의」라는 '소유' 의 의미를 기본으로 '구성·성분,' 감정이나 행동 따위의 '대상·내용,' '요구의 대상,' 나아가 '분리·박탈' 의 의미까지 다양한 쓰임새를 자랑한다.

🏃 TOEIC 점수를 쑥쑥 올려주는 표현들

be accused of ···로 고발되다	**be tired of** ···로 지치다
be aware of ···을 깨닫다	**deprive of** ···을 박탈하다
be capable of ···을 할 수 있다	**get rid of** ···을 제거하다
be of help 유용하다, 도움이 되다	**remind A of B** A에게 B를 생각나게 하다
be of interest 흥미가 있다	**free of** ···이 면제된, ···이 없는
be of service (to) (···에) 소용이 되다	**of this nature** 이런 식의
be proud of ···을 자랑스러워 하다	**regardless of** ···와 상관없이

🦘 TOEIC 시험에 꼭 나오는 문장들

1. The woman told us that the two men **were accused of** first degree murder. ⇨ 그 여자는 우리에게 그 두사람이 일급살인으로 고발되었다고 말했다.

2. I honestly didn't think that he **was capable of** committing such an act. ⇨ 나는 솔직히 그 사람이 그런 행동을 저지를 수 있다고 생각하지 않았다.

3. He wanted to go to the science exhibition because it **was of interest** to him. ⇨ 그 남자는 과학전시회에 관심이 있기 때문에 가고 싶어했다.

4. They wanted us to **be proud of** them so they studied very hard all weekend. ⇨ 우리가 자신들을 자랑스러워 해주기를 바래서 애들은 주말내내 아주 열심히 공부했다.

5. She **reminded** me **of** a woman who worked here before. ⇨ 그 여자를 보니 전에 여기에서 일했던 사람이 생각났다.

TOEIC 어휘력 증강비법

cause/cuse/cus 원인, 이유, 소송

• accuse v. 고발하다   • cause n. 원인, 이유   • inexcusable a. 용서할 수 없는

017 **off** _ 벗어나, 떨어져, 형편이 …하여

분리·이탈의 대표적 연결어. 전치사를 비롯해 부사, 형용사, 명사까지 아우르며, '생활형편이나 건강 상태,' 기계·전자제품의 '정지,' 동작의 '완료' 등 실생활에 요긴한 알짜용법이 돋보인다.

🏃 TOEIC 점수를 쑥쑥 올려주는 표현들

be better off …가 낫다	**spin off** 부수적으로 파생시키다
be well off 유복하다	**take off** 이륙하다
rip off 벗겨내다, 훔치다, 이용하다	**turn off** (전등·TV 등을) 끄다, 처분하다
sell off 팔다, 처분하다	**off duty** 비번으로, 근무시간외에
show off 자랑해 보이다, 드러내다	**offhand** 즉석에서

🏃 TOEIC 시험에 꼭 나오는 문장들

1. The new laser detectors are expensive. You**'re better off** just driving within the speed limit. ⇨ 속도위반 탐지 카메라를 찾아내는 레이저 기기는 비싸. 제한속도 내에서 차를 모는 것이 나을 거야.

2. The girl came from a family that was known to **be well off.** ⇨ 그 여자애는 유복한 것으로 알려진 집안 출신이다.

3. The conglomerate will **sell off** its beverage division to focus on breakfast cereals and other packaged foods. ⇨ 그 복합기업은 아침식 사용 곡물식과 다른 포장식품에 집중하기 위해 음료수 사업부문을 처분할 것이다.

4. He's a very good water skier, but I think that he **shows off** too much. ⇨ 그 사람은 수상스키를 매우 잘타지만 나는 그 남자가 너무 잘난척하는 것 같다.

5. The flight attendant announced that all carry-on luggage had to be stowed before the plane could **take off.** ⇨ 승무원은 휴대 수하물을 모두 비행기가 이륙하기 전에 집어넣어야 한다고 말했다.

> TOEIC 어휘력 증강비법

civ 시민

• civic a. 시민의, 도시의   • civil a. 시민의, 정중한   • civilize v. 문명화하다

018 on _ …위에, …에 기대어, …에 의해서

「…위에」라는 '접촉'의 전치사로 애용되며, '시간'의 경우 '특정일' 앞에 쓰인다. 앞뒤에 연결된 동사나 명사의 의미에 따라 '신뢰 대상,' '수단,' '주제,' '상태' 등 갖가지 의미로 변신한다.

🏃 TOEIC 점수를 쑥쑥 올려주는 표현들

count on …을 의지하다, 기대하다	**insist on** …을 주장하다
depend[bank] on …에 의존하다	**plan on** …을 계획하다
fall on (축제일) 바로 …날이다	**pride oneself on** …을 자랑하다
focus on …에 집중하다	**rely on** …에 의지하다, …을 신뢰하다
hinge on …에 달려 있다	**rest on** 의지하다, 책임이 있다
impose on …을 부과하다	**on a flight** 기내에서

🐒 TOEIC 시험에 꼭 나오는 문장들

1. He knew that he could **count on** me to get the job done properly.
   ⇨ 그 남자는 나를 신뢰했기에 내가 그 일을 제대로 할 수 있다는 것을 알고 있었다.

2. Most of the company's future performance **hinges on** the direction of interest rates. ⇨ 그 회사가 앞으로 수익을 올릴 수 있는지의 여부는 대부분 금리가 어떻게 변하느냐에 달려 있다.

3. I had to **insist on** my friend not driving home after she had been drinking. ⇨ 나는 내 친구에게 술을 마신 후에는 차를 몰고 집에 가서는 안된다고 강경하게 말하지 않을 수 없었다.

4. The boss **prides himself on** always being punctual for his meetings. ⇨ 사장은 언제나 회의에 정시에 참여하는 것에 대해 자랑스러워했다.

5. We had been dating **on and off** for about five years before we got married. ⇨ 우리는 결혼하기 전 약 5년 동안 데이트를 하다 말다 했다.

6. **On average,** our company spends about fifty thousand dollars per year on business trips. ⇨ 평균적으로 우리 회사는 출장비로 평균 1년에 5만 달러를 사용한다.

on and off 이따금	**on[upon] request** 요청시
on average 평균적으로	**on sale** 팔려고 내 놓아, 특가로
on behalf of …의 대신으로	**on second thought** 다시 생각해보니
on[upon] delivery 배달시	**on the air** 방송되어
on business 사업차	**on the condition that** 만약 …라면
on duty 당번으로, 근무시간 중에	**on the contrary** 그 반대로
on foot 걸어서, 도보로	**on the go** 계속 움직이는, 돌아다니는
on leave 휴가로	**on the other hand** 다른 한편으로
on most occasions 대체로, 보통	**on the whole** 대체로
on one's way …가 오는 중인	**on time** 제 시간에

7. **On behalf of** the president and his staff, I wish you all a very merry Christmas. ⇨ 사장과 직원들을 대표해서 여러분 모두 즐거운 크리스마스를 보내시길 바랍니다.

8. The contract states that the fee must be paid **upon delivery** of the goods. ⇨ 계약서 상에는 요금이 물건배달시에 지불되어야 한다고 명시되어 있다.

9. The nurse told the patient that the doctor was **on his way**. ⇨ 간호사는 환자에게 의사가 오고 있다고 말했다.

10. **On the contrary,** he thinks that women should be paid equally. ⇨ 반대로 그 사람은 여성도 남성과 똑같은 보수를 받아야 한다고 생각한다.

11. Unfortunately, I'm always **on the go,** so catching me in the office is not easy. ⇨ 유감스럽지만 나는 항상 돌아다니기 때문에 사무실에서 나를 만나기란 쉽지 않다.

TOEIC 어휘력 증강비법

flect/flex 굴절되다, 변하다

• **deflect** v. 빗나가게 하다
• **flex** v. (관절을) 구부리다
• **flexibility** n. 유연성
• **flexible** a. 유연성있는
• **inflection** n. 굴곡, 억양
• **reflect** v. 반사하다, 반성하다
• **reflection** n. 반사, 반영, 숙고

out _ 밖에, (밖으로) 나와, 골라 내어

「(안에서) 밖으로」라는 기본의미를 기억한다면, 물리적인 이동에서 나아가 어떤 상태로부터의 '이탈,' 기능의 '정지,' 여러개 중에서 '선택' 등 out의 다양한 의미를 유추해 볼 수 있다.

🏃 TOEIC 점수를 쑥쑥 올려주는 표현들

be sold out 매진되다	**point out** 지적하다
buy out 매수하다	**rule out** (규정에 따라) 제외하다, 금지하다
check out 체크아웃하다, 확인하다	**single out** 골라내다
figure out 계산하다, 이해하다	**sort out** 구분하다, 문제를 해결하다
fill out 작성하다	**spell out** 한자 한자 쓰다[읽다]
give out 배포하다, 공개하다	**work out** 운동을 하다, 어떤 일을 해내다

🏃 TOEIC 시험에 꼭 나오는 문장들

1. All airline seats to Atlanta, including business class and first class, **were sold out** during the Olympics. ⇨ 비즈니스 클래스와 일등석을 포함하여 올림픽 기간 중에 애틀랜타 행 항공편은 모두 매진되었다.

2. The desk clerk advised us that we should **check out** before noon on Tuesday. ⇨ 데스크의 직원이 우리에게 화요일 낮 12시 이전에 체크아웃해야 한다는 것을 알려주었다.

3. The boy claimed that the puzzle wasn't that difficult to **figure out**. ⇨ 그 남자애는 퍼즐을 푸는 것은 그렇게 어렵지는 않다고 주장했다.

4. You must be sure to **fill out** your disembarkation card before getting off of the airplane. ⇨ 여러분들은 비행기에서 내리기 전에 반드시 입국신고서를 작성하셔야 합니다.

5. After hours of negotiating, we couldn't **work out** an agreement that everyone felt good about. ⇨ 여러시간에 걸친 협상이 끝난 후에도 우리는 모두가 만족할만한 합의를 내지 못했다.

020 out of _ …밖으로, …을 벗어나, …(중)에서

into와 상대되는 개념으로 부사와 형용사로 활용되는 out에 반해 out of는 오로지 전치사의 외길을 고집한다. '이동,' '분리,' '선택,' '결핍,' '동기 · 원인,' '출처' 등 의미상 큰 차이는 없다.

🏃 TOEIC 점수를 쑥쑥 올려주는 표현들

come out of …에서 나오다, 벗어나다   **out of order** 고장나

run out of …가 다 떨어지다   **out of stock** 재고가 떨어져

out of business 파산하여, 은퇴하여   **out of the question** 절대로 불가능한

out of control 통제에서 벗어나   **out of town** 살고 있는 지역을 떠나

🏃 TOEIC 시험에 꼭 나오는 문장들

1. The car was blocking the traffic as it had **run out of** gas and was sitting in the middle of the intersection. ⇨ 그 차는 기름이 떨어져서 교차로 한가운데에서 꼼짝 못하고 있어서 교통을 가로 막고 있었다.

2. The crowd at the rock concert was getting completely **out of control.** ⇨ 록 콘서트에서 군중들은 완전히 이성을 잃었다.

3. The air conditioner has been **out of order** for two weeks. ⇨ 에어컨이 2주동안이나 고장나 있다.

4. Most of the necessary parts are **out of stock.** ⇨ 필요한 부품들이 대부분 재고가 떨어졌다.

5. The boss told the disgruntled employee that a raise was absolutely **out of the question.** ⇨ 사장은 불만에 가득찬 직원에게 봉급인상은 절대적으로 불가능하다고 했다.

6. He's been **out of town** for the past couple of days visiting his parents. ⇨ 그 남자는 지난 이틀동안 부모집에 가느라 여기 없다.

TOEIC 어휘력 증강비법

multi 다수의

• **multilateral** a. 다변의   • **multiple** a. 복합적인   • **multiply** v. 증가시키다

부정사로 익숙한 to는 그 의미의 변화무쌍함이 타의 추종을 불허한다. 「…쪽으로」라는 '방향'의 뜻을 기본으로 '대상,' '접촉,' '비교,' '한계' 등 변신에 변신을 거듭하는 to의 용법을 주목한다.

🏃 TOEIC 점수를 쑥쑥 올려주는 표현들

adhere to …을 고수하다	**be easy to** …하기 쉽다
appeal to …에게 호소하다, 흥미를 끌다	**be entitled to** …의 자격이 있다
attempt to …을 시도하다	**be equal to** …과 같다
be accustomed to …에게 익숙해지다	**be obliged to** 어쩔 수 없이 …하다
be eager to 간절히 …하고 싶어하다	**be opposed to** …에 반대이다

🐾 TOEIC 시험에 꼭 나오는 문장들

1. In order for the system to work, we all have to **adhere to** the rules. ⇨ 그 체제가 제대로 돌아가게 하려면 우리 모두 그 규칙을 지켜야만 한다.

2. The manager told us that we'd soon **be accustomed to** the way things worked. ⇨ 책임자는 우리에게 곧 일이 돌아가는 방식에 익숙해질 거라고 말했다.

3. Women in America are considered to **be equal to** men in most respects. ⇨ 미국 여성들은 모든 면에서 남자들과 동등하게 간주된다.

4. I think he **is obliged to** help you after everything that you've done for him. ⇨ 당신이 그 사람을 위해서 해준 모든 것을 볼 때 그는 반드시 당신을 도와야한다고 생각한다.

5. Because of graphic violence, the movie will probably **be subject to** a restricted rating. ⇨ 생생한 폭력묘사 때문에 그 영화는 아마 볼 수 있는 나이가 제한될 것이다.

6. **Compared to** figures recorded last fiscal year, the company's sales soared 300% this year. ⇨ 지난 회계년도의 수치에 비교하면 올해의 회사 판매고는 300% 급상승했다.

be supposed to …하기로 되어 있다	**to date** 지금까지는
belong to …에 속하다	**to one's surprise** …가 놀랍게도
compare to[with] …와 비교하다	**to one's satisfaction** …가 만족스럽게
devote oneself to …에 헌신하다	**to the point** 적절한, 요령있는
owe to …에게 빚지다	**contrary to** …에 반하여
prefer A to B B보다 A를 선호하다	**face to face** 직면하여, 정면으로
to be honest 솔직히 말해서	**prior to** …이전에
to be sure 당연히	**subject to** …을 받기 쉬운, …할 것 같은
to boot 게다가	**next to** …옆에

7. It is amazing how people blindly **devote themselves to** religious causes. ⇨ 사람들이 맹목적으로 종교적 운동에 몸을 바치는 것을 보면 놀랍다.

8. I **owe** most of my financial success to strong work ethic. ⇨ 내가 거둔 경제적 성공은 대부분 내 직업윤리가 튼튼하기 때문이었다.

9. In taste tests conducted across America, most consumers **preferred** Pepsi Cola **to** Coca Cola. ⇨ 미국 전역에서 행해진 시음 테스트에서 소비자들은 대부분 코카콜라보다 펩시콜라를 선호했다.

10. The manager told his secretary that she was lazy, stupid, and ugly **to boot.** ⇨ 관리자는 자기 비서에게 게으르고 어리석고 게다가 얼굴까지 못생겼다고 말했다.

11. Coffee and tea will be served **prior to** the annual shareholders' meeting. ⇨ 커피와 차가 연례 주주회의가 시작되기 전에 나올 것이다.

TOEIC 어휘력 증강비법

spec/spect 보다, 관찰하다	
• aspect n. 양상, 국면	• inspection n. 조사
• perspective n. 원근법, 전망	• prospect n. 조망, 예상 v. 답사하다, 시굴하다
• specimen n. 견본, 실례	• spectacle n. 광경 pl. 안경

under _ …중인, …하에, …이하, …에 속하는

물리적·정신적으로 '…의 아래'를 뜻하며, 여기에서 나아가 「…보다 적은」(less than), 「…의 영향하에 있는」(controlled by), 「…의 상황 중에 있는」(in a state of) 등의 의미로 폭넓게 활용된다.

🏃 TOEIC 점수를 쑥쑥 올려주는 표현들

undergo 영향을 받다, 시련을 겪다

under construction 공사중인

under control 통제하여

under discussion 논의 중인

under repair 수리중인

under the care of 치료를 받는 중인

under the influence of …의 영향으로

under pressure 압박을 받고 있는

under warranty 보증받는

underway 진행중인

under no circumstances
어떤 경우에도 …이 아닌

🏃 TOEIC 시험에 꼭 나오는 문장들

1. Our dog had to **undergo** surgery about a week ago. ⇨ 우리 개는 일주일 전에 수술을 받아야만 했다.

2. Any truck driver caught **under the influence of** illegal drugs will face mandatory termination of his employment. ⇨ 불법 약물 복용으로 적발된 트럭 운전기사들은 모두 직장에서 강제추방될 것이다.

3. Any claim **under warranty** must be accompanied with a detailed explanation of what caused the defect. ⇨ 품질 보증에 따라 청구하는 경우에는 어느 것이든 어떻게 해서 결함이 발생했는지 상세한 설명서가 첨부되어야 합니다.

4. Construction of the company's new facility is currently **underway.** ⇨ 회사의 신축시설물 건설은 현재 진행중이다.

5. **Under no circumstances** are you to divulge this information to anyone. ⇨ 어떤 경우에라도 이 정보를 다른 사람에게 흘려서는 안된다.

up _ ···위(쪽으)로, 올라가, 높아져, 단단히

「위쪽으로」란 방향·이동의 뜻을 내포한 up은 공간적 위치관계에서 출발하여 능력이나 지위, 가치 등의 '향상', '증가'를 비롯해 '종결', '완성'의 의미로 동사를 강조하는 역할도 한다.

🏃 TOEIC 점수를 쑥쑥 올려주는 표현들

be tied up 한데 묶이다, 꼼짝 못하다	**pick up** 향상되다
catch up ···을 따라잡다	**prop up** 돕다, 보강하다
cheer up 기운이 나다	**show up** 나타나다
end up + ~ing 결국 ···이 되다	**wake up** 잠에서 깨다
hurry up 서두르다	**wrap up** 완성하다
line up 일렬로 늘어서다	**up to** ···에 이르기까지
move up 승진[출세]하다	**up to now** 지금까지
pop up 별안간 나타나다	**upcoming** 다가오는

🚶 TOEIC 시험에 꼭 나오는 문장들

1. I'm sorry, but the sales manager will likely **be tied up** until late this afternoon. ⇨ 죄송합니다만 판매부장은 너무 일이 바빠서 오늘 오후 늦게나 시간이 날 것 같습니다.

2. Although you say that you will remain an observer, I know you'll **end up** getting involved. ⇨ 당신은 계속 방관만 할 거라고 말하지만 나는 당신이 결국 관여할 것이라는 걸 안다.

3. In order to **move up** the corporate ladder, you must have drive and ambition. ⇨ 기업에서 출세하기 위해서는 출세욕과 야망이 있어야 한다.

4. She locked the door when I **showed up** at the office entrance ⇨ 내가 사무실 입구에 나타나자 그 여자가 문을 잠궈버렸다.

5. We'll **wrap up** the presentation with a brief survey and then we will field some questions. ⇨ 우리는 간단한 여론조사로 그 발표를 종결시키고 난 후 질문을 받을 것이다.

with _ …와 함께, …을 공급하여, …하는 식으로

대표적인 '동행'의 전치사로 '공급' 류 동사인 supply, provide와 어울리는 것으로 유명. 또한 '행동 양식,' '감정의 대상' 및 '부대상황'의 부사구도 자유자재로 만들어내는 팔방미인 연결어이다.

🏃 TOEIC 점수를 쑥쑥 올려주는 표현들

be fed up with …에 질리다
be compatible with …와 양립하다
be covered with …로 뒤덮이다
be in accord with …와 조화가 되다
be popular with …에게 인기가 있다
be wrong with …이 고장나다, 나쁘다
charge A with B A에게 B를 맡기다
consult with …와 상의하다

deal with …을 다루다, 처리하다
go with …와 동행하다, …에 동의하다
lose touch with …와의 연락이 끊기다
present A with B A에게 B를 증정하다
provide A with B A에게 B를 공급하다
together with …와 더불어
with care 신중히
with respect to …에 관하여

🏃 TOEIC 시험에 꼭 나오는 문장들

1. The two companies **were in accord with** all of the terms set out in the contract. ⇨ 그 두 회사는 계약서에서 명시된 조건에 모두 합의했다.

2. I **was** so **fed up with** my boss that I told him off and quit my job. ⇨ 나는 사장에게 너무 질려서 한바탕 해대고는 회사를 그만두었다.

3. He had to go down to the police station because his girlfriend **charged** him **with** assault. ⇨ 그 남자는 여자친구가 자신을 폭행 혐의로 고소했기 때문에 경찰서로 가야만 했다.

4. It was necessary to **provide** her **with** insurance money because she was unable to work. ⇨ 그 여자는 일을 할 수 없었기 때문에 보험금을 지급해 줄 필요가 있었다.

5. The box had a **handle-with-care** sticker on its side. ⇨ 상자는 한쪽 면에 취급주의 스티커가 붙어 있었다.

| Keywords | **access ~ allow**

access _ n.접근 v. 다가가다, (컴퓨터에) 접속하다

전치사 to와 친숙한 단어로, 어떤 정보(컴퓨터 데이터)에 접근해 이를 사용할 수 있는 권리 및 수단을 나타낸다. 장소나 사람에 쓰이는 경우에는 「접근」, 「출입」, 「면회」 등의 의미.

🏃 TOEIC 점수를 쑥쑥 올려주는 표현들

accessible 접근하기 쉬운, 이용하기 쉬운
accessibility 접근성
access code 암호
access denied 접속불가

access time 접근 시간(메모리에서 정보를 찾아내서 사용하는데 걸리는 시간)
have[gain] access to
…에 출입할 수 있다

🦘 TOEIC 시험에 꼭 나오는 문장들

1. Walking and running are great workouts because they have a low rate of injury and are very **accessible**. ⇨ 걷기와 달리기는 부상률이 낮고 쉽게 할 수 있는 뛰어난 운동이다.

2. Unfortunately, the **accessibility** of firearms in New York is continuing to grow. ⇨ 유감스럽게도 뉴욕에서는 총기입수하는 게 점점 쉬워지고 있다.

3. To access our voice mail system, you must enter the **access code** and then hit the pound sign. ⇨ 저희 음성전달시스템을 이용하시려면 암호코드를 누른다음 우물정자를 누르십시오.

4. Through the benefits package, employees **have access to** hearing and dental services at reduced fees. ⇨ 회사에서 제공하는 종합 후생복리제도를 통해 직원들은 저렴한 비용으로 보청기를 구입하고 치과치료를 받을 수 있다.

5. I'd love to **gain access to** the hard drive at work where all the personnel files are stored. ⇨ 나는 회사 직원의 인적 사항화일들이 모두 저장되어 있는 회사 컴퓨터의 하드 드라이브에 접속하고 싶다.

TOEIC 어휘력 증강비법

anni/annu 년

• **anniversary** n. 기념일   • **annual** a. 일년의   • **annually** ad. 매년

accept _ v.수용하다, 감내하다

offer, deal, responsibility 등과 짝을 이뤄 비즈니스 영문에 빈출하는 단어. 제안이나 요청에 대한 '수락'의 뜻으로 애용되며, 내키지 않지만 어쩔 수 없는 상황을 「감내하다」란 의미로도 쓰인다

🏃 TOEIC 점수를 쑥쑥 올려주는 표현들

accepted 인정된, 받아들여진

acceptance 인정, 허용

unacceptable 받아들일 수 없는

be accepted 받아들여지다, 인정되다

accept the deal 거래를 수용하다

accept the offer 제의를 받아들이다

accept credit cards (상점 등에서 고객과의 거래를) 신용카드로 결재해 주다

accept responsibility for …에 대한 책임을 지다

🏌 TOEIC 시험에 꼭 나오는 문장들

1. It has come to my attention that an **unacceptable** situation occurred this past Saturday. ⇨ 지난 토요일에 결코 있어서는 안될 상황이 벌어진 것이 내 눈에 띄었습니다.

2. The magazine has **been** widely **accepted,** doubling in circulation to about 5 million readers since its debut last year. ⇨ 그 잡지는 널리 인정받아, 처음 선보인 이래 판매부수가 두배로 증가해 현 독자가 5백만명이다.

3. We decided not to **accept the deal** until we find out more about the company. ⇨ 그 회사에 대해 좀더 알아본 다음에 그 거래를 승인할 지 여부를 결정하기로 했다.

4. She consistently held out for more money before **accepting the** job **offer.** ⇨ 그 여자는 그 일자리를 수락하기 전에 보수를 더 달라고 끈질기게 요구했다.

5. We don't **accept credit cards.** You'll have to pay with cash or a check. ⇨ 우리집에서는 신용카드를 받지 않습니다. 현금이나 수표로 계산해 주셔야겠어요.

TOEIC 어휘력 증강비법

bio 생명

• **biography** n. 전기   • **biology** n. 생물학   • **bionics** n. 생체공학

accommodations _ n.숙박시설, 조정

호텔 · 여행과 관련해 TOEIC에 자주 등장하는 단어. 주로 복수형으로 쓰여 「숙박시설」을 나타낸다.
「의견차이의 조정」(the settling of a disagreement)이란 의미도 있으니 함께 알아둘 것!

🏃 TOEIC 점수를 쑥쑥 올려주는 표현들

accommodate 수용하다, 숙박시키다 **accommodation address**
accommodating 친절한, 융통성있는   임시 우편물 수령 주소
accommodation note 융통어음 **arrange sby's accommodations**
reach an accommodation 타협하다 …가 묵을 숙소를 주선하다

🐒 TOEIC 시험에 꼭 나오는 문장들

1. The Brandywine Group's luxury hotel suites have been
   described as the most lavish **accommodations** in the city. ⇨ 브
   랜디와인 그룹의 호화로운 호텔 스위트 객실들은 그 도시에서 가장 고급 숙소라는 평이 있다.

2. The manager told his co-workers that they must try to be more
   accommodating. ⇨ 부장은 직원들에게 고객의 요구 사항을 지금보다 더 수용해야
   한다고 말했디.

3. The bank offered him an **accommodation note**, which helped
   him to make ends meet last month. ⇨ 은행에서 그 남자에게 융통어음을 주
   기로 한 덕분에 남자는 지난 달 겨우 수지를 맞출 수 있었다.

4. My secretary **arranged my accommodations** for the ski
   vacation, which was very thoughtful of her. ⇨ 내 비서는 휴가를 내서 스
   키를 타는 동안 내가 머물 숙소를 주선해 주었는데, 아주 사려깊은 행동이었다.

5. The two parties **reached an accommodation** after many
   hours of deliberation over the sensitive issue. ⇨ 두 당사자는 그 민감한
   사안에 대해 오랜 시간에 걸쳐 토론한 끝에 타협점에 도달했다.

accomplish _ v.이루다, 성취하다, 완성하다

온갖 어려움에도 굴하지 않고 계획이나 일을 성취시켰다는 칭찬의 뜻이 포함된 단어. 특히 과거분사
형태의 accomplished는 어떤 일에 「능숙한」, 「숙달된」이란 뜻의 형용사로 맹활약중이다.

🏃 TOEIC 점수를 쑥쑥 올려주는 표현들

accomplishment 성취, 수행, 공적
recent accomplishment 최근실적
accomplished 능란한, 숙달된

accomplish a task 업무를 완수하다
accomplish one's purpose
목적을 달성하다

🏃 TOEIC 시험에 꼭 나오는 문장들

1. We hope to **accomplish** our sales target of one million cars by
   the end of the next quarter. ⇨ 우리는 다음 분기말까지 차 100만대 판매목표를
   달성하기를 바라고 있다.

2. The young scientist was awarded the Nobel Physics Prize for
   his **recent accomplishments** in the field of nuclear physics. ⇨
   그 젊은 과학자는 핵물리학 분야에서 최근 자신이 이룬 업적으로 노벨 물리학상을 받았다.

3. An **accomplished** photographer was hired by the young
   couple to take pictures at their wedding. ⇨ 한 노련한 사진사가 결혼식
   사진을 찍어 달라고 젊은 부부에게 고용되었다.

4. To **accomplish a task,** one must be very resolute in their
   actions and not waste time. ⇨ 임무를 완수하기 위해서는 자신의 행동에 대한
   결연한 의지가 있어야 하고 시간을 낭비하지 않아야 한다.

5. To **accomplish their purpose** of cutting costs, Microsoft has
   announced that they are downsizing next year. ⇨ 원가절감의 목표를
   달성하기 위해 MS 社는 내년에 감원을 하겠다고 발표했다.

**🔊 TOEIC 어휘력
증강비법**

litera/liter 문자, 문학

• literacy n. 읽고 쓰는 능력   • literal a. 문자의, 글자그대로의   • literary n. 문학의

account _ n.계좌, 계정, 거래, 건(件) v. 책임을 지다

은행 · 회계 등에 두루두루 쓰이는 단어. 은행에서는 「예금계좌」를, 회계부기에서는 「계정」, 일반 비즈 니스에서는 Mr. Smith account(스미스 씨 건)와 같이 주요고객과의 「거래」, 「건(件)」을 뜻한다.

🏃 TOEIC 점수를 쑥쑥 올려주는 표현들

accountant 회계사	**have an account with** …와 거래하다
account for …에 대해 설명하다	**open an account** 계좌를 트다
account for + 숫자 …을 차지하다	**account number** 계좌 번호
buy on account 외상으로 …을 사다	**account manager** 고객 담당자

🏃 TOEIC 시험에 꼭 나오는 문장들

1. The **accountant** was busy preparing the annual audit report for the company. ⇨ 회계사는 그 회사에 대한 연례 회계 감사 보고서를 준비하느라 바빴다.

2. Computers **account for** 25% of the company's commercial electricity sales. ⇨ 컴퓨터 사용 전력이 그 전기 회사의 영업용 전기 매출의 25퍼센 트를 차지한다.

3. We **have an account with** Radio Dispatch and their prices are better. ⇨ 우리는 라디오 디스패치와 거래를 하고 있는데 그쪽 가격이 더 낫다.

4. If you wish to cash a check issued by a foreign financial institution, you must have an **account** at our branch. ⇨ 외국 금융 기관에서 발행된 수표를 현금화하시려면, 우리 지점에 계좌가 있어야 합니다.

5. In order to **open an account** at the bank, you must provide the teller with two pieces of identification. ⇨ 은행에 구좌를 개설하기 위해서 는, 출납원에게 신분 증명서 두 종류를 제시해야 한다.

6. Please let me know your bank **account number** before you leave for Japan. ⇨ 일본으로 떠나시기 전에 제게 당신의 은행 계좌번호를 알려주시 기 바랍니다.

account payable 지불계정	**savings account** 저축계좌
account receivable 미수금계정	**accounting firm** 회계 회사
business account 기업 계좌	**accounting office** 회계사 사무소
checking account 당좌계좌	**cost accounting** 원가 분석

7. The **accounts receivable** department was responsible for collecting unpaid loans. ⇨ 미수금 계정 담당 부서는 미납 대출금을 회수하는 업무를 담당했다.

8. The **business accounts** were investigated for improper usage.
   ⇨ 기업 계좌들을 부당하게 사용하였는지에 대한 조사가 있었다.

9. The **checking account** is a much better option since it offers no-charge checking. ⇨ 당좌 예금계좌를 선택하는 것이 수표발행에 수수료가 들지 않기 때문에, 훨씬 좋다.

10. The **accounting firm** was asked to provide details as to where the crime boss put his money. ⇨ 그 회계 회사는 범죄단 두목이 돈을 어디에 입금시켰는지 상세한 사항을 밝히라는 지시를 받았다.

11. **Cost accounting** is being used more frequently these days in America. ⇨ 요즘 미국에서 원가 계산이 훨씬 자주 이용되고 있다.

TOEIC 어휘력
증강비법

-ar/-er/-or … 하는 사람

- liar n. 거짓말쟁이
- amplifier n. 증폭기, 앰프
- insider n. 내부인
- donor n. 기증자
- consigne(o)r n. (판매품의) 위탁자
- administrator n. 행정관, 관리자
- ancestor n. 조상
- wrecker n. 조난선 구조자, 건물해체업자
- employer n. 고용주
- addresser n. (우편물의) 발신인

act/activate _ n. 행동, 법령 v. 행동하다, 작용하다

「행동(하다)」외에도 약 따위가 「듣다」, 무대에서 「공연하다」등 다양한 의미로 사용된다. 한편, 같은 집안 단어로 활동중인 activate는 「어떤 것을 활동(작용)하게끔 만든다」는 뜻의 동사.

🏃 TOEIC 점수를 쑥쑥 올려주는 표현들

action 행동, 소송(= suit)	**activate** 활동시키다, 활성화하다
activity 활동, 활기	**reaction** 반응
acting 임시의, 대리의 연기, 연출, 꾸밈	**class action** 집단소송
active 활동적인, 적극적인	**course of action** 행동방침
actually 실제로, 정말로	**commercial activities** 상업활동
actively 활동적으로, 적극적으로	**financial activities** 재정 활동

🏃 TOEIC 시험에 꼭 나오는 문장들

1. The side dish that came along with the dinner was **actually** a lot tastier than the dinner itself. ⇨ 저녁 식사와 함께 곁들여 나온 요리가 사실은 주요리보다 훨씬 맛있었다.

2. The general told the pilot to **activate** the missile and wait for further instructions. ⇨ 장군은 전투기 조종사에게 미사일 발사 준비를 하고 다음 명령을 기다리라고 말했다.

3. They will probably settle the **class action** out of court. ⇨ 그 사람들은 십중팔구 당사자간의 합의로 그 집단소송을 마무리지을 것이다.

4. The professional consultant will help you determine which **course of action** will best meet your needs. ⇨ 전문 컨설턴트는 당신의 욕구를 충족시킬 수 있는 가장 적절한 행동방침을 결정하도록 도와줄 것이다.

5. The company's **financial activities** were made public in a report written by the CFO. ⇨ 회사의 재정 활동은 최고 재무 책임자가 쓴 보고서에 공개되었다.

add _ v. 더하다

기존의 무엇에 「추가적으로 더한다」는 개념의 동사. 잘 어울리는 전치사로는 up이나 to가 있으며 add up to로 전치사 둘이 함께 붙으면 「총계가 …가 되다」라는 뜻이 된다.

🏃 TOEIC 점수를 쑥쑥 올려주는 표현들

addition 추가(물), 덧셈	**add-on functions** 부가기능
additive 첨가제, 부가물	**add-on software** 추가소프트웨어
additional 추가적인, 부가적인	**in addition to** …에 더하여
add details to 상세히 하다	**additional charge** 추가요금

🦅 TOEIC 시험에 꼭 나오는 문장들

1. The public water supplied in New York contains a controversial fluoride **additive.** ⇨ 뉴욕시에서 공급되는 수도물은 논란이 되고 있는 불소 첨가제를 함유하고 있다.

2. The chef **added** the eggs **to** the flour mixture and stirred it for a few minutes. ⇨ 요리사는 밀가루 반죽에 달걀을 넣고 몇분간 휘저었다.

3. The reporter was instructed by her supervisor to **add** more **details to** her story. ⇨ 그 기자는 상사로부터 기사를 더 자세히 쓰라는 지시를 받았다.

4. There is a lot of relatively cheap **add-on software** that you can buy. ⇨ 귀하께서 구입할 수 있는 비교적 저렴한 추가 소프트웨어가 많습니다.

5. We have a number of our own safety practices **in addition to** the government-mandated safety code. ⇨ 우리는 정부가 강제로 시행하고 있는 안전 수칙 이외에도 여러가지 안전 조치를 취하고 있습니다.

TOEIC 어휘력 증강비법

-ee … 하게 되는 사람

• absentee n. 부재자	• nominee n. 지명자	• consignee n. (판매품의) 수탁자
• devotee n. 열성가	• employee n. 종업원	• addressee n. (우편물의) 수취인

address _ n. 주소, 연설 v. 주소를 적다, 발송하다

「주소」라는 기본적인 뜻 외에 「연설」이라는 의미가 있고, 특히 동사로 problem 계열의 단어를 목적
어로 받으면 「문제를 다루어 해결하다」(deal with)란 의미로도 사용된다.

🏃 TOEIC 점수를 쑥쑥 올려주는 표현들

addressee 수신인, 받는이	**verify an address** 주소를 확인하다
addresser 발신인, 이야기를 거는 사람	**forwarding address** 이사간 주소
be addressed to …에게 발송되다	**keynote address** 기조 연설
address a letter 편지에 주소를 쓰다	**opening address** 개회사
address the form 서류를 처리하다	**residential address** 거주지주소
address a problem 문제를 다루다	**Internet home page address**
give an address 연설하다	인터넷 홈페이지 주소

🏃 TOEIC 시험에 꼭 나오는 문장들

1. Please forward all mail to the **addressee** at the newly listed address. ⇨ 새로 등록된 주소의 수신인에게 우편물을 모두 회송해 주십시오.

2. The presentation must **address the form** that was received by customer service last week. ⇨ 발표회에서는 지난 주 고객 서비스 부서에 접수된 서류를 다루어야 한다.

3. The president of the company was angry with his secretary for not **addressing the problem** sooner. ⇨ 사장은 문제를 보다 일찍 처리하지 않은 데 대해 자기 비서에게 화가 났다.

4. Make sure that you give us a **forwarding address** for your mail. ⇨ 우편물을 받을 수 있도록 이사간 주소를 꼭 알려 주세요.

5. Mr. Smith will be giving the **opening address** at the annual conference in London. ⇨ 스미스씨는 런던 연례회의에서 개회사를 하게 될 것이다.

6. We require all employees to submit a form with their proper **residential address** for payroll purposes. ⇨ 임금을 지불하는 데 필요하니 전 직원은 거주지 주소가 정확히 기입된 서류를 제출해야 한다.

관리, 경영, 행정 분야 등에서 두루 활약하는 탓에 공식적이고 딱딱한 느낌을 준다. 또한 약을 「복용시키다」라는 의미로도 쓰이는데 이 역시 의사가 투약하듯 다소 전문적인 냄새를 풍긴다.

🏃 TOEIC 점수를 쑥쑥 올려주는 표현들

administration 관리, 경영, 행정(기관)

administrator 관리자, 경영자, 행정관

business administration 경영

city administrator 시(市)행정관

administrative staff 관리직원

administrative assistant 행정비서

administrate loan portfolio
대출 금융자산을 관리하다

Federal Aviation Administration
美 연방항공국

MBA(Master of Business Administration)
경영학 석사

SBA(Small Business Administration)
(美)중소기업청

🐾 TOEIC 시험에 꼭 나오는 문장들

1. The doctor asked his assistant to **administer** 300ml of interferon to the patient. ⇨ 의사는 환자에게 인터페론 300ml를 주사하라고 조수에게 지시했다.

2. Part of the new **administrator's** job is to schedule and oversee part-time office staff. ⇨ 신임관리자 직무 중 하나는 임시직원들의 일정을 짜고 감독하는 것이다.

3. A successful candidate will possess at least two years of credit analyst experience along with a four-year college degree in **business administration.** ⇨ 입사지원자는 경영 분야의 4년제 대학 학위와 더불어 적어도 2년간 신용 분석을 해본 경험 이 있어야 합니다.

4. She left everything with respect to the luncheon for her **administrative assistant** to arrange. ⇨ 그 여자는 오찬 준비건에 대해서는 자신의 행정비서에게 일임했다.

TOEIC 어휘력
증강비법

poten/posse 능력있는

• impotent a. 무력한   • possible a. 가능성있는   • potential a. 잠재적인

advance _ n. 선불 a. 사전의 v. (가격이) 오르다

「미리」, 「사전에」란 개념에서 출발하여 물건 값 등을 「선불(하다)」, 가격 따위가 「인상(되다)」라는 의미도 있다. 또 비유적으로 목표나 높은 위치·지위를 향해 「나아가다」란 뜻으로도 사용된다.

🏃 TOEIC 점수를 쑥쑥 올려주는 표현들

pay an advance 미리 지급하다	**advanced degree** 석·박사학위
advance notice 사전통보	**advanced nation** 선진국
advance payment 선급금	**advanced technology** 선진기술
advance purchase 선매(先賣)	**advance four and a half**
in advance 미리, 사전에, 선불로	**percent** 4.5% 오르다

🐒 TOEIC 시험에 꼭 나오는 문장들

1. The manager asked for a small **advance** on his pay. ⇨ 부장은 월급 중 일부를 가불해줄 것을 요청했다.

2. Tickets purchased **in advance** can be picked up at the Tour Registration Desk in the hotel lobby. ⇨ 예매권은 호텔로비에 있는 여행 등록소에서 받아가세요.

3. **Advanced nations** should be responsible for helping out lesser developed countries. ⇨ 선진국들은 저개발 국가들을 원조해야할 책임이 있다.

4. Large flexible companies typically make the greatest use of **advanced technologies.** ⇨ 규모가 크며 외부적인 조건에 유연하게 대처하는 회사들은 일반적으로 선진기술들을 가장 잘 활용한다.

5. Sales of the company's environmentally-friendly products have **advanced four and a half percent** this month. ⇨ 그 회사의 환경친화적인 제품의 판매가 이번 달에 4.5% 증가했다.

TOEIC 어휘력
증강비법

-ist ··· 하는 사람, 신봉하는 사람

• humanist n. 인본(문)주의자	• naturalist n. 자연주의자	• racist n. 인종차별주의자
• sexist n. 성차별주의자	• sociologist n. 사회학자	• terrorist n. 테러리스트

035 advertisement/advertising _ n. 광고

TOEIC이 좋아하는 advertise의 명사형 형제. 먼저 advertisement(=ad)는 매체에 실제 게재된 「광고」를 말하며, advertising은 「광고(advertisement)를 하는 행위(activity)」 그 자체를 뜻한다.

🏃 TOEIC 점수를 쑥쑥 올려주는 표현들

advertise 광고[선전]하다	**advertising budget** 광고예산
advertisement 광고, 선전	**advertising campaign** 광고캠페인
advertiser 광고주	**advertising department** 광고부
advertise sales 할인판매를 광고하다	**ad results** 광고결과
advertising agency 광고대행사	**comparative advertising** 비교광고

🏃 TOEIC 시험에 꼭 나오는 문장들

1. The **advertisement** claimed that the company was the number one retailer of computers in the country. ⇨ 그 회사는 광고에서 전국 제 1 의 컴퓨터 소매업체임을 자처했다.

2. We will have a much bigger **advertising budget** than the competition. ⇨ 우리는 광고에 경쟁업체보다 훨씬 더 많은 예산을 사용할 것이다.

3. The presidential candidate was embarking on an **advertising campaign** in order to secure votes. ⇨ 그 대통령 후보는 표를 얻으려고 광고 캠페인을 시작하고 있었다.

4. If you want ad results that exceed your wildest expectations, call our **advertising department** today. ⇨ 기대 이상의 광고 효과를 원하신다면 오늘 당장 저희 광고부로 연락주세요.

5. I need to place a **classified advertisement** in a newspaper in Belgium. ⇨ 벨기에의 신문에 안내 광고를 실어야 한다.

6. Generally speaking, **corporate ads** placed in a major newspaper cost about 50% more than personal ads. ⇨ 일반적으로 주요 일간지에 실린 기업이미지 광고는 개인광고 보다 약 50%가량 더 비싸다.

corporate ad 기업광고
full-page ad 전면광고
outdoor advertising 옥외광고
product advertising 상품광고
teaser advertising 티저광고
place an advertisement
광고를 내다
classified advertisement
생활 안내광고

advertise the magazine
잡지를 광고하다
sell an advertisement
광고를 유치하다
use targeted advertising
표적광고를 하다
solicit advertisers
광고주에게 광고를 얻으러 다니다
advertise in the magazine
잡지에 광고를 내다

7. The marketing manager informed his co-workers that the president had earmarked $50,000 for **outdoor advertising**. ⇨ 마케팅 부장은 직원들에게 사장이 옥외 광고에 5만 달러의 자금을 책정했다고 알렸다.

8. It is relatively inexpensive to **place an advertisement** in most local newspapers. ⇨ 지역신문은 대부분 광고 게재 비용이 비교적 저렴하다.

9. The young university graduate was honored to have been given a job **selling ads** for a newspaper. ⇨ 그 젊은 대졸자가 신문에 광고들을 유치하는 일자리를 얻는 명예를 차지했다.

10. The marketing team decided to **use targeted advertising** to gain market share in the cola business. ⇨ 마케팅팀은 콜라 사업의 시장 점유율을 높이려고 특정대상 광고 기법을 이용하기로 결정했다.

11. Account executives are not permitted to **solicit advertisers** unless they have obtained permission to do so from the president. ⇨ 광고회사의 고객 담당자들은 사장의 허가없이 광고를 유치하는 것이 허락되지 않는다.

TOEIC 어휘력
증강비법

cur 주의, 치료
• **cure** v. 치료하다   • **curious** a. 호기심있는   • **security** n. 안전, 안심, 보안

advise _ v. …에게 충고하다, 알리다

「충고하다」란 뜻 외에 advise sby of sth의 형태로 「…에게 ~을 알리다」, 「통보하다」, 즉 inform의
의미로도 자주 쓰인다. 한편, 좀 낯설지만 TOEIC 빈출단어인 advisory 역시 깊이 새겨둘 것!

🏃 TOEIC 점수를 쑥쑥 올려주는 표현들

advice 충고	**seek advice from** …에게 조언을 구하다
advisor/adviser 조언자, 자문, 고문	**travel advisory** (美)해외여행객에 대한 주의보
advisory 주의보	**take (legal) advice** (변호사)자문을 구하다
legal advisor 법률 자문가	**be well-advised to** …하는 것이 현명하다
weather advisory 기상주의보	

🏃 TOEIC 시험에 꼭 나오는 문장들

1. The sales clerk **advised** the customer that the book he was
   searching for was out of print. ⇨ 점원은 고객에게 찾고 있는 책이 절판이 되
   었다고 알려주었다.

2. All employees **are advised** to stay in the building until the
   thunder and lightening subsides. ⇨ 직원들은 모두 천둥과 번개가 그칠 때까
   지 건물에 머물러 계십시오.

3. It is wise to consult a physician for some **advice** before you go
   on a diet. ⇨ 식이요법에 들어가기 전에 먼저 의사에게 상담하는 것이 현명하다.

4. The policeman told us that the **weather advisory** would be in
   effect until the end of the week. ⇨ 경찰관은 우리에게 그 기상 주의보가 주말
   이 되어야 해제될 것이라고 말했다.

5. The **travel advisory** in the Wall Street Journal states that all
   flights into Colombia have been temporarily suspended. ⇨ 「월 스
   트리트 저널」지의 여행 정보란에는 콜럼비아 행 항공기들은 모두 운항이 일시적으로 중단되
   었다고 실렸다.

agenda _ n. (회의의) 안건, 정책, 할 일

회의에서 논의될 주제 목록(list of the subjects to be discussed at a meeting), 즉 회의의 「안건」을 뜻하며, 비유적으로는 「정책, 앞으로 해야 할 일」을 의미한다.

🏃 TOEIC 점수를 쑥쑥 올려주는 표현들

conference agenda 회의 의제
future agenda 장래에 할 일
main agenda 주요 의제
on the agenda 안건에 올라와 있는

review the future agenda
향후 할 일을 검토하다
This year's agenda is ~
금년도에 할 일은…

🦍 TOEIC 시험에 꼭 나오는 문장들

1. The **conference agenda** was distributed to all of the guests prior to their arrival at the conference center. ⇨ 회의안건은 참석자들이 회의장에 도착하기 전에 모두 배포되었다.

2. The management team planned to hold a meeting to review the **future agenda** of the company. ⇨ 경영팀은 회사의 장래 사업건을 재검토하기 위해 회의를 열기로 했다.

3. The president asked his secretary to check what was **on the agenda** for the meeting. ⇨ 사장은 그의 비서에게 회의의 안건으로 무엇이 올라왔는지 확인하라고 했다.

4. **This year's agenda is** quite simple, but most of us feel that it will help us to turn a profit this year. ⇨ 올해에 할 일은 매우 간단하지만 우리들 대부분은 그것이 우리에게 이익을 올려 줄 거라고 생각한다.

TOEIC 어휘력
증강비법

-cian 기술자

- **beautician** n. 미용사
- **optician** n. 검안사
- **dietitian** n. 영양사
- **physician** n. 내과의, 의사
- **technician** n. 전문가
- **statistician** n. 통계학자

「비즈니스」나 「법적 문제」 등을 대행하는 개인 혹은 회사. 「사람」에만 국한되지 않고 「기관」을 나타내기도 한다는 사실에 주목한다. 한편 agency는 「서비스」나 「정보」를 제공하는 기관이나 회사.

TOEIC 점수를 쑥쑥 올려주는 표현들

employment agency 고용알선기관	**real estate agent** 부동산 중개인
forwarding agent 운송업자	**shipping agent** 해운업자
free agent(FA) 자유 계약 선수	**softening agent** 섬유유연제
government agency 정부기관	**sole agent** 독점대리인
insurance agent 보험대리인	**travel agent** 여행사 직원

TOEIC 시험에 꼭 나오는 문장들

1. The signature of the addressee or addressee's **agent** is required upon delivery. ⇨ 물건을 인도할 때에는 수취인 또는 수취 대리인의 서명을 받아야 한다.

2. Some employees will be provided by a local **employment agency**. ⇨ 일부 직원들은 지역 고용알선기관을 통해서 구할 수 있다.

3. According to a secretary at the courier service company, the bonds were delivered to the **forwarding agent** on Friday. ⇨ 택배 서비스 회사의 비서에 따르면, 증서들은 금요일에 운송업자에게 인도되었다고 한다.

4. As the **sole agent** in America, our company owns US distribution and patent rights for the product. ⇨ 미국내의 독점 대리인인 우리 회사는 이 상품의 미국 유통 및 특허권을 보유하고 있습니다.

5. Most **travel agents** can offer their customers anywhere from 5% to 50% off the regular price of an airline ticket. ⇨ 여행사 직원들은 대부분 고객들에게 비행기 표의 정가에서 5에서 50%까지 할인해줄 수 있다.

TOEIC 어휘력
증강비법

germ 발아

• **germ** n. 미생물, 기원   • **germinal** a. 새싹의   • **germicide** n. 살균제

039 agreement _ n. 동의, 협정, 계약, 합치

일상생활에서 많이 사용되는 동사 agree의 명사형 agreement 또한 TOEIC에서는 빠질 수 없는 중요 빈출단어. 특히 「동의」란 뜻 못지않게 「합의」, 「계약」이라는 의미로도 자주 쓰인다.

🏃 TOEIC 점수를 쑥쑥 올려주는 표현들

unanimous agreement 만장일치
trade agreement 무역 협정
agree on sth …에 대해 의견을 같이하다
agree to + V …하는 것에 동의하다
agree with sby …의 의견에 동의하다
sign an agreement 협정에 서명하다
enter into[make] an agreement
   계약을 맺다

reach an agreement
   (특히 토론을 많이 한 후에) 합의에 도달하다
be close to an agreement
   합의에 거의 도달하다
agree to differ[disagree]
   견해차로 보고 더이상 얘기하지 않기로 하다
I couldn't agree (with you) more
   대찬성이다

🐒 TOEIC 시험에 꼭 나오는 문장들

1. It seems that we can never **agree on** anything that has to do with our new client. ⇨ 새 고객에 관한 일이라면 우리는 한번도 의견을 같이 한 적이 없었던 것 같다.

2. I have **agreed to** meet him this afternoon to discuss the changes he wants to make in his contract. ⇨ 나는 오늘 오후 그 사람과 만나서 자신의 계약에 대해 변경하고 싶은 것에 관해 의논하기로 했다.

3. We'll need to **sign an agreement** before I can send you any of my written ideas. ⇨ 당신에게 서면으로 내 아이디어를 조금이라도 보내려면 계약에 서명해야 합니다.

4. I'd be cautious about **entering into an agreement** with a new company. ⇨ 나라면 새로운 회사와 계약을 맺을 때 신중하게 하겠다.

5. It is important that we **reach an agreement** on this issue by 5 o'clock this evening. ⇨ 오늘 저녁 5시까지 이 문제에 대해서 합의를 보는 것이 중요하다.

aid _ n. 원조, 조력 v. 돕다, 원조하다

aid는 뭔가 발전적이고 좋은 방향으로 돕는다(help sth get better, develop and grow)는 의미로 hearing aid(보청기), visual aid(시각자료)와 같이 활용되기도 한다.

🏃 TOEIC 점수를 쑥쑥 올려주는 표현들

first aid 응급처치	**study aid** 학습 보조물
first aid kit 구급상자	**visual aid** 시각자료
hearing aid 보청기	**Band-Aid** 반창고와 가제를 합친 의료상품명
legal aid 무료 변호사	

🚶 TOEIC 시험에 꼭 나오는 문장들

1. They administered **first aid** to the victim, but it was too late to save her life. ⇨ 그 사람들은 부상자에 대한 응급조치를 취했지만 그 여자의 목숨을 구하기에 너무 늦었다.

2. You should always carry a **first aid kit** with you when you go hiking in the wilderness. ⇨ 등산하러 갈 때에는 항상 구급상자를 가지고 가도록 해라.

3. The cost of **hearing aids** has skyrocketed with the advent of new technologies that significantly improve hearing quality. ⇨ 음질을 획기적으로 향상시킨 새로운 기술이 등장헤사 보청기의 가격이 급등했다.

4. The **legal aid** came forward, and shared with us her views on the case at hand. ⇨ 무료 변호사가 나서서 현재 재판에 걸려있는 건에 대한 자신의 견해를 우리에게 들려주었다.

5. Public speakers make great use of **visual aids** and often must adjust to audience interruptions during the course of their speech. ⇨ 대중 연설자는 시각자료를 많이 활용하는데, 연설 도중 청중의 방해에 대처해야 하는 경우가 많다.

all _ a. 모든, 완전의

개체의 총합을 의미하는 all은 문장에서 형용사·명사·대명사·부사로 「모든」, 「전체」, 「최대의」, 「엄청난」, 「모든 사람」, 「모든 것」, 「전혀」, 「완전히」 등 다양한 의미를 갖는다.

🏃 TOEIC 점수를 쑥쑥 올려주는 표현들

all day long 하루종일	**above all** 무엇보다
all in all 전반적으로 볼 때	**after all** 결국
all out 전력으로, 지쳐서, 전혀	**at all times** 언제든지
all over the world 전 세계에 걸쳐	**with all** …이 있으면서도, …함에도
all told 전부 합해서	**stay up all night** 밤을 새워 일하다

🚶 TOEIC 시험에 꼭 나오는 문장들

1. **All in all,** I think we did a good job. I only had a brief conversation with him, but he said in short it looks positive. ⇨ 전반적으로 볼때, 우리가 일을 잘 처리한 것 같아요. 그 사람하고 잠깐 얘기해봤는데, 간단히 말해 낙관적이라고 하더군요.

2. I would like to travel **all over the world,** but I don't have much time or money. ⇨ 나는 세계일주를 하고 싶지만 시간도 돈도 많지 않다.

3. **All told,** sales for this month add up to more than $300,000 dollars. ⇨ 전부 합해서 이번달 매상은 총 30만달러가 넘는다.

4. **Above all,** the boss did not want his customers to get angry. ⇨ 무엇보다 사장은 고객들을 화나게 만들길 원치 않았다.

5. I wanted to **stay up all night,** but I was so tired that I fell asleep. ⇨ 나는 밤을 새고 싶었지만 너무 피곤해서 잠이 들었다.

TOEIC 어휘력
증강비법

portion

- portion n. 부분, 몫
- proportional a. 비례의
- proportion n. 비, 비율, 부분
- disproportion n. 불균형, 불균등

042 allow _ v. 허락하다, 인정하다

「허락」, 「인정」의 의미를 담고있는 기본동사. 더불어 수당(money that someone is given regularly or for a special reason)을 뜻하는 명사형 allowance의 쓰임새도 눈여겨 보도록 한다.

🏃 TOEIC 점수를 쑥쑥 올려주는 표현들

allowance 수당, 허가 한도
allowable 허용되는, 승인 가능한
be allowed to+V …하도록 허락받다
allow for …을 고려하다
education allowance 교육수당

entertainment allowance 접대비
(Sth) allow sby to + V
…덕분에 ~할 수 있다
free baggage allowance
비행여행시 무료로 부칠 수 있는 짐의 한도

🏃 TOEIC 시험에 꼭 나오는 문장들

1. When selecting coach seats, remember that bulkhead seats and seats alongside emergency exits **allow** extra leg room. ⇨ 2 등석의 좌석을 고를 때에는 앞에 칸막이가 있는 좌석과 비상출구 옆의 좌석이 다리뻗는 공간이 좀 더 넓다는 것을 명심하십시오.

2. We will give you a moving **allowance** if you decide to take that job. ⇨ 그 자리를 받아들여 우리 회사에 들어오시겠다면 이사 비용을 드리겠습니다.

3. My parents wouldn't let me do things some of my friends **were allowed to** do. ⇨ 친구들은 해도 된다고 허락받은 일들을 내 부모는 허락해주지 않으려 했다.

4. E-mail **allows** people in the office to communicate with the highest efficiency. ⇨ 이메일 덕분에 사무실 사람들은 가장 효율적으로 정보교류를 할 수 있다.

5. We were told that the **free baggage allowance** consisted of two large bags weighing up to 30kg each. ⇨ 무료 수하물 휴대량은 각각 최고 30kg까지 나가는 커다란 가방 2개라고 들었다.

🔎 TOEIC 어휘력 증강비법

chron/chrono 시간

• chronic a. 만성의   • chronicle n. 연대기, 기록   • chronology n. 연대학

| Keywords | **amount~ average**

043 amount _ n. 양, 총계, 총액 v. (총계가) 달하다

명사로 쓰일 뿐만아니라 전치사 to를 동반해 동사로도 심심찮게 사용된다. 이때는 금액이나 숫자 등의 총계가 「…에 달한다」, 나아가 비유적으로 어떤 것이 「…상태에 이르다」라는 의미가 된다.

🏃 TOEIC 점수를 쑥쑥 올려주는 표현들

amount to …에 달하다, …에 이르다	**full amount** 전액
amount to over 총계가 …을 넘는다	**total[gross] amount** 총액(수)
amount due 지불할 요금	**in the amount of** …의 액수(량)으로
amount of food 음식량	**any amount of** 매우 많은

🐾 TOEIC 시험에 꼭 나오는 문장들

1. The company's assets and equity **amount to** much more than we previously indicated. ⇨ 회사의 자산과 자기 자본 총액은 앞서 우리가 제시했던 수치를 훨씬 웃돈다.

2. Because the people in the traffic accident had to go to the hospital, their expenses will **amount to over** $5,000. ⇨ 그 교통 사고의 피해자들은 병원에 가야 했기 때문에 병원비가 5000달러는 족히 넘을 것이다.

3. You will be amazed at the **amount of data** you can access. ⇨ 당신이 접근할 수 있는 자료의 양에 놀라게 될 것이다.

4. The **total amount** left owing on the credit card bill was $15.75. ⇨ 신용카드 미불 청구금액으로 남아 있는 총액수는 15달러 75센트였다.

5. The lady had parked illegally and the police gave her a ticket to pay, **in the amount of** $30.00. ⇨ 여자가 불법주차를 해서 경찰은 30달러짜리 딱지를 뗐다.

> **TOEIC 어휘력 증강비법**
>
> **uni/unus** 하나의
>
> - **unanimous** a. 만장일치의
> - **uniform** a. 동일한 n. 제복
> - **unification** n. 통합, 통일
> - **unison** n. 조화, 일치
> - **union** n. 결합, 노조
> - **unit** n. 단위, 구성단위

analysis _ n. 분석

주식시장의 확대와 더불어 최근 각광받고 있는 단어. 사물·현상을 세부적으로 나누어 조사하는 것을 말하며, 복수형은 analyses[ənǽləsiːz]. 동사 analyze[ǽnəlaiz]와 철자 및 발음차이에 유의한다.

🏃 TOEIC 점수를 쑥쑥 올려주는 표현들

analyze 분석하다, 검토하다	**financial analysis** 재무 분석
analytical 분석적인	**risk analysis** 위험 분석
analyst 분석가	**in the final analysis** 결국, 최종적으로

🐾 TOEIC 시험에 꼭 나오는 문장들

1. Our fundamental **analysis** of the company indicates strong future prospects. ⇨ 그 회사에 대해 우리가 기본적인 분석을 해본 결과 회사는 앞으로 크게 번창할 것으로 보인다.

2. According to an **analyst** at Goldman Sachs, the company will not make it past the end of this year. ⇨ 골드만 삭스 社에 있는 한 분석가에 따르면 그 회사는 올해 말을 넘기지 못할 것이다.

3. This position will be responsible for **analyzing** financial statements. ⇨ 이 직책은 재무제표의 분석을 담당하는 자리가 될 것이다.

4. Our investors want us to present a **risk analysis** to them before they make up their mind. ⇨ 투자자들은 자신들이 결정을 내리기 전에 우리가 위험 분석을 내놓기를 바라고 있다.

5. **In the final analysis,** consumers choose the shape and size of the package. ⇨ 결국에는 소비자들이 포장의 모양과 크기를 선택하게 된다.

TOEIC 어휘력 증강비법

mon/mono 하나의

• monopoly n. 독점, 독점기업
• monologue n. 독백
• monotone n. 단조
• monogamy n. 일부일처제

annual _ a. 일년의 n. 연보(年報), 연감(年鑑)

1년에 한 번씩 이루어지는(appearing every year or once a year) 「연례적인」 일을 나타내는 형용사로 주로 쓰이며, 「연보」, 「연감」(yearbook)이란 뜻의 명사로도 쓰인다.

🏃 TOEIC 점수를 쑥쑥 올려주는 표현들

annually 해마다
annual audit 연례 회계감사
annual report 연례 보고서
annual check-up 연례 정기 건강진단
annual fee 연회비
annual income[salary] 연수입[연봉]

annual membership dues 연회비
annual pension 연금
annual precipitation 연강수량
annual sales volume 연간판매량
annual percentage rate(APR)
연이율(年利率)

🏃 TOEIC 시험에 꼭 나오는 문장들

1. The **annual report** will be sent out to all of our stockholders in April. ⇨ 연례 보고서는 4월달에 주주들에게 모두 발송될 것이다.

2. Most medical professionals recommend that everyone have an **annual check-up**. ⇨ 의료 전문가들은 대부분 모든 사람들이 매년 정기 건강진단을 받을 것을 권장한다.

3. **Annual membership dues** will rise 20% next year to help offset rising overhead costs. ⇨ 간접비용 상승에 대한 비용을 충당하기 위해 연회비가 내년에 20% 오를 것이다.

4. The company's **annual sales volume** has declined steadily since the government deregulated the telecommunication industry. ⇨ 그 회사의 연간 판매량은 정부가 텔레콤 산업 규제를 해제한 이후로 꾸준히 감소했다.

5. We need to have someone check the **APR** that they are charging us. ⇨ 사람을 시켜서 우리에게 부과되는 연이율을 조사해 봐야겠어요.

apply _ v. 신청하다, 지원하다, 적용하다

apply의 명사형은 두 가지. 먼저 application은 「신청서」나 「지원서」, 또는 추상명사로 「응용」을, 한편 또다른 명사형인 appliance는 「기구」, 특히 「부엌 살림용 가전제품」을 각각 가리킨다.

🏃 TOEIC 점수를 쑥쑥 올려주는 표현들

apply for ···을 신청하다
apply to ···에 적용되다
apply oneself to ···에 전념하다
application fee 신청 수수료
job application form 입사지원서
membership application 회원신청

passport application 여권신청
visa application 비자 신청
submit an application
신청서를 제출하다
complete loan application
대출 신청서를 작성하다

🐒 TOEIC 시험에 꼭 나오는 문장들

1. Consumers are advised to check used electronics stores for bargains before investing in costly new **appliances.** ⇨ 소비자들은 값비싼 새 전기제품을 사기 전에 싸게 살 수 있는 중고 전자상점을 다녀보는 것이 좋다.

2. In order to **apply for** a credit card, you should have two forms of photo ID. ⇨ 신용카드를 신청하려면 사진이 붙어있는 신분증명서가 두 종류 있어야 합니다.

3. He would be such a good student if he just **applied himself to** his studies. ⇨ 만약 그 남자가 공부에 전념한다면, 정말 좋은 학생이 될 것이다.

4. The **application fee** was waived because the applicant knew the manager. ⇨ 그 신청자는 책임자와 아는 사이라서 신청 수수료가 면제되었다.

5. The **visa application** was rejected because of an insufficient amount of information. ⇨ 제출된 자료가 불충분해서 비자신청이 거절되었다.

TOEIC 어휘력 증강비법

dem/demo 대중, 민중

• **demagogue** n. 정치선동가 • **democrat** n. 민주주의자 • **epidemic** n. a. 전염병(의)

65

appointment _ n. 약속, 임명, 지명

의사나 사업상 중요한 인물과의 「만남」을 뜻하는 formal한 단어. 따라서 have an appointment with sby하면 「…와 만날 약속이 있다」, make an appointment to + V하면 「…할 약속을 잡다」.

🏃 TOEIC 점수를 쑥쑥 올려주는 표현들

appoint 지명(임명)하다, 정하다
business appointment 사업상약속
self-appointed 스스로 정한, 자칭의
attend an appointment 약속에 가다
cancel an appointment 약속취소하다

keep[break] an appointment
약속(시간)을 지키다[어기다]
make[fix] an appointment
약속을 잡다

🐾 TOEIC 시험에 꼭 나오는 문장들

1. The government **appointed** a special committee to examine the bank's risky investment strategy. ⇨ 정부는 그 은행의 모험적인 투자전략을 검토하기 위해 특별 위원회를 임명했다.

2. Last week he was **appointed** head coach of next year's Olympic soccer team. ⇨ 지난 주 그 사람은 내년 올림픽 축구팀의 감독으로 임명되었다.

3. A: What brings you to London, Marie? ⇨ 마리, 런던에는 왜 왔죠?
   B: I'm here to attend a medical conference, but I've also scheduled some **business appointments.** ⇨ 의학 회의에 참석하고, 사업상 약속도 몇 가지가 있거든요.

4. The man was not able to **attend the appointment** that he had previously scheduled because he was in the hospital. ⇨ 그 남자는 병원에 입원했기 때문에 이전에 일정을 잡아두었던 약속에 나갈 수 없었다.

5. Your client just called to **make an appointment** to discuss them. ⇨ 그것들을 논의할 약속을 잡기 위해 당신의 고객이 방금 전화했습니다.

048 appreciate _ v. 평가하다, 시세가 오르다, 고맙게 여기다

TOEIC에서는 「평가하다」, 부동산 등의 「자산가치가 증가하다」(increase in the value of an asset), 화폐를 「평가절상하다」라는 뜻으로 빈번히 사용된다. 반대말은 depreciate.

🏃 TOEIC 점수를 쑥쑥 올려주는 표현들

appreciation 평가, 자산가치의 증가
appreciative 감사하는, 감상할 줄 아는
appreciation value 자산가치
depreciate 평가절하하다
depreciation 감가상각

depreciation expense 감가상각비
gain an appreciation for
…에 대해 제대로 이해하다
I'd appreciate it if you could~
…해 주신다면 감사하겠습니다

🦘 TOEIC 시험에 꼭 나오는 문장들

1. While tea has been **appreciated** for 5,000 years in China, the Western world had its first sip only 500 years ago. ⇨ 중국인들은 차를 5천년 동안 마신 반면에 서구인들은 겨우 500년 전에 처음으로 마셔봤다.

2. I wonder what the **appreciation value** of that property will be when they make the golf course. ⇨ 골프장이 들어서면 그 부동산의 자산 가치가 얼마나 증가할지 궁금하다.

3. She **gained an appreciation for** the manager's job after spending a month as an intern in his office. ⇨ 그 여자는 부서 책임자의 사무실에서 한달간 수습사원으로 일해본 후 그 업무에 대해 올바로 이해하게 되었다.

4. **I would appreciate it if** you would direct all future correspondence to our new fax number listed below. ⇨ 앞으로 연락하실 때는 모두 아래에 기재된 저희 새로운 팩스번호로 보내주시면 감사하겠습니다.

5. The company's tax accountants decided that it would be beneficial to the company to lengthen the **depreciation** period on machinery. ⇨ 그 회사의 세금 담당자는 기계류의 감가상각 기간을 연장하는 것이 회사에 이로울 것이라고 결정했다.

67

approve _ v. 승인하다, 찬성하다

approve a budget(예산안을 의결 승인하다)에서처럼 제안이나 계획, 계약 등을 「공식적으로 인정하다」, 또는 전치사 of와 함께 쓰여 어떤 행동·행위에 대해 「찬성하다」라는 의미를 갖는다.

🏃 TOEIC 점수를 쑥쑥 올려주는 표현들

approval 승인, 허가(= permission)

approve a contract 계약을 승인하다

approve of ···에 찬성하다

budget approval 예산승인

final approval 최종승인

seal of approval 공식적 승인

meet with sby's approval ···의 찬성을 얻다

🐒 TOEIC 시험에 꼭 나오는 문장들

1. The union is expected to **approve the contract** by the end of the week. ⇨ 노동조합은 이번 주말까지 계약을 승인할 예정이다.

2. We don't **approve of** pirating software, just like every other software company. ⇨ 다른 소프트웨어 회사들과 마찬가지로 우리도 소프트웨어 해적행위에는 반대라구.

3. If you **approve of** the new product, production can commence tomorrow. ⇨ 만일 당신이 새로운 상품을 승인한다면 내일부터 생산을 시작할 수 있습니다.

4. The **budget approval** for this bill never came through, and the schools suffered greatly as a result. ⇨ 이 법안에 대한 예산 승인이 통과되지 못해, 그 결과 학교들은 엄청난 고통을 겪었다.

5. The product brochure was completed and delivered to the president for **final approval.** ⇨ 상품안내서가 완성되어 최종 승인을 받으려고 사장에게 제출되었다.

TOEIC 어휘력 증강비법

bi/bin/bis 2개의

• **bilateral** a. 양면의

• **bimonthly** a. 격월의

• **biceps** n. 이두박근

• **bipolar** a. 양극의

• **binary** a. 이원의

• **biennial** a. 2년마다의 n. 2년생식물

approximate _ a. 대략의 v. …에 가깝다, 어림하다

가격, 수량 등을 어림잡아 「대략 …(쯤)」이라고 얘기할 때 곧잘 쓰이는 단어지만 「어림하다」, 「(…에)
가깝다」라는 동사로도 쓰인다는 점을 이번기회에 꼭 알아두도록 한다.

🏃 TOEIC 점수를 쑥쑥 올려주는 표현들

approximately 대략, 대강, 얼추   **approximate waiting time**
~ is approximate 대략 …의 수치이다   대략적인 대기 시간
approximate number of
        …의 대략적인 숫자

🏃 TOEIC 시험에 꼭 나오는 문장들

1. The man hoped to **approximate** the work done by the French
   painter. ⇨ 그 남자는 프랑스 화가의 작품을 모사하고 싶었다.

2. The figures presented in this document are **approximate** and
   calculated using data released by a number of government
   sources. ⇨ 이 문서에 제시된 숫자들은 근사치이며 정부의 여러 출처에서 공개한 데이
   타를 통해 계산되었다.

3. The store is located **approximately** ten miles from the edge of
   town. ⇨ 그 상점은 시 외곽에서 대략 10마일 떨어진 곳에 위치해 있다.

4. I believe that the **approximate number of** staff members is
   around 35, but I am not really sure. ⇨ 직원은 대략 35명 정도 되는 것 같은
   데, 장담은 못하겠네요.

5. The **approximate waiting time,** due to snowy conditions, will
   be 45 minutes. ⇨ 눈이 오는 기상조건 때문에 대략적인 대기시간은 45분이 될 것이다.

TOEIC 어휘력
증강비법

duo/du 둘의		
• doubt n. 의혹	• dual a. 이중의	• duel n. 결투
• duo n. 이중주	• duplex a. 이중의	• duplication n. 중복, 복제

arrange _ v. …을 정하다, …의 준비를 하다

「정리(정돈)하다」라는 뜻으로 잘 알려져 있지만 모임, 콘서트, 파티 등 어떤 일을 「계획하고 준비하다」라는 의미로 많이 사용된다.

🏃 TOEIC 점수를 쑥쑥 올려주는 표현들

arrangement 배열, 배치, 준비, 계획	**make arrangements** 마련해 두다
arrange for …을 준비하다	**come to an arrangement**
arrange to + V …하기로 되어 있다	협상에 도달하다

🚶 TOEIC 시험에 꼭 나오는 문장들

1. I hope you'll be able to attend the luncheon I've **arranged.**
   ⇨ 전 당신이 제가 마련한 오찬에 참석하셨으면 합니다.

2. As soon as the mediator arrived, she **arranged for** a large conference room at the airport. ⇨ 중재자가 도착하는대로 그 여자는 공항에 대형 회의실을 준비해 두었다.

3. A: Would you like a ride to work or have you made other **arrangements?** ⇨ 제가 직장에 태워다 드릴까요? 아니면 다른 교통편을 주선해 놓으셨나요?

   B: Actually, I don't need a ride today. My brother is picking me up. ⇨ 사실, 오늘은 다른 차를 탈 필요가 없어요. 제 남동생이 절 태워다 주기로 했거든요.

4. The president asked his secretary to call the travel agency and **make the arrangements for** his trip to New Jersey. ⇨ 사장은 비서에게 여행사에 전화해서 뉴저지 행 출장을 준비하라고 지시했다.

5. The secretary took it upon herself to **make arrangements** with the caterer for the annual Christmas party. ⇨ 비서는 연례 크리스마스 파티에 출장 요리사를 주선하는 일을 스스로 맡았다.

assess _ v. (재산을) 평가하다, (비용을) 부과하다

가치나 중요성 등을 「평가하다」라는 뜻으로 TOEIC에서는 주로 '과세'(taxation)를 위한 평가를 의미할 때가 많은데, 이때 평가의 대상에는 재산·수입 뿐만 아니라 상황·능력까지 포함된다.

TOEIC 점수를 쑥쑥 올려주는 표현들

assessment (과세를 위한) 사정, 평가
assessor 과세(課稅) 평가인
tax assessment 과세 사정(査定)
assessed value 평가된 가치

assess one's skills …의 능력을 가늠하다
assess a charge on …에 대한 수수료를 산정하다
make an assessment of …을 평가하다

TOEIC 시험에 꼭 나오는 문장들

1. We will **assess** the company's financial stability and write a report. ⇨ 우리는 회사의 재정적 견실도를 평가해서 보고서를 작성할 것이다.

2. It is crucial that your **tax assessments** are done carefully, with as few errors as possible. ⇨ 가능한 한 실수가 없도록 세금 산정을 주의깊게 하는 것이 매우 중요하다.

3. The vendors had their house on the market for the third time, and were willing to sell at a lower price than the **assessed value.**
   ⇨ 집을 파는 사람들이 세번째로 집을 팔려고 내놓았는데 산정액보다 더 낮은 가격으로 팔고자 했다.

4. To function at a peak level, it is important that you continually **assess your skills** and improve them where it is necessary. ⇨ 최선의 능력을 발휘하기 위해서는 끊임없이 자신의 능력을 파악해서 필요한 부분을 향상시키는 것이 중요하다.

5. For insurance purposes, I had to **make an assessment of** all the valuables in my current home. ⇨ 보험에 들기 위해서 현재 집에 있는 모든 귀중품의 가치를 평가해야 했다.

asset _ n. 자산, 재산, 자질

최근 '~ 에셋'과 같이 금융기관명에 자주 등장하는 asset은 현금(cash), 유가증권(securities), 부동산(real estate) 등 경제적 가치가 있는 「자산」을 말한다. 주로 복수로 쓰인다.

🏃 TOEIC 점수를 쑥쑥 올려주는 표현들

assets and liabilities 자산 및 부채 **net assets** 순자산
available assets 이용 가능 자산 **personal[real] assets** 동산[부동산]
current[liquid] assets 유동자산 **tangible assets** 유형자산, 실물자산
fixed[capital] assets 고정 자산

🏃 TOEIC 시험에 꼭 나오는 문장들

1. The consultant told the president that a large percentage of the company's **assets** are tied up in accounts receivable. ⇨ 그 컨설턴트는 사장에게 그 회사 자산 중에서 미수금 계정에 묶여 있는 비율이 많다고 말했다.

2. They will need to see a detailed list of all of your available **assets.** ⇨ 그 사람들은 귀사의 이용가능 자산을 모두 자세히 살펴봐야 할 거예요.

3. **Current assets** are relatively liquid resources. This category includes cash, investments in marketable securities, receivables, inventories, and prepaid expenses. ⇨ 유동자산은 비교적 현금으로 바꾸기 쉬운 자산이다. 여기에는 현금, 시장 가치가 있는 유가 증권 투자, 미수금, 재고 및 선지급 비용 등이 포함된다.

4. We estimate that they have at least ten million dollars in **liquid assets.** ⇨ 그 사람들은 최소 천만 달러의 유동자산을 보유하고 있는 것으로 평가된다.

5. When he applied for the loan, the bank asked him what his **real assets** amounted to. ⇨ 융자를 신청하자 그 은행에서는 그 사람의 부동산이 얼마나 되는지 물어봤다.

6. My **tangible assets** are very few, which makes it hard for me to borrow money. ⇨ 나는 유형 고정자산이 거의 없어서 돈을 대출받기가 어렵다.

associate _ n. 동료, 공동경영자 v. 교제[제휴]하다

「동료」(colleague)나 「동업자」(partner), 「조합원」 등을 가리키는 명사일 때는 [əsóuʃət] or [əsóuʃiət] . 한편 「연합시키다」, 「제휴하다」라는 뜻의 동사일 때는 [əsóuʃièit]으로 발음된다.

🏃 TOEIC 점수를 쑥쑥 올려주는 표현들

an associate (사업 · 직장의) 동료, 직원
association 연합, 교제, 협회, 유대관계
associate A with B A를 B와 연관짓다
be associated with …와 제휴하다

associated taxes 관련 세금들
alumni association 동창회
associated toxic waste
부수적인 유독 산업폐기물

🐾 TOEIC 시험에 꼭 나오는 문장들

1. The man had to check with his **associate** before he could sign the contract. ⇨ 그 남자는 계약서에 서명하기 전에 동료와 의논해야 했다.

2. The law firm has contemplated hiring an **associate** dedicated to the area of intellectual property rights. ⇨ 그 법률 회사는 지적 소유권 분야 전문의 파트너를 한명 고용하는 것을 심사숙고했다.

3. The chemist tried to **associate** intelligence with food intake.
⇨ 그 화학자는 지능과 음식 섭취사이에 관계가 있다는 것을 밝히려고 애썼다.

4. Our company **is associated with** a number of international and domestic organizations. ⇨ 우리 회사는 많은 국내외 회사들과 제휴하고 있다.

5. The **associated toxic waste** must be disposed of in the proper fashion. ⇨ 부수적인 유독 산업폐기물은 적절한 방식으로 폐기해야 한다.

💡 TOEIC 어휘력
증강비법

tri 세 개의, 세배의

• **tripod** n. 3각대
• **triangular** a. 3각형의, 3각관계의

• **trio** n. 3중주
• **triple** a. 3배의 v. 3배로 하다

73

e-메일을 보낼 때 파일을 첨부하는 경우가 있는데 이때 사용되는 단어가 바로 attach. 주로 전치사 to 와 어울리며, 명사형 attachment는 「첨부물」과 같이 구체적인 사물을 나타낼 때도 쓴다.

🏃 TOEIC 점수를 쑥쑥 올려주는 표현들

attached 첨부된	**be attached to** …에 부착되다
attachment 부착, 부착물	**attached coupon** 첨부된 쿠폰
attach A to B A를 B에 붙이다	**attached postcard** 첨부된 우편엽서

🦍 TOEIC 시험에 꼭 나오는 문장들

1. This **attachment** is supposed to go on the outside of the computer to help improve the screen quality. ⇨ 이것은 컴퓨터의 외부에 부착해서 모니터의 화질을 좋게하는 기기이다.

2. The chairman of the board wants to **attach** three rights **to** every preferred share issued. ⇨ 이사회장은 발행된 우선주 하나당 신주 인수 우선권을 세개 부여하고자 한다.

3. The secretary **attached** the documents **to** the file folder and sent the entire package to her manager in Buffalo. ⇨ 비서는 서류들을 화일 폴더에 부착시켜서 모두 포장한 뒤 버팔로에 있는 부장에게 보냈다.

4. The price list **was attached to** the company's annual report. ⇨ 가격표가 회사 연례 보고서에 첨부되었다.

5. The **attached coupon** can be used to get 50% off your next purchase. ⇨ 첨부된 쿠폰으로 다음번 구입시 50% 할인받을 수 있다.

6. Please fill in the **attached post card** and return it to us ASAP. ⇨ 첨부된 우편엽서를 작성하여 가능한한 빨리 저희에게 보내주세요.

TOEIC 어휘력 증강비법

dyn/dynamo 힘, 동력

• dynamic a. 동력의, 동적인   • dynamics n. 역학   • dynamo n. 발전기, 근면가

attend _ v. …에 참석하다

회의영어에서 빠질 수 없는, 그리고 자동사로 착각하기 쉬운 대표적인 타동사. 우리말 뜻에 「…에」라는 조사가 있다고 전치사 in 또는 at을 써서는 안된다는 말씀.

🏃 TOEIC 점수를 쑥쑥 올려주는 표현들

attend an appointment 약속에 가다 **attend the luncheon**
attend a meeting 회의에 참석하다 점심식사에 참석하다
attend a retreat 직원연수회에 참석하다 **attend the talk on**
attend school 학교에 다니다 …에 관한 회의에 참석하다
attend a trade show 전시회에 참석하다

🏃 TOEIC 시험에 꼭 나오는 문장들

1. The employees were sent out to **attend** an intensive computer proficiency training session. ⇨ 직원들은 집중적인 컴퓨터 숙달 훈련회에 참가하느라 파견되었다.

2. I have to **attend an appointment** in Toronto this weekend to discuss the future of the sales division. ⇨ 나는 이번 주말 토론토에서 영업부의 장래를 의논하는 약속장소에 가봐야 한다.

3. The manager was not sure if he would be able to **attend the meeting** on Wednesday. ⇨ 그 관리자는 수요일 회의에 참석할 수 있을지 확신하지 못했다.

4. The office is closed because the whole department went to Florida to **attend a retreat.** ⇨ 부서 전체가 플로리다에서 열리는 직원 연수회에 참석하느라 사무실은 닫혀 있다.

5. The designers decided to **attend** one of the largest **trade shows** in the world while they were in Paris. ⇨ 그 디자이너들은 파리에 있는 동안 세계에서 가장 크다고 할 수 있는 업계 전시회에 가보기로 결정했다.

057 **attract** _ v. (주의, 흥미 등을) 끌다, 당기다

「…에게 반하다」라는 의미로 사용하려면 to 다음에 관심·호감의 대상을 쓰거나 be attracted by 형태로 이어주면 된다. 형용사 attractive와 명사 attraction도 자주 쓰이니 함께 공부해 두자.

🏃 TOEIC 점수를 쑥쑥 올려주는 표현들

attractive 매력적인, 주의를 끄는
look attractive 매력적으로 보이다
attract A to B A를 B로 끌어 당기다

attract attention …의 관심을 끌다
attractive offers 제시된 좋은 조건
tourist attraction 관광 명소

🏃 TOEIC 시험에 꼭 나오는 문장들

1. The box was decorated with ribbons and bows in order to **look attractive** under the tree. ⇨ 나무 아래에 놓인 상자는 예쁘게 보이도록 리본들과 나비 모양의 장식물로 꾸며놓았다.

2. One way to **attract** corporations **to** our campus is to remind alumni what great employees our students could be. ⇨ 기업들이 우리 학교의 학생들을 채용하도록 유치하는 한가지 방법은 동문들에게 우리 학생들이 얼마나 훌륭한 직원들이 될 수 있는가를 상기시키는 것이다.

3. The robbers did not want to **attract** a lot of **attention** to themselves when they were in the bank. ⇨ 강도들은 은행 안에서 사람들의 관심을 많이 끌지 않으려고 했다.

4. According to the show, Niagara Falls is one of America's most popular **tourist attractions.** ⇨ 그 방송 프로에 따르면, 나이아가라 폭포는 미국에서 가장 인기있는 관광 명소에 속한다.

5. Korea is full of thousands of **tourist attractions,** which makes it a great place to visit. ⇨ 한국은 관광지가 아주 많아서 가볼만한 곳이다.

TOEIC 어휘력 증강비법

quadr/quadru/quartus 네 개(배)의

- quarter n. 4/1, 지역
- quadruple a. 4배의 v. 4배로 하다
- quarterly a. 년 4회의 ad. 년 4회
- square n. 정사각형, 광장

auction _ n. 경매 v.경매에 부치다

인터넷 경매 사이트의 활성화로 거의 우리말화된 단어. au는 장모음 [ɔː]로 소리나므로 입모양은 「아」를 소리낼 때처럼 크게 벌리고, 소리는 「오」로 내야 한다. public sale도 같은 의미.

🏃 TOEIC 점수를 쑥쑥 올려주는 표현들

auctioneer 경매인(競賣人)	**sell at auction** …을 경매로 팔다
be auctioned off 경매되다	**public auction** 공매(公賣)
put up for auction 경매에 부치다	**at[by] auction** 경매로

🏃 TOEIC 시험에 꼭 나오는 문장들

1. The article informed us of the fact that US treasury bills **are auctioned** every Thursday morning at 10:00. ⇨ 그 기사는 美 재무부 단기채권이 매주 목요일 오전 10시에 경매에 부쳐진다는 사실을 알려 주었다.

2. The **auctioneer** got paid a percentage of the total sales figure for the day. ⇨ 경매인은 그 날의 총판매액의 일정액을 수수료로 받았다.

3. He said that he was going to **put** everything **up for auction** at the end of the month. ⇨ 그 사람은 이번 달 말에 물건을 모두 경매에 부치겠다고 했다.

4. Many Americans spend hours **selling** things **at auction** over the Internet, often making a lot of money. ⇨ 인터넷 경매를 통해 물건을 파느라 컴퓨터에 오래 붙어 있는 미국인들이 많은데, 돈을 많이 버는 경우도 많다.

5. A **public auction** will be held on the weekend in order to raise money for the hospital. ⇨ 병원기금을 마련하기 위해 주말에 경매가 열릴 것이다.

TOEIC 어휘력 **증강비법**

cent/centi 100, 100/1

• **centennial** a. 100년 마다의 n. 100주년 기념　　• **century** n. 세기, 100년
• **percent** n. 퍼센트, 백분율　　　　　　　　　• **percentage** n. 백분율, 비율

audit _ n. 회계감사(보고서) v. 회계를 감사하다

audio, audience 등과 같이 「듣는 것」과 관련이 있는 어원인 audi-집안 단어로 TOEIC에서는 「회계 감사」의 뜻으로 회사의 회계(會計)상태를 감독하고 감시하는 것을 말한다.

🏃 TOEIC 점수를 쑥쑥 올려주는 표현들

auditor 회계 감사관, 감사, 청강생	**year-end auditing** 연말 회계감사
auditorium 강당	**for audit purposes** 회계감사를 목적으로
company audit 기업감사	**annual audit reports** 연례 회계감사보고서
internal auditor 내부감사	

🏃 TOEIC 시험에 꼭 나오는 문장들

1. Because it was a public company, Red Anchor, Inc. had to have its books **audited** on an annual basis. ⇨ 레드 앵커 社는 상장회사 였기 때문에 연례 회계감사를 받아야만 했다.

2. The bank hired an independent **auditor** to check the accuracy of its financial records. ⇨ 그 은행은 재무 기록들의 정확성을 점검하려고 외부에 서 회계감사관을 고용했다.

3. The company publishes **annual audit reports** every March.
⇨ 회사는 매년 3월에 연례 회계감사 보고서를 공시한다.

4. The program should be used **for audit purposes** only and should not be redistributed. ⇨ 이 프로그램은 회계감사용으로만 사용되어야 하 며, 다른 용도로 사용되어서는 안된다.

5. The **year-end auditing** began in January and was finished by the first week of February. ⇨ 연말 회계감사가 1월에 시작해서 2월 첫째주에 끝났다.

TOEIC 어휘력
증강비법

mille/mille 1000, 1000/1	
• **millennium** n. 천년간	• **million** n. 백만
• **millionaire** n. 백만장자	• **millimeter** n. 밀리미터

available _ a. 사용가능한, 남아있는

약속을 정하는 상황에서 빠지지 않고 등장하는 단어. 사람일 경우에는 「여유가 있는」, 사물의 경우에는 「사용가능한」, 「쓸모있는」이란 뜻.

🏃 TOEIC 점수를 쑥쑥 올려주는 표현들

avail 효용, 효력

avail oneself of ···을 이용하다

availability 이용가능성, 유효성

available for ···에 손이 비어있는

be available to ···가 이용가능하다

available position 비어있는 일자리

the lowest rates available
얻을 수 있는 가장 싼 요금

only fifty places available
사용가능한 단 50개 자리

🐾 TOEIC 시험에 꼭 나오는 문장들

1. Due to limited **availability,** we reserve the right to substitute the advertised product with one of comparable or greater value. ⇨ 수량이 한정되어 있기 때문에 우리는 광고된 상품을 동등한 혹은 더 값어치가 나가는 제품으로 대체하여 공급할 수도 있습니다.

2. According to the advertisement in the newspaper, there is a position **available for** a receptionist. ⇨ 신문광고에 의하면 접수원 자리가 하나 비어 있다고 한다.

3. The president will not **be available for** questioning this weekend as he is attending a winter retreat in the mountains. ⇨ 사장님은 산에서 열리는 겨울 경영 연수회에 참가하기 때문에 이번 주말에 질문에 답해드릴 수 없을 것입니다.

4. The man wrote a letter to the company asking if there were currently any **available positions** in the engineering department. ⇨ 그 남자는 그 회사의 기술부서에 현재 일자리가 있는지 묻는 편지를 썼다.

5. The travel agency ran an advertisement in the local paper stating that it had the lowest rates **available** on flights to New York. ⇨ 그 여행사는 뉴욕행 비행편의 표를 가장 저렴한 요금으로 판매한다는 광고를 지역신문에 냈다.

average _ n. 평균, 보통 a. 평균의 v. 평균하다

우리가 TOEIC에서 당혹감을 느끼는 경우의 하나가 바로 average처럼 명사로만 알고 있던 단어가 동사로 쓰이는 경우. 「평균치를 계산하다」, 「평균해서 …이 되다」라는 뜻.

🏃 TOEIC 점수를 쑥쑥 올려주는 표현들

average ~ % 평균 …%이다	**below average** 평균미만인
average price 평균가격	**on average** 평균하여
above average 평균이 넘는	**on average of** …을 평균하여

🐾 TOEIC 시험에 꼭 나오는 문장들

1. I think I **averaged** about 65% on tests in school, as I was a horrible student who didn't study. ⇨ 나는 학교성적이 평균 상위 65% 정도 였던 것 같은데, 그것은 내가 공부를 안하는 형편없는 학생이었기 때문이다.

2. Most medical school students **average** about six hours of sleep per night. ⇨ 대부분의 의과대학 학생들은 밤에 평균 약 6시간동안 잠을 잔다.

3. The **above average** results of our test show that different teaching methods can make a difference. ⇨ 평균이 넘는 시험결과는 교육방법이 다르면 효과도 달라질 수 있다는 것을 보여준다.

4. We expect that the company's earnings per share will dip **below** the industry **average.** ⇨ 우리는 회사의 한 주(株)당 이윤이 업계 평균미만으로 내려갈 것이라고 예상하고 있다.

5. **On average,** our scientists have introduced three or four inventions a month for the last two years. ⇨ 우리 연구소의 과학자들은 지난 2년간 발명품을 한달에 평균 3개에서 4개 정도 내놓았다.

> TOEIC 어휘력
> 증강비법
>
> **hemi/semi 1/2**
>
> • hemisphere n. 반구
> • semiautomatic a. 반자동의
> • semiannual a. 반년마다의
> • semiconductor n. 반도체

Chapter

04

| Keywords | **back ~ buy**

back _ n. 등, 뒷면 v. 후원하다, 지원하다

명사에서부터 형용사, 부사, 동사까지 다양한 품사로 두루 사용되는 단어. 비즈니스에서는 특히 「(시기가) 지난」, 「밀린」이라는 뜻의 형용사로 자주 쓰인다는 점에 주목하자.

🏃 TOEIC 점수를 쑥쑥 올려주는 표현들

back up 정체시키다, 백업하다	**back number[issue]** (잡지의) 과월호
call back …에게 다시 전화하다	**back order** 처리못한 주문, 이월주문
cut back (on) (양·가격 등을) 줄이다	**back pay** 체불임금
get back to …로 돌아가다, 다시 연락하다	**drawback** 결점, 장애
hold back 연기하다, 억제하다	**at sby's back** …를 후원하여
backlog (주문, 업무 등이) 밀린 것	**behind sby's back** 본인 모르게

🏃 TOEIC 시험에 꼭 나오는 문장들

1. Make sure that you **back up** that proposal on a disk. ⇨ 그 제안서를 디스켓에 꼭 백업해두세요.

2. Americans should **cut back on** their fat intake if they want to be healthy. ⇨ 미국인들은 건강을 유지하고자 한다면 지방 섭취를 줄여야 한다.

3. Due to the **backlog** of applications, we will not be able to give you an answer for six weeks. ⇨ 지원서들이 밀려 있어서 6주 안에는 답을 드릴 수 없을 것 같습니다.

4. The company's employees had to work overtime every night last week due to the massive amount of **back orders.** ⇨ 회사의 직원들은 주문이 엄청나게 밀려서 지난 주 내내 야근을 해야 했다.

5. The only real **drawback** to the plan is that it will cost a fortune to implement. ⇨ 그 계획의 현실적인 장애는 이행하는데 큰 비용이 들 것이라는 점밖에 없다.

6. I hope that we can all **get back to** the task at hand. ⇨ 진행중인 작업을 다시 시작할 수 있게 되었으면 합니다.

7. Please make sure that you **get back** to me regarding the president's proxy. ⇨ 사장의 대리권에 대하여 나중에 꼭 내게 다시 연락하시오.

063 balance _ n. 균형, 수지, 잔고 v. 균형을 맞추다

양쪽의 「균형(을 맞추다)」라는 의미에서 출발해, 은행 예금이나 통장의 「잔고」, 「국제수지」, 그리고 대차 대조표(balance sheet)상에서 좌우변의 균형을 맞추고 「남은 차액」 등 다양하게 사용된다.

🏃 TOEIC 점수를 쑥쑥 올려주는 표현들

balance of payments 국제수지
balance sheet (B/S) 대차대조표
balance statement 예금잔고명세서
bank balance 은행 (예금) 잔고

minimum balance 최소한의 예금잔액
trial balance 시산표(試算表)
balancing act
상반된 입장, 의견 등의 조정을 시도하는 것

🏃 TOEIC 시험에 꼭 나오는 문장들

1. A **balance sheet** lists the company's assets, liabilities, and owner's equity at the end of an accounting period. ⇨ 대차대조표에는 그 회사의 회계기간 말의 자산, 부채 및 자기 자본이 기입된다.

2. His **balance statement** shows that he is in serious financial trouble again. ⇨ 그 사람의 예금잔고 명세서를 보면 다시 심각한 재정난을 겪고 있다는 사실을 알 수 있다.

3. After checking his **bank balance,** Chris realized that he would have to save more money. ⇨ 자신의 은행 잔고를 확인해보고 나서, 크리스는 돈을 더 많이 저축해야된다는 것을 깨달았다.

4. The **minimum balance** needed to maintain an account at this bank is $5,000. ⇨ 이 은행에서 계좌에 남겨두어야 하는 최소 예금 잔액은 5천 달러이다.

5. The accountant prepared a **trial balance** for his manager to look at. ⇨ 회계사는 책임자가 살펴보도록 시산표를 준비했다.

TOEIC 어휘력
증강비법

a/an ··· 가 아닌, 비~

• anonymous a. 무명의   • apathy n. 무감동, 무관심   • atheism n. 무신론

bank _ n. 은행, 저장소 v. 은행과 거래하다

「은행」, 「둑」을 뜻하는 단어로 명사 뿐만 아니라 동사로도 쓰여 「은행과 거래하다」, 또는 on이나 upon과 함께 「…을 믿다」, 「의지하다」라는 유명 동사구를 만들어 낸다.

🏃 **TOEIC 점수를 쑥쑥 올려주는 표현들**

banker 은행가	**bank teller** 은행 창구 직원
bank on[upon] …을 믿다, 의지하다	**commercial bank** 시중(상업) 은행
bank account 은행 예금, 계정(計定)	**banking procedures** 은행업무절차
bank loan 은행 대출	**banking regulations** 은행업무규제법
bank officer 은행 임원	**corporate banking** 기업 금융
bank run 대량 예금인출 사태	

🏃 **TOEIC 시험에 꼭 나오는 문장들**

1. The river **bank** was covered with oil after the crude oil carrier collided with the fishing vessel. ⇨ 원유 수송선이 어선과 충돌하자 강둑은 기름으로 뒤덮였다.

2. The **bank loan** was for $1,000,000 and had to be paid back in monthly installments over the next three years. ⇨ 은행 융자는 100만 달러로 향후 3년에 걸쳐 매달 분할상환해야 했다.

3. Due to this morning's **bank run,** our funds are currently low. ⇨ 오늘 아침에 대량 예금인출 사태로 인해, 현재 우리 자금이 딸립니다.

4. A **bank teller** is a very important position and the job often pays a healthy salary. ⇨ 은행 창구 직원은 매우 중요한 직책이어서 월급을 괜찮게 받는 경우가 많다.

5. The **banking regulations** regarding foreign equity participation were recently revised by the new Ministry of Finance. ⇨ 외국인의 자본참가에 관한 은행업무 규제법이 신임 재무장관에 의해 최근에 개정됐다.

bargain _ n. 매매, 거래 v. 매매하다, 거래하다

주변의 흔한 바겐세일 덕분에 친숙해진 단어. 조건을 흥정하는 「거래」, 「계약」 또는 「매매(거래)하다」라는 명·동사 동일형으로 「싸게 산 물건」 혹은 「싸구려의」라는 의미로도 자주 사용된다.

🏃 TOEIC 점수를 쑥쑥 올려주는 표현들

bargaining 거래, 교섭, 계약	**in(to) the bargain** 게다가, 더욱이
bargain for 예상하다	**bargaining power** 협상력
make[strike] a bargain 거래를 맺다	**collective bargaining** 단체교섭
bargain sale 염가판매	

🐾 TOEIC 시험에 꼭 나오는 문장들

1. If you are looking for a **bargain,** we have slashed the prices on all of last years' bikes. ⇨ 싼 물건을 찾으신다면, 지난 해에 나온 자전거의 가격을 모두 내렸으니까 한번 보십시오.

2. An open-air market is often the best place to **bargain for** groceries. ⇨ 노천시장에서 식료품을 싸게 살 수 있는 경우가 많다.

3. I think that we got much less than we **bargained for**.
   ⇨ 우리가 예상했던 것보다 훨씬 적게 번 것 같습니다.

4. He will need to **make it a real bargain** before anyone makes an offer on it. ⇨ 그 사람은 다른 사람이 제의해 오기 전에 실질적인 거래를 맺도록 해야 할 겁니다.

5. The store will have a **bargain sale** at the end of the summer.
   ⇨ 그 상점은 여름이 끝날 무렵에 염가 판매를 할 것이다.

> TOEIC 어휘력
> 증강비법
>
> **dis** 반대, 부정
>
> • disable v. 무능하게 만들다   • disadvantage n. 불이익   • disaster n. 재난
> • discomfort n. 불쾌, 고통   • disagree v. 의견이 다르다   • disgrace n. 불명예, 치욕

066 base _ n. 기초, 기반 v. 기초를 형성하다

basis가 추상적인 「기본, 기준」을 뜻하는 반면, base는 물리적인 「토대, 기반」을 의미한다. 예로 건물
토대나 자기자본 비율처럼 구체적인 것을 언급할 땐 the base of a building 또는 equity base.

🏃 TOEIC 점수를 쑥쑥 올려주는 표현들

basis 원칙, 기준, 근거	**equity base** 자기자본 비율
basement 지하실	**military base** 군사기지
basic 기초적인	**on a daily basis** 하루단위로, 매일
basically 기본적으로	**on the basis of** …을 기초로 하여
be based on …에 근거하다	**basic tips** 기본적인 정보, 지식
customer base 고객기반	

🏃 TOEIC 시험에 꼭 나오는 문장들

1. My **basement** leaks when it rains really hard. ⇨ 비가 심하게 오면 우리
   지하실은 물이 샌다.

2. The company boasts one of the largest **customer bases** in the
   world. ⇨ 그 회사는 세계에서 고객층이 제일 넓다고 자랑한다.

3. These firms do not qualify for conventional bank financing
   because they do not have the required asset or **equity base.**
   ⇨ 이들 기업들은 필요한 자산이나 자기자본 비율이 부족해서 통상적인 은행융자를 받을 수
   있는 자격을 갖추지 못하고 있다.

4. Most bakeries make deliveries **on a daily basis** since their
   products spoil quickly. ⇨ 대부분의 제과점은 제품이 빨리 상하기 때문에 하루 단
   위로 배달을 한다.

5. There will be a seminar offering **basic tips** on the proper way
   to use the Internet. ⇨ 인터넷을 제대로 사용하는 기본적인 지식을 알려주는 세미나
   가 열릴 것이다.

bear/bull _ n. 수익(금) v. 낳다, 견디다

bear는 「곰」에서부터 어려움을 「견디다」, 아이를 「낳다」 같은 동사에 이르기까지 폭넓게 사용된다. 한편 bear market은 투자자들이 곰(bear)처럼 움츠리든 「약세 증권시장」으로, 반대는 bull market.

🏃 TOEIC 점수를 쑥쑥 올려주는 표현들

bearish (주식 시장이) 약세인

bear fruit 열매를 맺다

bear interest 이자가 붙다

bear sth in mind …을 명심[유의]하다

bear market 증시의 불황, 약세

bull 상승 시세, 시세를 오르게 하다

bullish 상승 시세의

bull market 상승 시세, 강세 시장

mail[parcel] bearing one's address …의 주소로 가는 우편물[소포]

weight-bearing capacity 하중을 견딜 수 있는 무게

🦘 TOEIC 시험에 꼭 나오는 문장들

1. It will be a few years before the project in Vietnam begins to **bear fruit.** ⇨ 베트남건 프로젝트가 결실을 맺으려면 몇년이 걸릴 것이다.

2. The guaranteed investment certificate will **bear interest** at a compound annual rate of 10% over the next five years. ⇨ 보증투자증서는 향후 5년간 연복리 10%의 이자가 붙는다.

3. Many people are wondering how long this **bull market** is going to last. ⇨ 이 강세 시장이 얼마나 지속될지 궁금해 하고 있는 사람들이 많다.

4. There is a **parcel bearing your address** sitting at the post office waiting to be picked up. ⇨ 너의 집주소로 가는 소포가 우체국에서 주인을 기다리고 있다.

5. The truck's **weight-bearing capacity** is 5 tons. ⇨ 이 트럭은 최고 5톤까지 화물을 실을 수 있다.

068　benefit _ n. 혜택 v. … 에게 이롭다

「은혜」, 「이익」이란 기본뜻에서 출발해 직원들의 복지 향상을 위해 회사에서 지급되는 「혜택」을 말한다. 특히 fringe benefits은 급여 외에 연금, 의료보험비, 차량지원 등의 「복리후생비」를 말한다.

🏃 TOEIC 점수를 쑥쑥 올려주는 표현들

benefit package 복리후생혜택 패키지
fringe benefits 복리후생(비)
generous benefits 후한 복리후생비
health benefits 의료 보험 혜택
insurance benefits 보험혜택
medical benefits 의료보험혜택

relocation benefits 이사비용수당
retirement benefits 퇴직 수당
cafeteria-style benefits plan
　선택형 복리후생제도
give sby the benefit of the doubt
　…의 의심스러운 점을 덮어주다

🏃 TOEIC 시험에 꼭 나오는 문장들

1. When **fringe benefits** are taken into consideration, the Japanese wage level is not so far below the German level. ⇨ 복리 후생비를 감안하면, 일본의 임금 수준은 독일의 수준보다 그리 낮지 않다.

2. Brandon Dairy supposedly offers more **generous benefits** than any other company in the community. ⇨ 브랜든 유업은 아마도 그 지역사회의 다른 어떤 회사보다 더 후한 복리후생비를 지급하는 회사일 것이다.

3. A number of **insurance benefits** are offered free of charge to workers who are employed by the State Health Authority. ⇨ 주보 건국에 근무하는 직원들은 무료로 여러가지 보험혜택을 받는다.

4. The company's **retirement benefits** have always been the best in the industry. ⇨ 그 회사의 퇴직수당은 업계에서 항상 최고였다.

5. We were the first company in this area to provide a **cafeteria-style benefits** plan to our employees. ⇨ 우리 회사는 이 분야에서 가장 먼저 사원들의 선택형 복리후생 제도를 실시했다.

better _ a. 보다 좋은, 개선된

good, well의 비교급으로 유명한 단어.「더 좋은」이란 기본의미에서 출발해「개선하다」(improve), 「능가하다」(surpass),「병세가 회복된」(recovered from illness) 등 다양한 뜻으로 활용된다.

🏃 TOEIC 점수를 쑥쑥 올려주는 표현들

come in better (수신이) 더 잘되다	**be no better than**
get better 병세가 좋아지다	⋯에 불과하다, ⋯와 마찬가지로 나쁘다
had better ⋯을 꼭 해야 한다	**know better than**
not better than ⋯에 불과한	⋯할 만큼 어리석진 않다
think better of 고쳐 생각하다	**It would be better ~ than**
better-off 부유한, 유복한	⋯하는 것보다 ~하는 게 더 낫다
be better off ⋯하는 편이 좋을 것 같다	

🏃 TOEIC 시험에 꼭 나오는 문장들

1. We'**d better** not start the marketing campaign without consulting the manager in charge of the new product. ⇨ 신제품 담당자의 자문을 구하고 나서 마케팅 캠페인을 시작해야 돼.

2. You'**d better** finish that report before the end of the day or the boss will be angry. ⇨ 오늘이 가기 전에 저 보고서를 완성하도록 해. 안 그러면 사장님이 화내실거야.

3. The new laser detectors are expensive. You'**re better off** just driving within the speed limit. ⇨ 새로 나온 과속 단속 카메라 탐지기는 가격이 비싸죠. 제한속도를 지켜서 차를 모는 것이 나을 거예요.

4. He should **know better than** to leave the front door unlocked when he's not here. ⇨ 그 남자가 외출할 때 현관문을 잠그지 않을 정도로 바보짓은 하지 말아야지.

5. **It would be better** to leave now **than** tomorrow morning.
   ⇨ 내일 아침보다는 지금 떠나는 게 나아.

bid _ n. 입찰, 매긴값 v. 명령하다

경매에서 구입가를 「제시」하거나 공사 등에 「입찰하다」(bid for)라는 의미. 관련표현으로 입찰 공고 (bid announcement), 입찰가(bidding price) 등이 있으며 takeover bids하면 「공개매입」이란 비즈니스 용어.

✖ TOEIC 점수를 쑥쑥 올려주는 표현들

bidding 입찰, 명령	**obtain sby's bid** 입찰을 받다
bidder 입찰자	**open bidding** 공개입찰
outbid ···보다 더 높은 가격을 써내다	**takeover bids(TOB)** 기업을 매
make a bid for ···에 입찰하다	입하려고 주식을 공개적으로 사들이는 것

✖ TOEIC 시험에 꼭 나오는 문장들

1. We heard that they are going to **make a bid** for that contract.
   ⇨ 우리는 그 사람들이 그 계약건에 입찰하려 한다고 들었습니다.

2. It is important that we **obtain his bid** before making our decision. ⇨ 우리가 결정하기 전에 그 사람의 입찰을 받는 것이 중요하다.

3. Biotech Therapy, Inc. said its board adopted a plan to deter unwanted **takeover bids.** ⇨ 생물공학요법 회사는 동사의 이사회가 적대적 공개매입을 저지할 계획을 채택했다고 밝혔다.

4. There is now **open bidding** on the estate, which is valued at millions of dollars. ⇨ 지금 그 부동산의 공개입찰이 진행 중인데 가격이 수백만 달러에 이른다.

5. Ever since our company started to improve its financial standing, we've received several **takeover bids.** ⇨ 회사 재정 상태가 향상되기 시작하면서 우리 회사는 여러차례 공개매입 제의를 받았다.

> TOEIC 어휘력 증강비법

less ··· 가 아닌

- hopeless a. 희망없는
- restless a. 끊임없는
- priceless a. 대단히 귀중한
- tasteless a. 맛(멋)없는

071　bill _ n. 계산서, 지폐　v. 청구서를 보내다

일반적으로는 어떤 물건에 대한 「계산서」, 또는 그 값을 「청구하다」(bill sby for sth)라는 뜻. 특히 구매 물품대금을 「신용카드로 청구하다」라고 할 때는 bill sth to sby's credit card라 하면 된다.

🏃 TOEIC 점수를 쑥쑥 올려주는 표현들

bill of lading 선하(船荷) 증권
bill of sale 매도(賣渡) 증서
a five dollar bill 5달러짜리 지폐 한 장
overdue bill 지급 기일이 지난 청구서
telephone bill 전화 요금 청구서

utility bill 공과금 청구서
billing costs 청구 비용
billing department 경리부
billing information 청구서 관련정보
billing procedures 청구 절차

🦭 TOEIC 시험에 꼭 나오는 문장들

1. Make sure you look at the **bill of lading** before you sign for it.
   ⇨ 서명을 하기 전에 선하(船荷) 증권을 먼저 확인해보세요.

2. A **bill of sale** is a legal document signifying the transfer of money for goods. ⇨ 매도증은 상품에 대해 돈을 지불했다는 것을 의미하는 법적인 문서이다.

3. All refund requests must be accompanied with an original **bill of sale.** ⇨ 환불을 청구할 때에는 항상 판매 영수증 원본을 같이 제시해야 합니다.

4. Please pay all **overdue bills** by the end of the month. ⇨ 월말까지 기한이 지난 청구 금액을 모두 납부해 주십시오.

5. The meter reader put the **utility bill** into the mail box. ⇨ 계량 검침원은 공과금 청구서를 우체통에 넣었다.

6. The **billing department** also handles all complaints pertaining to overdue accounts. ⇨ 청구서 관리부서는 지급기한이 지난 계좌들에 관련된 모든 이의 신청도 취급한다.

7. The **billing procedures** are listed on the back of the bill. ⇨ 청구 절차는 청구서 뒷면에 적혀 있다.

billing period 청구 기간	**pay[foot] the bill**
past-due billings 수납일이 경과한 청구	(청구된 비용을) 치르다
bill sth to sby's credit card	**remit one's bill**
…을 ~의 신용카드로 청구하다	…의 청구된 금액을 보내다
charge on one's bill	
청구서에 청구된 요금	

8. All **past-due billings** must be paid in order to qualify for the discount. ⇨ 할인을 받으려면 기일이 지난 청구액을 모두 지불해야 합니다.

9. The manager asked his doctor to **bill** the cost of the checkup **to his credit card.** ⇨ 부장은 의사에게 검진비용을 신용카드로 청구해달라고 했다.

10. The man had a $200 **charge on his bill** that he was not familiar with. ⇨ 그 남자의 청구서에는 자신이 잘 모르는 200달러가 올라 있었다.

11. You must have a US checking account in order to **pay the bill** with a check. ⇨ 수표로 청구액을 납부하시려면 미국 당좌계좌가 있어야 합니다.

12. The couple **remitted their bill** to the credit department in order to rectify the situation. ⇨ 그 부부는 일처리를 깨끗하게 하려고 청구된 금액을 신용담당 부서에 보냈다.

TOEIC 어휘력
증강비법

in-/im-/il-/ir- 부정

- **illegal** a. 불법의, 위법의
- **illiteracy** n. 문맹, 무식
- **inaccessible** a. 근접할 수 없는
- **independent** a. 독립적인
- **irrelevant** a. 부적절한

- **illicit** a. 부정한, 불의의
- **immature** a. 미숙한, 미발달한
- **inarticulate** a. 불명확한
- **irregular** a. 불규칙한
- **irresistible** a. 저항할 수 없는, 당연한

board _ n. 위원회 v. (탈것에) 타다, 하숙시키다

「게시판」(notice board), 「칠판」(blackboard)에서 보듯 「판」이란 기본의미를 갖지만 TOEIC에서는
명사로 「이사회」, 그리고 「…에 타다」라는 동사로도 많이 사용된다는 점을 놓치면 안된다.

🏃 TOEIC 점수를 쑥쑥 올려주는 표현들

sit on the board 중역이 되다	**chairman of the board** 회장
board of directors 이사회	**School Board** 교육위원회
Board of Tourism 관광 공사	**boarding gate** 탑승출구
board meeting 중역[이사]회	**boarding ticket** 탑승권
board member 이사	**boarding time** 탑승시간
boardroom 중역실	

🦍 TOEIC 시험에 꼭 나오는 문장들

1. All passengers waiting to **board** the bus should have their
   tickets and identification ready for inspection. ⇨ 버스에 탑승하기 위해
   대기중인 승객은 모두 검사에 대비하여 승차권과 신분증을 꺼내놓고 있어야 합니다.

2. At its last meeting, the new **board of directors** voted to modify
   the club's fee structure. ⇨ 지난 번 회의에서 새로운 이사회는 클럽의 요금 체제
   를 수정하기로 가결했다.

3. We will discuss the plan at the **board meeting** this afternoon.
   ⇨ 오늘 오후 중역회의에서 그 계획에 관해 논할 예정입니다.

4. Frank McGill was asked to be the **Chairman of the Board** of
   the Prescott Movie Studio. ⇨ 프랭크 맥길은 프레스콧 영상스튜디오의 회장직
   에 취임해 달라는 권유를 받았다.

5. We had to wait in the airport lobby for one hour because the
   boarding time had been changed to seven o'clock, from six
   o'clock. ⇨ 탑승시간이 6시에서 7시로 변경되었기 때문에 우리는 한시간 동안 공항 로비
   에서 기다려야 했다.

book _ n. 책, 회계장부 v. 예약하다

호텔·음식점 등을 「예약하다」, 비행티켓 등을 「예매하다」가 빈출의미. 또한 book에는 「회계장부」란 뜻도 있어 bookkeeping하면 「부기」라는 말이 되며 요즘 유행하는 bookmark도 더불어 알아두자.

🏃 TOEIC 점수를 쑥쑥 올려주는 표현들

be fully booked 예약이 차다, 매진되다	**bookkeeping** 부기(簿記)
book a flight 비행기표를 예약하다	**bookmark** 즐겨찾기에 추가하다
keep two books 이중장부를 쓰다	**bank book** 은행통장
booklet 소책자	**checkbook** 수표책
bookkeeper 장부계원	**passbook** 은행통장, 예금통장

🐒 TOEIC 시험에 꼭 나오는 문장들

1. Due to the unusually good weather that the state of California has been having this winter, all seats to California this weekend **are fully booked.** ⇨ 올 겨울 캘리포니아 주의 전례없이 좋은 날씨로 인해 이번 주말의 캘리포니아 행 좌석이 완전 매진되었습니다.

2. I need to **book a cheap flight** to Dallas, Texas. ⇨ 텍사스 주 댈러스 행의 요금이 싼 비행기표를 예약하고 싶습니다.

3. I do the marketing and my wife collects the receivables and does the **bookkeeping.** ⇨ 제가 팔고, 아내는 수금하고 경리를 봅니다.

4. I want you to **bookmark** that page for me on my computer.
   ⇨ 제 컴퓨터에서 그 페이지를 즐겨찾기에 추가해 줬으면 좋겠어요.

5. Please remember to get your **passbook** updated each time you make a deposit or a withdrawal. ⇨ 은행에 예금을 하거나 인출을 할 때마다 통장을 새로 정리해야 한다.

TOEIC 어휘력 증강비법

hypno 수면하다

• **hypnosis** n. 최면(술)   • **hypnotic** a. 최면의   • **hypnotize** v. 최면걸다, 매혹시키다

074 **bottom** _ n. 밑바닥, 바닥 시세 v. 최저 가격이 되다

「밑바닥」이란 뜻으로 증권·가격의 「바닥 시세」, 「최저 가격이 되다」라는 의미. 예를 들어 bottom line은 결산표의 최하단에 손익숫자를 적는다는 의미에서 「순이익」(net profit), 「최종 결과」를 말한다.

🏃 TOEIC 점수를 쑥쑥 올려주는 표현들

Bottoms up! 원샷

bottom line 순이익, 최종 결과

hit bottom 최악의 바닥 시세에 이르다

touch bottom 최악의 사태에 빠지다

bottom out 바닥에서 벗어나 상승하기 시작하다

🏃 TOEIC 시험에 꼭 나오는 문장들

1. We would like to give you the opportunity to increase your **bottom line** and the quality of life of your family and employees at the same time. ➪ 저희는 당신의 순이익을 증가시키고 당신 가족과 직원들의 삶의 질이 함께 증진될 기회를 드리고자 합니다.

2. The **bottom line** is that we have to make more money before the IRS finds out what we are doing. ➪ 결론은 국세청이 우리가 하고 있는 일이 무엇인지 알아차리기 전에 돈을 더 많이 벌어들여야만 한다는 사실이다.

3. It seems that his company has finally **hit bottom** and will have to go bankrupt. ➪ 그 사람이 운영하는 회사는 마침내 최악의 상태를 맞이해 파산하지 않을 수 없을 것 같다.

4. The stock market **bottomed out** this year, and sent investors running toward safer investments. ➪ 주식시장은 올해 떨어질대로 떨어졌기 때문에 투자자들은 보다 안전한 투자대상으로 몰렸다.

TOEIC 어휘력 증강비법

non- 부정

• **nonprofit** a. 비영리적인
• **nonstop** a. 직행의 n. 직행편

• **nonsense** n. 무의미

075 **bound** _ n. 경계 a. 속박된, …로 향하는 v. 튀다

품사의 경계를 넘어 다양하게 활용되는 단어. 명사로 「경계」, 동사로 「튕기다」, 「튀다」, 그리고 형용사의 경우에는 bound for의 형태로 비행기 등이 「…로 향하는」, 「…행의」라는 의미를 갖는다.

🏃 TOEIC 점수를 쑥쑥 올려주는 표현들

(be) bound for …행의	**leaps and bounds** 장족의 발전
be bound by[to] …에게 속박되다	**out of bounds** 금지된
be bound to + V …할 예정이다	

🦘 TOEIC 시험에 꼭 나오는 문장들

1. The plane **was bound for** the Kennedy International Airport in New York. ⇨ 이 비행기는 뉴욕의 케네디 국제공항행이다.

2. The lawyer **was bound by** an oath of confidentiality when he consulted with his client. ⇨ 변호사는 의뢰인과 상담시에 비밀을 보장한다는 서약을 지킬 의무가 있었다.

3. He didn't want to get married because he didn't want to **be bound to** a woman. ⇨ 그 남자는 여자에게 구속받고 싶지 않아서 결혼을 하고 싶지 않았다.

4. The police felt that the killer **was bound to** return to the scene of the crime. ⇨ 경찰은 살인범이 범행현장에 다시 나타날 것 같다는 느낌이 들었다.

5. The company has made **leaps and bounds** in the field of cancer research over the last two years. ⇨ 그 회사는 지난 2년간 암연구 분야에서 장족의 발전을 이루었다.

> **TOEIC 어휘력 증강비법**
>
> **un- 부정, 반대**
>
> - **uneducated** a. 배우지 못한
> - **unfinished** a. 미완성의
> - **untouchable** a. 비할데 없는
> - **unemployment** n. 실직, 실업
> - **unknown** a. 미지의
> - **unwelcome** a. 반갑지 않은

brand _ n. 상표 v. …에 낙인을 찍다

brand가 제품의 성공을 결정하는 시대. 상표명(brand name)을 잘 정하고 새로운(brand-new) 상품을 만드는 것도 중요하지만, 기존의 brand image를 개선해 brand loyalty까지 높인다면 금상첨화!

🏃 TOEIC 점수를 쑥쑥 올려주는 표현들

brand equity 상표가치
brand-new 아주 새로운, 신품의
brand name 상표명
registered brand name 등록상표

brand image 소비자들이 브랜드에 대해 갖고 있는 인식
brand loyalty 소비자들이 다른 브랜드로 바꾸지 않고 특정 브랜드만 사는 것

🏃 TOEIC 시험에 꼭 나오는 문장들

1. Management hoped that demand for the company's new TV would surpass all other **brands.** ⇨ 경영진은 자사의 신형 텔레비전에 대한 수요가 타사 상표제품들보다 많을 것으로 기대했다.

2. Johnson Corporation will be giving away a **brand-new** sports car at the Cancer Society's fund raising event this weekend. ⇨ 존슨코퍼레이션은 이번 주말의 암협회 기금모금에 신제품 스포츠카를 기증했다.

3. Black Label is a registered **brand name** of the Johnny Walker and Sons Whisky Company. ⇨ 블랙 라벨은 조니워커 앤 선스 위스키 社의 등록 상표이다.

4. In order to maintain **brand loyalty** we need to have fully satisfied customers. ⇨ 브랜드 충성도를 유지하려면 우리 제품에 완전히 만족하고 있는 고객을 확보하고 있어야 한다.

TOEIC 어휘력
증강비법

super/supr … 위에	
• superabundant a. 풍부한	• superintendent n. 감독자, 관리자
• superiority n.우수, 탁월	• supervisor n. 감독, 관리자
• supremacy n. 최고, 최상위	• supreme a. 최고의

break _ n. 휴식, 고장 v. 깨뜨리다, 고장나다

의미가 다양하기로 둘째가라면 서러울 단어가 break. 법이나 계약을 「위반하다」, 파업이나 노동쟁의 등을 「진압하다」, 그리고 주가가 「폭락하다」 등 다양한 의미로도 자주 쓰인다.

🏃 TOEIC 점수를 쑥쑥 올려주는 표현들

break out (사건이) 돌발하다	**breakdown** 붕괴, 고장, (건강의) 쇠약
break up with …와 헤어지다	**breakthrough** 돌파구, 획기적 발견, 타결
break ground (건설공사를) 착공하다	**breakeven point** 손익분기점
give sby a break 한번 봐주다	**record-breaking** 신기록을 수립한
take a break 휴식을 취하다	

🏃 TOEIC 시험에 꼭 나오는 문장들

1. I am happy to announce that we have finally received permission from the provincial government to **break ground** on our new project. ➡ 도청으로부터 마침내 새로운 건설 공사를 착공해도 좋다는 허가를 받아냈음을 알리게 되어 기쁩니다.

2. Be sure to **take plenty of breaks** so you don't fall asleep at the wheel. ➡ 운전 중에 졸지 않으려면 충분한 휴식을 취하십시오.

3. We still need to improve in our sales department in order to reach the long sought-after **breakeven point**. ➡ 오랫동안 추구해온 손익분기점에 도달하기 위해서 우리 회사는 아직도 영업부를 개선할 필요가 있다.

4. The doctor made an important **breakthrough** in his cancer research. ➡ 그 의사는 암연구에서 중요한 돌파구를 찾아냈다.

5. The president was glowing as he announced the **record-breaking** sales figures for this month. ➡ 사장은 이번달 새롭게 기록을 갱신한 매출액을 알리면서 싱글벙글 했다.

TOEIC 어휘력
증강비법

loqui/loc 말하다
• elocution n. 웅변술   • eloquence n. 웅변   • interlocution n. 대화, 문답

bring _ v. 데리고 오다

물건을 「가져오다」나 사람을 「데려오다」라는 기본의미에서 출발하여 다양한 전치사와 어울려, 어떤 일을 「일으키다」, 수입을 「올리다」, 「생각나게 하다」 등의 의미를 갖는다.

🏃 TOEIC 점수를 쑥쑥 올려주는 표현들

bring about 일으키다
bring back 다시 시작하다
bring in 영입하다, 수입이 생기다
bring out 발표하다, 출시하다
bring up 기르다, (화제를) 꺼내다
upbringing 가정교육

bring in new business
거래처를 새로 만들어내다

bring up a problem at the meeting 회의에서 문제를 제기하다

What brings you here?
무슨 일로 여기 오셨나요?

🏃 TOEIC 시험에 꼭 나오는 문장들

1. Excessive consumption of imported products could **bring about** a jump in inflation. ⇨ 수입품을 지나치게 소비하면 물가가 급등할 수도 있다.

2. We were told that the only way to salvage the company would be to **bring** professionals **in** to help. ⇨ 회사를 구하는 길은 전문가를 영입하여 도움을 청하는 것밖에 없다고 들었다.

3. One of the best ways to **bring in new business** is to have friendly relations with your customers. ⇨ 거래처를 새로 만드는 방법 중에서 제일 좋은 것에는 고객들과 친밀한 관계를 가지는 것도 들어있다.

4. The designer will **bring out** her new line sometime during the fall season. ⇨ 디자이너는 가을 중에 자신의 신상품들을 선보일 예정이다.

5. The young manager decided not to **bring up** the most recent problem at the board meeting. ⇨ 그 젊은 부서 책임자는 이사회에서 가장 최근의 문제를 제기하지 않기로 결정했다.

budget _ n. 예산; 생활비 v. 계획을 세우다

주로 「예산(안)」(financial plan)이라는 뜻의 명사로 쓰이는 budget. 그러나 돈이나 시간을 효율적으로 이용하기 위해 「계획을 짜다」라는 의미의 동사로도 널리 쓰인다.

🏃 TOEIC 점수를 쑥쑥 올려주는 표현들

budget one's time 시간계획을 세우다
balance one's budget 수지를 맞추다
set up a budget 예산을 편성하다
budget session 예산회의

advertising budget 광고예산
family budget 가계예산
within budget 예산범위내에서

🐒 TOEIC 시험에 꼭 나오는 문장들

1. The company's **budget** for spending on capacity expansion has been increased by 62%. ⇨ 시설확충을 위한 회사의 지출예산이 62% 증가했다.

2. We decided to **budget our time** carefully during our summer vacation. ⇨ 우리는 여름휴가기간 동안의 시간 계획을 신경을 써서 세우기로 결정했다.

3. We must **balance the budget** by the end of the month or we're going to be in financial trouble. ⇨ 이달 말까지 수입과 지출간 균형을 맞추지 않으면 우리는 재정적인 어려움에 빠질 것이다.

4. The university was offering a course on how to balance a checkbook and **set up a budget**. ⇨ 그 대학은 수표책의 수지를 맞추는 법과 예산 편성법에 대한 강좌를 개설하고 있었다.

5. We will have a much bigger **advertising budget** than the competition. ⇨ 우리는 경쟁업체보다 광고예산을 훨씬 많이 들일 것이다.

TOEIC 어휘력 증강비법

centr 가운데

• **center** n. 중심 v. 집중시키다   • **central** a. 중심의   • **concentrate** v. 집중하다
• **concentration** n. 집중, 전념   • **eccentric** a. 괴상한

080 bulk _ n. 대량, 대부분

크기나 수량의 「많음」을 나타내는 bulk는 「대부분의」라는 뜻의 the bulk of나, 「대량으로」 혹은 곡물·석탄같은 화물을 「포장하지 않은 채로」(unpacked)라는 뜻의 in bulk 형태로 많이 사용된다.

🏃 TOEIC 점수를 쑥쑥 올려주는 표현들

bulk buying 대량 구입
bulk carrier 벌크 화물 운송선
bulkhead 격벽, 칸막이
bulk production 대량 생산

bulk mail permit 대량우편물허가
in bulk 대량으로
the bulk of 대부분

🦘 TOEIC 시험에 꼭 나오는 문장들

1. The man was last seen walking out of a **bulk** food store in the downtown area. ⇨ 그 남자가 도심의 대량구매 식품점에서 걸어나오는 것이 마지막으로 목격되었다.

2. We have a **bulk mail permit** at our company that allows us to mail flyers at a reduced rate. ⇨ 우리 회사는 할인 가격으로 우편물 발송을 해 주는 대량우편물허가를 가지고 있다.

3. If you buy those items **in bulk**, you'll receive a substantial discount. ⇨ 그 제품을 대량으로 구입하면 대폭적인 할인 혜택을 받을 수 있습니다.

4. We buy office supplies **in bulk** because they are cheaper that way. ⇨ 우리는 사무용품을 대량으로 구입하는데 그 방식으로 구입하는 것이 더 저렴하기 때문이다.

TOEIC 어휘력
증강비법

sur … 위에, … 을 넘어

• surcharge n. 추가요금	• surface n. 표면, 외관
• surfeit n. 과다, 과음, 과식	• surmise n. 추측, 추량 v. 추측하다
• surname n. 성	• surpass v. …을 능가하다
• surplus n. a. 나머지(의), 잉여(의)	• survive v. 살아남다
• surtax n. 가산세	• survey n. 개관, 조사 v. 관찰하다

bureau _ n. 사무국, 부서

정보를 수집·제공하는 기능을 담당하는 「부서」나 「기관」. 우리말의 국(局)에 해당되는 단어로 예로 credit bureau하면 「신용 조사국」을 뜻하게 된다. 발음은 [bjúərou] 즉 〔뷰로우〕 정도로 하면 된다.

🏃 TOEIC 점수를 쑥쑥 올려주는 표현들

credit bureau 신용 조사회사	**travel bureau** 여행 사무국
parking bureau 주차관리소	**weather bureau** 기상대
service bureau 기술지원부	

🏃 TOEIC 시험에 꼭 나오는 문장들

1. The **credit bureau** is going to call us back with your credit history. ➪ 신용 조사국에서 손님의 신용 거래 실적에 대해서 우리에게 다시 전화를 걸어 알려줄 것입니다.

2. The **service bureau** will have one of its technicians visit our office. ➪ 기술지원부에서 기술자 한명을 우리 사무실에 파견할 것이다.

3. All company executives must purchase airline tickets through the company's **travel bureau.** ➪ 회사 임원들은 모두 우리 회사 여행담당국을 통해서 항공 티켓을 구입해야 한다.

4. The **Weather Bureau** claims that the amount of precipitation this year nearly doubled when compared to last year. ➪ 기상청은 올해의 강수량이 지난 해와 비교하여 거의 배로 늘어났다고 공언하고 있다.

TOEIC 어휘력 증강비법

de- 분리, 제거, 반대

- decadence n. 타락, 쇠미
- depression n. 우울, 불경기
- deputy n. 대리인
- devaluation n. 평가절하
- decline n. v. 쇠퇴(하다),감소(하다)
- deprive v. 박탈하다
- detriment n. 손해
- devastate v. 황폐시키다

business _ n. 경영, 사업, 업무, 매매

TOEIC에서 출제되는 최다 빈출단어. 사고 파는(buying and selling), 이윤을 얻는 모든 행위를 말하며, 「사업」 및 「일」, 「직업」, 그리고 small business(중소기업)와 같이 「기업」이란 뜻으로도 쓰인다.

🏃 TOEIC 점수를 쑥쑥 올려주는 표현들

do business with …와 거래[사업]하다	**run a business** 사업을 경영하다
expand business 사업을 확장하다	**start a business** 사업을 시작하다
go away on business 출장을 떠나다	**business activity** 사업활동
go out of business 폐업하다	**business administration** 경영
quit a business 사업을 그만두다	**business attire** 사무 복장

🏃 TOEIC 시험에 꼭 나오는 문장들

1. Our company is not allowed to **do business with** anyone residing in Cuba. ⇨ 우리 회사는 쿠바에 거주하는 사람과 사업을 하지 못하게 되어 있다.

2. The boss decided to take out a loan and use the money to **expand his business.** ⇨ 사장은 대출을 받아 그 돈으로 사업을 확장할 것을 결정했다.

3. In order to **run a business** successfully, you must have ambition, intelligence, and support. ⇨ 사업을 성공적으로 경영하기 위해서는, 야망, 지성, 그리고 후원이 있어야만 한다.

4. Four of the top students at Harvard decided to quit school and **start a business.** ⇨ 하버드의 상위 등급 학생들 중 4명이 학교를 그만두고 사업을 시작하기로 결심했다.

5. Proper **business attire** is recommended when attending a job interview. ⇨ 취업 면접시에는 적절한 사무 복장을 차려 입는 것이 좋다.

6. The **business community** was concerned that higher taxes would scare away potential investors. ⇨ 그 업계는 세금이 올라가면 투자하려던 사람들이 겁먹고 손을 떼려 하지 않을까 걱정했다.

business appointment 업무상 약속	**business report** 업무 보고서
business card 업무용 명함	**business terms** 비즈니스 용어
business connections 사업상친분	**business trip** 출장
business contacts 사업상의 연줄	**big business** 대기업
business community 업계	**climate for business** 사업환경
business day 영업일	**on business** 업무차
business hours 영업시간	**on a business trip** 출장차
business opportunity 사업기회	

7. The entrepreneur went to Hong Kong to build up his Asian **business connections.** ⇨ 그 사업가는 아시아 지역에서 사업 거래선을 구축하려고 홍콩에 갔다.

8. The **business hours** last from 9:00 in the morning until 5:00 in the afternoon. ⇨ 영업 시간은 오전 9시에서 오후 5시까지이다.

9. A **business opportunity** like this will not come along again for decades. ⇨ 이와 같은 사업기회는 수십년 안에 두 번다시 오지 않을 것이다.

10. The lady did her best to explain the letter from the lawyer in **business terms.** ⇨ 그 여자는 변호사가 보낸 편지를 비즈니스 용어로 설명하는데 최선을 다했다.

11. The president will be away on a **business trip** until the middle of the week. ⇨ 사장은 출장갔기 때문에 주중에나 돌아온다.

TOEIC 어휘력
증강비법

sub 아래, 하위	
• **subconscious** a. n. 잠재의식(의)	• **subdivide** v. 세분하다
• **subdue** v. 정복하다, 억제하다	• **suggest** v. 제안하다
• **summon** v. 소환(호출)하다	• **support** v. 지지하다, 지원하다
• **suspend** v. 중지하다	

083 **buy** _ n. 싸게 산 물건 v. 사다

물건을 「사다」라는 뜻이지만 구어에서는 어떤 사실을 「받아들이다」, 「믿다」라는 의미로 I don't buy it하면 「믿을 수 없다」라는 의미. 또한 명사용법으로 a good buy는 「싸게 산 물건」을 뜻한다.

🏃 TOEIC 점수를 쑥쑥 올려주는 표현들

buy off …을 매수하다

buyout 기업 인수, 매수

buy up 사들이다

buy the insurance 보험에 들다

buying spree 과도한 상품구매

a good buy 싸게 산 물건

buy out a partner
공동 경영자의 지분을 매수하다

management buyout
주식을 매입하여 경영권을 인수하는 것(MBO)

🏃 TOEIC 시험에 꼭 나오는 문장들

1. The manager tried to **buy off** his secretary so that she wouldn't inform the police. ⇨ 부서 책임자는 비서를 매수하여 경찰에 알리지 않게 하려 했다.

2. Don't forget to **buy the insurance** that you need for your trip overseas. ⇨ 해외 여행을 하는 데 필요한 보험에 드는 것을 잊지 마세요.

3. We went to the flea market and my wife and I argued about whether or not the DVD I bought was **a good buy.** ⇨ 우리는 벼룩시장에 갔었는데 아내와 나는 내가 산 DVD가 싸게 산 것인지를 놓고 싸웠다.

4. I **bought out my partner** after he decided that running a company was just too much to handle. ⇨ 나는 공동 경영자가 회사 경영이 자신에게 역부족이라고 결정하자 그 지분을 매수해서 손 떼게 하였다.

5. It sounds like there is going to be a **management buyout** as a result of the merger. ⇨ 합병하게 되면 경영권 인수가 있을 것 같다.

TOEIC 어휘력 증강비법

hypo/hyp 밑에, 가볍게

• hypocrisy n. 위선
• hypotension n. 저혈압
• hypocrite n. 위선자
• hypothesis n. 가설, 전제
• hypodermic a. 피하의

Chapter

05

call _ v. 전화하다, 부르다

「부르다」, 「전화하다」 등의 뜻으로 널리 쓰이는 단어. 예로 conference call은 세 명 이상이 전화로 연결된 상태에서 하는 「전화회의」를, cold call은 「불특정인을 대상으로 하는 판매전화」를 의미한다.

🏃 TOEIC 점수를 쑥쑥 올려주는 표현들

call back 다시 전화하다	**call waiting** 통화중 대기
call off 취소하다	**tough call** 힘든 일
call on …를 방문하다, …에게 부탁하다	**wake-up call** 모닝콜
call up 전화하다	**on call** 대기 중인, 당직의
call in sick 전화로 병결을 알리다	**call for** 요구하다, 날씨가 …일 것이다
call it a day 하던 일을 일단 마치다	**have a close call** (위기) 가까스로 모면하다

🏃 TOEIC 시험에 꼭 나오는 문장들

1. The president of the company **called for** a general meeting to be held this Friday. ⇨ 그 회사의 사장은 이번주 금요일에 총회를 소집했다.

2. The weather forecast **calls for** cloudy skies and a slight chance of rain showers tomorrow afternoon. ⇨ 일기예보에 따르면 내일 오후에는 구름낀 날씨에 소나기가 내릴 확률이 조금 있다고 한다.

3. She told me that Bill **called in sick** this morning. ⇨ 그 여자는 내게 빌이 오늘 아침에 아파서 결근한다는 전화를 했다고 말해 주었다.

4. After working a twelve-hour shift, the foreman decided to **call it a day** and go home. ⇨ 12시간 교대조로 일하고 나서 공장은 일을 마치고 집에 가기로 결정했다.

5. The man telephoned down to the front desk and asked the clerk to give him a **wake-up call** at 6:00 a.m. ⇨ 그 남자는 프론트 데스크로 전화해서 호텔 직원에게 오전 6시에 모닝콜을 부탁했다.

6. Dr. Martin has informed me that he will be out of the office for the entire day as he **is on call** at the hospital. ⇨ 의사인 마틴은 병원 당직이기 때문에 종일 진찰실을 비울 것이라고 내게 알렸다.

capital _ n. 자본(의), 수도, 대문자(의)

「수도」나 「대문자」라는 의미로도 쓰지만 부(富)를 창출하거나 사업을 시작할 수 있는 「자본(의)」이라
는 의미로 주로 쓰인다. 예로 「자산소득」은 capital gains, 「모험자본」은 venture capital이라고 한다.

🏃 TOEIC 점수를 쑥쑥 올려주는 표현들

capitalization 자본화	**capital surplus** 잉여자본금
capital gains 자산소득	**fixed capital** 고정 자본
capital gains tax 양도소득세	**floating capital** 유동 자본
capital goods 자본재	**venture capital** 모험 자본
capital loss 자산손실	**working capital** 운용 자본
capital requirement 자본수요	**capitalize on** …을 이용[활용]하다

🦘 TOEIC 시험에 꼭 나오는 문장들

1. In income tax returns, the gains and losses on sales of investments are called **capital gains** and **capital losses.** ⇨ 소득세 신고서에서 투자 거래에서의 소득과 손실은 자산 소득, 자산 손실이라 불리운다.

2. There seem to be far fewer **venture capital** companies around these days. ⇨ 요즘에는 모험 자본을 공급하는 회사가 훨씬 적어진 것 같다.

3. The company's **working capital** is quite low after they lost so much money in the stock market. ⇨ 주식시장에서 엄청난 돈을 잃어서 그 회사의 운용 자금은 아주 조금밖에 없다.

4. They hope to **capitalize on** the lack of public housing by building two housing complexes. ⇨ 그 사람들은 저소득층용 공공주택이 부족하다는 것을 이용하여 주택단지를 두개 개발하려고 한다.

card _ n. 카드

요즘 너도나도 하나씩은 다 가지고 있는 card도 알고보면 종류가 많다. business card는 「명함」을 credit card는 「신용카드」, debit card는 「직불카드」를 말한다. 한편 green card는 「영주권」을 뜻한다.

🏃 TOEIC 점수를 쑥쑥 올려주는 표현들

business card 명함	**embarkation card** 출국신고서
business reply card 반신용엽서	**green card** (美) 영주권
calling card 전화카드	**ID(identification) card** 신분증명서
credit card 신용카드(=plastic)	**time card** 출근부, 근무시간 기록표
debit card 직불카드	**travel card** 여행카드

🦘 TOEIC 시험에 꼭 나오는 문장들

1. Dorothy gave her **business card** to everyone at the meeting as she introduced herself. ⇨ 도로시는 회의에 참석한 모든 사람들에게 자기 소개를 하며 명함을 주었다.

2. Enclosed with the brochure is a **business reply card** for customers who wish to order the product at this special introductory price. ⇨ 제품 설명서와 함께 반신용 엽서를 동봉하오니 제품 출시기념 특별 할인가로 주문하시고 싶은 고객 여러분은 이것을 이용하시기 바랍니다.

3. I forgot to bring my **credit card**, so it looks like you have to pay tonight. ⇨ 내가 신용카드를 가져오는 걸 깜박했거든. 그래서 오늘 저녁은 네가 사야될 것 같다.

4. You must be sure to fill out your **disembarkation card** before getting off of the airplane. ⇨ 여러분들은 비행기에서 내리시기 전에 반드시 입국 신고서를 작성하셔야 합니다.

5. It sounds like he married her just to get a **green card**. ⇨ 그 남자가 그 여자와 결혼한 이유는 영주권을 얻으려는 것밖에는 없는 것 같다.

care _ v. 관심을 갖다, 신경을 쓰다

명사로는 세심한 「주의」, 「관심」, 「책임」 등의 의미로, 동사의 경우 전치사에 따라 care about은 「관심을 갖다, 신경을 쓰다」, care for는 「…를 돌보다」, care to는 「…을 좋아하다」라는 뜻이 된다.

🏃 TOEIC 점수를 쑥쑥 올려주는 표현들

care about 걱정하다, 관심을 갖다   **take care of** …를 돌보다, …을 처리하다
care for …을 좋아하다, 돌보다, 염려하다   **couldn't care less** 전혀 개의치않다
care to …하고자 하다   **child care** 탁아

🏃 TOEIC 시험에 꼭 나오는 문장들

1. I do not **care for** eating in expensive restaurants or going to lavish night clubs. ⇨ 나는 고급 레스토랑에서 식사하거나 호화스러운 나이트 클럽에 가는 것을 좋아하지 않는다.

2. They needed to **take care of** some business before leaving the office. ⇨ 그 사람들은 사무실을 떠나기 전에 일을 처리할 게 있었다.

3. I was surprised when my brother said that he would **take care of** the bill at the restaurant last night. ⇨ 내 동생이 지난밤 식당에서 자신이 계산을 하겠다고 해서 놀랐다.

4. I told her about my ex-wife, but she **couldn't care less.** ⇨ 나는 그 여자에게 내 전처에 대해 말했지만 그녀는 전혀 개의치 않았다.

5. Some secretaries at the university have accepted lower salaries in exchange for employer-provided **child care.** ⇨ 그 대학의 일부 비서들은 고용주 제공 탁아 혜택에 대한 대가로 낮은 급여를 받아들였다.

> **TOEIC 어휘력 증강비법**
>
> en-/em- …안에 넣다(명사 앞에서), …하게 하다(명/형 앞에서)
>
> • embark v. 탑승하다, 착수하다   • embellishment n. 장식
> • embody v. 구체화하다, 구현하다   • embrace v. 받아들이다 n. 포옹
> • enroll v. 명부에 등록하다   • endanger v. 위태하게 하다

career _ n. 평생 종사하는 전문 직업 a. 직업적인

일시적인 「일」이 아니라 평생 종사하는 「전문 직업」을 뜻하는 단어. 또한 형용사로도 쓰여 career counselor하면 최근 각광받는 「직업상담사」를, career break은 일명 「백수 기간」을 뜻한다.

🏃 TOEIC 점수를 쑥쑥 올려주는 표현들

career advancement 직업적인 출세	**career plan** 직업계획
career break 전문 직업의 공백기간	**change careers** 직업을 바꾸다
career counselor 직업상담사	**begin one's career**
career goal 직업적인 목표	전문 직업에 처음으로 발을 내딛다

🏃 TOEIC 시험에 꼭 나오는 문장들

1. The young lady was obsessed with her **career advancement** and hardly ever left the office before 10:00 p.m. ⇨ 그 젊은 여자는 직업적인 출세에 집착하여 오후 10시 이전에는 사무실을 떠난 적이 거의 없다.

2. She got her first big **career break** when she married into that family. ⇨ 그 집으로 시집가면서 그 여자는 처음으로 오랫동안 일하지 않는 공백 기간을 가졌다.

3. He has been an accountant, an attorney, and an entrepreneur, yet he still thinks about **changing careers.** ⇨ 그 남자는 회계사, 변호사, 기업가 등으로 일했는데도, 아직도 직업을 바꿀 생각을 하고 있다.

4. Individuals contemplating **career changes** are advised to consult with a job counselor before quitting their current jobs. ⇨ 직업을 바꾸려고 생각하는 사람들은 현재 다니는 직장을 그만두기 전에 직업 상담가와 상의를 해보는 것이 좋다.

5. The young university graduate was hired by a prestigious firm and was about to **begin his career.** ⇨ 그 젊은 대학 졸업생은 유수한 회사에 고용되어 이제 막 사회생활을 시작하려 하는 찰나였다.

carry _ v. 운반(하다), 나르다, (상품을) 팔다

「(사람을) 실어 나르다」, 「(병균을) 옮기다」, 혹은 「(사진 등을) 게재하다」 등 영어로 옮기기 까다로운 우리말들을 해결해주는 단어이다. 특히 상점에서 Do you carry ~? 하면 「…을 파나요?」란 말.

🏃 TOEIC 점수를 쑥쑥 올려주는 표현들

carry trays 접시를 나르다
carry on 계속하다 cf. carry-on 휴대용의
carry-on luggage 기내 휴대 수하물

carry out 임무를 수행하다, 실어 내다
carry forward[over]
차기로 이월하다, 계속 진행해 나가다

🏃 TOEIC 시험에 꼭 나오는 문장들

1. I would like to inquire as to whether or not your company **carries** any computer speaker systems. ⇨ 귀사가 컴퓨터 스피커 시스템을 취급하고 있는지 문의하고 싶습니다.

2. The executives were hoping that their next meeting would **carry on** in the same optimistic fashion. ⇨ 중역들은 차기 회의도 마찬가지로 긍정적인 방향으로 열리기를 바라고 있었다.

3. Any **carry-on luggage** for overseas flights with American Airlines must meet the required weight limit of twenty pounds. ⇨ 어메리칸 항공의 국제선에 갖고 들어갈 수 있는 수하물은 20파운드의 중량 제한 규정에 맞아야 합니다.

4. The manager is responsible for making sure that all of the difficult tasks are **carried out** properly. ⇨ 관리자는 어려운 업무들이 모두 원활하게 수행되도록 해야할 책임이 있다.

5. I'd like to ask you to **carry forward** with the rest of the project, even though I won't be available to assist further. ⇨ 나는 앞으로 더 도와줄 수가 없지만 당신이 이 사업건의 나머지 부분을 계속 진행해 주었으면 좋겠습니다.

TOEIC 어휘력
증강비법

voc/vok 소리, 부르다

• evoke v. 환기시키다   • invoke v. 호소하다   • provoke v. 성나게하다, 유발시키다

case _ n. 사건, 소송(사건), 환자

case는 「경우」, 「사례」의 뜻으로 많이 쓰이지만, 이 외에 「사건」, 「문제」, 「소 」, 「판례」 그리고 병원에서 「환자」, 「병의 증상」이라는 뜻으로도 자주 쓰이기 때문에 익혀두면 아주 유용한 표현이다.

🏃 TOEIC 점수를 쑥쑥 올려주는 표현들

case study 사례 연구	**in that case** 그런 경우에는
case history 사례	**just in case** 만일에 대비하여
suitcase 여행가방	**get off my case** 날 내버려둬
basket case (경제적) 무능력자	**get on sby's case** …에 대해 비난하다
case in point 적절한 예, 특수 사건	**make the case for** 정당성을 주장하다
in case of …의 경우에	**take the case of** …의 경우를 예로 들다

🚶 TOEIC 시험에 꼭 나오는 문장들

1. They are expected to start the civil **case** against him by the end of the week. ⇨ 그 사람들이 이번 주말까지는 그 남자에게 민사소송을 걸 것 같아요.

2. There have been a larger number of **cases** of influenza this fall than usual. ⇨ 올 가을에는 여느 때보다 독감환자들이 더 많군요.

3. There was a **suitcase** left in the lobby by one of the hotel guests last week. ⇨ 지난 주 로비에 호텔 손님중 한 사람이 두고 간 여행가방이 있었다.

4. This accident is a **case in point of** the need for stronger restrictions on gun ownership. ⇨ 이 사고는 총기 소지에 대한 보다 강력한 규제가 필요하다는 것을 보여주는 적절한 예이다.

5. **In that case,** we'd better order at least two more boxes of paper. ⇨ 사정이 그렇다면 종이박스를 적어도 두 개 더 주문해야 합니다.

cash _ n. 현금 a. 현금의 v. 현금으로 바꾸다

cash는 명사, 형용사, 동사 동형. 「현금의」라는 형용사 및 「…을 현금으로 바꾸다」라는 뜻의 동사의 쓰임에 유의해야 한다. 대표적인 예로 cash a check하면 「수표를 현금으로 바꾸다」가 된다.

🏃 TOEIC 점수를 쑥쑥 올려주는 표현들

cashier 출납원	**cash payment** 현찰 지불
cash in on …을 이용하다	**cash rebate** 현금할인, 현금환불
cash a check 수표를 현금으로 바꾸다	**cash register** 금전 등록기
withdraw cash 현금을 인출하다	**cash shortage** 현금 부족
cash dispenser 현금자동지급기	**cash-strapped** 돈이 쪼들리는
cash flow 현금 유출입	

🚶 TOEIC 시험에 꼭 나오는 문장들

1. The man used an inside tip to **cash in on** the underdog at the race track. ⇨ 그 남자는 내부 정보를 이용해서 경마에서 우승확률이 적은 말에 걸어 돈을 땄다.

2. You must have at least two forms of photo identification in order to **cash a check** at Citibank. ⇨ 시티은행에서 수표를 현금으로 바꾸려면 사진이 붙은 신분증이 적어도 두 종류가 필요하다.

3. The company's **cash flow** will improve next year as sales revenues swell and non-operating expenses decrease. ⇨ 판매수입이 증가하고 운영외 비용이 감소함에 따라 내년 그 회사의 유통사정은 호전될 것이다.

4. Automobile companies are currently competing for buyers by offering **cash rebates.** ⇨ 자동차 회사들은 현재 현금환불제도를 채택하여 구매자들을 차지하는 경쟁을 하고 있다.

5. This company is so **strapped for cash** that we need to sell stock. ⇨ 이 회사는 너무 자금에 쪼들리기 때문에 우리는 주식을 팔아야 한다.

092 cast _ v. 던지다, 투표하다 n. 출연배역, 깁스

선거에서 표를 던지다, 즉「투표하다」란 의미가 기본. 또한 영화·연극 등에서「배역을 정하다」또는 「출연배역」이라는 뜻도 있으며, 좀 의외지만「석고 깁스」란 의미로도 사용되니 요주의!

🏃 TOEIC 점수를 쑥쑥 올려주는 표현들

be cast away 난파되다	**broadcast** 방송, 보도하다
cast a vote[ballot] 투표하다	**forecast** 예측[예상]하다
put into a cast 깁스를 하다	**overcast** 흐림, 구름이 잔뜩낀, 흐리다
take the cast off 깁스를 풀다	**outcast** (집·사회에서) 내쫓긴

🐾 TOEIC 시험에 꼭 나오는 문장들

1. Applying plaster **casts** to appendages that have been fractured is an effective way to promote healing. ⇨ 골절상을 입은 팔다리에 깁스를 하는 것은 치료를 촉진시키는 효과적인 방법이다.

2. All union members must **cast their votes** by 3:00 on Friday afternoon. ⇨ 조합원들은 모두 금요일 오후 3시까지 투표를 해야 한다.

3. A dressing was applied to the wound and the leg was bandaged and **put into a cast.** ⇨ 상처에 약을 바르고 다리에 붕대를 감아 깁스를 했다.

4. The doctor told the patient to come back in three weeks to **take the cast off.** ⇨ 의사는 환자에게 3주 후에 깁스를 풀러 다시 오라고 했다.

5. I **forecast** that this project will bring in a lot of money to our rapidly growing firm. ⇨ 이 사업으로 빠르게 성장하는 우리 회사가 돈을 더 많이 벌거라고 예측한다.

> **TOEIC 어휘력 증강비법**
>
> in-/im-/il-/ir- …안에, 속에
>
> • **immigrant** n. 이민자   • **impression** n. 인상, 감명   • **irrigate** v. 물을 대다
> • **income** n. 소득   • **insert** v. 삽입하다   • **inhale** v. 흡입하다

catch _ v. 잡다, 포획하다 n. 포획물

「(움직이는 사물을) 잡다」라는 의미에서 「(물고기 · 사냥감 따위를) 포획하다」, 「(병에) 걸리다」, 「이해하다」(understand)라는 의미를 갖으며, 또한 명사로는 「포획물」이란 뜻으로 사용되기도 한다.

🏃 TOEIC 점수를 쑥쑥 올려주는 표현들

catch up with …를 따라잡다	**catchphrase** 유행어, 경구
catch a cold 감기에 걸리다	**catchword** 표어, 슬로건
catch a flight 비행기를 타다	**catch-all** 포괄적인, 다목적의
be caught in a shower 소나기를 만나다	**be caught in traffic** 차가 막혀 꼼짝못하다
sell one's catch 잡은 물고기를 팔다	

🏌 TOEIC 시험에 꼭 나오는 문장들

1. We're going to have to **catch up with** our competition if we are to stay in business. ⇨ 업계에서 살아남으려면 우리 경쟁업체를 따라잡아야 할 거야.

2. The girl **caught a** dreadful **cold** while watching the soccer game. ⇨ 그 여자애는 축구 경기를 관전하는 동안 아주 지독한 감기에 걸렸다.

3. I'm sorry I can't meet with you on Friday as I'm supposed to **catch a flight** to Montreal. ⇨ 미안한데 몬트리올 비행기를 탈 거라서 금요일날 널 만날 수가 없어.

4. There was much construction on the road and because of that, my bus **was caught in** several **traffic** jams. ⇨ 도로공사를 하는 곳이 많아서 내가 탄 버스가 길에서 여러번 꼼짝을 못했다.

5. The fishing boats come back into the harbor in the evening and the fishermen **sell their catch.** ⇨ 어선들이 저녁에 항구로 돌아오고 어부들은 잡은 생선을 판다.

094 certificate _ n. 증서, 증명서

어떤 것의 효력 내지는 사실을 공식적으로 인정하는 「증서」로, 일종의 교육이나 연수과정을 마쳤을 때 받게 되는 「수료증」 역시 certificate. 「증명된」, 「보증된」이란 뜻의 certified도 알아두자.

🏃 TOEIC 점수를 쑥쑥 올려주는 표현들

certificate of deposit 양도성예금증서
certificate of origin 원산지증명서
certificate of commendation 감사장
discount certificate 할인권
gift certificate 상품권

certified mail 등기우편
CPA(Certified Public Accountant) 공인회계사
AICPA(American Institute of Certified Public Accountants) 미공인회계사협회

🏃 TOEIC 시험에 꼭 나오는 문장들

1. The bank pays interest and principal to the depositor only at the end of the fixed term of the **certificate of deposit(CD).** ⇨ 양도성 예금증서에 대해서는 정해진 기간이 지나야만 은행에서 예금주에게 이자와 원금을 지불한다.

2. Just present this **discount certificate** when making your purchase and you will receive 15% off. ⇨ 물품을 구입하실 때 이 할인증을 제시하시기만 하면 15%의 할인을 받을 수 있습니다.

3. The **gift certificate** was issued by Bloomingdale's Department Store and expires on January 21, 2003. ⇨ 그 상품권은 블루밍데일즈 백화점에서 발행되었으며 2003년 1월 21일이 만기일이다.

4. The money order was sent by **certified mail** to guarantee delivery. ⇨ 우편환은 배달을 확실히 하려고 등기우편으로 보냈다.

5. The **CPA course** will commence at the beginning of January and run through the fall. ⇨ 공인 회계사 과정은 1월 초에 시작해서 가을까지 계속될 것이다.

095 **charge** _ n. 요금 v. (대금을) 청구하다

「고소하다」, 「짐을 싣다」 등의 뜻도 있지만 「요금」, 「비용」 또는 「요금을 청구하다」 등의 의미로 많이 사용된다. 특히 계산시 Cash or charge?하면 「현금지불인지 신용카드로 계산할 지」 묻는 말.

🏃 TOEIC 점수를 쑥쑥 올려주는 표현들

be in charge of …을 책임지다
admission charge 입장료
credit card charge 카드 청구액
extra charge/surcharge 추가요금
free of charge 무료로
charge fines to …에게 벌금을 부과하다
charge a battery 전지를 충전하다

charge a light 전구를 충전하다
charge a fee[bill] to sby's account …의 계좌로 청구하다
charge to sby's credit card 신용카드로 결제하다
shipping and handling charges (운임·보험·포장 등) 발송 제(諸)경비

🏃 TOEIC 시험에 꼭 나오는 문장들

1. For this weekend while I am away, Frank will **be in charge of** all customer inquiries and complaints. ⇨ 이번 주말에 제가 자리를 비우는 동안, 프랭크가 고객의 문의와 불만사항들을 모두 책임질 것입니다.

2. If the items ordered add up to more than $100, then the company will deliver **free of charge.** ⇨ 주문하신 품목의 합계가 100달러를 넘으면, 무료로 배달해 드릴 것입니다.

3. You will be **charged a fee** of ten dollars to your account. 당신 앞으로 요금 10달러를 달아놓겠습니다.

4. For safety reasons, you shouldn't **charge the light** for more than a few hours at a time. ⇨ 위험할 수도 있기 때문에 한꺼번에 몇시간씩 전구를 충전하면 안된다.

5. When ordering items by mail, there are often small additional **shipping and handling charges.** ⇨ 우편으로 물건을 주문하면, 발송경비가 약간 추가되는 경우가 많다.

check _ n. 수표, 계산서 v. 검사하다, 확인하다

거의 우리말화된 check in(out) 등이 대표적 표현이며, 「가방을 맡기다」라는 뜻도 있어 check the baggage하면 「수하물을 맡기다」란 의미. 한편 명사로는 「수표」 또는 「계산서」(bill)를 뜻한다.

🏃 **TOEIC 점수를 쑥쑥 올려주는 표현들**

check in 체크인 하다, 출근부를 찍다		**pay the check** 계산하다	
check on …을 조회하다, 확인하다		**write a check** 수표를 발행하다	
check out 셈을 치르고 나가다, 확인하다		**checklist** 대조표, 점검표	
check over 철저하게 조사하다		**checkup** 건강진단	
double-check 재확인하다		**checking account** 당좌예금	

🏃 **TOEIC 시험에 꼭 나오는 문장들**

1. The company requires us to **check in** at work each morning for security purposes. ⇨ 우리 회사는 보안상의 이유로 직원들에게 매일 아침 출근했다는 것을 알리게 하는 제도를 실시한다.

2. After the couple got home, they went upstairs to **check on** their kids. ⇨ 부부는 집에 도착해서 아이들이 괜찮은지 확인하기 위해 윗층으로 올라갔다.

3. A consultant was hired to **check out** whether the company was operating efficiently. ⇨ 그 회사가 효율적으로 운영되고 있는지를 확인하기 위해 컨설턴트가 고용되었다.

4. We sent the manuscript to the editing department to have it **checked over** for mistakes. ⇨ 우리는 실수가 있는지 확인하기 위해 원고를 편집부에 넘겼다.

5. Please have my secretary **double-check** the time of arrival. ⇨ 제 비서에게 도착 시간을 다시 한번 확인시키세요.

6. She **wrote a check** on Jim's account without his approval. ⇨ 그 여자는 짐의 허락도 없이 그 사람의 계좌에서 수표를 발행했다.

check-in counter 탑승수속 카운터	raincheck 물품보급 우선권 보증
check-out line 계산줄	spot check 임의추출조사, 불시점검
bad check 부도수표	security check point 보안검사대
cashier's check 자기앞 수표	traveler's check(TC) 여행자수표

7. The **checklist** was prepared by the secretary and distributed to all of the managers. ⇨ 비서가 준비한 점검표가 부장급들에게 모두 배포되었다.

8. Nine out of ten dentists recommend that dental **checkups** be scheduled every other year. ⇨ 치과의사는 대부분 정기치아검사를 2년마다 해야 한다고 권고한다.

9. The airline employee is weighing the suitcase at the **check-in counter.** ⇨ 항공사 직원이 탑승수속 카운터에서 여행가방의 무게를 재고 있다.

10. A tall lady with blond hair and glasses left her purse on top of the **checkout counter** last evening. ⇨ 어제 저녁, 금발에 안경을 낀 키 큰 여자가 계산대 위에 핸드백을 두고 갔다.

11. It is important that you keep an accurate record of all checks you write in order to avoid passing a **bad check.** ⇨ 부도수표를 발행하지 않으려면 발행하는 모든 수표를 정확히 기록하는 것이 중요하다.

12. The store was all out of the advertised special so the clerk gave me a **raincheck.** ⇨ 그 상점에서는 광고로 나간 특별상품이 품절되어서 점원이 내게 그 상품에 대한 후일의 우선 판매보증서를 주었다.

TOEIC 어휘력
증강비법

pro- ···의 앞에, 찬성하여

- procedure n. 순서, 절차
- proclamation n. 선언
- production n. 생산, 제품
- proficient a. 능숙한, 숙달된
- proliferate v. 증식하다
- proceed v. 나아가다, 계속하다
- procure v. 획득하다, 조달하다
- profession n. 전문직업
- progressive a. 전진하는, 진보적인
- promote v. 승진시키다, 촉진시키다

clean _ a. 깨끗한 v. 세탁하다, 청소하다

「깨끗한」, 「결백한」이란 뜻의 형용사로 유명하지만 「청소하다」, 「세탁하다」, 「(먼지나 더러움을) 제거하다」와 같이 직·간접으로 '깨끗' 하게 하는 것과 관련된 의미의 '동사' 로도 많이 쓰인다.

🏃 TOEIC 점수를 쑥쑥 올려주는 표현들

cleaning 세탁, 청소	**come clean** 죄를 인정하다
clean out 깨끗하게[단정하게] 하다	**house cleansing** 대청소
clean up 깨끗이 청소하다	**vacuum cleaner** 진공 청소기

🦘 TOEIC 시험에 꼭 나오는 문장들

1. Most people in the company are concerned about the safety of new chemicals available for **cleaning** toxic waste sites. ⇨ 회사 사람들은 대부분 독성 폐기물 처리장용 화학제 신제품의 안전성 여부에 대해 염려하고 있다.

2. This is the time of year to **clean out** your garage and have a tag sale at your house. ⇨ 너희집 차고를 정리해서 중고 가정용품 세일을 해야할 때가 돌아왔구나.

3. When the party is finished, arrange for someone to **clean up** here. ⇨ 파티가 끝나면 누군가를 시켜서 여기를 치워라.

4. Our company should **come clean** about the defect in the manufacture of our product. ⇨ 우리 회사는 제품을 제조하는데 있어 결함이 있었다는 것을 인정해야 한다.

5. My wife just bought a new **vacuum cleaner.** ⇨ 제 아내는 막 진공청소기를 새로 샀습니다.

TOEIC 어휘력
증강비법

extra/extro …외의, …이외에

• **extra** a. n. 여분(의)	• **extracurricular** a. 정규과목이외의
• **extraneous** a. 외부로부터의	• **extraordinary** a. 대단한, 특별의
• **extravagant** a. 낭비하는, 과다의	• **extrovert** n. 외향적인 사람

clear _ a. 깨끗한, 명백한 v. 깨끗이 치우다, 처리하다

주로 「명백한」, 「이해가 되는」이라는 추상적인 뜻으로 쓰이며, 그밖에 「치우다」, 「(비행기)의 이착륙을 허가하다」라는 동사로 많이 사용된다. 뒤에 customs가 오면 「통관 절차를 마치다」란 뜻이 된다.

🏃 TOEIC 점수를 쑥쑥 올려주는 표현들

be cleared of …에서 벗어나다	**clear one's throat** 목소리를 가다듬다
clear out …을 처리하다	**clear the accident** 사건을 해결하다
clear up (날씨·건강 등이) 좋아지다	**clear the way** …을 가능하게 하다
clear customs 통관 절차를 마치다	**make oneself clear** 분명히 표현하다

🐾 TOEIC 시험에 꼭 나오는 문장들

1. Sometimes, we have to lower prices in order to **clear out** inventory. ⇨ 어떤 경우에는 재고를 처리하느라 가격을 낮춰야만 하는 때가 있다.

2. I really hope that this weather **clears up** before the national beach volleyball tournament tomorrow. ⇨ 내일 전국 해변 배구 대회 이전에 날씨가 개였으면 정말 좋겠다.

3. To **clear up** your infection completely, continue taking this medicine for the full course of treatment, even if you feel better in a few days. ⇨ 감염된 것을 완전히 낫게 하려면 사용 후 며칠 사이에 상태가 호전되더라도 완치될 때까지 본 약품을 꾸준히 사용해야 한다.

4. We waited in line for three hours to **clear customs** in Rome. ⇨ 우리는 로마에서 통관 절차를 마치는데 3시간 동안 줄을 서서 기다려야 했다.

5. She **cleared her throat** several times before beginning her presentation. ⇨ 그 여자는 발표를 시작하기에 앞서 여러번 목소리를 가다듬었다.

6. The police officers had to **clear the way** so the cavalcade could pass through. ⇨ 경찰관들은 기마대가 지나갈수 있도록 길을 터주어야만 했다.

099 close _ v. 문을 닫다, 계약을 맺다

증권거래소에서 「종가(終價)가 …이 되다」라고 할 때도 이 단어를 쓰며 명사로는 「종결」, 「마감」, 그리고 「유사한」, 「면밀히」 등의 형용사·부사 등 다양한 쓰임새를 과시하는 단어이다.

🏃 TOEIC 점수를 쑥쑥 올려주는 표현들

close one's account 은행계좌를 닫다

close a contract 계약을 체결하다

close a deal with …와 거래를 매듭짓다

get closer to …에 더 가까워지다

close call 위기일발, 구사일생

close-up 근접촬영, 클로즈업

be close to an agreement
합의에 도달하다

build a close relationship with
…와 친분을 쌓다

take a closer look at
…를 좀더 자세히 살펴보다

be closely related[linked] to
밀접히 관련되어 있다

🐒 TOEIC 시험에 꼭 나오는 문장들

1. You have to **close your account** before you leave the country.
   ⇨ 이 나라를 떠나기 전에 은행계좌를 정리해야 한다.

2. Please try to **close the contract** before midnight tonight. ⇨ 오늘 자정 전으로 계약을 체결하도록 해 주세요.

3. There was a **close-up** photo of the man in the newspaper on Thursday. ⇨ 목요일 신문에 그 남자의 클로즈업 사진이 나왔다.

4. I want you to **take a closer look** at the way we do things around here. ⇨ 우리가 여기서 하는 일을 세밀히 살펴보시기 바랍니다.

5. I **was closely related to** the man who died in the car wreck. ⇨ 나는 차사고로 죽은 그 남자와 아주 가까운 사이였다.

code _ n. 암호, 규약

「암호」(secret writing)라는 기본의미 외에도 조직이나 단체에서 정한 「규칙」(collection of rules)
이란 뜻으로도 쓰이고, 「법률」이라는 의미도 있다.

🏃 TOEIC 점수를 쑥쑥 올려주는 표현들

code name 암호명	**fire codes** 소방 법규, 화재 수칙
codes of ethics 윤리규범	**safety codes** 안전수칙
area code (전화의) 지역번호	**zip code** 우편번호
city codes 민법	

🚶 TOEIC 시험에 꼭 나오는 문장들

1. The **code of ethics** within this corporation requires all
   employees to work as a team. ⇨ 이 회사의 직원들은 모두 하나의 팀에 속한
   일원으로 일해야 한다는 사내 규범이 있다.

2. When making a long distance call, be sure to dial the **area
   code** before dialing the telephone number. ⇨ 장거리 전화를 걸 때는 지
   역번호를 누른 다음에 전화번호를 입력하는 것을 잊지 마세요.

3. The inspector made sure that the construction of the building
   adhered to the **fire code.** ⇨ 건물 준공 검사관은 그 건물을 건축할 때 반드시 소
   방법규를 준수하도록 조치했다.

4. The fire marshal was called in to inspect the warehouse for violations
   of **safety codes.** ⇨ 그 창고의 안전수칙 위반 여부를 조사하려고 소방서장이 왔다.

5. Including the **zip code** after a person's address will help the
   post office route the letter faster. ⇨ 주소에 우편번호를 기입하면 우체국에서
   편지를 더욱 신속하게 배달할 수 있다.

TOEIC 어휘력
증강비법

migra 이주하다

• **emigrate** v. 이주해가다   • **immigrate** v. 이주해오다   • **migratory** a. 이주하는

come _ v. 오다, 도착하다

「come = 오다」라고 철썩같이 믿었다간 발등찍히기 쉽상. 상대방이 있는 쪽으로 「가다」라는 go의 개념까지 포함한다. 예를 들어 문 밖에서 안으로 들어가도 될 지 물을 땐 May I come in?

🏃 TOEIC 점수를 쑥쑥 올려주는 표현들

come across 우연히 만나다	**come up with** …을 찾아내다
come by 들르다, 손에 넣다	**come with** …에 달려있다, 부속되어 있다
come out (결과를) 낳다	**come close to** …할 뻔하다
come over …에 들르다	**come down with** (병 등에) 걸리다
come to …하게 되다, …에 달하다	**come to an end** 끝장나다

🦘 TOEIC 시험에 꼭 나오는 문장들

1. She asked me to **come by**, but I really didn't feel like going over to her house. ⇨ 그 여자는 내게 들러 달라고 했지만, 난 정말이지 그 여자의 집에는 가고 싶지 않았다.

2. The president of the company asked his secretary to get somebody to **come over** to the office and clean the windows.
⇨ 사장은 사무실로 누군가를 불러서 창문을 닦게 하라고 비서에게 시켰다.

3. The bill for the repairs to the house should **come to** about $550.00. ⇨ 집수리 비용이 약 550달러에 달할 듯하다.

4. We have **come up with** an alternative approach to the project which we believe will be of much interest to you. ⇨ 그 계획에 대해 당신이 아주 흥미를 느낄만한 다른 접근법을 찾았습니다.

5. The new and improved Dustbuster vacuum **comes with** its own rechargeable battery. ⇨ 기능이 향상된 더스트버스터 진공청소기 신제품은 자체 충전배터리가 달려 있다.

come to terms with 감수하다	**How come~?** 어째서 …인가?
come to think of it 생각해보니	**when it comes to** …에 관해 말하자면
come together 화해하다	**in the coming years** 내년부터는
come true 사실이 되다	**upcoming** 다가오는

6. Although we **come close to** the competition in terms of sales, they beat us by a few dollars. ⇨ 우리는 매상 면에서는 경쟁사에 근접했지만 몇 달러 차이로 경쟁사가 앞선다.

7. It will be difficult, but I think the children will have to **come to terms with** the divorce. ⇨ 힘들겠지만 아이들은 부모의 이혼을 받아들여야 한다고 생각한다.

8. **Come to think of it,** I shouldn't be doing this much work for such little pay. ⇨ 생각해보니, 난 그런 박봉을 받고 이렇게 많은 일을 해선 안된다.

9. Our employers feel that when it **comes to** research, we should spare no expense. ⇨ 우리 직원들은 연구에 관한한 경비를 아끼지 말아야한다고 생각한다.

TOEIC 어휘력
증강비법

pre- 전, 앞, 미리

- preamble n. (법률) 전문
- precipitate v. 촉진시키다, 몰아대다
- predict v. 예언하다
- prelude n. 전주곡
- pretend v. …인 척하다
- precaution n. 조심, 경계
- precocious a. 조숙한
- preeminent a. 탁월한
- preoccupied a. 몰두한
- preface n. 서문

102 commercial _ a. 상업의, 무역의 n. 광고방송 (CM)

이 단어는 기본적으로 「상거래상에 이루어지는 거래」를 함축하고 있어 뒤에 어울리는 단어에 따라 「상업의」, 「무역의」, 또는 국영(國營)의 반대되는 의미로 「민간의」라는 의미를 갖는다.

🏃 TOEIC 점수를 쑥쑥 올려주는 표현들

commerce 상업, 통상, 거래	**commercial loan** 단기 영업자금융자
e-commerce 전자 상거래	**commercial message** 광고방송
commercialize 상업화(상품화)하다	**commercial paper** 기업어음
air the commercials 광고방송을 하다	**Chamber of Commerce** 상공회의소
commercial bank 시중은행	**commercial lending office** 대출영업소
commercial invoice 상업용송장	

🏃 TOEIC 시험에 꼭 나오는 문장들

1. The TV station refused to **air the commercial** in response to a massive amount of public pressure. ⇨ TV 방송국은 시민들의 압력이 거세지자 그 광고 방송을 내보내지 않기로 했다.

2. Texas International Bank is a midsized **commercial bank** that conducts most of its activities along the US-Mexico border and in the Republic of Mexico. ⇨ 텍사스 국제은행은 영업을 대부분 미국과 멕시코의 국경지대 및 멕시코에서 하고 있는 중간 규모의 상업은행입니다.

3. The bank manager was famous for his ability to judge the quality of each company that applied for a **commercial loan** at his bank. ⇨ 은행지점장은 단기영업자금융자를 신청하는 회사상태를 판단하는 능력이 뛰어난 것으로 유명하다.

4. The company decided to place three different **commercial messages** on late-night television. ⇨ 그 회사는 심야 TV에 3종류의 광고방송을 보내기로 결정했다.

5. The bank currently has an opening in its El Paso international **commercial lending office** for a Vice President of Corporate Banking. ⇨ 본 은행에서는 현재 엘파소 국제통상대출 영업소의 기업담당 부사장으로 일할 사람을 찾고 있습니다.

103 commit _ v. 위임하다, 죄를 저지르다

commit a crime과 같이 범죄나 과실 따위를 「저지르다」로 유명한 동사. 하지만 「약속하다」, 「…에 전념하다」, 「…에〔한 상태로〕 두다」 등 쓰임새가 다양하다. 특히 명사형 committee(위원회)에 유의!

🏃 TOEIC 점수를 쑥쑥 올려주는 표현들

commitment 위임, 서약, 책임
committee 위원회, 위원
commit oneself to 전념하다
be committed to …에 전념하다
loan commitment 대부약정

steering committee 조정 위원회
commit A to B B를 위해 A를 사용하기로 하다
make a commitment to+V …에 마음을 쏟다

🏃 TOEIC 시험에 꼭 나오는 문장들

1. As citizens of this country, we have a **commitment** to stop our children from carrying weapons to school. ⇨ 이 나라의 시민인 우리는 아이들이 학교에 무기를 소지하고 다니는 것을 막아야 할 책임이 있다.

2. The **committee** agreed unanimously to adopt the new marketing plan. ⇨ 위원회는 새로운 판매정책을 채택할 것을 만장 일치로 합의했다.

3. The company **is committed to** dealing fairly with other organizations. ⇨ 그 회사는 다른 기업체와 공정하게 거래하는 것을 원칙으로 삼고 있다.

4. The **loan commitment** included monthly payments of $500 over a period of ten years. ⇨ 그 대부약정에는 10년간 매달 500달러씩 상환하는 조건이 들어 있었다.

5. We had to **commit** a whole division of our company to the new project. ⇨ 새로운 프로젝트에 회사의 한개 부서를 모두 투입해야 했다.

129

company _ n. 회사, 동석, 교제 v. 함께하다

「사업이나 교역을 목적으로 함께 일하는 사람들의 조직」을 가리키는 말로 회사 혹은 회사명을 말할 때 가장 일반적으로 사용되는 단어. 그밖에 「동반」, 「교제」 등의 의미로도 자주 쓰인다.

🏃 TOEIC 점수를 쑥쑥 올려주는 표현들

accompany …에 동반하다, 수반하다   **leave the company** 회사를 떠나다
create a company 창업하다   **move up in the company** 승진하다
enjoy one's company …와 즐겁게 놀다   **run the company** 회사를 운영하다

🐒 TOEIC 시험에 꼭 나오는 문장들

1. I would have fallen asleep at the wheel if Jean hadn't been around to keep me **company.** ⇨ 진이 내 옆에서 말동무를 해주지 않았다면, 난 아마 운전중에 졸았을 것이다.

2. Why don't you **create a company** that offers a unique product at a reasonable price? ⇨ 독특한 제품을 싼 가격에 내놓는 회사를 설립하는 게 어때?

3. I really **enjoyed your company** at the reception last night. ⇨ 어젯밤 환영회에서 정말 즐거웠습니다.

4. In order to **move up in the company,** you should have an MBA. ⇨ 승진하기 위해서는 경영학 석사 학위가 있어야 한다.

5. The manager wanted to find someone to **run the company** after he retired. ⇨ 그 경영자는 자신이 은퇴한 뒤에 회사를 운영할 사람을 찾고 싶어.

6. The **company's bankruptcy** has hurt many of its parts suppliers and end users. ⇨ 그 회사의 파산으로 부품 공급업체들과 최종 소비자들이 많이 피해를 입었다.

7. Our **parent company** is downsizing, and jobs will certainly be lost. ⇨ 우리 모회사가 구조조정을 하고 있어서 일자리가 줄어들 게 확실해.

company's bankruptcy 회사의 파산
investment company 투자회사
parent company 모(母)회사
subsidiary company 자(子)회사
private company 사기업
telemarketing company
텔레마케팅 회사
top-earning company
수익률 최고인 회사

A accompanies B
A가 B를 따라가다, 바래다 주다
be accompanied by[with]
…을 동반[수반]하다
accompanying envelope
동봉한 봉투
accompanying commercial
invoice 동봉한 거래송장

8. XYZ Corp. is a wholly owned **subsidiary company** of a large Japanese conglomerate. ⇨ XYZ 社는 한 일본 대재벌이 완전한 소유권을 가지고 있는 자회사이다.

9. **Privately held companies** in Korea are increasingly becoming part of the public sector. ⇨ 한국의 사기업들이 점점 공공 부문을 담당하고 있다.

10. They **are accompanied by** their colleagues from the head office in Switzerland. ⇨ 스위스 본사로부터 온 직원들이 그 사람들을 데리고 다닌다.

11. Please make sure your product is returned in the **accompanying envelope.** ⇨ 귀사 제품을 반드시 동봉한 봉투에 넣어 보내 주십시오.

12. Please sign the receipt as well as the **accompanying commercial invoice** as soon as possible. ⇨ 가능한 한 빨리 영수증 및 동봉한 거래송장에도 서명 날인해 주십시오.

TOEIC 어휘력
증강비법

intra/intro 안에, 내부에

• intravenous n. a. 정맥(의), 정맥주사(의)
• introspect v. 내성하다

• introduce v. 소개하다
• introvert n. 내성적인 사람

둘 이상의 차이점을 「비교하다」 혹은 비슷한 다른 어떤 것에 빗대어 「비유하다」라는 개념으로 사용되는 동사. 참고로 실제 영어에선 compare to와 compare with는 별 구분없이 사용된다.

🏃 TOEIC 점수를 쑥쑥 올려주는 표현들

comparison 비교, 비유	**compare to** …에 비유하다
comparable 필적하는, 비교할만한	**be compared to[with]** …와 비교되다
comparative 비교의, 비교적	**when compared to** …와 비교해볼 때

🏃 TOEIC 시험에 꼭 나오는 문장들

1. The judge drew a **comparison** between the murderer and a wild lion. ⇨ 판사는 살인자를 사나운 사자와 비교했다.

2. **Compared to** the other companies, ours is rather progressive.
   ⇨ 다른 회사들과 비교했을 때, 우리 회사는 상당히 진취적이다.

3. I want to **be compared to** the great men of this century. ⇨ 나는 금세기의 위대한 인물들에 비유되기를 바란다.

4. She **was compared with** many of her peers before she was chosen. ⇨ 그 여자는 여러 동료들과 비교된 후에 선출되었다.

5. We expect that sales during the first quarter of next year will triple **when compared to** sales this quarter. ⇨ 내년도 1/4분기의 판매가 이번 분기의 판매와 비교할 때 3배로 증가하리라고 기대한다.

TOEIC 어휘력 증강비법

ante …전의, …보다 앞의

- antecedent a. 선행하는 n. 선례, 조상
- antemortem a. 죽기 직전의
- anteroom n. 대기실
- antedate v. 시기적으로 …보다 앞서다
- antenna n. 안테나
- anterior a. 전방의, 앞의

106 competition _ n. 경쟁, 경쟁자, 경쟁업체

「경쟁」이란 추상적 의미외에도 가산명사로「경쟁자」,「경쟁업체」를 의미하기도 한다. 형용사형 competitive는 price, salary 등과 함께 TOEIC에 자주 출제되니 체크해 둔다.

🏃 TOEIC 점수를 쑥쑥 올려주는 표현들

competence 능력	**be competent** 유능하다
competitiveness 경쟁력	**compete with[against]** …와 경쟁하다
cut-throat competition 치열한 경쟁	**beat the competitors**
stiff competition 치열한 경쟁	경쟁자들을 이기다
competitive salary 경쟁력 있는 급여	**keep up with the competition**
competitive prices 경쟁력있는 가격	경쟁업체에 뒤떨어지지 않는다

🏃 TOEIC 시험에 꼭 나오는 문장들

1. Mr. James claims his company is better than the **competition** due to its high-quality products. ⇨ 제임스 씨는 자기 회사는 제품의 품질이 우수하기 때문에 경쟁사보다 좋다고 주장한다.

2. This survey will argue that a period of **cut-throat competition** has left multinationals fitter than they have been for decades. ⇨ 치열한 경쟁기간을 거치면서 다국적 기업들이 지난 수십년간의 상태보다 더욱 적응력이 강해졌다는 논리를 이 조사는 펴고 있다.

3. The company was faced with **stiff competition** from other companies in the automobile industry. ⇨ 그 회사는 자동차 산업에서 타회사들과 치열한 경쟁을 하게 되었다.

4. The company offers a professional working environment and a **competitive salary.** ⇨ 그 회사는 전문성을 살리는 근무여건을 만들어 주고 있으며 급여도 타회사에 떨어지지 않는다.

5. The primary goal for our company this year is to **beat the competitors** in terms of overall sales. ⇨ 올해 우리 회사의 주목표는 전반적인 판매액 면에서 경쟁사들을 제압하는 것이다.

| Keywords | **complete ~ cut**

107 complete _ a. 완전한 v. 완성하다

「완벽한」, 「완성된」의 의미를 갖는 complete은 보통 필요한 모든 것이 갖추어진 「양적 충족상태」를 나타낼 때 쓸 수 있는 표현. 동사로 「완성하다」, 「(목적을) 달성하다」 등의 의미로 쓰이기도 한다.

TOEIC 점수를 쑥쑥 올려주는 표현들

completion 성취, 완성
complete with …을 갖춘
complete the task 임무를 완수하다
completion date 완공일
complete the questionnaire
　질문서를 기입하다
complete a customs declaration
　세관 신고서를 기입하다

complete loan applications
　대출신청서를 기입하다
completion of this offering
　이번 주식공모의 만료
submit a resume complete with achievements
　학력 및 공로사항을 첨부한 이력서를 제출하다

TOEIC 시험에 꼭 나오는 문장들

1. In order to receive your free gift, you must **complete** and return the questionnaire. ⇨ 사은품을 받으려면 질문서를 기입해서 돌려주셔야 합니다.

2. The car comes **complete with** power steering, power brakes, and air conditioning. ⇨ 그 차는 동력 핸들, 파워 브레이크 그리고 에어컨을 완비하고 있다.

3. The worker was very upset at the fact that he could not **complete the task** assigned to him on time. ⇨ 그 직원은 자신에게 배당된 일을 제 시간에 완수할 수 없다는 사실에 몹시 초조해 했다.

4. Upon **completion of this offering,** you will receive your shares. ⇨ 이번 주식공모발행이 끝나면, 여러분의 주식을 받게 될 것입니다.

5. The intern was told to submit a resume, **complete with** his achievements. ⇨ 그 인턴은 학력 및 공로사항까지 완벽히 기재한 이력서를 내라는 얘기를 들었다.

complex _ a. 복잡한 n. 콤플렉스, 건축 단지

형용사로 「복잡한」, 혹은 명사로 「콤플렉스」 정도의 의미로만 알고 있는 complex가 주택용어로 쓰이면 관련있는 것들의 복합체란 뜻으로 「건축 단지(團地)」, 혹은 「종합 빌딩」이라는 의미가 된다.

🏃 TOEIC 점수를 쑥쑥 올려주는 표현들

complexion 안색, 혈색, 기질	**housing complex** 주택단지
apartment complex 아파트단지	**inferiority complex** 열등감
building complex 빌딩단지	**office complex** 사무단지

🚶 TOEIC 시험에 꼭 나오는 문장들

1. The Urban Planning Committee has decided to build a new **complex** of residential apartments in the inner city. ⇨ 도시계획 위원회는 도심지에 새로운 주거용 아파트 단지를 세우기로 결정했다.

2. The renovations to the remaining 10 units in the **apartment complex** will be completed by May 1. ⇨ 그 아파트 단지에 남아 있는 10 가구의 수리가 5월 1일까지 마무리될 것이다.

3. Local residents in the community are opposed to the change in plans for the proposed **housing complex.** ⇨ 그 지역의 주민들은 주택 단지로 지정된 곳에 대한 계획 변경에 반대했다.

4. Praise and appreciation are the best ways to ensure your child does not develop an **inferiority complex.** ⇨ 자녀가 열등감을 갖게 되지 않도록 하려면 칭찬해 주고 고맙다고 하는 게 제일 좋다.

5. The total cost of the new **office complex** will reach 100 million dollars and construction is slated for completion sometime early next year. ⇨ 새 사무실 단지의 총공사비는 1억 불에 달할 것이며 내년초경에 완공될 예정이다.

TOEIC 어휘력 증강비법

monstr/must 보여주다

• demonstrate v. 증명(논증)하다　• remonstrate v. 항의하다　• muster v. 소집하다

complimentary _ a. 칭찬의, 무료의

compliment의 형용사형인 complimentary가 「칭찬하는」이라는 의미외에 엉뚱하게도 「무료의」
(given free as a favor)라는 뜻으로 쓰인다. 기내음식처럼 부수적으로 제공되는 서비스를 말한다.

🏃 **TOEIC 점수를 쑥쑥 올려주는 표현들**

complimentary beverage 무료음료   **complimentary voucher** 무료교환권
complimentary gift 서비스 증정품   **return the compliment** 답례하다
complimentary lunch 무료점심식사   **compliment** 칭찬하다
complimentary ticket 무료티켓   **pay sby a compliment** …를 칭찬하다

🦘 **TOEIC 시험에 꼭 나오는 문장들**

1. The tie and the jacket **complement** one another well. ⇨ 넥타이와
   재킷이 서로 잘 보완을 해주고 있다.

2. Everything I've heard about her work has been highly **com-
   plimentary.** ⇨ 내가 그 여자의 업무에 대해 들은 것은 모두 대단한 칭찬뿐이었다.

3. Each morning we provide **complimentary** coffee, a muffin and
   a newspaper. ⇨ 매일 아침 커피와 머핀, 신문이 무료 제공됩니다.

4. **Complimentary beverages** and snacks will be offered to all
   passengers flying with United Airlines. ⇨ 음료와 스낵이 유나이티드 항공
   을 이용하는 승객들에게 모두 무료로 제공될 것이다.

TOEIC 어휘력
증강비법

post- …의 뒤에, 후에

• **posterior** a. 다음의, 뒤의   • **posterity** n. 자손, 후대   • **posthumous** a. 사후의
• **postmeridian** a.n. 오후(의)   • **postpone** v. 연기하다   • **postscript** n. 추신

110 conference _ n. 회의, 회담

meeting과 의미는 같지만 보다 규모가 크고 전문적인 문제를 다루는 회의에는 conference를 써준다. 한편, 요즘 유행하는 화상·전화를 통한 「원격회의」는 teleconference.

🏃 TOEIC 점수를 쑥쑥 올려주는 표현들

have a conference 회의를 하다	**conference packet** 회의 자료
conference agenda 회의일정	**general conference** 총회
conference call 전화회의	**press conference** 기자 회견

🦘 TOEIC 시험에 꼭 나오는 문장들

1. Do you have five minutes to go over the **conference agenda?**
   ⇨ 5분 정도 시간을 내서 회의 일정을 검토해 주시겠어요?

2. The **conference call** between the managers will begin at 9 p.m. ⇨ 관리자들 사이의 전화회의는 오후 9시에 시작될 것이다.

3. If you'll look in your **conference packet,** you'll find a red wristband, which you must wear throughout the weekend. ⇨ 여러분이 가지고 계신 회의 패킷 속을 들여다 보시면, 빨간 손목 밴드가 들어 있는데 여러분은 그것을 주말 내내 차고 계셔야 합니다.

4. He held a **press conference** to discuss the pending sale of the company. ⇨ 그 사람은 기자 회견을 열어 임박한 회사 매각에 대한 내용을 밝혔다.

5. They began to **teleconference** as a means of cutting costs.
   ⇨ 그 사람들은 비용 절감 차원에서 원거리간 회의를 도입했다.

TOEIC 어휘력 증강비법

re- 다시, 새로이

• **reduce** v. 줄이다	• **relax** v. 완화하다	• **regard** n.v. 주시(하다)
• **reject** v. 거절하다	• **release** v. 출시하다, 내놓다	• **respect** n.v. 존경(하다)

139

confirm _ v. 확인하다, 승인하다

매사 딱 부러지게 처리하는 사람들의 필수어휘. 예약이나 약속을 한 다음 시간·장소를 「확인하거나」
(make certain), 특정 사실·문서의 내용을 「확실히 할」(give a certainty) 때 요긴한 표현.

🏃 TOEIC 점수를 쑥쑥 올려주는 표현들

confirmation 확정, 예약 확인	**confirm an appointment with**
confirmed 확립된, 상습적인	···와의 약속을 확인하다
confirmation hearing 인준청문회	**confirm a reservation**
written confirmation 서면확인서	예약된 내용을 확인하다
in confirmation of ···을 확인하여	**reconfirm the reservation**
reconfirm 재확인하다	예약을 재확인하다

🏃 TOEIC 시험에 꼭 나오는 문장들

1. The company spokesperson would not **confirm** the rumor or deny it. ⇨ 회사의 대변인은 그 소문을 확인도 부인도 하지 않을 것이다.

2. We had to **confirm** our flight two weeks before it departed.
   ⇨ 우리는 출발 2주 전에 우리 비행기편을 확인해야했다.

3. When do you expect to receive **written confirmation** of our reservation? ⇨ 예약이 되었다는 서면 확인서를 언제 받게 되어있나요?

4. You will need to **reconfirm your reservation** 72 hours before departure. ⇨ 출발하기 사흘 전에 예약을 다시 확인해봐야 할 거예요.

TOEIC 어휘력
증강비법

inter- ···사이, ···하는 중, 상호

• interaction n. 상호작용	• intercept v. 가로채다, 가로막다
• intervene v. 간섭하다, 조정하다	• interfere v. 간섭하다, 방해하다
• interpose v. ···사이에 넣다	• interval n. 간격

connect _ v. 전화로 상대방과 이어주다, 연결하다

「연결하다」, 「…와 관계가 있다」라는 의미로도 많이 쓰이는데, 그래서 사업상 관계를 맺는 「거래선」, 「단골」은 business connection이 된다. 한편 connection이 복수로 쓰이면 「연줄」, 일명 「빽」이란 뜻.

🏃 TOEIC 점수를 쑥쑥 올려주는 표현들

connection 관계, 거래처, 단골, 연줄	**well-connected** 빽이 빵빵한
connect sby to …에 전화를 연결시키다	**connect to the internet** 인터넷에 연결하다
connecting flight 접속항공편	
business connection 단골, 거래선	**disconnect** 연락[접속]을 끊다, 전원을 끊다
in connection with …와 관련지어	

🏋 TOEIC 시험에 꼭 나오는 문장들

1. One of the best ways to land a job in finance is to have a lot of **connections.** ⇨ 금융분야에서 일자리를 얻기 위한 가장 좋은 방법 중의 하나는 많은 인맥을 갖는 것이다.

2. Let me call up some of my **connections** in New York and see if I can get you a job. ⇨ 내가 뉴욕의 거래처들 몇군데에 전화해서 당신에게 일자리를 구해줄 수 있을지 알아보겠습니다.

3. The receptionist was having great difficulty **connecting** her boss **to** the board room. ⇨ 그 접수계원은 사장의 전화를 회의실로 연결하는데 큰 어려움을 겪고 있었다.

4. The former Minister of Trade was asked to consult on the project because of his many **business connections** around the world. ⇨ 전 통상장관은 전세계적으로 많은 사업 거래선이 있기 때문에 그 프로젝트에 대한 컨설팅을 요청받았다.

5. My ISP is getting too big and now it takes a long time to actually **get connected** to the net. ⇨ 내가 이용하는 인터넷 서비스 회사가 너무 커지고 있어서 지금은 실제로 인터넷에 접속하는 데 오랜 시간이 걸린다.

consider _ v. 참작하다, 고려하다

결정을 내리기 전 주의깊게 「검토하다」, 「고려하다」라는 뜻으로 think와 비슷하지만 주로 아직 완전히 결정나지 않은 미래의 일에 대해 생각한다는 점에서 의미상 약간의 차이가 있다.

🏃 TOEIC 점수를 쑥쑥 올려주는 표현들

consideration 고려	**reconsider** 재고하다
considerable 상당한, 엄청난	**reconsideration** 재고
consider A (as) B A를 B로 간주하다	**take ~ into consideration**
Please consider …에 대해 고려하세요	…를 참작하다

🐁 TOEIC 시험에 꼭 나오는 문장들

1. I would like you to **consider** the job as an important test of your skills. ⇨ 이 일을 당신의 능력을 시험하는 중요한 기회로 여겼으면 합니다.

2. The manager **considered** his secretary to be one of the smartest people in the organization. ⇨ 그 부서 책임자는 자신의 비서를 회사 내에서 가장 재능있는 직원에 속한다고 생각했다.

3. The school **took** the fact that the student was a recent immigrant into consideration. ⇨ 학교에서는 그 학생이 최근에 이민왔다는 사실을 참작했다.

4. **Please consider** the damage you will do if you build your building next to the river. ⇨ 강 옆에 건물을 지을 경우 당신이 입힐 피해를 고려해 보시오.

5. The plan was given a lot of **reconsideration,** but it was still rejected. ⇨ 그 계획에 대해서는 사람들이 재고를 많이 했지만 기각시켜 버렸다.

TOEIC 어휘력 증강비법

medi/medio 중간

• immediate a. 즉시의	• intermediary n. 매개물	• mediocrity n. 평범
• medium n. 중간, 매체	• media n. 미디어	• medial a. 중간의, 중앙의
• median a. 중앙의	• mediation n. 중개, 조정	

114 **construction** _ n. 건축(물), 건조(물), 건설

건물, 공장, 도로 등의 「건설」 혹은 그렇게 만들어진 「건축물」, 「건조물」을 가리키는 말로 의미는 간단
하지만 site, manager, under 등의 단어들과 결합해 TOEIC에 꼭꼭 등장하는 단골표현.

🏃 TOEIC 점수를 쑥쑥 올려주는 표현들

construct 건설하다, 건축하다	**construction manager** 현장소장
constructor 건축업자	**construction site[area]** 건설현장
constructive 유용한, 건설적인	**construction worker** 건설현장인부
(be) under construction 공사중이다	**road construction** 도로건설
construction delay 공사지연	

🦘 TOEIC 시험에 꼭 나오는 문장들

1. This site **is under construction,** so please check back with us later. ⇨ 이 사이트는 공사 중이오니 나중에 다시 접속하시기 바랍니다.

2. There is a growing demand for **construction managers,** as building projects have increased in size and complexity. ⇨ 건설 공사의 규모가 커지고 복잡해져서 건축 현장소장들에 대한 수요가 증가하고 있다.

3. The bulldozer is leveling the lot at the **construction site.** ⇨ 불도 저가 건축현장에서 땅을 고르고 있다.

4. The **construction workers** drove their truck into the lumber yard and loaded it up with building materials. ⇨ 건설현장 인부들은 트 럭을 목재적치장 안으로 몰고 들어가 건축 자재들을 잔뜩 실었다.

5. I'm sorry I'm late, traffic was slower than usual because of **road construction.** ⇨ 늦어서 죄송합니다. 도로건설 공사 때문에 보통 때보다 길이 막혔어요.

consult _ v. 조언을 구하다

의사나 법률가 등 전문지식을 갖춘 사람에게 「조언을 구하다」라는 뜻. 이렇게 조언을 해주는 사람은 consultant, 기업의 문제점을 진단후 경영방향 등을 제시해주는 회사를 consulting firm이라 한다.

🏃 TOEIC 점수를 쑥쑥 올려주는 표현들

consultant 고문, 상담역
consult with …와 상담하다
consult a doctor 의사진찰을 받다
consult a lawyer 변호사 자문을 구하다
consult a map 지도에서 찾아보다

consulting firm 자문회사
management consultant
경영 컨설턴트
management consultancy firm
경영 컨설팅 회사

🏃 TOEIC 시험에 꼭 나오는 문장들

1. He retired and took a position with the LA front office as a **consultant.** ⇨ 그 남자는 은퇴하고 LA 본사의 자문위원으로 들어갔다.

2. You should **consult a doctor** about that problem before it gets worse. ⇨ 악화되기 전에 그 문제에 대해 의사의 진찰을 받아야 한다.

3. It is wise to **consult a physician** for some advice before you go on a diet. ⇨ 식이요법에 들어가기 전에 먼저 의사에게 몇가지 조언을 구하는 것이 현명하다.

4. It is your constitutional right to **consult a lawyer** before answering any of the questions. ⇨ 어떤 질문이든 대답하기 전에 변호사의 자문을 구하는 것은 헌법에 보장된 당신의 권리입니다.

5. The **consulting firm** promoted two veteran executives to assume significant responsibilities in its international division. ⇨ 그 자문회사는 경험이 풍부한 두 간부를 해외업무부에서 중요한 책임을 맡도록 승진시켰다.

consume _ v. 소비하다, 낭비하다

경제생활에서 빼놓을 수 없는 consume과 연관된 표현들이 TOEIC에 많이 나오는 건 당연지사. 물건, 돈, 시간 등을 목적어로 「먹고」, 「마시고」, 「써서 다 없애버리는」 등의 의미로 다양하게 쓰인다.

🏃 TOEIC 점수를 쑥쑥 올려주는 표현들

consumption 소비, 소모
consumer goods 소비재
consumer price 소비자 물가
consumer response 소비자반응
consumer survey 소비자 조사
time-consuming 시간이 많이 드는
be consumed by fire 모두 불타버리다

consumer affairs department
고객 관리부
consumer credit loan
소비자 신용대출
consumer electronics (goods)
가전제품
consumer product
소비자용 제품(↔ industrial product)

🏃 TOEIC 시험에 꼭 나오는 문장들

1. Domestic household **consumption** is expected to slump this year as real income falls and taxes are hiked. ⇨ 실수입이 감소되고 세금이 큰 폭으로 인상되어 올 국내 가게 소비는 침체될 것으로 예상된다.

2. The factory **was consumed by fire** and all that was left was a pile of ashes. ⇨ 화재로 인해 그 공장은 몽땅 다 타버렸고 남은 거라곤 한 무더기의 잿더미뿐이었다.

3. **Consumer goods** have been the main focus of this company over the past year. ⇨ 소비재는 이 회사가 지난 한 해 동안 가장 중점을 뒀던 부분이다.

4. The **consumer credit loan** was extended by the Chase Manhattan Bank in New York City. ⇨ 이 소비자 신용대출은 뉴욕시의 체이스 맨하탄 은행에서 받은 것이다.

5. The process was **time-consuming,** but it was well worth it in the end. ⇨ 그 과정은 시간이 많이 들긴 했지만, 결국 그만한 가치가 있었다.

contact _ v. …와 연락하다

전화연락 및 그밖에 다양한 방법을 통한 접촉·연락을 모두 포함한다. get in touch with와 같은 뜻이지만 contact에는 정보를 주거나 묻기 위해 처음으로 연락한다는 의미가 포함될 수도 있다.

✗ TOEIC 점수를 쑥쑥 올려주는 표현들

be in[out of] contact with …와
접촉하고 있지 않다

contact by telephone[e-mail]
전화[e-메일]로 …에게 연락하다

keep in contact with …와 계속 연락하다

lose contact with …와 연락이 두절되다

make eye contact with 눈을 맞추다

please contact sby at+전화번호
…번으로 ~에게 연락주세요

wear contact lens
콘택트렌즈를 착용하다

business contacts 사업상의 인맥

✗ TOEIC 시험에 꼭 나오는 문장들

1. The president does not want anybody to **contact** him **by telephone** when he is on vacation. ⇨ 사장은 휴가 중에 그 누구라도 자신에게 전화하는 것을 달가워하지 않는다.

2. We need to **keep in contact with** our sales representatives by cellular telephone, as it is the fastest way of communication. ⇨ 우리는 영업직원과 휴대폰으로 연락해야 한다. 왜냐하면 그게 가장 빠른 연락방법이기 때문이다.

3. During the presentation, I will try to **make eye contact with** everyone in the room. ⇨ 발표하는 동안에 나는 회의실에 있는 사람들과 모두 눈을 맞추려고 한다.

4. Would you **please contact** the administrator in London **at** 555-3456, and don't forget the time difference. ⇨ 555국의 3456번으로 런던에 있는 관리자에게 연락해 주시겠어요? 시차에 유의하시고요.

5. Could you give me a list of all of the **business contacts** you have in Chicago by four o'clock today? ⇨ 오늘 4시까지 시카고에 있는 당신의 사업상의 인맥들 명단을 모두 제게 좀 주시겠어요?

TOEIC 필수단어. 「계약을 승인하다」는 approve the contract가 되고 contract out하면 「하청맡기다」라는 뜻이 된다. 또한 「빚 지다」, 「병에 감염되다」 등 안좋은 일을 겪는다는 의미로도 쓰인다.

🏃 TOEIC 점수를 쑥쑥 올려주는 표현들

contract a disease 질병에 감염되다
be under contract 계약상태에 있다
contract negotiation 계약협상
contract terms 계약 조건
contract worker 계약직 근로자
bilateral contract 쌍무(雙務) 계약

put a draft contract together
계약서 초안을 준비하다
written[verbal] contract
서면[구두] 계약
upon expiration of this contract
계약의 만료시

🏋 TOEIC 시험에 꼭 나오는 문장들

1. It is imperative that you use a condom during sex if you do not want to **contract a disease.** ⇨ 질병에 감염되고 싶지 않다면 섹스중에 반드시 콘돔을 착용해야 한다.

2. He decided to **approve the contract,** but only if the new terms were included. ⇨ 그 남자는 그 계약을 승인하기로 결정했지만, 그것은 새로운 조건이 포함된다는 가정하에서 였다.

3. I'll ask our attorney to **put a draft contract** together for your review. ⇨ 우리 변호사에게 계약서 초안을 작성하게 하여 당신이 검토할 수 있게 하겠습니다.

4. Mr.Daniels had to sign a **written contract** before he could begin working at XYZ Corp. ⇨ 다니엘즈 씨는 XYZ 社에서 일을 시작하기 전에 서면계약서에 서명해야 했다.

5. **Upon expiration of this contract,** the lessor will return the deposit to the leaseholder. ⇨ 이 계약의 만료시, 임대인은 임차인에게 보증금을 되돌려 준다.

119 control _ n. 통제, 관리 v. 통제하다, 관리하다

「지배」, 「통제」 등을 뜻하는 기본단어. 제품수준을 유지하기 위한 「품질관리」(quality control)를 말할 때도 이 단어를 사용한다. 한편, span of control은 관리자 1인이 감독가능한 근로자수를 말한다.

🏃 **TOEIC 점수를 쑥쑥 올려주는 표현들**

be in control (of) (…을) 관리하고 있다
be under control 통제되고 있다
birth control pill 피임약
production control 생산 관리

quality control 품질 관리
stock control 재고 관리
span of control
한 사람이 관리할 수 있는 근로자의 수

🐒 **TOEIC 시험에 꼭 나오는 문장들**

1. Things **are under control** now, although the wildfires burned thousands of acres last month. ⇨ 지난 달 산불로 수천 에이커의 땅이 불탔지만, 이제 사태는 수습되었다.

2. Our **production control** needs to be revamped to keep up with the technology of our competitors. ⇨ 경쟁사들의 기술에 뒤쳐지지 않으려면 우리 회사의 생산 관리를 개혁해야 한다.

3. **Production control** has suffered with the foreman being on vacation. ⇨ 공장장이 휴가 중이라 생산 관리에 애를 먹고 있다.

4. If we don't want to get complaints from customers, we have to maintain our high level of **quality control.** ⇨ 고객들로부터 불평을 듣고 싶지 않다면, 높은 수준의 품질 관리를 유지해야 한다.

5. Manufacturers that produce hazardous products must be absolutely certain to employ strict **quality control** procedures.
⇨ 위험한 제품을 생산하는 제조업체들은 반드시 엄격한 품질관리 절차를 지켜야 한다.

120 copy _ n. 유인물, 복사본 v. 복사하다, 모방하다

「복사(하다)」라는 뜻 외에 책 「한 권(부)」, 「광고 문안」 등을 의미하기도 한다. 또한 copy에는 「모방하다」라는 의미도 있어, 영화제목이기도 한 copycat은 남의 것을 「모방하는 사람」을 가리킨다.

🏃 TOEIC 점수를 쑥쑥 올려주는 표현들

copier 복사기(= photocopier)	**copyright** 저작권, 판권
copy out …을 몽땅 베끼다	**copyright-protected** 저작권 보호받는
make a copy of …을 복사하다	**copywriter** 광고 문안 작성자
photocopy 복사(하다)	**back-up copy** 백업 파일
copycat 모방하는 사람	**hard copy** 인쇄 출력

🏃 TOEIC 시험에 꼭 나오는 문장들

1. Please remember to bring a **copy** of your passport and 250,000 won when you apply for telephone service. ⇨ 전화 가설을 신청하려면 여권사본과 25만원을 가져오시는 것을 잊지 마십시오.

2. I was wondering if I could get a **copy** of The New York Times. ⇨ 뉴욕 타임즈 한 부만 주시겠어요?

3. All job applicants are requested to submit a certified **copy** of a college diploma. ⇨ 구직자들은 모두 대학당국에서 발행한 졸업증서를 제출해야 한다.

4. You could **photocopy** the information using the machine on the second floor. ⇨ 2층에 있는 복사기로 내용을 복사하실 수 있습니다.

5. The intern was told to **make a copy** of the document and file it in the filing cabinet. ⇨ 그 인턴사원은 서류를 복사해서 서류정리 캐비넷에 정리 보관하라는 지시를 받았다.

6. He said that this disc is **copyright-protected,** so I don't think you should copy it. ⇨ 그 남자가 이 디스크는 저작권을 보호받고 있다고 했어. 그러니까 네가 그것을 복제해선 안 될 것 같애.

121 **corporation** _ a. 회사[법인]의, 회사[법인]에 관한

「회사」 또는 「법인」을 뜻하는 단어. 법인임을 나타내기 위해 기업명 뒤에 Corp.(Co.) 또는 Limited 의 약자 ltd.를 쓰며 incorporated 역시 「주식회사의」라는 의미로 Inc.라 표기한다.

🏃 TOEIC 점수를 쑥쑥 올려주는 표현들

incorporated 법인회사의, 주식회사의   **corporate ladder** (기업의) 승진계단
corporate bond 회사채   **corporate tax** 법인세
corporate culture 기업문화, 사풍   **public corporation** 공(公)기업
corporate ethics 기업윤리   **articles of incorporation** 회사정관
CI(Corporate *Identity*) 기업이미지

🦘 TOEIC 시험에 꼭 나오는 문장들

1. I lost all my money by investing in **corporate bonds** for my retirement. ⇨ 은퇴를 대비해서 회사채에 투자했다가 돈을 몽땅 날렸다.

2. The company's orientation program helps newcomers adapt to its **corporate culture.** ⇨ 회사의 오리엔테이션 프로그램은 신입사원들이 기업문화에 적응할 수 있도록 도와준다.

3. Climbing the **corporate ladder** is making me sick to my stomach. ⇨ 회사에서 출세하려고 아우성치는 것을 보면 나는 구역질이 난다.

4. The company's **corporate tax rate** has hovered around the 24% mark for the past few years. ⇨ 그 회사의 법인세율은 지난 몇년 동안 24%선을 맴돌았다.

5. Since the British Broadcasting Company is owned by the government, it is called a **public corporation.** ⇨ 영국방송공사(BBC)는 정부 소유이므로 공기업이라 불린다.

6. All companies wishing to **incorporate** before the end of this tax year should file their **articles of incorporation** before December 1st. ⇨ 올 세무회계년도 말 이전에 회사를 법인화하고자 하는 회사들은 모두 12월 1일 이전에 회사정관을 제출해야 한다.

cost _ n. 가격, 원가, 비용 v. …의 비용이 들다

「물건구입 · 활동에 쓰여지는 비용 또는 생산에 소요되는 경비」를 의미. charge가 어떤 사항에 대한 「청구금액」을 뜻한다면 cost는 어떤 일에 대한 「대가로서의 금액」을 말한다.

🏃 TOEIC 점수를 쑥쑥 올려주는 표현들

cost a lot of money 큰 돈이 들다 **cost containment** 비용억제
cover the costs 경비를 부담하다 **cost-cutting procedure** 비용절감절차
cut costs 비용을 절감하다 **cost estimate** 비용 견적
keep costs down 비용을 억제하다 **cost of living** 생활비

🐾 TOEIC 시험에 꼭 나오는 문장들

1. Although this new house is absolutely gorgeous, it certainly must have **cost** her **a lot of money.** ⇨ 이 새 집은 정말 멋지지만, 분명 그 여자는 이 집을 사느라 돈이 많이 들었을 거야.

2. All employees are to fly economy class and stay in three star hotels, in order to **cut costs** on business trips. ⇨ 전 직원들은 출장 비용을 절감하기 위해 비행기의 일반석을 타고, 3급 호텔에 숙박해야 한다.

3. If we **keep our costs down,** we will survive the current economic depression. ⇨ 원가를 계속 절감해 나가면 현 경기 침체에서도 살아남을 수 있을 것이다.

4. The company is initiating another **cost-cutting procedure** in its new policy, to be released this quarter. ⇨ 이번 분기에 시행될 새 정책에서 회사는 비용절감안을 또 하나 실시할 것이다.

5. As in most developed countries, the **cost of living** in Canada is continually on the rise. ⇨ 대부분의 선진국과 마찬가지로 캐나다의 생활비도 계속 오름세에 있다.

construction cost 건축비용	**production cost** 생산비
fixed cost 고정비용	**start-up cost** 창업비
indirect cost 간접비용	**cost-conscious** 원가에 민감한
labor cost 노동비	**cost-effective** 비용효과적인
opportunity cost 기회비용	**at all costs** 어떤 희생을 치르더라도, 꼭

6. The construction company was asked to inspect the premises and leave a **cost estimate** for the new balcony. ⇨ 그 건설회사는 부지를 조사해서 새 발코니에 대한 비용견적을 내도록 요청받았다.

7. The company decided to reduce its **fixed costs** by replacing all light bulbs with lower watt bulbs. ⇨ 회사는 고정비용을 줄이고자 촉수가 높은 전구를 촉수가 낮은 전구로 교체하기로 결정했다.

8. There will be a new, more **cost-effective** assembly procedure announced today at the manufacturing plant. ⇨ 오늘 제조공장에서는 좀 더 비용효과적인 새 조립공정이 발표될 것이다.

TOEIC 어휘력
증강비법

ob/oc/of/op …의 위에, 반대하여

- **object** v. 반대하다 n. 물체
- **oblique** a. 비스듬한 n. 사선
- **obscene** a. 추잡한, 역겨운
- **offend** v. 기분을 상하게 하다
- **oblige** v. 강제하다
- **oblivious** a. 기억하지 못하는
- **occupy** v. 차지하다
- **opposition** n. 저항, 반대

123 courtesy _ n. 예의바름, 호의, 무료

「호의」, 「도움」이라는 뜻에서 출발해 「우대금리」 또는 「우대 할인요금」이란 의미로 자주 쓰인다. 한 예로 courtesy telephone은 호텔 전용전화같이 서비스 차원에서 제공되는 무료전화를 말한다.

🏃 TOEIC 점수를 쑥쑥 올려주는 표현들

courtesy desk 안내 데스크
courtesy rate 우대금리, 우대할인요금
courtesy telephone 무료전화

courtesy of …가 제공한
courtesy airport shuttle
무료 공항 셔틀버스

🦘 TOEIC 시험에 꼭 나오는 문장들

1. It is common **courtesy** to turn off your high beams when you are near other cars or when facing oncoming traffic. ⇨ 다른 차들 가까이 있거나 반대쪽에서 다가오는 차가 있을 때는 상향전조등을 끄는 것이 상식적인 예의이다.

2. All employees with more than two years of experience qualify for **courtesy rates** at the Phoenix Hotel in Toronto. ⇨ 근무 햇수가 2년이 넘는 직원들은 모두 토론토 피닉스 호텔에서 우대 요금으로 숙박할 수 있다.

3. Most airports have a **courtesy telephone** for people to use when responding to pages. ⇨ 공항에는 대부분 공항에서 호출할 때 사용할 수 있는 서비스 전화가 있다.

4. Please take this flower, **courtesy of** the Best Bank of New England, a new banking specialist in the area. ⇨ 이 지역에서 새로 문을 연 전문 은행인 베스트 뱅크 오브 뉴잉글랜드에서 무료로 제공하는 이 꽃을 가져가세요.

5. **Courtesy airport shuttle,** fax, and concierge service are available. ⇨ 우리 호텔에는 무료 공항 왕복버스, 팩스 그리고 안내인 서비스가 제공됩니다.

TOEIC 어휘력 증강비법

para 측면, 근접, 초월

- paradigm n. 보기, 범례
- parallel a.평행의 n. 평행선
- paradox n. 역설
- paranoia n. 편집증
- paragraph n. 단락
- paraphrase n. 바꿔쓰기, 부연

153

124 cover _ n. 덮개, 표지 v. 덮다, 포함하다, 부담하다

「덮다」를 기본 뜻으로 「다루다」, 「포함하다」, 「보험에 들다」, 범위가 「…에 걸치다」, 「취재·보도하다」
등 다양한 의미들을 커버한다. 또 뒤에 -age가 붙으면 「(보험)보상범위」을 말하는 TOEIC 단어.

🏃 TOEIC 점수를 쑥쑥 올려주는 표현들

coverage (보험 등의) 보상 범위
be covered with …로 덮이다
cover losses 손실을 메우다
cover letter 커버레터[자기 소개서]
cover-up (범죄 등의) 은폐
hardcover book 표지가 두꺼운 책
blanket[full] coverage 총괄보험

health coverage 의료 보험
cover the costs of 비용을 부담하다
uncover new opportunities
새로운 기회를 찾아내다
**coverage for hospitalization
expenses** 입원비용에 대한 보험료

🏌 TOEIC 시험에 꼭 나오는 문장들

1. We will **cover the costs** of setting up and housing a 24-hour surveillance team. ⇨ 우리는 24시간 감시반을 구성하고 숙식을 제공하는 데 드는 비용을 부담할 것이다.

2. The policy does not **cover losses** arising out of riots or acts of God. ⇨ 그 보험은 폭동이나 자연재해로 인한 손실을 보상하지 않는다.

3. The scientist was trying to **uncover new opportunities** for the company in the field of marine biology. ⇨ 그 과학자는 해양 생물학 분야에서 그 회사가 새로운 사업을 찾을 수 있도록 노력하고 있었다.

4. Please make sure to include a **cover letter** with your résumé. ⇨ 이력서에 커버레터가 포함되어야 한다는 것을 명심해라.

5. The company's **health coverage** plan does not cover dental work. ⇨ 그 회사의 의료 보험은 치과 진료는 포함되어 있지 않다.

credit _ n. 신용(거래), 예금, 학점 v. 외상으로 팔다

비즈니스에서 가장 중요한 「신용」을 가리키는 단어로 「신용 대부(거래)」 및 「채권」, 「예금」 그리고 「학점」이라는 의미로도 널리 사용된다. 또 동사로는 「외상(신용거래)으로 팔다」라는 뜻을 갖는다.

🏃 TOEIC 점수를 쑥쑥 올려주는 표현들

creditor 채권자

credit application 신용대출신청(서)

credit bureau 신용조사소

credit card 신용카드

credit limit 신용한도

credit history 신용 거래 실적

credit rating 신용 평가[등급]

credit report 신용보고서

credit risk 신용 불량(자)

credit union 소비자 신용조합

🏃 TOEIC 시험에 꼭 나오는 문장들

1. If Mary studies very hard this summer, she will probably earn enough **credits** to graduate in the fall. ⇨ 메리가 이번 여름에 아주 열심히 공부한다면, 학점을 충분히 따서 가을에 졸업할 수 있을 것이다.

2. Customer dissatisfaction has increased during the past few weeks, causing administrators to scrutinize the **credit application** process. ⇨ 지난 몇 주 간 고객 불만이 늘어나서 관리자들은 신용대출 신청절차를 면밀히 조사하고 있다.

3. Missing more than one payment on your **credit card** will likely hurt your credit rating. ⇨ 신용카드 결제대금을 두번 이상 지불하지 않으면 당신의 신용도가 나빠질 것이다.

4. According to the printout, your available **credit limit** is $1000. ⇨ 프린터로 출력해 보니 당신의 신용카드 결제한도는 1000달러입니다.

5. **A letter of credit** was sent by the bank to the car dealership. ⇨ 은행에서 자동차 대리점에 신용장을 보냈다.

6. The bank manager decided to extend a **line of credit** for $10,000 to the carpenter. ⇨ 은행 지점장은 목수에게 1만달러까지 대출해주기로 결정했다.

155

bad credit rating 낮은 신용등급	**earn enough credit to** …하는 데 충분한 학점을 따다
consumer credit 소비자 신용	
letter of credit 신용장(L/C)	**issue a credit card** 신용카드를 발급하다
line of credit 신용장, 신용한도	
credit A with B B에 대한 공을 A에게 돌리다	**purchase sth on credit** …을 외상으로 구입하다
be automatically credited to one's account …의 계좌로 자동예금되다	**renew a credit card** 신용카드를 갱신하다
approve credit terms 신용조건을 승인하다	

7. The company **credits** their CEO **with** the integrity to lead them out of debt. ⇨ 그 회사에서는 회사를 빚더미에서 끌어낸 최고 경영자의 성실성을 높이 평가하고 있다.

8. Your monthly salary will **be automatically credited to your account.** ⇨ 여러분의 월급은 여러분 계좌에 자동입금됩니다.

9. The bank **issued a** replacement **credit card** after receiving notification that the client's card had been lost. ⇨ 그 은행은 고객의 카드 분실신고서를 접수한 후 신용카드를 재발급했다.

10. The lady working at the cash register said that I could **purchase** this sweater **on credit.** ⇨ 금전 등록기 앞에서 일하는 여자는 이 스웨터를 외상으로 구입할 수 있다고 말했다.

11. Information from credit bureaus may be obtained when people are requesting or **renewing a credit card.** ⇨ 신용카드를 요청하거나 갱신할 때 신용조사국에서 정보를 입수할 수 있다.

TOEIC 어휘력 증강비법

tra/trans 횡단, 관통, 변화, 이전, 초월

• transaction n. 거래, 취급	• transfer v. 전임시키다	• transform v. 변형시키다
• transit n. 통과, 운송	• transitive a. 과도적인	• transmit v. 보내다
• translate v. 변역하다	• transport v. 운(수)송하다	• traverse v. 횡단하다

126 current _ a. 현재 통용되는, 현행의 n. 흐름, 경향

「현재 통용되는」, 「널리 유행되고 있는」 그리고 명사로 물의 「흐름」이나 「조류」 또는 「전류(電流)」, 「경향」, 「추세」의 뜻도 있다. 한편 currency는 현재 통용되고 있는 「화폐」, 「통화」를 의미한다.

🏃 TOEIC 점수를 쑥쑥 올려주는 표현들

currency 화폐, 통화(通貨), 널리알려짐
currently 현재, 일반적으로
current trends 현추세
current law 현행법
current year 당해년도
currency crisis 외환위기
currency devaluation (통화)평가절하
currency trader 환거래자
foreign currency 외화

hard currency 경화(硬貨), 美 달러
have a strong currency
　통화가 강세이다
quit[leave] one's current job
　현재 다니고 있는 직장을 그만두다
convertible currency
　어떤 통화로든 자유롭게 교환할 수 있는
　통화, 즉 美 달러
floating currency
　수요 공급에 따라 가치가 유동적인 통화

🏊 TOEIC 시험에 꼭 나오는 문장들

1. The **current trend** seen in the Dow Jones Industrial average is expected by many leading analysts to continue for at least six months. ⇨ 다우존스 산업평가지수에 나타난 현추세가 적어도 향후 6개월간 계속될 것이라고 예상하는 일류 분석가들이 많다.

2. The **current law** regarding sexual discrimination will be reviewed by Congress next week in a special session. 성차별에 대한 현행법은 다음주 의회의 특별회기중 검토될 것이다.

3. Experts are predicting an enormous **currency devaluation** of the yen. ⇨ 전문가들은 엔화가 엄청나게 평가 절하될 것으로 예상하고 있다.

4. After giving it a lot of thought, the man decided to **quit his current job** and look for work in a foreign firm. ⇨ 오랜 숙고끝에 그 남자는 현직장을 그만두고 외국인 회사의 일을 찾기로 결심했다.

157

127 custom _ n. 관습, 관세 a. 맞춘, 주문한

주로 복수형으로 입출국시에 자주 접하는 「세관」이란 의미로도 쓴다. 한편, 「주문하여 제작하다」라는
동사 customize와 「소비자」, 「고객」을 뜻하는 customer도 자주 출제되는 TOEIC 친화적 단어들.

✗ TOEIC 점수를 쑥쑥 올려주는 표현들

customer 고객, 단골	**customized packaging** 주문포장
customize 주문 제작하다	**clear customs** 세관을 통과하다
customs duties 관세	**go through customs** 세관검사를 받다
customs inspection 세관 검사	**customs declaration forms**
custom-made 맞춤의, 주문품의	세관 신고서
customs official 세관원	**customer service**
customer complaints 소비자불만	고객의 문의나 불만을 처리하는 서비스
customer relations 고객 관리	**be customized to**
regular customer 단골 고객	…에 맞춰 주문제작되다

✗ TOEIC 시험에 꼭 나오는 문장들

1. If you want to get the best sound out of your stereo, you should **customize** the interior of your car. ⇨ 만약 스테레오 음향을 제일 잘 듣고 싶다면, 자동차 내부를 주문 제작해야 합니다.

2. The company had to pay a hefty **customs duty** on the products it imported. ⇨ 그 회사는 수입 상품들에 대해 관세를 엄청나게 많이 물어야만 했다.

3. In order to **clear customs,** you have to fill out a customs declaration form. ⇨ 세관을 통과하려면, 세관 신고서를 작성해야만 합니다.

4. When I **went through customs** in the U.S., they searched my entire suitcase. ⇨ 미국 세관을 통과할 때 그 사람들은 내 가방을 샅샅이 조사했다.

5. The equipment **was customized to** the specifications of the operations manager. ⇨ 그 장비는 공장장의 설계 명세서에 따라 주문 제작되었다.

158 Chapter 6 complete ~ cut

128 cut _ n. 절감, 감소 v. 절감하다, 감소시키다

「(칼·가위로) 자르다」라는 뜻으로 주로 물체나 신체의 일부가 목적어가 된다. 한편 비즈니스에서는 비용이나 인력 등을 「잘라내는 것」, 즉 「절감」을 의미하며, 동·명사 동형으로 쓰인다.

🏃 TOEIC 점수를 쑥쑥 올려주는 표현들

cut back on (생산·비용 등을) 줄이다	**cutback** 축소, 삭감
cut down on (수량·활동 등을) 줄이다	**cutting edge** 최첨단
cut it out 그만두다	**cut-price** 값이 싼
cut off 중단하다	**cutthroat** (경쟁이) 치열한
cut a figure 두각을 나타내다	**cut corners** (노력·비용 따위를 줄이기 위해) 대충하다
be cut out for …에 제격이다	

🏃 TOEIC 시험에 꼭 나오는 문장들

1. The company has made a new promise to **cut back on** spending and increase salaries. ⇨ 그 회사는 지출은 줄이고 임금은 인상시키 겠다는 새로운 약속을 했다.

2. It is important that people **cut down on** the amount of alcohol that they drink. ⇨ 마시는 술의 양을 줄이는 것이 중요하다.

3. My girlfriend told me to **cut it out** or else she would slap me.
⇨ 내 여자 친구는 내게 그만두지 않으면 뺨을 때리겠다고 말했다.

4. Our budget was slashed so we had to **cut corners** on a lot of projects. ⇨ 우리의 예산이 삭감되었기 때문에 우리는 많은 프로젝트 비용을 줄여야 했다.

5. The **cut-throat** business of selling diamonds requires a shark-like personality and no morals. ⇨ 경쟁이 치열한 다이아몬드 판매업에서 도덕 적인 양심도 없는 악착같은 성격이 필요하다.

129 date _ n. (특정) 날짜 v. 날짜를 기입하다

일 · 월 · 년으로 이어지는 특정시점 또는 뭔가 일어나기로 계획된 때를 가리키는 단어. 우리에겐 「날짜」, 「만남」 등 명사로 친숙하지만 「날짜를 기입하다」, 「데이트를 하다」란 동사로도 애용된다.

🏃 TOEIC 점수를 쑥쑥 올려주는 표현들

date back to …로 거슬러 올라가다

have a date with …와 데이트 하다

set a date (약속 등의) 날짜를 잡다

due date (돈이나 서류 등의) 제출 마감일

expiration date 계약만기일, 유통기한

delivery date 배송일, 출고일

maturity date 지불 만기일

out-dated 낡은, 시대에 뒤떨어진

to date 지금까지

update 최신정보

leave the return date open
돌아올 날짜를 미정으로 남겨두다

effective date
(새로운 법률이나 계약의) 발효(發效)일

🏊 TOEIC 시험에 꼭 나오는 문장들

1. Drinking to someone's honor **dates back to** medieval France.
   ⇨ 축배를 드는 행위의 기원은 프랑스의 중세시대로 거슬러 올라간다.

2. I've **got a date with** Jane this evening. ⇨ 나 오늘 저녁에 제인이랑 데이트하기로 했어.

3. Customers are advised to pay off their credit cards before the **due date.** ⇨ 고객 여러분은 마감일 전에 신용카드대금을 결제하실 것을 권고하는 바입니다.

4. The **expiration date** on this milk is tomorrow, so maybe we shouldn't buy it. ⇨ 이 우유는 유통기한이 내일까지니까 사지 않는 게 좋겠다.

5. **To date,** I have received three offers of marriage, and have turned down all of them. ⇨ 지금까지 나는 청혼을 세번 받았는데, 세번 모두 거절했다.

TOEIC 어휘력
증강비법

ab/abs 이탈

- **abhor** v. 혐오하다, 거부하다
- **abnormal** a. 이상한
- **abolish** v. 폐지하다
- **absolve** v. 용서하다, 면제하다
- **absorb** v. 흡수하다
- **abstain** v. 삼가다,

130 day _ n. 하루, 낮, (24시간 중) 근로시간

비즈니스에서는 특히 하루의 「노동시간」을 의미한다. 그리고 시세 차익을 노려 산 주식을 금방 되파는 사람은 daytrader라 하고, dayoff는 「휴가」란 의미로 자주 쓰이는 표현이니 눈여겨 봐둘 것.

🏃 TOEIC 점수를 쑥쑥 올려주는 표현들

call it a day 하던 일을 마치다
go[leave] for the day 퇴근하다
have a field day 전성기를 누리다
make one's day …를 유쾌하게 하다
day off 휴가, 휴일
daytime 주간의
day-to-day 하루하루의, 일상의
day-to-day operation 일상업무
day trading (주식 시장의) 초단기 매매

by the day 일당 얼마에
every other day 이틀에 한번씩
in one's day 한창 때에는
later in the day 그날 늦게
rest of the day 남은 하루
some day/one day 언젠가
the day after tomorrow 모레
the day before yesterday 그저께
these days 요즈음

🏋 TOEIC 시험에 꼭 나오는 문장들

1. The teachers decided to let the students to run around and **have a field day** on the last day of the school year. ⇨ 선생님은 학생들을 뛰어놀게 허락하며 학년의 마지막 날을 흠뻑 즐길 수 있도록 하겠다고 결정했다.

2. Winning the bid to produce one hundred military vehicles for the army **made my day.** ⇨ 100대의 군용차량 생산을 수주하게 되어 나는 날아갈듯이 기뻤다.

3. The office manager is in charge of running the **day-to-day operations** of the company. ⇨ 업무부장은 회사의 일상 업무를 책임지고 있다.

4. She has decided to attend yoga classes with her mother **every other day.** ⇨ 그 여자는 이틀에 한번씩 자기 어머니와 함께 요가강좌에 참석하기로 결정했다.

5. We will have to postpone the meeting until **the day after tomorrow,** if you don't mind. ⇨ 당신만 괜찮다면, 회의를 모레로 연기해야겠어요.

deal _ n. 거래　v. 거래하다, 처리하다

TOEIC에서는 주로 물건 · 주식 등을 「사고 파는 행위」, 「거래(하다)」라는 뜻의 동 · 명사로 사용된다.
이렇게 「거래를 하는 사람」은 dealer, dealership은 「판매권」이나 「판매 대리점」을 뜻한다.

🏃 TOEIC 점수를 쑥쑥 올려주는 표현들

dealer 거래를 하는 사람	**dealership** 판매점, 대리점
deal with …과 거래하다, …을 처리하다	**a great[good] deal of** 상당량, 다량의
close[cut] a deal 계약을 체결하다	**currency[foreign exchange]**
dealer cost 공장도가	**dealer** 외환딜러

🐾 TOEIC 시험에 꼭 나오는 문장들

1. We'll have to keep our fingers crossed on that last **deal.** ⇨ 마지막 합상에 행운을 빌어야 할 거야.

2. The used car **dealer** accepted my old car as a trade-in. ⇨ 중고차 판매인은 내 낡은 차 값을 새로 사는 차 가격의 일부로 쳐주었다.

3. If you can't **close a deal,** you don't belong on our team of sales associates. ⇨ 거래를 마무리 지을 수 없다면 당신은 우리 영업팀의 팀원이 될 자격이 없습니다.

4. The **dealer cost** on the automobile is almost the same as the sticker price. ⇨ 그 자동차의 공장도가는 희망 소비자 가격과 거의 같다.

5. Let's go to the new **dealership** to check out the new cars they have in stock. ⇨ 새로 생긴 대리점에 가서 거기 있는 신형 자동차들을 알아보자.

syn/sym/sys/syl/sy 더불어, 유사한, 동시에

- **symbol** n. 상징, 기호
- **symmetry** n. 좌우대칭
- **sympathy** n. 동정, 연민
- **synchronous** a. 동시의
- **syndrome** n. 증후군
- **synthetic** a. 종합의 n.합성물질

debt _ n. 부채, 빚

「빌린 돈」이나 그렇게 돈을 빌려 「빚진 상태」를 뜻하는 단어로 debt에다 「상환」이라는 뜻의 repayment를 붙이면 「채무지불(상환)」이 된다. 「불량대출」 내지 「부실채권」은 bad loan, bad debt.

TOEIC 점수를 쑥쑥 올려주는 표현들

debtor 채무자	**debt ratio** 부채 비율
repay a debt 빚을 갚다	**bad debt** 회수가능성이 없는 대부금
run into a debt 빚을 지다	**foreign debt** 외채
service the debt 부채 이자를 갚다	**refinance short-term debt** 단기부채를 상환하기 위해 새로 돈을 꾸다
debt repayment 채무지불	

TOEIC 시험에 꼭 나오는 문장들

1. All customer claims must be received by the **debtor** on or before July 5, by 5:00 p.m. Eastern Time. ⇨ 모든 고객 클레임은 동부 표준시간으로 7월 5일 오후 5시에, 혹은 그 이전에 채무자에게 전달되어야 한다.

2. If sales don't start picking up soon, our company is going to run **into debt.** ⇨ 조만간 판매가 늘지 않으면 우리 회사는 빚을 지게 될 것이다.

3. Last year, 25% of manufacturers failed to earn enough money to **service their debt.** ⇨ 작년, 제조업체 중 25%가 부채이자를 갚을 정도의 돈을 벌지 못했다.

4. Mr. Halsted decided to auction the manufacturing equipment in an effort to raise capital for **debt repayment.** ⇨ 핼스테드 씨는 빚을 청산할 돈을 모으기 위해 제조 설비를 경매에 부치기로 했다.

5. Lower interest rates fueled management's decision to **refinance** the company's **short-term debt.** ⇨ 금리가 낮아지자 회사의 경영진은 새로 돈을 차입하여 단기 부채를 상환하기로 과감하게 결정했다.

deduct _ v. (세금 등을) 공제하다, 빼다

세금 등을 「공제하다」, 「빼다」라는 의미. 명사형 deduction은 「세금공제」, 그리고 deductible은 「세금을 공제받을 수 있는」이란 의미의 형용사와 「(의료보험의) 환자본인 부담액」이란 명사로 쓰인다.

🏃 TOEIC 점수를 쑥쑥 올려주는 표현들

deduction 공제	**payroll deduction** 급여공제
deductible 세금을 공제받을 수 있는	**standard deduction** 기본공제
deduct A from B B에서 A를 공제하다	**tax deduction** 세금공제

🏃 TOEIC 시험에 꼭 나오는 문장들

1. Non-reimbursed business expenses may **be deducted** on your personal income tax forms. ⇨ 회사에서 환불받지 못한 출장비는 개인소득을 신고할 때 공제할 수 있다.

2. Business and entertainment expenses should be separated from daily personal expenses. These expenses must be necessary to conduct a trade or business in order to be **deductible.** ⇨ 영업비 및 접대비는 사적인 일상 경비와는 구별되어야 한다. 영업비 및 접대비가 세금 공제 혜택을 받으려면 이런 비용이 사업 및 영업을 수행하는 데 필요한 경비여야만 한다.

3. The payroll clerk forgot to **deduct** tax **from** my paycheck this week. ⇨ 경리부 직원이 이번 주 내 봉급에서 세금을 공제시키는 것을 잊어 버렸다.

4. Most students do not realize that some personal expenses can be claimed as **tax deductions.** ⇨ 학생들은 대부분 개인 경비 중에서 어떤 것은 세금 공제 혜택을 받을 수 있다는 사실을 모르고 있다.

> TOEIC 어휘력
> 증강비법

tele/tel/telo 먼거리의

- **telecommunication** n. 원거리통신
- **telephone** n. 전화
- **telegram** n. 전보, 전신
- **telescope** n. 망원경

deed _ n. 행위, 증서, 권리증

do의 명사형으로「행위」,「공적」등의 의미로만 알고 있던 생기초 단어 deed가 일상생활에서는 서면으로 작성된「증서」(證書)를 말한다. 특히 부동산의 양도를 명시하는「권리증」을 의미한다.

🏃 TOEIC 점수를 쑥쑥 올려주는 표현들

do a good deed 선행을 하다	**deed of transfer** 양도증서
draft a deed 증서를 작성하다	**deed of trust** 신탁증서
deed of title 부동산 권리증서	**indeed** 실로, 참으로

🚶 TOEIC 시험에 꼭 나오는 문장들

1. According to The Boy Scout Handbook, all boy scouts must do at least one **good deed** per day. ⇨ 보이스카웃 지침서에 따르면, 보이스카웃 대원들은 모두 적어도 하루 한가지씩 선행을 해야 한다.

2. It is imperative that all first-time home buyers be aware of the legal process used when **drafting a deed.** ⇨ 처음 집을 구입하는 사람들은 누구나 증서 작성시의 법적절차를 숙지하는 것이 절대 필요하다.

3. The real estate agent was supposed to go down to the registrar's office and pick up the **deed of title.** ⇨ 부동산 중개업자는 등기 사무소로 가서 부동산 권리증을 가져오도록 되어 있었다.

4. The **deed of transfer** was found in the new safe that was recently installed in his office. ⇨ 그 양도 증서는 최근 그 남자의 사무실에 새로 설치한 금고에서 발견됐다.

TOEIC 어휘력
증강비법

se …없이, …와 분리되어

• select v. 선택하다	• seclude v. 분리하다, 격리하다
• secret a. 비밀의 n. 비밀	• secretion n. 분비작용, 분비물
• secure a. 안전한 v. 확보하다	• sedition n. 난동, 선동
• seduce v. 부추기다, 유혹하다	• segregation n. 분리, 인종차별

135 | **default** _ n. 채무 불이행, 초기지정값

「계약이나 채무 등을 이행하지 못하다」라는 의미로 「채무 불이행」, 「요금체납」이란 명사로도 쓰이며,
또 컴퓨터 관련 용어로는 컴퓨터에 미리 저장된 기본값, 즉 「초기지정(값)」을 지칭한다.

🏃 TOEIC 점수를 쑥쑥 올려주는 표현들

defaulter 채무[약속] 불이행자	**loan defaults** 채무 불이행
default on (약속·채무 등을) 이행하지 않다	**by default** (경기 따위에) 참가하지 않음
default value 컴퓨터의 기본값	**win by default** 부전승으로 승리하다

🏃 TOEIC 시험에 꼭 나오는 문장들

1. By failing to pay his rent for three months, the man **defaulted**
   his deposit to the bank. ⇨ 그 남자는 석달 동안 임대료를 지불하지 않아서, 은행
   에 예치한 돈을 잃었다.

2. The company went into court receivership after **defaulting on**
   loan payments to three different banks. ⇨ 그 회사는 세 군데의 은행에 융
   자금 상환을 불이행한 후에 법정관리에 들어갔다.

3. Setting a **default value** has no effect on existing data. ⇨ 기본값
   지정은 현재의 데이타에 아무런 영향을 주지 않는다.

4. According to *The Wall Street Journal*, most large banks will
   experience an increase in **loan defaults** this year. ⇨ 월 스트리트 저
   널지(紙)에 따르면, 대부분의 대형 은행에 대출 채무 불이행이 늘어날 것이라고 한다.

TOEIC 어휘력
증강비법

com-/com-/col-/cor-/co- 함께, 상호

- **coherence** n. 일관성
- **collide** v. 충돌하다
- **correct** a. 정확한
- **cooperation** n. 협력
- **collateral** a. 평행한, 담보로한 n. 담보물
- **compound** v. 합성하다 a. 합성의 n. 합성물
- **combustion** n. 연소
- **contemplate** v. 심사숙고하다
- **connection** n. 관계
- **correlate** v. 서로 관련시키다

deposit _ n. 예금, 계약금 v. 맡기다, 예금하다

TOEIC에 빈번히 등장하는 단어로 「예금하다」, 「계약금」, 주택임대시 「보증금」 또는 「침전물」 등 다양한 의미로 쓰인다. 한편 deposit valuables는 「귀중품을 보관소에 맡기다」란 뜻.

🏃 **TOEIC 점수를 쑥쑥 올려주는 표현들**

depositor 예금자

deposit A with B A를 B에게 맡기다

deposit money in(to) …에 예금하다

deposit slip 입금표

electronic deposit 온라인 입금

oxide deposit 산화 침전물

certificate of deposit(CD)
양도성 예금 증서

automatic deposit payment
자동 예금 납부

give sby ~% as a deposit
…에게 계약금조로 ~%를 주다

🦘 **TOEIC 시험에 꼭 나오는 문장들**

1. The man went to the hotel to **deposit** his passport **with** the concierge at the front desk. ⇨ 남자는 호텔로 가서 프런트의 안내직원에게 여권을 맡겼다.

2. The man asked his friend to **deposit money into** his account on the 14th of the month. ⇨ 남자는 이달 14일에 자기 계좌로 입금해 달라고 친구에게 부탁했다.

3. The bank manager asked the customer to fill out a **deposit slip** before leaving the branch. ⇨ 은행 지점장은 고객에게 입금표를 쓰고 가라고 했다.

4. The bank offered a three-year **CD** bearing interest at an annual rate of 18%. ⇨ 은행은 연리 18%의 3년짜리 양도성 예금 증서를 제공했다.

5. I called the bank to see if my **electronic deposit** had arrived from America. ⇨ 미국에서 돈이 온라인 입금되었는지 확인하기 위해 은행에 전화했다.

TOEIC 어휘력
증강비법

ami/amo 사랑하는

• **amity** n. 친선, 우호   • **amiable** a. 상냥한   • **amicable** a. 우호적인

169

137 develop _ v. 개발하다, 사진을 현상하다, 병에 걸리다

develop하면 무조건 「개발하다」, 「발전시키다」라는 의미만 떠올리기 쉽지만 「사진을 현상하다」, 그리고 cold나 cancer 등을 목적어로 취해서 「병에 걸리다」라는 뜻으로도 많이 쓰인다.

🏃 TOEIC 점수를 쑥쑥 올려주는 표현들

development 개발
develop an illness 병에 걸리다
develop land 땅을 개발하다
develop photographs
사진을 현상하다

developing country 개발도상국
undeveloped country 후진국
R&D(Research &
Development)
연구 개발

🏃 TOEIC 시험에 꼭 나오는 문장들

1. The young girl sitting in the waiting room just found out that she had **developed breast cancer.** ⇨ 대기실에 앉아있는 젊은 여자는 자기가 유방암에 걸렸다는 사실을 방금 알게 되었다.

2. The contractor was paid a handsome sum by the city to **develop the land.** ⇨ 그 청부업자는 상당한 액수의 돈을 시에서 지급받고 토지를 개발하게 되었다

3. The clerk at the camera shop asked the technician to **develop the film** as fast as possible. ⇨ 카메라 가게의 점원은 기술자에게 가능한한 빨리 그 필름을 현상해달라고 요청했다.

4. The tax system in many **undeveloped countries** is really a vehicle for politicians to skim money from the taxpayers. ⇨ 후진국들의 조세제도는 사실상 정치인들이 국민들로부터 돈을 뜯어내는 수단인 경우가 많다.

5. The **R&D** team has invented a new container for chemical waste disposal that needs to be approved by the Environmental Department. ⇨ 연구개발팀은 화학폐기물 처리용 용기를 새로 개발했는데, 이는 환경부의 승인을 받아야 한다.

difference _ n. 의견의 차이, 분쟁 v. 차이를 짓다

「다름」, 「차이」라는 뜻에서 출발해 「가벼운 의견차」(a slight disagreement), 「불화」, 「분쟁」의 의미로도 쓰이며 이 경우에는 종종 복수형으로 써준다.

🏃 TOEIC 점수를 쑥쑥 올려주는 표현들

make no difference 차이가 없다	**sink differences** 의견차를 버리다
pay the difference 차액을 보상하다	**What's the difference?**
resolve differences 분쟁을 해결하다	상관없잖아?

🏃 TOEIC 시험에 꼭 나오는 문장들

1. It **makes no difference** who you talk to, because nobody will want to hire you. ⇨ 아무도 너를 고용하려 하지 않을 것이기 때문에 네가 누구에게 얘기하건 달라질 것은 없다.

2. Why don't you put down twenty dollars, and I will **pay the difference**? ⇨ 20달러를 내면 나머지는 내가 낼게.

3. Let's get together this weekend and try to **resolve our differences** on this assignment. ⇨ 이번 주말에 모여 이 업무에 관한 우리의 의견 차이를 해결하자.

4. We'll have to **sink our differences** if we want this important deal to go through. ⇨ 만약 우리가 이 중요한 거래가 잘 끝나길 바란다면 의견의 차이를 버려야 한다.

TOEIC 어휘력 증강비법

ali/allo/alter 다른

- **alias** ad. 별명으로 n. 별명
- **alibi** n. 알리바이, 변명
- **alien** n. a. 외국(의), 이국(의)
- **alter** v. 바꾸다
- **alternation** n. 변경, 수정
- **alternate** a. 교대의
- **alternative** v. 교대하다 n. 대안

direct _ a. 직접의 v. 지시하다

「똑바른」, 「직접적인」, 「직행의」 등의 형용사 및 부사의 의미를 비롯해서 「(주의 · 방향 등을) …로 돌리다」, 「…에게 길을 가리키다」, 「감독하다」, 「명령하다」 등 다양한 동사의 쓰임새에도 유의한다.

🏃 TOEIC 점수를 쑥쑥 올려주는 표현들

director 부장, 소장, 국장	**in the direction of** …의 방향으로
directory 성명록	**board of directors** 이사회
direct a call 전화를 연결시키다	**direct A to B** A에게 B로 가는 길을 알려주다
direct flight 직항 비행기편	**call sby on a direct line**
follow the directions 지시를 따르다	직통으로 …에게 전화하다
directions for use 사용법, 사용설명서	

🐒 TOEIC 시험에 꼭 나오는 문장들

1. The man asked the operator to **direct his call** to the correct person. ⇨ 남자는 전화를 당사자에게 직접 연결해 달라고 교환원에게 요청했다.

2. Please make sure you f**ollow the directions** exactly as they are stated on the package. ⇨ 반드시 포장시에 적힌 대로 정확하게 지시에 따라 주십시오.

3. The **board of directors** will hold a meeting on Friday at ten o'clock in the morning. ⇨ 이사회는 금요일 아침 10시에 회의를 열 것이다.

4. I **directed** him **to** the court house that was located at the end of the street. ⇨ 나는 그 남자에게 거리 끝에 있는 법원으로 가는 길을 알려 주었다.

5. The old man **gave** the young lady **directions to** the movie theater. ⇨ 노인은 젊은 숙녀에게 극장가는 길을 가리켜 주었다.

140 discount _ n. 할인, 할인액 v. 할인하다, 무시하다

「할인(받다)」라는 의미의 TOEIC 빈출단어로 「…을 싸게 사(주)다」라고 할 때는 get(give) a discount 라 하면 된다. 한편, 어떤 이야기나 소식 등을 「에누리하여 듣다」, 「무시하다」라는 뜻으로도 쓰인다.

🏃 TOEIC 점수를 쑥쑥 올려주는 표현들

offer a discount 할인을 제공하다
get a discount 싸게 사다
give discounts to 깎아주다
discount coupon 할인권
discount rates 할인요금, 할인율

discount store 할인점
volume discounts 대량구매할인
at a discount 할인하여
discount ~ factor
(…한) 요소를 고려하지 않다

🏃 TOEIC 시험에 꼭 나오는 문장들

1. The model **discounts** the human **factor; there** may be room for error caused by programming. ⇨ 그 모델은 인간적 요소를 고려하지 않았다. 프로그램을 할 때 오류가 생길 수 있는 것이다.

2. The sales associate was reprimanded for **giving** large sales **discounts to** his relatives and friends. ⇨ 그 영업 직원은 자신의 친지와 친구들에게 판매가를 크게 할인해 준 것으로 질책받았다.

3. The store offered **discount rates** to all of its preferred customers. ⇨그 상점은 우대 고객들에게 모두 가격을 할인해주었다.

4. **Volume discounts** are one of the best ways to save money when buying in large quantities. ⇨ 대량 구입을 할 때 돈을 절약할 수 있는 가장 좋은 방법 중의 하나는 대량 구입에 다른 할인을 받는 것이다.

TOEIC 어휘력
증강비법

gen 종류, 종족, 출생

• **gender** n. (문법) 성
• **generous** a. 관대한

• **general** a. 일반적인
• **genesis** n. 기원, 발생

• **generic** a. 속(屬)의, 일반적인
• **genre** n. 유형, 양식

173

dispose _ v. 처분하다, 배치하다

물건을 적소에 「배치하다」(arrange) 또는 전치사 of와 함께 「처분하다」라는 의미가 된다. 한편 형용사형 disposed는 「…하고 싶어하는」, 「…의 경향이 있는」란 의미이고, disposable은 「일회용품」.

🏃 TOEIC 점수를 쑥쑥 올려주는 표현들

disposal 처분, 처리
disposable 일회용의, 일회용품
dispose of …을 처분하다, 처리하다
dispose of litter 쓰레기를 처리하다

disposable income 가처분소득
at one's disposal 임의로 처분가능한
be disposed to …하고 싶은 마음이 내키다

🏃 TOEIC 시험에 꼭 나오는 문장들

1. Many parents opt for **disposable** diapers because they are easier to use and are relatively cheap. ⇨ 일회용 기저귀는 사용하기가 간편하고 값이 비교적 싸기 때문에 이것을 이용하는 부모들이 많다.

2. Please **dispose of** all sanitary products by placing them in the bin located under the seat. ⇨ 모든 위생용품들은 좌석 밑에 놓인 통에 담아 처리해주십시오.

3. We must **dispose of** the harmful chemicals so that no further damage is done to the environment. ⇨ 우리는 해로운 화학제가 환경에 더 이상의 위험을 끼치지 않도록 제거해야 한다.

4. I'm **disposed to** sunny climates, which is why I am so confused to be living in Seattle. ⇨ 나는 일조량이 많은 기후에 익숙하기 때문에 시애틀에서 사는 것에 적응이 잘 안된다.

5. Because of their jobs, their **disposable income** allows them to live a very comfortable lifestyle in the city. ⇨ 그 사람들은 돈을 많이 버는 직업을 가지고 있어서 자신들의 가처분 소득으로 이 도시에서 아주 안락하게 생활할 수 있다.

TOEIC 어휘력 증강비법

pop 민중, 사람들

• **populace** n. 대중, 서민 • **popular** a. 대중적인, 인기있는 • **populous** a. 인구가 많은

division _ n. (사업)본부, 국, 과

우리말로 굳이 옮기면 「(사업)본부」, 「부문」에 해당한다고 볼 수 있다. department보다 상위 개념으로 독자적으로 팀을 운영하는 데 필요한 모든 요소들을 갖춘 '기업의 소단위'라고 보면 된다.

✗ TOEIC 점수를 쑥쑥 올려주는 표현들

Sales Division 영업 본부	**R&D Division** 연구개발본부
Marketing Division 마케팅본부	**International Division** 국제본부
Finance Division 금융본부	**Production Division** 생산본부

✗ TOEIC 시험에 꼭 나오는 문장들

1. The people working for the **Sales Division** were rewarded for their hard work. ⇨ 영업본부에서 일하는 사람들은 열심히 일한 대가를 보상받았다.

2. The **Marketing Division** is located at the end of the hallway, around the corner from the restrooms. ⇨ 마케팅 부서는 복도 끝, 화장실 모퉁이를 돌면 있다.

3. The **Finance Division** recently reported that they are having difficulties balancing the budget. ⇨ 재정부서는 최근 예산을 맞추는 데 어려움을 겪고 있다고 보고했다.

4. The **R&D Division** is responsible for coming up with exciting new ideas in the area of product development. ⇨ 연구 개발 부서는 상품 개발 분야의 참신한 새 아이디어들을 찾아낼 책임을 지고 있다.

5. The consulting firm promoted two veteran executives to assume significant responsibilities in its **International Division.**
⇨ 그 자문회사는 경험이 풍부한 두 간부들을 해외업무부에서 중요한 책임을 맡도록 승진시켰다.

6. I talked with the **Production Division** about sharing some of the production costs in our new line of suits. ⇨ 나는 생산 부서와 우리 회사의 새로운 의류 라인의 생산 가격을 분담하는 것에 관해 이야기를 나누었다.

do _ v. …을 하다, 처리하다, 충분하다

조동사의 기능을 비롯해 「…하다」라는 기본의미에서 출발, 「처리하다」, 「충분(적당)하다」, 「발생하다」, 「의무를 다하다」(do one's duty) 등 다양한 의미와 쓰임새가 타의 추종을 불허하는 만능동사.

🏃 TOEIC 점수를 쑥쑥 올려주는 표현들

be done with (일을) 끝내다, 그만두다	**do sby a favor** …의 부탁을 들어주다
do one's best 최선을 다하다	**do well on** 잘하다
do one's duty 의무를 다하다	**do with** …을 처분하다, …을 참다
do a good job 일을 제대로 하다	**have to do with** …와 관계가 있다
do for a living 생계를 위해 일하다	**do's and don't's**
do sby good …에게 득이 되다	해야 할 것들과 하지 말아야 할 것들

🏃 TOEIC 시험에 꼭 나오는 문장들

1. Check to see if the secretary **is done with** the printer before you use it. ⇨ 네가 사용하기에 앞서 비서가 프린터 사용을 다 끝냈는지 알아봐라.

2. He needs to **do a good job** on his next assignment or he'll be fired from his position. ⇨ 그 남자는 다음에 맡을 업무를 잘 처리해야 할 필요가 있다. 그렇지 않으면 해고될 것이다.

3. I asked her what she **does for a living** and she told me that she was an artist. ⇨ 그 여자에게 생업이 무엇인지 묻자 예술가라고 말했다.

4. The pictures that we took don't **do justice to** the beauty and grandeur of the park. ⇨ 우리가 찍은 사진은 그 공원의 아름다움과 웅장함을 그대로 표현하지 못했다.

5. All of the teachers expect my daughter to **do well on** her test. ⇨ 교사들은 모두 내 딸이 시험을 잘 치를 것이라고 기대한다.

> TOEIC 어휘력 증강비법
>
> **auto/aut** 자기
>
> • **autonomy** n. 자치 • **autograph** n. 자필, 친필, 서명 • **automotive** a. 자동추진의

door _ n. 문, 통로, 관문, 해결책

「문」은 일차적으로 「입구」를 뜻하며 나아가 안으로 들어가는 「통로」라는 점에서 「관문」, 어떤 문제에 대한 「해결책」이라는 추상적인 의미로 쓰이기도 한다

🏃 TOEIC 점수를 쑥쑥 올려주는 표현들

answer the door 문을 열어주다	**doorknob** 손잡이
show to the door 현관까지 배웅하다	**doorway** 현관
door to door 집집마다	**backdoor** 부정한, 정규가 아닌
door-to-door delivery 방문배달	**indoor/outdoor** 실내의[실외의]

🐾 TOEIC 시험에 꼭 나오는 문장들

1. Since no one **answered the door,** the driver left the package with a neighbor. ⇨ 집에 아무도 없어서 기사는 소포를 이웃집에 두었다.

2. I **showed** my girlfriend's parents to the door and thanked them for coming. ⇨ 나는 여자친구의 부모님을 배웅하면서 방문해주신 것에 대해 감사를 표했다.

3. We canvassed **door to door** to drum up sponsorship for the marathon. ⇨ 우리는 그 마라톤을 위한 후원금을 얻기 위하여 집집마다 부탁하며 다녔다.

4. The old man asked his wife to hang the "Do not disturb" sign on the **doorknob.** ⇨ 그 노인은 아내에게 문 손잡이에 "방해하지 마시오"라는 표지를 내걸라고 했다.

5. The woman is in the **doorway** taking off her coat. ⇨ 여자가 현관에서 코트를 벗고 있다.

6. All dogs must be on a leash when roaming **outdoors.** ⇨ 개들을 집 밖에 데리고 다닐 때는 모두 끈에 묶어야 한다.

TOEIC 어휘력 증강비법

peri 주변, 근처

- **perimeter** n. 주변
- **peripheral** a. 주변의 n. 주변장치
- **period** n. 기간, 시대
- **periscope** n. 잠망경

145 **draw** _ v. 끌다, 당기다, 얻다

동사로는 「(마음을) 끌다」, 「돈을 벌다」, 「(경기가) 비기다」, 명사로는 「복권 당첨」, 「이목을 끄는 것」 또는 「우위」, 「강점」 등 뜻밖에 여러가지 의미를 갖고 있는 요주의 단어. drawback하면 「결점」.

✘ TOEIC 점수를 쑥쑥 올려주는 표현들

draw sby's attention 주의를 끌다
draw an entry 입장권을 추첨하다
draw a straight line 일직선을 그리다
draw up 작성하다
draw up a plan 일정표를 짜다

drawback 결점
main draw 주된 매력
overdraw 예금을 초과하여 돈을 인출하다
draw a new business
새로운 사업을 유치하다

✘ TOEIC 시험에 꼭 나오는 문장들

1. Cellular telephones have proven to be a new **draw** for the telecommunications industry. ⇨ 휴대폰은 원거리 통신 사업의 새로운 수입원이라는 것이 판명되었다.

2. I'd like to **draw your attention** to the television screen on my left-hand side. ⇨ 제 왼쪽에 있는 TV 화면에 주목해 주십시오.

3. One **drawback** to your plan is that we won't have any time to eat lunch during the presentation. ⇨ 네가 짠 일정에는 문제점이 하나 있는데, 바로 발표회 동안 점심식사를 할 여유가 없다는 거야.

4. Customers with savings accounts are allowed to **overdraw** their accounts by $5.00. ⇨ 예금계좌를 가진 고객들은 자기들의 계좌에서 5달러까지는 초과로 인출할 수 있다.

5. The county **drew a new business** to the area by offering tax-free status for ten years. ⇨ 그 군(郡)은 10년동안 면세의 혜택을 제공해 새로운 사업을 유치했다.

146 **due** _ n. 지급금, 부과금 a. 만기가 된, 도착예정인

「(빚 따위를) 지급하기로 한」, 「만기가 된」, 「(열차·비행기가) 도착예정인」을 비롯해 「공과금」, 「지불금액」 등 다양한 의미로 활약한다. un-이 붙으면 「불필요한」, 「지불기한 미달의」란 의미로 변신~.

🏃 TOEIC 점수를 쑥쑥 올려주는 표현들

be due by + 날짜 …까지 만기다
be due over+기한 …넘게 연체되다
be due to + V …할 예정이다
due to …때문에
due date 지급기일, 만기일

membership dues 회비
past-due billings 체납추징액, 연체액
overdue 지급기한이 지난, 늦은
be due in …에 도착예정이다, …내에 만기되다

🏃 TOEIC 시험에 꼭 나오는 문장들

1. The company's bankruptcy **was due to** misappropriation of funds. ⇨ 그 회사가 파산한 것은 자금 횡령 때문이었다.

2. She **is due to** deliver her baby at about seven o'clock this evening. ⇨ 그 여자는 오늘 저녁 7시쯤에 아기를 분만할 예정이다.

3. When your account is **overdue**, you will receive a warning from the bank and then your account will be frozen. ⇨ 귀하의 계좌가 연체되면 은행의 경고를 받은 후에 계좌가 동결될 것입니다.

4. The company is changing its policy and there will be a 17% daily charge on any **past-due billings.** ⇨ 그 회사의 정책이 바뀔 것이기 때문에, 연체액에 대해서는 무조건 하루에 17%의 연체료가 부가될 것이다.

5. **Due to** the inclement weather, the annual company picnic will be postponed. ⇨ 궂은 날씨로 인해, 연례 회사 야유회는 연기될 것이다.

6. The sum of $500 is owed on your account and this amount is **due in** two weeks. ⇨ 귀하의 계정에 500달러가 입금되기로 되어 있는데 2주내에 들어갈 것입니다.

| Keywords | easy ~ exposure

147 easy _ a. 쉬운, 편안한 ad. 쉽게

「근심·걱정없이 편안한」 상태를 말하며 「손쉽게」, 「편안히」 등의 부사로도 쓰인다. 한편 go easy on 하면 「(…에게) 너그러이 대하다」, easy-going person은 「성격이 무던한 사람」을 가리키는 말이다.

🏃 TOEIC 점수를 쑥쑥 올려주는 표현들

easy does it 서두르지 마라, 침착해라
go easy on …을 적당히[조심해서] 하다
take it easy 걱정하지마라, 서두르지마라
easy chair 안락의자

easygoing 태평한, 까다롭지 않은
easy-to-understand 이해하기 쉬운
(as) easy as pie 매우 쉬운
at ease 마음편히, 천천히

🏃 TOEIC 시험에 꼭 나오는 문장들

1. **Easy does it** with that desk, or I will force you to pay for it with your allowance. ⇨ 그 책상을 조심해서 다뤄라. 안그러면 네 용돈에서 비용을 내라고 할 테니까.

2. Try to **go easy on** the hot sauce, since I don't like to eat spicy food. ⇨ 매운 양념은 조금만 넣도록 해. 난 매운 음식을 좋아하지 않는단 말이야.

3. They wanted to **take it easy** after their long working day so they went to a bar. ⇨ 그 사람들은 하루종일 일한 후에 한숨 돌리고 싶어서 술집으로 갔다.

4. He is such an **easy-going person** that he makes everyone feel relaxed when they are around him. ⇨ 그 남자는 아주 낙천적이고 태평해서 그 사람 옆에 있으면 누구나 마음이 편해진다.

5. I feel **at ease** now that we have finished preparing for the contract negotiations. ⇨ 그 계약 협상에 대한 준비가 끝나서 마음이 편안하다.

TOEIC 어휘력 증강비법

dia 통하여, 가로질러		
• diagnose v. 진단하다, 분석하다	• diagram n. 도형, 도해	• dialect n. 방언
• dialogue n. 대화	• diameter n. 직경	

economy _ n. 경제, 절약 a. 값싼, 경제적인

「경제」 외에 돈, 시간, 노력 등의 「절약」의 의미로도 쓰인다. 한편, economic은 「경제의」, 「경제학상의」라는 뜻으로 「낭비하지 않는」이란 의미의 economical과 구분하도록 하자.

🏃 TOEIC 점수를 쑥쑥 올려주는 표현들

economize 경제적으로 쓰다, 절약하다   **global economy** 세계경제
economical 경제적인, 실속있는, 알뜰한   **high-tech economy** 첨단기술경제
open the economy 경제를 개방하다   **recovery in the economy** 경기회복
economy of scale 규모의 경제   **tight economy** 긴축(緊縮)경제
economic power 경제력   **economic reform** 경제개혁
economy class[seat] 보통[일반]석   **economic analysis** 경제분석

🏃 TOEIC 시험에 꼭 나오는 문장들

1. We have to **economize** and save money these days in order to overcome the financial crisis. ⇨ 최근 우리는 금융 위기를 극복하기 위해 돈을 규모있게 아껴써야 한다.

2. The country's **economic power** has diminished rapidly over the past few years. ⇨ 그 나라의 경제력은 과거 몇 년 사이에 급격히 감소했다.

3. Use the **economy** parking lot near Highway 15, which has 7,100 spaces and the rate is $6 per day. ⇨ 7,100대를 주차할 수 있는 공간, 그리고 요금은 하루 6달러인 15번 국도 근처의 저렴한 주차장을 이용하십시오.

4. Please book me an **economy seat** on the first airplane to Chicago. ⇨ 시카고 행(行) 첫 비행기로 일반석 한 장 예약해 주세요.

5. The **tight economy** has led to a number of bankruptcies and suffering among the financial institutions. ⇨ 긴축경제로 부도가 많이 발생했고 금융기관들 사이에서도 어려움을 겪고 있다.

edge _ n. 경계선, 위기, 우세 v. 조금씩 나아가다

「경계선」, 「테두리」를 의미하며 가장자리란 위치적 불안정성 때문에 「위기」라는 의미도 있다. 또 칼 따위의 「날」이란 뜻에서 「날카로움」, 칼날의 위력을 비유해 「우세」란 의미가 파생되었다.

🏃 TOEIC 점수를 쑥쑥 올려주는 표현들

edge out 근소한 차이로 이기다   **competitive edge** 비교우위

be on edge 신경이 곤두서다, 초조하다   **cutting edge** 최첨단, 신랄함

have the edge on ···보다 더 유리하다   **give ~ an edge**

take the edge off 약화시키다   ···에게 유리하게 작용하다[진술하다]

🐒 TOEIC 시험에 꼭 나오는 문장들

1. He had a few drinks after work to **take the edge off** a tough day. ⇨ 그 남자는 힘든 하루의 긴장을 풀기 위해 퇴근 후 술을 몇 잔 마셨다.

2. Management consultants and computer makers told them they needed "strategic" information systems to gain a **competitive edge.** ⇨ 경영 컨설턴트와 컴퓨터 제조업자들은 그 사람들에게 경쟁에서 우위를 차지하기 위해서는 전략적인 정보 시스템의 구축이 필요하다고 말했다.

3. The research and development team has created a new software program that is on the **cutting edge** of technology. ⇨ 연구개발팀은 최첨단 기술의 새 소프트웨어 프로그램을 개발해냈다.

TOEIC 어휘력
증강비법

port 지니다, 운반하다

- **deport** v. 국외추방하다, 이송하다
- **import** v. 수입하다 n. 수입
- **portable** a. 휴대용의 n. 휴대용
- **report** v. 보고하다 n. 보고
- **transport** v. 운송하다 n. 수송, 운송
- **export** v. 수출하다 n. 수출
- **important** a. 중요한
- **purport** v. 의미하다, 주장하다 n. 의미
- **support** v. 지지하다 n. 지지

effective _ a. 유효한, 효과적인

「의도한 대로 결과가 나타난다」(producing the desired result)는 뜻의 형용사. 우리말은 비슷하지만 「시간이나 노력의 낭비가 없다」는 뜻의 efficient(효율적인)와 그 의미상 차이를 구분해둘 것.

🏃 TOEIC 점수를 쑥쑥 올려주는 표현들

effect 결과, 영향, 재산

effectively 효과적으로

effective way to learn 효과적인 학습법

cost-effective 비용대비 효과적인

be in effect 실시되다

give effect to (법칙, 규칙) 실행에 옮기다

go into effect (법률) 실시되다, 발효되다

secondary effect 부수적 효과

have an effect on …에 영향을 미치다

cause and effect 원인과 결과

effective immediately
지금부터 효력이 있는

effective only after
…의 경우에만 효력이 있는

🐾 TOEIC 시험에 꼭 나오는 문장들

1. Listening carefully and taking notes is an **effective way to learn** something. ⇨ 자세히 듣고 노트를 하는 것은 뭔가를 배우는데 효과적인 방법이다.

2. The bad publicity that the company is receiving will **have a** negative **effect on** consumer prices. ⇨ 그 회사가 받고 있는 나쁜 평판은 소비자 물가에 부정적인 영향을 미칠 것이다.

3. The sale prices do not **go into effect** until Monday morning at 9:30 AM. ⇨ 그 판매가격은 월요일 오전 9시 30분 이후부터 적용된다.

4. **Effective immediately,** the store manager will no longer grant credit to customers without identification. ⇨ 바로 지금부터 상점 매니저는 더이상 신분증을 갖고 있지 않은 고객에게 외상을 주지 않을 것이다.

5. The special clause in the contract becomes **effective only after** the death of either of the partners. ⇨ 계약 상의 그 특별조항은 동업자 어느 한쪽이 사망한 경우에만 유효하다.

employ _ v. 고용하다

앞서 소개한 business만큼 자주 TOEIC에 출제되는 단어로 employee, employer, employment의 쓰임을 확실히 구분하는 것이 필요. 특히 employment는 이러한 「고용(상태)」, 「직업」 등을 가리킨다.

🏃 TOEIC 점수를 쑥쑥 올려주는 표현들

employer 고용주	**part-time employee** 시간제근로자
employment agency 직업소개소	**probationary employee** 수습사원
employment magazine 취업정보지	**self-employed** 자영업의
employment rate 취업율	**improve employee productivity**
employee morale 근로자의 사기	직원의 생산성을 향상시키다

🏃 TOEIC 시험에 꼭 나오는 문장들

1. The **employment agency** promised to help the man find a job.
   ⇨ 직업소개소는 그 남자가 일자리를 찾는 것을 돕겠다고 약속했다.

2. The **employment rate** in America is at its highest level in decades. ⇨ 미국의 취업율이 수십년만에 최고치를 기록했다.

3. The foreman tried to boost e**mployee morale** in an effort to increase efficiency and productivity. ⇨ 그 현장감독은 효율성과 생산성을 증가시키기 위한 노력의 일환으로 근로자의 사기를 진작시키고자 했다.

4. Most **part-time employees** in the United States earn less than $5.00 per hour. ⇨ 미국의 시간제 근로자들은 대부분 시간당 5달러 미만을 받는다.

5. Many **self-employed** individuals do not belong to a health insurance plan. ⇨ 의료 보험에 들지 않은 자영업자들이 많다.

TOEIC 어휘력 증강비법

loc/loco 장소

• allocate v. 할당(배치)하다 • location n. 위치, 장소 • locomotion n. 운동, 이동
• locate v. …에 위치를 정하다 • relocate v. 다시 배치하다 • locomotive n. 기관차

152 enclose _ v. 동봉하다, 둘러싸다

enclose는 TOEIC에서는 「둘러싸다」보다는 「동봉하다」의 의미로 더 많이 쓰인다. 특히 형용사형인 enclosed의 형태로 자주 쓰이는데 그 대표적인 예인 Enclosed please find ~ 구문을 기억하자.

🏃 TOEIC 점수를 쑥쑥 올려주는 표현들

Enclosed is ~ 동봉된 것은 …이다

enclosed brochure 동봉된 안내책자

be enclosed (in) with
…와 함께 동봉되다

Enclosed please find ~
…을 동봉하니 받아 주십시오

enclosed business card
동봉된 업무용 명함

enclosed membership application 동봉된 회원가입 신청서

🏃 TOEIC 시험에 꼭 나오는 문장들

1. **Enclosed is** a copy of the will and the share certificates that were left to you and your husband. ⇨ 동봉된 것은 귀하와 남편에게 상속된 주식 소유권 및 유언장 사본입니다.

2. Please use the **enclosed brochure** to help you understand the customs and culture of the Native American people. ⇨ 아메리카 인디언들의 문화와 관습을 이해하는데 도움이 될 만한 안내책자를 동봉하오니 이용하시기 바랍니다.

3. **Enclosed please find** the materials you requested and an invoice for services rendered. ⇨ 귀하가 요구한 자료와 용역 제공에 대한 송장(送狀)을 동봉하니 받아 주십시오.

4. The **enclosed membership application** has been validated and entitles you to 25% off of the regular membership fee. ⇨ 동봉된 회원가입 신청서는 이미 가입 승인이 가결된 것으로, 귀하에게 일반 회비의 25%를 할인 받을 수 있는 자격을 부여합니다.

TOEIC 어휘력 증강비법

urb 도시

• **suburb** n. 교외, 근교　　• **urban** a. 도시의　　• **urbane** a. 세련된

187

명사로는 「끝」, 「결과」, 「한계」 그리고 「목적」을 의미하기도 한다. 대표적인 표현으로 make (both) ends meet에서 ends는 「(장부상의) 수입과 지출을 기재하는 공간」을 의미한다.

🏃 TOEIC 점수를 쑥쑥 올려주는 표현들

endless 끝없는, 무한한

end up+N[~ing] 결국 …으로 끝나다

come to an end …가 끝이 나다

put an end to …을 끝내다

endgame 종반, (전쟁 등의) 막판

end product 최종 생산물

end user 최종 소비자

rear-end collision 추돌사고

year-end dividend 연말배당금

year-end sale 연말 세일

at one's wits' end 어찌할 바를 모르는

in the end 마침내, 결국에는

make (both) ends meet
수입과 지출을 맞추다, 근근이 살아가다

end-of-season merchandise
철지난 상품

🏃 TOEIC 시험에 꼭 나오는 문장들

1. Remember to press the pound sign to **end** each entry you make. Please enter your account number now. ⇨ 입력을 할 때마다 잊지 말고 우물 정자를 누르십시오. 이제 계좌번호를 입력하십시오.

2. Although we **ended up** having a marvelous trip, the beginning of the trip was terrible because the airline lost our belongings. ⇨ 우리는 결국 멋진 여행을 했지만, 여행 초기에는 항공사에서 우리 짐들을 잃어버려 아주 끔찍했다.

3. The way things have been going, it looks like their relationship will probably **come to an end** soon. ⇨ 상황으로 봐서 아마 그 사람들의 관계가 곧 끝날 것 같다.

4. The government offers tax incentives to companies that export their products to foreign **end users.** ⇨ 정부는 해외의 최종소비자들에게 제품을 수출하는 회사들에게 세금 우대혜택을 준다.

5. In order to reduce your chances of causing a **rear-end collision,** you should avoid braking suddenly. ⇨ 추돌 사고율을 줄이기 위해 갑작스럽게 브레이크를 밟는 것을 자제해야 한다.

154 engage _ v. 약속하다, 계약하다, 고용하다

자동사, 타동사로 모두 쓰이나 우리가 흔히 알고 있는 「약혼하다」, 「계약(약속)하다」, 「고용하다」 (hire) 등의 의미는 타동사의 형태로 쓰여 문장에서 수동태를 취하는 경우가 많다.

✗ TOEIC 점수를 쑥쑥 올려주는 표현들

engaged 약혼한

be engaged to sby …와 약혼한 상태다

be engaged in/engage oneself in …에 종사하다, 참가하다

have a speaking engagement 연설하기로 되어 있다

make an engagement with …와 약속[계약]하다

meet one's engagements 채무를 갚다

✗ TOEIC 시험에 꼭 나오는 문장들

1. Apparently, he **is engaged to** somebody from the United Kingdom. ⇨ 그 남자는 영국사람과 약혼했다고 한다.

2. They **are engaged in** high level talks with the Food and Drug Administration. ⇨ 그 사람들은 美 식품의약국과의 고위간부들과 회담하고 있다.

3. In order to get the most out of the seminar, you need to **engage yourself in** role-playing. ⇨ 세미나를 최대한 활용하려면, 당신은 역할연기에 참가하셔야 돼요.

4. We **have a speaking engagement** in New York this summer, in the middle of August. ⇨ 올 여름, 8월 중순경에 우리는 뉴욕에서 연설하기로 되어 있다.

5. We clearly need to **make an engagement with** our client this weekend to discuss matters. ⇨ 당연히 이번 주에 고객과 약속해서 문제점을 의논해야 한다.

> TOEIC 어휘력 증강비법
>
> **anti-/ant- 반대하다**
>
> • antibiotic n.a. 항생물질(의) • antibody n. 항체 • antidote n. 해독제
> • antipathy n. 반감, 혐오 • antithesis n. 정반대, 대조

155 equip _ n. 자질, 설비 v. 실력을 갖추다

「필요 설비를 구비하다」, 「(배움 · 경험 등이) 실력을 갖추게 하다」라는 뜻으로 명사형 equipment는 일을 하는 데 필요한 「자질」, 「기술」을 비롯해 「장비」, 「설비」 등의 의미로 다양하게 쓰인다.

🏃 TOEIC 점수를 쑥쑥 올려주는 표현들

equipment 설비, 비품, 장비
equipment malfunction 장비오작동
equipment operation 설비운행
be equipped with …설비를 갖추다

equip A with B A에게 B를 갖추어주다
fully-equipped 시설이 완비된
office equipment 사무용 비품

🐒 TOEIC 시험에 꼭 나오는 문장들

1. So far, we have invested over $100 million to upgrade our **equipment,** enhance our technology, and train our staff. ⇨ 현재까지 저희는 1억 달러가 넘는 돈을 투자해 설비를 개선하고, 기술을 향상시키며, 직원들을 교육시켰습니다.

2. The new Hyundai **is equipped with** all the extra features that car buyers love. ⇨ 새로 출시된 현대 자동차는 소비자들이 아주 좋아하는 부가적인 기능들을 완비하고 있다.

3. This car is **fully-equipped** with all the options, and is great for business. ⇨ 이 자동차는 선택 사양이 모두 장착되어 있어서 사업용으로 좋습니다.

4. The hotel suite came with a **fully equipped** kitchen and snack bar. ⇨ 그 호텔의 스위트룸은 부엌과 스낵 룸에 모든 것이 다 갖춰져 있었다.

5. There is a sale on **office equipment** at the local superstore, with everything 50% off. ⇨ 이 지역 슈퍼에서 사무용 장비를 모두 50% 할인해 주는 세일을 한다.

> **TOEIC 어휘력 증강비법**

luc/lum 빛
• elucidate v. 명료하게하다 • lucid a. 맑은, 투명한 • luminous a. 빛을 내는

estimate _ n. 평가, 견적 v. 평가하다, 어림잡다

동사와 명사 모두로 이용되며 「견적하다」, 「…의 가치를 평가하다」, 「견적」, 「견적서」 등의 뜻으로 쓰인다. have an estimate for라고 하면 「…에 대한 견적을 내다」라는 뜻의 빈출표현.

TOEIC 점수를 쑥쑥 올려주는 표현들

estimated 추산된, 견적의
estimate profit 이윤을 추산하다
It is estimated that …로 평가되다
underestimate 과소평가하다
estimate for the job 직무 평가
cost estimate 비용 견적

repair estimate 수리 견적 비용
written estimate 서면 견적서
estimate a capital cost
자본 비용을 추산하다
have an estimate (for)
(…에 대해) 평가를 하다

TOEIC 시험에 꼭 나오는 문장들

1. We **estimate profits** will soar two hundred percent next fiscal year due to the introduction of our new product line. ⇨ 우리의 새 제품군(群) 도입 덕분에 다음 회계년도에는 이윤이 200% 치솟을 것으로 추산된다.

2. **It is estimated that** there are more than one million heroin addicts in the USA. ⇨ 미국에는 백만명이 넘는 헤로인 중독자가 있는 것으로 추정된다.

3. The competition **underestimated** the technical expertise of Qualcom's founder and CEO. ⇨ 경쟁업체는 퀄컴의 창업자이자 최고 경영자의 기술적인 전문 지식을 과소 평가했다.

4. The accountant **estimated the capital cost** to be in the range of twenty to thirty thousand dollars. ⇨ 회계사는 자본 비용을 2만에서 3만 달러대(代)로 평가했다.

5. The automobile service center will **have a repair estimate** ready for you by the end of the week. ⇨ 자동차 서비스 센터는 주말까지 수리 견적서를 만들어 당신에게 줄 것이다.

evaluate _ v. 평가하다, 가치를 검토하다

어떤 것의 가치나 정도를 계산하거나 판단한다는 의미로 evaluation하면 「평가(액)」, 「값을 구함」이 란 뜻의 명사. 한편, 관련어 devaluation는 「평가 절하」라는 의미로 자주 쓰이는 단어.

🏃 TOEIC 점수를 쑥쑥 올려주는 표현들

evaluation form 평가서, 사정서
course evaluation 강의 평가서
re-evaluate 재평가하다
devaluation 가치(신분)의 저하, 평가절하
evaluate customer service
고객 서비스를 평가하다

evaluate sby's writing skills
작문실력을 평가하다
evaluate sby's historical performance 과거의 성과를 평가하다
complete an evaluation form
평가서를 작성하다

🦘 TOEIC 시험에 꼭 나오는 문장들

1. The company had its employees do an **evaluation** of their managers in order to rate them for a promotion. ⇨ 회사는 직원들로 하여금 자신들의 상사를 평가하게 해서 이를 승진의 척도로 삼았다.

2. Jack said that he had to **re-evaluate** his life after surviving the shark attack last year. ⇨ 잭은 작년에 상어에게 잡아먹힐 뻔 한 후에 자기 인생에 대해 다시 생각하지 않을 수 없었다고 말했다.

3. The **devaluation** of currency can be a real problem for expatriates working abroad. ⇨ 화폐에 대한 평가절하는 고국을 떠나 해외에서 일하고 있는 사람들에게 큰 문제가 될 수 있다.

4. Many teachers at the university were disappointed when they were told that the school was going to **evaluate their writing skills.** ⇨ 그 대학의 교수들 중에는 학교가 자신들의 작문능력을 평가할 거라는 말에 낙담 한 사람들이 많았다.

5. The junior partners were asked to **complete an evaluation form** highlighting the good and bad qualities of the manager. ⇨ 하위급 동업자들에게 관리자의 장단점을 제일 중요하게 다루는 업무평가서를 작성하라고 했다.

exclusive _ a. 배타적인, 독점적인

다른 곳에서는 볼 수 없는 아주 특별한, 즉 「독점적인」이란 의미로 예를 들어 exclusive interview하면 다른 언론매체에선 할 수 없는 「독점 인터뷰」를 말한다.

🏃 TOEIC 점수를 쑥쑥 올려주는 표현들

exclusively 배타적으로, 오로지 …만	**exclusive hotel** 아주 고급 호텔
S + be excluded …이 제외되다	**exclusive offer** 특별할인
exclusive benefit 특혜	**exclusive right** 독점권
exclusive club 회원제로 운영되는 클럽	**exclusive use of** …의 독점 사용

🏋 TOEIC 시험에 꼭 나오는 문장들

1. These pants are **exclusive,** though I don't think that they were worth all the money I paid for them. ⇨ 이 바지는 고급이긴 하지만, 내가 그렇게 돈을 많이 주고 산 만큼의 가치는 없는 것 같애.

2. The account will be handled **exclusively** by our company for at least the next two years. ⇨ 앞으로 적어도 2년간 그 고객건은 오직 우리 회사에서만 맡을 것이다.

3. We have been given the **exclusive right** to market the product in Asia. ⇨ 아시아에서 그 상품에 대한 독점 판매권이 우리에게 주어졌다.

4. The author was given **exclusive rights** to the story, and is going to write a novel next year. ⇨ 그 작가는 그 이야기에 대한 독점권을 얻어 내년에 소설을 쓸 예정이다.

5. Our company has obtained the **exclusive use** of the patent until the year 2005. ⇨ 우리 회사는 그 특허에 대한 독점 사용권을 획득했는데 2005년이 되면 바뀐다.

TOEIC 어휘력
증강비법

tempo/tempor 시간

• contemporary a. 동시대의   • temporal a. 일시적인   • temporary a. 일시의, 임시의

159 **executive** _ n. 회사중역 a. 집행의, 중역의

「직무·명령 등을 수행하다」라는 의미의 동사 execute의 형용사·명사형으로 「집행권을 갖고 있는」, 「중역〔임원〕의」라는 뜻. 특히 명사로 「회사의 간부」(executive officer〔director〕)를 말하기도 한다.

🏃 TOEIC 점수를 쑥쑥 올려주는 표현들

execute 실행하다, 수행하다

execute one's plan 계획을 수행하다

executive plane 중역전용기

executive board 중역회의

executive search (firms)
고급인력 알선회사

CEO (Chief Executive Officer)
최고경영책임자

EVP (Executive Vice President)
관리담당 부사장

🐾 TOEIC 시험에 꼭 나오는 문장들

1. Who is making the first presentation at the **executive** meeting on Tuesday? ⇨ 화요일 중역 회의에서 누가 제일 먼저 발표를 하죠?

2. The **executive vice-president** was called to speak at the shareholders' meeting. ⇨ 관리담당 부사장은 주주회의에서 연설하라는 말을 들었다.

3. As **CEO**, you should have a vision for the future of your organization. In addition, you have the challenge to make that vision a reality by motivating your people to believe in your strategies and management policies. ⇨ 최고경영자인 당신은 회사의 미래에 대한 비전을 가져야 합니다. 또한 직원들이 당신의 전략이나 경영 방침을 신뢰하도록 동기를 부여하여 그 비전을 실현해야 하는 도전에 직면해 있는 것입니다.

TOEIC 어휘력
증강비법

sensus 의식, 의미, 감상

- insensible a. 무감각한
- sense n. 감각, 느낌
- sensual a. 관능적인
- scent n. 냄새, 향기
- sensible a. 분별있는
- sentence n. 문장, 판결
- sensation n. 감각, 감동
- sensitive a. 민감한
- sentimental n. 감정적인

194 Chapter 8 easy ~ exposure

160 **expand** _ v. 확장하다, 발전시키다

expand는 사방으로 넓혀나간다는 개념으로 「수평적으로 확장되는」 extend나 「수직선상으로 늘어난다」는 개념의 increase와 구별된다. 전치사 to와 어울리며, 명사형은 expansion이다.

🏃 TOEIC 점수를 쑥쑥 올려주는 표현들

expansion 확장, 신장   **expansion of currency** 통화팽창
expand a business 사업을 확장하다   **expansion rate** 팽창률
expand into 발전하여 ···이 되다

🐆 TOEIC 시험에 꼭 나오는 문장들

1. He's seriously thinking of **expanding his business** this coming winter. ⇨ 그 남자는 이번 겨울에 사업을 확장할 지에 대해 심각하게 고려중이다.

2. What do you think will happen if their company **expands into** South America? ⇨ 만약 그 사람들의 사업이 번창하여 남미까지 진출한다면 무슨 일이 벌어질 것 같나요?

3. The country's **expansion of its currency** was made in an effort to control inflation. ⇨ 그 나라의 통화팽창은 물가인상을 억제하려던 노력끝에 생긴 일이었다.

4. The **expansion rate** of our Asian projects has severely declined. ⇨ 아시아 지역의 사업 팽창률은 급감했다.

TOEIC 어휘력
증강비법

e-/ec-/ef-/ex- 완전, ···가 아닌

- extend v. 확장하다
- eject v. 쫓아내다, 분출하다
- excite v. 자극하다
- explode v. 폭발하다
- extract v. n. 추출하다(물)
- efficient a. 효율적인
- excellent a. 탁월한
- exhaust v. 지치게하다
- express v. 표현하다
- elaborate v. 정성들여 만들다 a. 공들인
- effusion n. 방출, 발산
- exception n. 예외
- exile n. 추방 v. 추방하다
- exquisite a. 섬세한

161 expect _ v. 기대하다, 예상하다

「어떤 일이 일어날 거라고 생각하는」(think that something will happen) 것. 상당한 근거(a good reason)가 있다는 점에서 suppose보다 신빙성 있는 추측이며, 좋은 일 나쁜 일 모두 사용가능하다.

🏃 TOEIC 점수를 쑥쑥 올려주는 표현들

be expected to …할 것으로 예상되다
expect sby to …가 ~할 것으로 예상하다
expect that …을 기대하다
~ than expected 예상보다 …하다
as expected 예상했던 대로

fulfill expectations 기대를 충족시키다
exceed expectations 기대한 것을 넘다
financial expectations 재정전망
unexpectedly 예기치 않은

🦘 TOEIC 시험에 꼭 나오는 문장들

1. You **are expected to** be here on time every day, regardless of the weather conditions. ⇨ 날씨에 관계없이 자네는 이곳에 매일 정시에 와야 돼.

2. We **expected** her **to do** better than she did in the race, but we are still proud of her. ⇨ 우리는 그 여자가 경주에서 더 좋은 결과를 얻을 거라고 기대하긴 했지만, 그래도 자랑스럽게 생각한다.

3. The product did better **than expected,** due to a high volume of customers in the market for new vehicles. ⇨ 그 상품은 기대했던 것보다 판매실적이 좋았는데, 이는 새로운 자동차를 찾는 소비자들이 많았기 때문이다.

4. **As expected,** he came home past midnight and was so drunk that he couldn't speak clearly. ⇨ 예상대로 그 사람은 지난밤 자정이 넘어 집에 왔는데, 말도 제대로 못할만큼 술에 취한 상태였다.

5. This visit **fulfilled my expectations,** and I will definitely be back again next year. ⇨ 이번 방문이 내 기대를 충족시켜 주었기에 내년에도 꼭 다시 올 것이다.

162 exposure _ n. 노출, 나타남

「(태양·추위에 대한) 노출」 또는 「(비리 등의) 폭로」란 의미. TOEIC에서는 TV나 radio에 출연한다는
뜻으로 사용되며 expose는 부정적인 면을 「밝히다」, 「폭로하다」라는 의미로 주로 수동태로 쓰인다.

✗ TOEIC 점수를 쑥쑥 올려주는 표현들

expose 노출시키다, 밝히다
be exposed to ···에 노출되다
exposure to sunlight 햇볕에 쐼
TV exposure TV출연

chronic lead exposure
만성적인 납노출
poorly exposed picture
촬영할 때 노출이 부족한

✗ TOEIC 시험에 꼭 나오는 문장들

1. Children these days **are exposed to** numerous acts of
   violence when watching prime-time television. ⇨ 요즘 아이들은 황금
   시간대에 텔레비전을 보기 때문에 폭력행위에 많이 노출되어 있다.

2. The actress was happy that she was finally getting the **TV
   exposure** she deserved. ⇨ 그 여배우는 마침내 텔레비전에 출연하게 되어 기뻐
   했는데, 그 여자는 텔레비전에 나올만했다.

3. Paint made with lead has been banned from use in the US in
   order to prevent **chronic lead exposure.** ⇨ 만성적인 납 노출을 예방하
   기 위해 납으로 만든 페인트는 미국에서 사용이 금지되었다.

TOEIC 어휘력
증강비법

cor/cour/cord 마음, 심장, 감정, 용기

- accord v. 일치하다 n. 조화
- accordance n. 일치
- concord n. 일치, 협조
- cordial a. 성심성의의
- courage n. 용기
- discord n. 불화, 내분
- discourage v. 실망시키다
- record v. 기록하다

197

| Keywords | **face ~ fund**

163 **face** _ n. 얼굴 v. …에 직면하다

face는 명사 외에 동사로 「난관에 부딪히다」 혹은 「…을 마주보다」라는 의미가 있다. 또 face value 는 주식이나 어음 등에 표기된 「(서류상의) 가격」, 즉 「액면가」를 뜻한다.

🏃 TOEIC 점수를 쑥쑥 올려주는 표현들

be faced with …에 직면하다

face the music 비난에 정면으로 맞서다

face the challenges 도전에 직면하다

face to face 얼굴을 직접 맞대고

face increasing competition
더욱 치열한 경쟁을 맞다

lose[save] face 체면을 잃다[세우다]

deface the landscape
경치를 손상시키다

🦘 TOEIC 시험에 꼭 나오는 문장들

1. The president **was faced with** a very tough decision on Friday.
   ⇨ 사장은 금요일에 매우 단호한 결정을 내려야 할 상황에 직면했다.

2. Our company is committed to **face the challenges** of the current economy by being intuitive and responsive. ⇨ 우리 회사는 현경제 위기를 직관력을 동원하여 적극적으로 대처해 나가기로 굳게 다짐하고 있다.

3. The company will **face increasing competition** from foreign imports from next quarter. ⇨ 그 회사는 다음 분기부터 외국상품들과의 더욱 치열한 경쟁에 직면하게 될 것이다.

4. He **lost face** on the deal and had to apologize to the boss because of the mistake. ⇨ 그 남자는 그 거래로 체면이 구겨졌고 자신이 저지른 실수에 대해 사장에게 사과를 해야 했다.

5. I want to talk about this with you **face to face,** so that we can work it out together. ⇨ 그 문제를 너와 직접 얼굴을 맞대고 이야기하고 싶어. 그래야 우리가 그것을 함께 해결해 나갈 수가 있어.

6. The vandal was arrested for **defacing the landscape** around the White House. ⇨ 그 공공시설 파괴범은 백악관 주변의 경관을 손상시킨 혐의로 체포되었다.

164 facility _ n. 시설, 공장, 편의

특별한 기능을 제공하기 위한 「시설」을 가리키는 단어로, 복수로 facilities하면 특정 장소의 부대적인 「편의시설」을 뜻한다. 호텔의 swimming pool, restaurant 등은 호텔의 facilities라 할 수 있다.

🏃 TOEIC 점수를 쑥쑥 올려주는 표현들

facilitator 돕는 사람
facilitate 용이하게 하다
facility visit 산업 시찰, 시설물 견학
kitchen facility 부엌 시설

physical facilities 물리적 편의시설
tour the facilities 공장을 돌아보다
passenger facility charge 승객 시설 이용료

🦘 TOEIC 시험에 꼭 나오는 문장들

1. The **facilitator** of the meeting will be sitting in the corner, next to the president of the local telecom operator. ⇨ 회의 보조 진행자는 지역 원거리 통신업체 사장 옆자리 구석에 앉게 될 것이다.

2. The plan will **facilitate** the company bringing in a strategic partner to help with its operations. ⇨ 그 계획은 회사의 운영을 도울 수 있는 전략적인 파트너를 영입하는 문제를 용이하게 할 것이다.

3. The company's foreman decided to conduct a **facility visit** to the new plant on Saturday. ⇨ 회사의 공장장은 토요일에 새 공장을 둘러보기로 했다.

4. The **physical facilities** offered at the site are reasonable considering the low price. ⇨ 그 장소에 들어선 물리적 편의 시설은 이용료가 싼 것 치곤 괜찮은 편이다.

5. Please feel free to **tour the facilities** and ask the workers any questions you may have. ⇨ 자유롭게 공장을 돌아보시고 의문점이 있으시면 뭐든지 일하는 사람에게 물어보십시오.

TOEIC 어휘력 증강비법

hydro/hydra/hydr 물

• dehydrate v. 탈수하다, 건조시키다 • hydrant n. 소화전 • hydrogen n. 수소

fair _ n. 박람회, (취업) 설명회 v. (날씨가) 개다

「공평한」이라는 뜻 뿐 아니라 「꽤 많은」, 「아름다운」, 「정정당당히」, 「(날씨가) 개다」 등 형용사, 부사, 동사로 활약한다. 또한 「품평회」, 「박람회」의 뜻으로도 TOEIC에서 자주 쓰인다.

🏃 TOEIC 점수를 쑥쑥 올려주는 표현들

fairly 공평하게, 올바르게, 상당히	**fairground** 박람회장
fair enough 괜찮은, 만족스러운	**unfair** 불공평한
fair trial 공정한 재판	**fair-weather friend**
job fair 취직설명회, 취업 박람회	언제 변할지 몰라 못 미더운 친구

🐒 TOEIC 시험에 꼭 나오는 문장들

1. Most North American cities receive a **fair** amount of snowfall in the winter. ⇨ 미국 북부에 있는 도시들에는 대부분 겨울에 눈이 상당히 내린다.

2. The house is not very big, but it is situated on a **fair** piece of land next to the lake. ⇨ 그 집은 그다지 크진 않지만, 호수 옆의 꽤 넓은 부지에 자리잡고 있다.

3. There are over a hundred exhibitors coming to this year's **fair**, and they are coming from as far away as Australia. ⇨ 올해 박람회에는 100명이 넘는 출품자들이 참가하는데 호주처럼 먼 곳에서 참가하는 사람도 있다.

4. The university will hold its annual **job fair** this Saturday afternoon in the public auditorium. ⇨ 그 대학은 이번 토요일 오후 대강당에서 연례 채용 박람회를 개최한다.

5. The gardening exhibit at the **fairground** will begin in two weeks. ⇨ 박람회장에서 2주 후에 정원 조경 전시회가 열릴 것이다.

TOEIC 어휘력 증강비법

grat 감사하는, 기뻐하는, 즐거운

• **congratulation** n. 축하	• **grateful** a. 감사하는	• **gratify** v. 기쁘게하다
• **gratitude** n. 감사	• **gratuity** n. 선물, 팁	• **ingratitude** n. 배은망덕

166 **fall** _ v. 떨어지다, (물가 등이) 하락하다

명사로 「가을」이란 뜻 외에도 「(가격·온도 등의) 하락」, 「낙하」, 그리고 복수형 falls에는 「폭포」란 의미도 있다. 그리고 「(물건이) 떨어지다」, 「(물가 등이) 하락하다」라는 동사로도 빈번히 사용된다.

🏃 TOEIC 점수를 쑥쑥 **올려주는 표현들**

fall apart 산산조각이 나다	**fall over** 쓰러지다
fall asleep 잠들다	**fall short of** 기대치에 이르지 못하다
fall back on ···를 믿다[의지하다]	**fall through** 실패하다
fall behind 뒤쳐지다	**downfall** 실패
fall into 구분되다, 시작하다	**windfall** (뜻밖의) 횡재
fall on (날짜가) ···에 해당하다	**snowfall** 강설(cf. rainfall 강우)

🏃 TOEIC 시험에 꼭 **나오는 문장들**

1. Whether a company's backlog is rising or **falling** is a clue to its future sales and earnings. ⇨ 회사의 밀린 작업량의 증감여부에 따라 회사의 향후 매출 및 소득을 예측할 수 있다.

2. Our bank analyst believes that the dishonored bill ratio decreased 0.12% in May, **falling** to its lowest level in 32 months. ⇨ 우리 은행의 분석가는 5월에 어음 부도율이 0.12% 하락하여 32개월 만에 최저치로 떨어졌다고 믿고 있다.

3. Be sure to take plenty of breaks so you don't **fall asleep** at the wheel. ⇨ 운전 중에 졸지 않으려면 휴식을 충분히 취하십시오.

4. The characteristics of each home's size, style, age, number of rooms, and upkeep dictate which price range it will **fall into.** ⇨ 크기, 형태, 연수, 방의 갯수, 보수유지 상태와 같은 각 집의 특성들이 그 집의 가격대를 결정한다.

5. New Year's Day **falls on** a Sunday, so Monday, January 2nd will be taken as a holiday. ⇨ 새해 첫날이 일요일이기 때문에 1월 2일 월요일을 휴일로 한다.

명사로 신문의 「특집기사」나 방 의 「특집프로그램」 및 「(장편)영화」를 의미하며, 동사로는 「…을 주역으로 등장시키다」 또는 특별히 한 품목을 「선전하다」라는 의미로 쓰인다.

🏃 TOEIC 점수를 쑥쑥 올려주는 표현들

feature sby in …에 ~를 출연시키다	**feature interview** 특집 인터뷰
feature speaker 특별 초청 연사	**safety feature** 특수 안전장치
feature film 일반적인 극영화	**special feature** 특집
feature story 인기기사, 특집기사	**full-featured** 완벽한, 자르지 않은

🏃 TOEIC 시험에 꼭 나오는 문장들

1. The movie **features** actors from many different age groups and nationalities. ⇨ 그 영화는 다양한 세대와 국적의 배우들을 캐스팅했다.

2. One of the best **feature films** of our century was Jurassic Park. ⇨ 금세기 최고의 극영화 중 하나는 '쥬라기 공원'이었다.

3. The **feature interview** will be shown on channel four at 6:00 p.m. ⇨ 특집 인터뷰는 저녁 6시에 4번 채널에서 방송될 것이다.

4. The plane comes with a number of unique **safety features.**
⇨ 그 비행기에는 독특한 특수 안전장치가 많이 딸려 있다.

5. The **full-featured** presentation of the documentary can be rented at your local video store. ⇨ 다큐멘터리의 무삭제판은 여러분이 살고 있는 지역의 비디오 가게에서 빌릴 수 있습니다.

> TOEIC 어휘력
> 증강비법
>
> **feder/fide/fid 신뢰**
>
> • faith n. 신뢰, 신앙   • confidence n. 신뢰, 자신   • fidelity n. 충실, 충성
> • defy v. 도전(저항)하다   • defiance n. 도전, 저항   • federal a. 연합의
> • federation n. 연방, 연맹 • confederate a. 동맹한 n. 동맹국

168 fee _ n. 요금, 수수료, 입장료

charge와 마찬가지로 서비스 사용에 대한 「요금」을 의미하지만, fee의 경우에는 「변호사 수임료」(contingency fee)나 「수업료」(tuition fee)와 같은 「전문적인 서비스에 지불하는 비용」을 지칭한다.

🏃 TOEIC 점수를 쑥쑥 올려주는 표현들

fee chart 요금표	**search fee** 스카웃 비용
annual membership fee 연(年)회비	**service fee** 서비스료
contingency fee 승소시 변호사수임료	**visa application fee** 비자신청료
franchise fee 연쇄점 가맹비	**late filing fee**
registration fee 등록비	제출이 늦은 서류에 부과되는 연체료

🏃 TOEIC 시험에 꼭 나오는 문장들

1. The **fee chart** for the hourly rate that we charge our clients is posted at the front desk. ⇨ 고객들에게 부과하는 시간당 요금을 표시한 요금표가 프론트 데스크에 게시되어 있다.

2. Our lawyers have given us a bill for the **contingency fees** associated with the land deal last week. ⇨ 우리측 변호사들이 지난 주 부동산 거래건과 관련된 수임료를 청구해 왔다.

3. We should find out how much the **franchise fee** is before we decide on a location. ⇨ 장소를 결정하기 전에 연쇄점 가맹비가 얼마나 되는지 알아야 한다.

4. Don't forget that there will be a **late filing fee** if you don't fill out the forms by the end of the week. ⇨ 이번 주말까지 서류를 제출하지 않으시면 연체료가 부과된다는 것을 잊지 마십시오.

TOEIC 어휘력 증강비법

plac/plais 기뻐하는, 기운내는

• complacent a. 만족한   • complaisance n. 정중함, 친절   • placebo n. 위약

205

「들판」이라는 기본의미에서 비유적으로 일이나 사업 따위가 이루어지는 「현장」 또는 「활동분야」 등을 가리키며, 나아가 「질문에 적절히 응대하다」, 「받아넘기다」라는 동사로도 폭넓게 사용된다.

🏃 TOEIC 점수를 쑥쑥 올려주는 표현들

field an offer 제의에 적절히 응대하다	**field office** 현장 사무실
field a question 질문에 응대하다	**field representative** 외판원
field-test 신제품 실지 테스트(하다)	**field trips** 견학여행, 현장답사
plow the field 밭을 갈다	**electrical field** 전기장(電氣場)
water the field 밭을 관개하다	**related field** 관련 분야

🐒 TOEIC 시험에 꼭 나오는 문장들

1. The sports agent was asked to **field the offer** to his client and return with the response. ⇨ 그 스포츠사 에이전트는 자기의 고객에게 들어오는 제의에 적절히 응대하여 답변을 해주라는 요청을 받았다.

2. The president of the company promised that he would **field questions** from the reporters after lunch. ⇨ 회사의 사장은 점심식사 후에 기자들의 질문에 응대하겠다고 약속했다.

3. The company has decided to **field-test** its new automobile at the Indy 500 in Indianapolis, Indiana. ⇨ 그 회사는 인디애나 주(州) 인디애나폴리스 시(市)의 인디 500 경기장에서 자기네 회사의 신제품 자동차를 실지 테스트 하기로 결정했다.

4. The farmer awoke at five o'clock in the morning and went out to **plow the field.** ⇨ 농부는 아침 5시에 일어나서 밭을 갈러 나갔다.

5. Many of the students attending this program have never been taken on **field trips.** 이 프로그램에 참석한 학생들 중에는 전에 현장답사를 해본 경험이 전혀 없는 사람들이 많았다.

170 file _ n. 서류, 파일 v. 신청하다

「서류보관함」, 「철한 서류」 등을 가리키며, 동사로는 file an insurance claim(보험을 청구하다), file for bankruptcy(파산신청을 하다)와 같이 「신청하다」, 「제출하다」라는 의미로 많이 쓰인다.

🏃 TOEIC 점수를 쑥쑥 올려주는 표현들

file a complaint 불만을 제기하다

file for bankruptcy 파산신청을 하다

file the papers 서류를 정리하다

filing fee 서류접수료

file an insurance claim
보험을 청구하다

file a lawsuit against
…에 대해 소송을 제기하다

file documents with
…에 정식으로 서류를 제출하다

🏃 TOEIC 시험에 꼭 나오는 문장들

1. The company's directors decided that it would be in their best interest to **file for bankruptcy.** ⇨ 회사의 이사들은 파산을 신청하는 것이 최선책이라고 결정했다.

2. The information clerk told us that there was a $20.00 **filing fee** included in the total cost. ⇨ 안내창구 직원이 총비용에는 서류 접수료 20달러가 포함되어 있다고 알려주었다

3. The fastest way to get money from your insurance company after an accident is to **file an insurance claim** right away. ⇨ 사고가 난 후에 보험회사로부터 가장 빨리 돈을 받으려면 즉시 보험금을 청구해야 한다.

4. I heard that he **filed a lawsuit against** the doctor due to malpractice. ⇨ 나는 그 남자가 의료사고에 대해서 그 의사에게 소송을 제기했다고 들었다.

5. Tax accountants **file documents with** the IRS to make it easier for their clients. ⇨ 세무사들은 고객들의 편의를 도모하기 위해 국세청에 소득신고서를 제출했다.

fill _ v. 넣다, 채우다, (기재사항을) 적어넣다

「(남는 공간이나 시간을) 채우다」는 의미로 「서류에 기재사항을 적다」라고 할 때 fill in이란 말을 이용해 fill in a form(document)이라고 하며, fill it up은 자동차에 「기름을 가득 넣다」라는 표현.

✘ TOEIC 점수를 쑥쑥 올려주는 표현들

be filled with …으로 가득 차다	**fill out** (서식의) 빈 곳을 채우다
fill an order 주문대로 처리하다	**have one's fill of** …은 이제 지겹다
fill in 써 넣다, 기입하다	**fulfill** 완수하다
fill it up 기름을 가득 넣다	**refill** 다시 채우다, 리필하다

✎ TOEIC 시험에 꼭 나오는 문장들

1. The sales manager **is** so **filled with** energy that all of the salesmen are intimidated by him. ⇨ 영업부장은 에너지가 넘쳐흘러 영업사원들은 모두 그 사람에게 질린다.

2. The man was told to sit down in the lounge and **fill in** the blanks on the necessary forms. ⇨ 그 남자는 휴게실에 앉아서 필요한 서류의 공란에 기입하라는 말을 들었다.

3. You can use my car, but don't forget to **fill it up** with gas before you return it. ⇨ 내 차를 써도 좋아. 하지만 돌려주기 전에 기름을 가득 채워두라고.

4. She was asked to **fill out** a registration form and then take it to the front desk. ⇨ 그 여자는 등록양식을 기입하여 접수대에 제출하라는 말을 들었다.

5. The restaurant allowed its customers to get free **refills** of their drinks. ⇨ 그 레스토랑은 손님들이 음료수를 무료로 리필할 수 있도록 하였다.

TOEIC 어휘력 증강비법

ne/neo/nov 새로이

- innovate v. 혁신하다
- innovation n. 혁신
- novel a. 새로운 n. 소설
- novelty n. 새로움, 최신기획상품
- novice n. 초심자
- renovate v. 개선하다

172 finance _ n. 재정 v. …에 자금을 공급하다

「재정」이란 다소 거창한(?) 의미의 단어인 finance는 「재원」, 「자금조달」, 「…에 자금을 공급(조달)하다」라는 의미로 빈번하게 쓰인다. 한편 financier는 「금융업자」, financing은 「자본조달」을 말한다.

🏃 TOEIC 점수를 쑥쑥 올려주는 표현들

financial 재정상의, 재무의

corporate finance 기업금융

financial application 대출 신청

financial market 금융시장

financial statements 재무제표

refinance 빚을 갚으려고 빚을 새로 얻다

finance a business expansion
사업확장에 자금을 대다

finance new projects
새로운 사업에 자금을 공급하다

provide the best finance
최고의 재원(財源)을 제공하다

CFO(Chief Financial Officer)
최고재무책임자

🏃 TOEIC 시험에 꼭 나오는 문장들

1. **Financing** will be approved in a matter of minutes if you use the on-line application. ⇨ 융자는 온라인 신청을 하면 몇분 만에 승인될 것이다.

2. **Financial statements** provide insight into the dealings and business transactions of a company. ⇨ 재무제표는 회사의 거래관계와 영업등을 들여다 볼 수 있게 해준다.

3. In order to raise the cash, the couple had to **refinance** the real estate they owned. ⇨ 현금을 조달하기 위해서 그 부부는 자신들이 소유하고 있던 부동산을 저당잡혀 돈을 마련해야 했다.

4. The company decided to issue bonds to **finance its business expansion**. ⇨ 그 회사는 사업확장 자금을 마련하기 위해 사채를 발행하기로 결정했다.

5. Yesterday, the **CFO** of the video company met with a banker to secure **financing** for new equipment. ⇨ 어제 그 비디오 회사의 최고재무책임자는 신설장비를 위한 자금을 조달하기 위해 은행간부와 만났다.

173 find _ v. 찾다, 발견하다, 알다

새로운 사실을 「발견하거나」(discover) 잃어버린 물건을 「찾아낸」 경우에 두루 쓸 수 있는 표현. 나아가 「도착하다」, 「노력해 얻다」, 「알다」(know), 그리고 「발견물」이란 의미의 명사로도 활약한다.

🏃 TOEIC 점수를 쑥쑥 올려주는 표현들

findings 습득물, 연구 결과
find alternatives for …의 대안을 찾다
find fault with …을 비난하다
find out (진상을) 알아내다

research findings 조사 결과
lost and found 분실물 보관소
find one's way back to 길을 되돌아 찾아오다

🐒 TOEIC 시험에 꼭 나오는 문장들

1. We reported our **findings** to the president as soon as the investigation was concluded. ⇨ 조사가 끝나자마자 우리는 그 조사의 결과를 사장에게 보고했다.

2. Although I tried very hard, I could not **find fault with** any part of her report. ⇨ 나는 무진 애를 썼지만 그 여자의 보고서의 어느 한 부분도 트집잡을 만한 데가 없었다.

3. After being lost, the boys **found their way back to** the campground using their compasses. ⇨ 길을 잃은 후, 그 소년들은 나침반을 사용하여 야영지로 돌아오는 길을 찾았다.

4. We were asked to **find out** what was wrong with the car's engine. ⇨ 우리는 그 차의 엔진에 무슨 문제가 있는지 찾아달라는 요청을 받았다.

5. The **lost and found** is located on the third floor of the building. ⇨ 분실물 보관소는 건물 3층에 위치해 있다.

> 🔺 TOEIC 어휘력
> 증강비법
>
> **magni** 크다
>
> • **magnification** n. 확대, 과장 • **magnificent** a. 엄청난, 멋진 • **magnifier** n. 확대경
> • **magnify** v. 확대(과장)하다 • **magnitude** n. 중대(함)

first _ a. 최초의, 첫째의, 일류의 n. 처음, 최고품

비행기 좌석 중 가장 비싼 「일등석」을 가리키는 first class, 상처가 났을 때 가장 먼저 해야 하는 「응급처치」는 first aid 등 문자 그대로 그 무엇보다도 '우선'이라는 의미.

🏃 TOEIC 점수를 쑥쑥 올려주는 표현들

first and foremost 무엇보다도 먼저	**first rate** 일류의, 멋진
first-class 일류의	**for the first time** 최초로
firsthand 직접의, 직접으로	**in the first place** 애당초
first name 이름(cf. last name 성)	**first thing in the morning**
first of all 무엇보다도 먼저	아침에 제일 먼저

🦅 TOEIC 시험에 꼭 나오는 문장들

1. Management at the company boasted that all of their computers were **first-class** products. ⇨ 회사의 경영진은 자사의 컴퓨터는 모두 최고급품이라고 자랑했다.

2. The president heard the news about the government's deregulation plan **firsthand** at the convention. ⇨ 회장은 정부의 규제철폐소식을 회의에서 직접 들었다.

3. **First of all,** he wanted to thank everyone for attending the service. ⇨ 무엇보다도 그 남자는 예식에 참석한 사람들 모두에게 감사를 표하고자 했다.

4. The boss wants the report to be handed in to the front desk **first thing in the morning.** ⇨ 사장은 그 보고서가 아침 일찍 접수대에 제출되길 바란다.

5. We wouldn't have had this problem if the contract had been checked over **in the first place.** ⇨ 애당초 그 계약서를 점검했더라면 이런 문제는 발생하지 않았을 것이다.

TOEIC 어휘력 증강비법

opus/oper 노동, 활동

• cooperate v. 협력하다   • operable a. 사용할 수 있는   • operate v. 작용하다

fit _ n. 발작, 경련 a. 적합한 v. …에 어울리다

명사, 동사, 형용사 동형인 단어로 「적합한」, 「(운동으로) 건강이 좋은」, 「…에 맞다」, 「어울리다」 등
다양한 용례를 갖고 있다. 특히, 명사일 때 「발작」, 「경련」의 의미가 있음을 기억해 두자.

🏃 TOEIC 점수를 쑥쑥 올려주는 표현들

be fitted with …을 맞추다, 조립하다	**fitness class** 건강 교실
look fit 건강해 보이다	**fitting room** (옷가게 등의) 탈의실
throw a fit 화를 벌컥 내다	**fit into one's schedule**
fitness center 건강센터	…의 계획에 맞추다

🐨 TOEIC 시험에 꼭 나오는 문장들

1. The secretary was concerned that she was not looking **fit** so
    she joined a health club. ⇨ 비서는 뚱뚱해 보일까봐 염려스러워 헬스 클럽에 가
    입했다.

2. The best man **was fitted with** a tuxedo and shoes before the
    wedding rehearsal. ⇨ 신랑 들러리는 결혼 예행연습 전에 턱시도와 구두를 맞췄다.

3. The manager **threw a fit** when he found out how much money
    the trader lost. ⇨ 부장은 증권업자가 얼마나 돈을 많이 잃었는지 알게 되자 화를 벌컥 냈다.

4. The **fitness class** starts at seven in the evening and runs for
    fifty minutes. ⇨ 건강 교실은 저녁 7시에 시작해서 50분간 계속된다.

5. I'll try to **fit** you **into my schedule** on Friday, but I can't
    promise you anything. ⇨ 금요일 일정에 당신과 만날 약속을 잡아 보겠지만 장담
    할 수가 없네요.

TOEIC 어휘력
증강비법

viv/vivi/vita 생명의, 살아있는

• **revive** v. 회복시키다   • **survive** v. …후까지 살아남다   • **vital** a. 생명의, 중대한
• **vitality** n. 생명력, 생기   • **vitamin** n. 비타민   • **vivid** a. 생기찬

176 fix _ v. 정하다, 고정하다, 수리하다

「수리하다」, 「고정시키다」, 「(날짜 · 장소 · 가격 등을) 정하다」, 「준비하다」라는 뜻으로 많이 사용되며 특히 fixed rates, fixed costs와 같이 TOEIC의 비즈니스 관련 용어에 자주 등장한다.

🏃 TOEIC 점수를 쑥쑥 올려주는 표현들

fix on …을 정하다	**fixed deposit** 정기예금
fix up 마련해주다, 수리하다	**fixed-price** 정가
fixed assets 고정자산	**fixed rates** 고정율
fixed costs 고정비용	**fixed term** 정해진 기간

🐒 TOEIC 시험에 꼭 나오는 문장들

1. I asked the computer repairman to give me an estimate before he **fixed** the keyboard. ⇨ 나는 컴퓨터 수리하는 사람에게 자판을 고치기 전에 견적서를 뽑아 달라고 했다.

2. This charge represents a portion of the company's **fixed costs** for providing electric service. ⇨ 이 요금은 전력 공급을 하는 데 따르는 우리 회사의 고정 비용의 일부로 청구하는 것입니다.

3. **Fixed deposits** are a good way to insure that you receive a decent return on your money. ⇨ 정기예금을 하면 예금한 돈에 대한 적절한 이자를 보장받을 수 있다.

4. Our rates are competitive and you can choose from a number of **fixed-rate** and variable-rate financing plans. ⇨ 저희의 금리는 경쟁력이 있으며 여러분은 여러가지 고정 및 변동 금리 자금조달방법 중에서 하나를 선택할 수 있습니다.

> TOEIC 어휘력 증강비법

grav/gravi 중요한

- aggravate v. 악화시키다
- gravity n. 중력
- grave a. 중요한, 중대한 n. 무덤
- grief n. 슬픔, 고통

213

177 **follow** _ v. …을 따르다

「…을 따르다」는 뜻의 동사로 「지시를 따르다」(follow the direction), 「…의 전례를 따르다」(follow one's example) 등의 표현을 만들어 낸다. 또 follow up은 「(후속조치를) 취하다」라는 빈출동사구.

🏃 TOEIC 점수를 쑥쑥 올려주는 표현들

following 다음의, 다음에 말하는 것
follow suit 남이 하는대로 따르다
follow the directions 지시를 따르다
follow up 후속조치를 취하다
follow up on …을 이해하다

follow up A with B A에 B를 덧붙이다
follow-up 뒤따르는, 계속하는, 후속의
as follows 다음과 같이
follow sby's example
   …의 전례를 따르다

🚶 TOEIC 시험에 꼭 나오는 문장들

1. To speed up the processing of passengers, please be ready with the **following.** ➡ 승객들의 탑승절차 속도를 빠르게 하기 위해 다음 사항을 미리 준비해주시기 바랍니다.

2. Most oil companies are expected to **follow suit** and lower petrochemical prices. ➡ 석유회사들은 대부분 다른 회사가 한 것에 따라 석유화학 제품 가격을 내릴 것으로 전망된다.

3. It was necessary to **follow up** the report **with** an investigation of the incident. ➡ 그 보고서에 그 사건에 대한 조사보고를 첨가하는 것이 필요했다.

4. Friendly service and good **follow-up** can convert a one-time only shopper into a valuable repeat customer. ➡ 한번 오고 말 손님이라도 친절하게 서비스하고 사후 관리를 적절하게 하면 귀중한 단골손님이 될 수 있다

5. The contract listed the people that were responsible for implementing the new policy **as follows.** ➡ 계약서는 새로운 정책시행을 책임지는 사람들의 명단을 다음과 같이 올렸다.

6. We expect you to **follow Geff's example.** ➡ 우리 생각에는 네가 제프의 전례를 따랐으면 해.

force _ n. 힘, 세력, 효력, 군대 v. 강요하다

「강요하다」란 뜻에도 「(폭력·무력 등을) 행사하다」, 「억지로 …하다」를 비롯해 「힘」, 「세력」, 「강압」, 「영향(력)」, 「효과」 그리고 복수로 「군대」, 「부대」 등의 명사로도 폭넓게 쓰인다.

✗ TOEIC 점수를 쑥쑥 올려주는 표현들

forcibly 강제적으로, 강력히, 힘차게	**task force** 특별 전문위원회, 대책위원회
force sby to+V …에게 ~하라고 강요하다	**work force** 노동력, 노동인구
be forced to + V 억지로 …하다	**in force** 실시 중인, 유효한

🏃 TOEIC 시험에 꼭 나오는 문장들

1. From now on, the company will **force** all employees over sixty-five years of age to retire. ⇨ 회사는 이제부터 65세가 넘는 직원들을 모두 강제로 퇴사시킬 것이다.

2. They **were forced to** lay off three hundred employees because of the new trade laws. ⇨ 새 무역법으로 인해 그들은 어쩔 수 없이 직원 300명을 정리해고했다.

3. A **task force** has been set up to examine the effects of the oil spill that occurred last month. ⇨ 지난 달 발생한 원유누출의 피해상황을 조사하기 위한 전담반이 구성되었다.

4. Our **work force** is comprised of about a thousand people, sixty percent men and forty percent women. ⇨ 우리 직원은 약 1천명인데, 남자가 60%이고 여자가 40%이다.

5. We have an equal opportunity work policy **in force** at this office. ⇨ 우리 회사에서는 고용기회 균등의 원칙을 실행하고 있다.

TOEIC 어휘력
증강비법

vac 비워있는

- **evacuate** v. 피난시키다
- **evacuation** n. 비움
- **vacancy** n. 공허, 공석
- **vacant** a. 공석중인
- **vacation** n. 휴가
- **vacuum** n. 진공, 진공청소기

179 forward _ v. 회송하다 a. 전방의 ad. 앞으로

'look forward to + ~ing'로 익숙한 forward는 「편지를 새 주소로 전 하 다」, 「보내다」, 「전방의」, 그리고 「(예정·기일 등을) 앞당겨」 등 동사·형용사·부사로 맹활약하는 다재다능한(?) 단어.

🏃 TOEIC 점수를 쑥쑥 올려주는 표현들

be moved forward …일을 앞당기다
carry forward 이월하다
look forward to+~ing …을 고대하다
forward contract 선물(先物)계약
freight forwarder 운송(화물)취급인

forwarding address 회송 주소
forward a resume[letter] to
…에 편지[이력서]를 보내다, 회송하다
forward calls to 전화를 …로 돌려놓다
if you would like to forward any comments 의견을 보내시려면

🏃 TOEIC 시험에 꼭 나오는 문장들

1. The closing date has to **be moved forward** by at least one month, or we will have to stay in a hotel. ⇨ 계약 체결일을 최소한 한달 앞당겨야지, 그렇지않으면 우리는 호텔에 남아있어야 할 것이다.

2. We **look forward to** seeing you at next year's International Conference in Mexico City. ⇨ 내년 멕시코시티에서 있을 국제 회의에서 당신을 만나게 될 날이 기다려지는군요.

3. Could you please **forward my resume to** the human resources department? ⇨ 인사부로 제 이력서를 회송해 주시겠어요?

4. Our new telephone system will **forward** all of your office calls to your cell phone. ⇨ 새로 설치한 전화 시스템에서는 사무실로 오는 여러분의 전화를 모두 휴대폰으로 돌려주게 됩니다.

5. We encourage all our viewers to tell us what they think of the show, so **if you would like to forward any comments,** we will reply to them. ⇨ 우리는 모든 시청자에게 그 드라마에 대해 어떻게 생각하는지 말해줄 것을 권하고 있습니다. 그러므로 어떤 의견이라도 보내시면 우리는 거기에 대답해 드리겠습니다.

fund _ n. 투자 신탁 v. 투자하다

「자금」, 「기금」이란 의미의 명사와 「…에 자금을 대다」, 「투자하다」 등의 동사로 쓰이는 단어. 특히 투자기관이 투자가로부터 자금을 모아 이를 분산투자하는 「투자신탁」을 의미하는 경우가 많다.

🏃 TOEIC 점수를 쑥쑥 올려주는 표현들

funding 자금, 기금	**fund raising** 모금 활동의, 기금모금만찬
fund sby's research 연구자금을 대다	**fund raising drive** 기금모금운동
raise funds for …의 기금을 모으다	**investment fund** 투자기금
fund manager 투자신탁 자금 운용가	**mutual fund** 투자신탁
fund-raiser 기금 모금가	**stock fund** 주식투자신탁

🏋 TOEIC 시험에 꼭 나오는 문장들

1. The agency has decided to **fund your research,** as long as you promise to stay within the price brackets outlined in their contract. ⇨ 그 기관은 계약서에서 정한 가격 범위를 넘지 않겠다고 약속하면 당신이 하는 연구에 자금을 대 주기로 결정했습니다.

2. The company asked its employees to **raise funds for** the orphanage. ⇨ 회사는 사원들에게 고아원에 줄 기부금을 모으자고 했다.

3. The **fund manager** had a very conservative investment strategy and he only traded in bonds and blue chip equities. ⇨ 그 투자신탁 자금운용가의 투자전략은 아주 조심스러운 것이어서 공사채 및 우량주식만 거래했다.

4. The cheerleaders had a **fund-raising drive** in order to raise enough money to buy new uniforms. ⇨ 치어 리더들은 새 유니폼을 살 돈을 모으기 위해서 기금 모금 운동을 했다.

5. Our investment counselors help customers match **stock funds** to their individual needs. ⇨ 우리의 투자 상담가들은 고객들의 주식투자 자금을 각자의 욕구에 따라 투자하는 일을 돕고 있다.

Chapter

10

| Keywords | **get ~ house**

get _ v. …을 얻다, …이 되다

기본뜻은 「얻다」. 이밖에 「가져다 주다」란 뜻의 수여동사를 비롯해, 「…이 되다」의 become형 동사, get sby to + V, get sth p.p.(…를 ~하게 하다)형의 사역동사로도 맹활약하는 마당발 동사.

TOEIC 점수를 쑥쑥 올려주는 표현들

get a disease 병에 걸리다	**get a raise** 임금[가격]이 인상되다
get accustomed to …에 익숙해지다	**get back to** …로 되돌아 가다
get ahead of …를 능가하다	**get busy** 일에 착수하다
get in (on) 들어가다, 도착하다, 한몫하다	**get close to** …에[와] 가까워지다
get along with 사이좋게 지내다	**get home** 집에 오다

TOEIC 시험에 꼭 나오는 문장들

1. It will take some time, but eventually we'll **get accustomed to** the weather. ⇨ 시간이 조금 걸리겠지만 결국 우리는 이 날씨에 익숙해질 것이다.

2. Recently, I have found that I really do not **get along with** my wife's parents. ⇨ 최근에 나는 아내의 부모와는 잘 지낼수가 없다는 것을 알았다.

3. They need to **get back to** the basics in order to be a successful company again. ⇨ 다시 회사를 잘 돌아가게 하려면 그 사람들은 기본으로 돌아갈 필요가 있다.

4. He told a joke and everybody except me started laughing; I just didn't **get it.** ⇨ 그 남자가 농담을 하자 나를 제외한 사람들이 모두 웃기 시작했으나 나는 이해하지 못했다.

5. If you **get in touch with** the manager, please ask him to call me down on the trading floor. ⇨ 부장과 연락이 되면 거래장으로 내게 전화를 달라고 해요.

6. I told him to **get lost** because he would not stop bothering me.
⇨ 그 사람이 나를 계속 귀찮게하려 했기 때문에 나는 그에게 꺼지라고 말했다.

get in touch with …와 연락하다	**get through** 빠져나가다, 통과하다
get it 이해하다(=understand)	**get to +** 장소 …에 도착하다
get lost 길을 잃다, 없어지다, 꺼져라!	**get to know** 알게 되다
get nowhere 성과가 없다	**get together** 모으다, 잘 정리하다
get on 차에 타다	**get up** 일어나다
get off 차에서 내리다, 나가다	**get used to** …에 익숙해지다
get out 나가다	**have got to + V** …해야만 한다
get over 극복하다(=overcome)	**getaway** 일로부터의 해방, 탈출, 휴가
get ready to[for] …에 대비하다	**get here** …에 도착하다, 오다
get rid of 처분하다, …에서 벗어나다	**get sth for sby/get sby sth**
get sby to + V …에게 ~하게 하다	…에게 ~을 가져다 주다
get sth p.p. …을 ~해놓다	

7. We were **getting nowhere** trying to fix the sink, so we called in a plumber. ⇨ 싱크대를 수리하려고 했으나 잘되지 않아서 우리는 배관공을 불렀다.

8. We were told to **get on** a bus and get out of the city. ⇨ 우리는 버스를 타고 그 도시에서 빠져나오라는 지시를 들었다.

9. I just wanted to **get through** the day without another disaster happening. ⇨ 나는 그저 또 다시 엄청난 일이 벌어지지 않고 그 하루가 끝나기를 바랐다.

10. I'd love to **get together** but I'm busy Tuesday and Wednesday. How about Thursday night? ⇨ 만나고야 싶지만 화요일과 수요일에는 바쁘니 목요일 저녁이 어때요?

TOEIC 어휘력
증강비법

prim/prime 최초의

- **prima** a. 제 1의, 주된
- **primal** a. 최초의, 주요한
- **prime** a. 주요한, 훌륭한
- **primacy** n. 제일, 탁월
- **primary** a. 최초의, 근본적인
- **primitive** a. 원시적인, 근본의

give _ v. 주다, …을 야기하다

대표적인 수여동사. 기본의미인 「주다」에서 「(상황·감정을) 야기하다」, 「(회의·파티를) 열다」, 그리고
'행위'가 목적어로 오면 「give (sby) a(an) + 명사」의 형태로 쓰여 「(…에게) ~해주다」란 의미가 된다.

🏃 TOEIC 점수를 쑥쑥 올려주는 표현들

give a hand 도와주다	**give over to** 넘겨주다, 맡기다
give a reason 이유를 말해주다	**give rise to** …을 일으키다
give a ride[lift] 차에 태워가다	**give up** 포기하다
give away 처분하다, 남에게 주다	**give a presentation** 발표하다
giveaway 무료상품, 서비스 상품, 경품	**give it a second thought**
give it a try 시도해보다	다시 생각하다
give out 배포하다, 공개하다	

🏃 TOEIC 시험에 꼭 나오는 문장들

1. She wanted me to **give** her **a hand** rearranging the furniture in her room. ⇨ 그 여자는 내가 자기 방에 있는 가구들을 재배치하는데 도와주기를 바랬다.

2. The company has extended its promotional **giveaway** campaign until the end of the month. ⇨ 회사는 이달 말까지 홍보용 무료상품 배포 캠페인을 연장했다.

3. She was willing to **give it a try,** but I was apprehensive about it. ⇨ 그 여자는 해보려고 했지만 나는 그것에 대해서 염려가 되었다.

4. He wanted to **give up on** the project, but we knew that there was still hope. ⇨ 그 남자는 그 프로젝트를 포기하고 싶어 했지만 우리는 아직 희망이 있다는 것을 알았다.

5. After **giving it some second thought,** we decided that we should take the trip. ⇨ 잠시 다시 생각한 후에, 우리는 여행을 가기로 결정했다.

go _ v. 가다, …로 향하다

그저 「가다」로만 기억하기엔 쓰임새가 너무 알찬 단어. 「떠나다」, 「여행하다」, 「(일이) 진행되다」, 「지내다」, 「(어떤 상태로) 되다」를 비롯해, 명사로 「시도」(try), 「진행중인 일」, 「성공」 등을 의미한다.

🏃 TOEIC 점수를 쑥쑥 올려주는 표현들

go ahead 계속하다

go along (with) 동행하다, 찬성하다

go beyond 능가하다

제품 **+ go for** …의 값으로 팔리다

go into effect (새 법이) 실시되다

go on with[to + V] …을 계속하다

go over 검토하다

go through 통과하다, 경험하다

go well with …와 잘 어울리다

get going 가다, 시작하다

ongoing 진행하는

on the go 끊임없이 활동하여

시간명사 **+ to go** 남은 …시간

🐾 TOEIC 시험에 꼭 나오는 문장들

1. He told us to **go ahead** and eat while he got more food from the kitchen. ⇨ 그 남자는 부엌에서 음식을 더 갖고 올테니 우리에게 먼저 먹으라고 했다.

2. He asked her to **go on with** the story that she was telling when he entered. ⇨ 그 남자는 그 여자에게 자기가 들어왔을때 하던 이야기를 계속하라고 했다.

3. I think you should first **go over** the report before you criticize it.
⇨ 보고서를 비판하기 전에 넌 먼저 그것을 자세히 검토해봐야 한다고 생각해.

4. I think it would be a good idea to ask my wife what **goes well with** this suit. ⇨ 무엇이 이 옷과 잘 어울릴지를 나의 아내에게 물어보는 것이 좋을 것이라고 생각한다.

5. Travelers **on the go** demand luggage that moves as fast as they do. ⇨ 항상 이리저리 이동하는 여행객들은 수하물도 자신들이 움직이는 대로 빨리 처리되기를 바란다.

6. There were five minutes **to go** in the game when he scored the winning goal. ⇨ 경기종료까지 5분 남겨 두고 그 남자는 승리골을 득점했다.

good _ a. 좋은, 충분한

「좋은」이라는 기본적 의미외에도 「효과적인」, 「유용한」, 「완벽한」이란 뜻으로 사용되며 또한 수(數)나 양 표현시 「충분한」이라는 의미도 갖는다. 한편 「이익」이나 「선(행)」이란 뜻의 명사로도 사용된다.

🏃 TOEIC 점수를 쑥쑥 올려주는 표현들

goods 상품	**good deal** 좋은 제의
be good at ···에 능숙하다, 재능이 있다	**goodwill** 영업권, 권리금
good for you 잘 했다	**consumer goods** 소비재
good job 잘 했다	**good-natured** 착한, 온후한
good luck 행운을 빌다	**a good many** 꽤 많은
a good buy 싸게 산 물건	**in good faith** 선의로

🏃 TOEIC 시험에 꼭 나오는 문장들

1. Overall you're doing a very **good job;** you take initiative and are thorough in your work. ⇨ 전반적으로 당신은 매우 일을 잘 하고 있어요. 자기 일에 있어서 솔선수범하고, 또 철저합니다.

2. We went to the flea market and my wife and I argued about whether or not the record I bought was **a good buy.** ⇨ 우리는 벼룩시장에 갔었는데 아내와 나는 내가 산 레코드가 싸게 산 것인지를 놓고 언쟁을 벌였다.

3. **Goodwill** comprises the intangible value of a company's reputation, loyal customer base, and patent rights. ⇨ 권리금은 그 회사의 평판, 충실한 고객기반 및 특허권과 같은 무형의 가치들로 이루어진다.

4. Most **consumer goods** sold in the US are made outside of North America. ⇨ 미국에서 팔리는 소비재는 대부분 북아메리카 이외의 지역에서 제조된다.

5. Both sides pledged to continue negotiations **in good faith** until a settlement was reached. ⇨ 양측은 합의에 이를 때까지 선의로 협상을 계속할 것을 서약했다.

185 **ground** _ n. 땅 v. 방해하다, 못하게 하다

「땅」이란 뜻 외에도 동사로 「비행기의 이륙을 방해하다」, 또는 아이들이 잘못을 저질렀을 때 일종의 벌로 「외출금지시키다」 등의 의미로 쓰이는데 화들짝 놀라보자.

🏃 TOEIC 점수를 쑥쑥 올려주는 표현들

ground crew (비행장의) 지상 정비원
ground rules 기본원칙
groundskeeper 운동장 관리인
coffee grounds 커피 찌꺼기
educational background 학력
underground 지하

break ground 기공(起工) 하다
gain ground 나아지다, 확고한 기반을 쌓다
lose ground 명성[신용]을 잃다, 패배하다
stand one's ground
···의 입장을 굽히지 않다, 고수하다

🐢 TOEIC 시험에 꼭 나오는 문장들

1. A voice came over the radio and instructed the crew to **ground** the plane immediately. ⇨ 무전기를 통해 승무원들에게 즉시 비행기의 이륙을 금지시키라는 지시가 내려졌다.

2. The **ground crew** is inspecting the door of the plane. ⇨ 지상 정비 요원들이 비행기 문을 점검하고 있다.

3. Before we **break ground**, it is important that we check to see if there are any power lines or telephone cables buried under the surface. ⇨ 착공식을 하기 전에 땅 밑에 송전선이나 전화선이 묻혀있는 지를 조사하는 것이 중요하다.

4. He revealed the **groundbreaking** news to the reporters at the news conference last night. ⇨ 그 남자는 지난 밤 기자회견에서 기자들에게 엄청난 소식을 발표했다.

5. If you know that you're right, then be sure to **stand your ground.** ⇨ 네가 옳다고 생각한다면 입장을 굽히지 마라.

guarantee _ n. 보증 v. 보증하다, 약속하다

「보증」, 「보증서」, '빚을 갚는 것' 말고도 '제품의 품질을 보장' 하고 기간내에 문제가 생기면 수리해 주겠다는 「보증서」에도 이 단어를 쓰며 「보증하다」, 「약속하다」란 의미의 동사로도 쓰인다.

🏃 TOEIC 점수를 쑥쑥 올려주는 표현들

lifetime guarantee 평생 보증
low price guarantees 저가보증
money-back guarantee 환불보증

guarantee to + V[that]
…을 보증하다

~ is 100% guaranteed
…이 100% 보증되다

🐾 TOEIC 시험에 꼭 나오는 문장들

1. The speakers we bought in America came with a **lifetime guarantee.** ⇨ 미국에서 구입한 스피커는 평생 보증이 되어 있다.

2. The company was offering a **money-back guarantee** in order to increase its market share in the telecommunication business.
⇨ 그 회사는 원거리 통신 분야에서 시장 점유율을 높이기 위해 환불 보증을 해주고 있었다.

3. We **guarantee to** protect your home and the people in it from burglary and physical harm. ⇨ 우리는 귀하의 가정과 가족을 절도와 상해로부터 보호할 것을 약속드립니다.

4. The company **guarantees that** all of its products will remain free from defects for a period of at least one year. ⇨ 그 회사는 자사의 제품들은 모두 적어도 1년 동안은 결함이 없을 것이라 보증한다.

5. All of our cosmetics **are 100% guaranteed** if they are purchased from an authorized distributor. ⇨ 우리 회사의 화장품을 공인 유통업체에서 구입하면 모두 100% 보증을 받습니다.

TOEIC 어휘력
증강비법

ver/veri 진실의, 순수한

• **verdict** n. 평결, 판결   • **verification** n. 증명, 확인   • **verify** v. 진실임을 증명하다

hand _ n. 일, 도움 v. 건네주다, 제출하다

우선 명사로 「손」, 「(시계의) 바늘」, 「박수」를 뜻하고 「일손」, 「노동자」나 「도움」이라는 추상적 의미로도 많이 쓰인다. 또 동사로는 「건네주다」외에 전치사 in과 함께 쓰여 「제출하다」의 뜻도 있다.

🏃 TOEIC 점수를 쑥쑥 올려주는 표현들

handy 간편한, 능숙한	**handrail** 난간
hand-crafted 수공으로 만든	**empty-handed** 빈손의
hand-delivered 인편으로 배달된	**farm[ranch] hand** 농장 일꾼
hand in 건네주다, 제출하다	**offhand** 즉석에서
hands-on 직접 해보는	**on hand** 마침 갖고 있는, 손 가까이에
hand out 나눠주다	**right hand** 오른쪽[편]
hand over 건네주다, 양도하다	**short-handed** 일손이 부족한
handmade 손으로 만든	

🏃 TOEIC 시험에 꼭 나오는 문장들

1. I received a **hand-delivered** invitation for my best friend's wedding. ⇨ 나는 인편으로 가장 친한 친구 결혼식의 초대장을 받았다.

2. We had to **hand over** the keys to our apartment when we got evicted. ⇨ 우리는 아파트에서 쫓겨나면서 열쇠를 넘겨야 했다.

3. The new employees attended a **hands-on** training session before actually starting work. ⇨ 신입사원들은 일을 시작하기에 앞서 실무훈련을 받았다.

4. The secretary told her boss that she did not know the number **offhand,** but that she could call information and get it. ⇨ 비서는 사장에게 지금 당장은 번호를 모르지만 안내계에 전화해서 알아낼 수 있다고 했다.

5. There were several computers **on hand** for the interns to use. ⇨ 인턴 사원들이 사용할 수 있는 컴퓨터가 몇 대 있었다.

188 hang _ v. 매달리다

기본의미는 「매달리다」나 「교수형에 처하다」이지만 뒤에 오는 단어에 따라 전혀 뜻밖의 의미로 화려하게 변신한다. hang out은 「죽치고 있다」, get the hang of하면 「요령을 터득하다」란 뜻.

🏃 TOEIC 점수를 쑥쑥 올려주는 표현들

hang around with …와 어울리다	**hang up** 전화를 끊다, 옷걸이에 옷을 걸다
hang in there 곤란한 상황을 견디다	**get the hang of** …의 요령을 터득하다
hang on to …에 매달리다	**hangout** 자주 들르는 장소
hang out with …와 어울리다	**hangover** 숙취

🏋 TOEIC 시험에 꼭 나오는 문장들

1. Do not let your lazy friends get in the way of your success; if you **hang around with** losers, you will become a loser. ⇨ 너의 게으른 친구들때문에 네가 성공하는데 방해를 받으면 안돼. 건달들하고 어울리면 너도 건달이 되는 거야.

2. You should **hang on to** those penny stocks because they'll be worth some money someday. ⇨ 그 저가(低價)주들을 계속 붙잡고 있어야 돼. 나중에 꽤나 값이 나갈 테니까.

3. He used to **hang out with** people from his old company, but now he is too busy to meet them. ⇨ 그 남자는 예전에 다니던 회사에서 함께 근무했던 사람들과 만나서 시간을 보내곤 했는데 지금은 너무 바빠 만날 수가 없다.

4. If you try to call and get a busy signal, please **hang up** and try again in a few minutes. ⇨ 전화를 걸었는데 통화중 신호가 나오면 수화기를 내려 놓고 잠시 후 다시 걸어 보십시오.

TOEIC 어휘력
증강비법

sat 만족하는

• insatiable a. 만족을 모르는　• satisfy v. 만족시키다　• satisfaction n. 만족　•
satisfactory a. 만족할 만한　• saturate v. 몰두시키다　• saturation n. 침투, 포화

hard _ a. 단단한, 곤란한 ad. 열심히, 몹시

「단단한」, 「힘든」, 「어려운」 및 「강한」, 「심한」이라는 뜻을 갖는다. 「…에게 심하게 대하다」라는 말은 be hard on sby, 「반감, 악의」는 hard feelings라 한다. 한편 부사로는 「열심히」, 「몹시」란 뜻.

🏃 TOEIC 점수를 쑥쑥 올려주는 표현들

hardly 거의 하지 않는	**hard feelings** 악의, 반감
be hard at 열심히 …하다	**hard hat** 안전모
be hard on …에게 심하게 굴다	**hard sell** 강매(強賣)(↔soft sell)
have a hard time …하느라 고충을 겪다	**hard-core** 강렬한, 선정적인
it rains hard 비가 세차게 내리다	**hardworking** 근면한

🚶 TOEIC 시험에 꼭 나오는 문장들

1. The old lady noticed that the man **was hard at** work behind his desk. ⇨ 그 노부인은 그 남자가 책상앞에 앉아 열심히 일하고 있는 것을 발견했다.

2. The teacher was reprimanded by the principal for **being** too **hard on** her students. ⇨ 그 선생은 학생들에게 너무 심하게 했기 때문에 교장에게 문책을 받았다.

3. We **had a hard time** deciding if we should adopt a baby from a foreign country. ⇨ 우리는 외국에서 아기를 입양해야 할 지 결정하느라 고충을 겪었다.

4. **Hard hats** must be worn by everyone on the factory floor at all times, even visitors. ⇨ 방문객을 포함한 공장 내에서는 모두 항상 안전모를 착용해야 한다.

5. The owner of the bookstore refused to sell **hard-core** magazines in his shop. ⇨ 그 서점의 주인은 가게에서 선정적인 잡지를 파는 것을 거절했다.

TOEIC 어휘력
증강비법

liber/liver 자유로운

- **deliver** v. 배달하다
- **delivery** n. 배달, 분만
- **liberal** a. 관대한, 자유주의의
- **liberate** v. 자유롭게 하다
- **liberty** n. 자유, 해방

190 **have** _ v. …을 가지다, …이 있다

「…을 가지다」, 「소유하다」라는 의미 외에도 「경험하다」, 「(감정 · 생각 따위를) 품다」, 「얻다(받다)」, 또한 have a headache처럼 「병에 걸리다」나 have lunch와 같이 「먹다」 등 의미가 무궁무진하다.

🏃 TOEIC 점수를 쑥쑥 올려주는 표현들

had better + V …을 꼭 해야 한다	**have fun** 즐거운 시간을 갖다
have a hunch 예감이 들다	**have had it** 끝장이다, 질렸다
have a look at …을 훑어보다	**have in mind** 염두에 두다
have a reputation for …로 유명하다	**have no idea** 모르다
have finished with 끝내다, 처리하다	**have on** 입고 있다

🏊 TOEIC 시험에 꼭 나오는 문장들

1. The man at the police station said that he **had a hunch** about who committed the crime. ⇨ 경찰서에 있는 그 남자는 누가 범인인지에 대해 직감이 간다고 말했다.

2. It's not exactly what I **had in mind** for my vacation, but I guess that it will do. ⇨ 휴가 때 꼭 그렇게 하려고 염두에 두었던 것은 아니지만, 그것도 괜찮을 것 같다.

3. I **have no idea** what you are talking about, but if you call my lawyer, he will talk to you. ⇨ 나는 당신이 무슨 얘길 하는지 모르겠지만, 당신이 내 변호사에게 전화하면, 그 사람이 말해 줄 겁니다.

4. Unfortunately, the university does not **have room for** students that score under the 75th percentile on their SATs. ⇨ 안됐지만 그 대학은 SAT 성적이 상위에서 75% 미만인 학생들은 받아들이지 않는다.

5. The teacher **had me run** down to the principal's office and page the school nurse. ⇨ 선생님은 내게 교장실로 빨리 가서 양호 교사를 호출하라고 했다.

have room for …의 여지가 있다	**have yet to + V** 아직 …해야 한다
have sby V …에게 …을 시키다	**Rumor has it that** …라는 소문이다
have sth p.p. …을 …되도록 하다	**have something to do with** …와 관계가 있다
have time to + V …할 시간을 갖다	
have to do with …과 관련이 있다	**have sth at one's fingertips** …을 잘 알고 있다
have trouble+~ing …에 곤란을 겪다	

6. I plan to go over to the beauty salon tomorrow to **have my hair cut.** ⇨ 나는 내일 미장원에 들러서 머리를 자를 것이다.

7. The rookie officer claimed that the police chief was **having trouble** loading his firearm. ⇨ 그 신참내기 경관은 경찰서장이 자신의 총을 잘 장전하지 못한다고 주장했다.

8. **Rumor has it that** the explosion on the TWA flight was in fact the result of a bomb. ⇨ TWA 항공기가 공중에서 폭발한 것은 사실상 폭탄때문이라는 소문이 있다.

9. Most violent crimes in big cities are gang-related or **have something to do with** drugs. ⇨ 대도시 폭력 범죄는 대부분 폭력배와 관련이 있거나 아니면 마약과 연관되어 있다.

10. The absent-minded professor **had** the solution to the problem **at his fingertips,** but he couldn't remember the exact formula.
⇨ 정신이 멍해진 그 교수는 그 문제에 대한 답을 잘 알고 있었으나 정확한 공식을 기억할 수가 없었다.

TOEIC 어휘력
증강비법

bene/bon 바른, 양심적인

- benediction n. 기도, 축복
- beneficent a. 인정많은
- benefit n. 이익, 이득
- benefaction n. 은혜, 선행
- beneficial a. 유익한, 수익의
- benevolent a. 호의적인

head _ n. 머리, 장(長) v. …을 이끌다

신체의 가장 윗부분에 위치한 까닭에 학교나 직장내지는 단체에서의 「우두머리」를 뜻한다. 동사로 쓰이면 「…의 장이 되다, …을 이끌다」, 혹은 head for 형태로 「…로 향해 가다」라는 의미도 된다.

🏃 TOEIC 점수를 쑥쑥 올려주는 표현들

head for …로 향하게 하다	**head start** 한발 앞선 출발
head off 가로 막다	**off the top of one's head** 즉석에서
head out …로 향하다	**headline** 머릿기사
head over to + V …하러 가다	**headquarters** 본사
head up 주재(主宰)하다, …로 향하다	

🦘 TOEIC 시험에 꼭 나오는 문장들

1. The goods were inspected and then loaded onto the ship **heading for** the Hong Kong harbor. ⇨ 상품은 검사를 거치고나서 홍콩항으로 향하는 배에 선적되었다.

2. The police tried to **head off** the criminal at the entrance to the bridge. ⇨ 경찰은 그 다리 입구에서 범죄자를 저지하려고 애썼다.

3. The manager informed his staff that he would **be heading up** the project in Indonesia. ⇨ 부장은 자신이 인도네시아에서 벌이는 사업을 지휘하게 될 것이라고 부원들에게 알렸다.

4. Even though the runner had a **head start,** he finished the race in last place. ⇨ 그 주자는 먼저 출발했지만 꼴등으로 들어왔다.

> TOEIC 어휘력
> 증강비법

forc/fort 강한

• **fortify** v. 강하게 하다	• **effort** n. 노력	• **enforce** v. 강화하다
• **force** n. 힘 v. 강제하다	• **fort** n. 요새	• **fortification** n. 요새화

hear _ v. 듣다, 귀를 기울이다, 소식을 전해듣다

hear of는 「…에 대한 소식을 듣다」는 말로 of 뒤에 「뉴스거리」가 오며 hear from은 「소식의 출처」가 뒤따라나와 「…로부터 연락을 받다」라는 뜻이 된다. 한편, hearing은 「청문회」란 의미.

🏃 TOEIC 점수를 쑥쑥 올려주는 표현들

hearing 청각, 듣기, 청문회
heard about …에 관해 듣다
heard from …로부터 연락을 받다
hear of …에 관한 소식을 듣다
hear out 말을 끝까지 들어주다

hearsay 소문, 풍문
hearing aid 보청기
hard of hearing 난청의, 귀가 어두운
public hearings 공청회

🏌 TOEIC 시험에 꼭 나오는 문장들

1. Studies show that rapid changes in air pressure can cause a problem that results in difficulty **hearing** and, sometimes, ear pain. ⇨ 연구에 따르면, 갑작스런 기압 변화는 청력에 장애를 일으키거나 귀에 통증을 유발할 수 있다고 합니다.

2. No delays at an airport during a snowstorm are something you seldom **hear about.** ⇨ 눈보라가 치는 동안 항공기가 지연되지 않는다는 건 좀처럼 듣기 힘든 일이다.

3. Next week there will be **public hearings** on using the most unproductive farmland for a new airport. ⇨ 다음 주에는 가장 비생산적인 농지를 신(新) 공항 부지로 사용하는 것에 대한 공청회가 열릴 예정이다.

TOEIC 어휘력 증강비법

rect/recti 곧은, 직선의		
• direction n. 지휘, 감독, 방향	• directly ad. 직접적으로	• rectangle n. 직사각형
• rectangular a. 직사각형의	• rectification n. 개정	• rectify v. 개정하다

can(not)과 함께 「…을 피하다」란 의미의 동사와 「도움」, 「원조」 등의 명사로 폭넓게 쓰인다. 특히 help 동사는 help me find과 같이 대개는 to 없이 원형부정사를 목적보어로 취한다.

🏃 TOEIC 점수를 쑥쑥 올려주는 표현들

helpful 유익한, 유용한	**help A with B** A가 B하는 것을 돕다
helpless 스스로 어떻게 할 수 없는, 무력한	**be of help** 유용하다, 도움이 되다
help oneself to 스스로 …하다	**helping hand** 도움의 손길, 조력
help out 원조하다, 구출하다, 거들다	**cannot help but** … 하지 않을 수 없다

🏃 TOEIC 시험에 꼭 나오는 문장들

1. Including the zip code after a person's address will **help** the post office route the letter faster. ⇨ 주소에 우편번호를 기입하면 우체국에서 편지를 더욱 신속하게 배달할 수 있게 해준다.

2. The beautiful woman working at the airport's information kiosk **helped** us locate our tour bus. ⇨ 공항 안내소에서 일하는 아름다운 여자는 우리 관광 버스가 있는 곳을 찾는데 도움을 수었나.

3. If you must fly, decongestants can be **helpful** if used before takeoff. ⇨ 곧 비행기를 타야한다면, 이륙 전에 코막힘 제거제를 사용하면 효과가 있을 겁니다.

4. I feel bad about this, but you **can't help but** get impatient with his self-pitying attitude. ⇨ 나도 그건 안됐다고 생각하지만, 그 사람이 스스로 연민에 빠져있는 모습은 참을 수가 없어.

TOEIC 어휘력
증강비법

fer 지니다, 운반하다

• **confer** v. 수여(의논)하다	• **defer** v. 연기하다, (경의)표하다	• **deference** n. 복종, 존경
• **differ** v. 다르다	• **different** a. 다른	• **infer** v. 추론(의미)하다
• **offer** v. 제공하다	• **prefer** v. 선호하다	• **refer** v. 언급하다

high _ n. 높이, 고도 a. 높은, …높이의

산이나 건물 따위의 높이는 물론이고, 가치 · 비율 · 수준을 비롯해 지위 · 영향력같이 추상적 개념에 까지 폭넓게 사용한다. 형용사와 부사가 같은 형태로, -ly가 붙으면 「아주, 고도로」라는 뜻.

🏃 TOEIC 점수를 쑥쑥 올려주는 표현들

highly 아주, 고도로

It's high time …할 적절한 때다

high-density plastic 고밀도 플라스틱

high-end 고급의

high-frequency sound 고주파음향

high-grade 고품질의

high-pitched sound (찢어지는)고음

high profile 세상에 널리 알려진

high-quality 고품질의

high rate 높은 이자, 높은 비율

high-tech 하이테크(첨단 기술)

at high capacity 생산시설을 완전가동한

🏃 TOEIC 시험에 꼭 나오는 문장들

1. By week's end, we'll see highs in the 70's here in the North East. Down across the southern half of the nation, **highs** will be in the 80s and 90s. ⇨ 주말엔 이곳 북부의 최고 기온은 70도대가 되겠으며, 남부의 최고 기온은 80내지 90대가 될 것으로 예상됩니다.

2. According to the boss, **it's high time** that the employees were given a raise. ⇨ 사장의 말에 따르면 직원들의 봉급을 인상할 시기는 바로 지금이라고 한다.

3. Many of the guests at the party were very **high profile** individuals. ⇨ 파티에 모인 손님들 중에는 유명인사들이 많았다.

4. You will only find **high-quality** merchandise being sold in the Galleria Mall. ⇨ 갤러리어 쇼핑 센타에서는 품질이 우수한 상품만 판매한다는 것을 알게 될 것입니다.

5. The company has been operating its facility **at high capacity** for the past year. ⇨ 그 회사는 지난 한해 동안 설비들을 완전 가동시켰다.

hit _ n. 성공 v. 때리다, 우연히 떠오르다

「치다」, 「때리다」라는 기본의미에서 출발하여 「우연히 떠오르다」, 「…에 이르다」(reach), 획득하다」
(attain), 「…에 타격을 주다」(have a bad effect on) 등 다양한 의미로 쓰인다.

🏃 TOEIC 점수를 쑥쑥 올려주는 표현들

hit-and-run 뺑소니 사고(를 일으킨 사람) **hit the hay[sack]** 잠자리에 들다
hit bottom 최악의 사태에 빠지다 **hit the road** 여행을 떠나다, 출발하다
hit it off 금방 마음이 통하다 **hit the spot** 더할 나위없이 좋다
hit on 생각해내다, …한 생각이 떠오르다 **make a hit** 이익을 얻다, 크게 호평받다
hit the books 열심히 공부하다 **take a big hit** (주가가) 폭락하다
hit the ceiling 몹시 화가 나다

🏃 TOEIC 시험에 꼭 나오는 문장들

1. A **hit-and-run** occurred at 11:30 p.m. last night and resulted in
   the death of three people. ⇨ 어젯밤 11시 30분에 뺑소니 사고가 발생해서 3명
   이 사망했다.

2. She **hit bottom** when her husband was killed in a car crash
   last autumn. ⇨ 그 여자는 지난 가을에 남편이 자동차 사고로 사망한 뒤 최악의 상태
   에 빠졌다.

3. The students were so busy **hitting the books** that they had no
   time for any fun. ⇨ 학생들은 공부에 바빠서 놀 시간이 없었다.

4. The boy's mother **hit the ceiling** when she found out that he
   had been out all night. ⇨ 그 남자애의 어머니는 아들이 외박했다는 걸 알고 매우
   화가 났다.

5. The boys were so tired that they went straight home after the
   game and **hit the hay.** ⇨ 남자애들은 너무나 피곤해서 경기가 끝나자 곧장 집으
   로 가서 곯아 떨어졌다.

hold _ v. 붙잡다, 고수하다

「(무언가가 떨어지지 않도록) 붙잡다」란 기본의미를 잘 생각하면 hold back, hold on to, hold up 등의 동사구의 의미를 유추해낼 수 있다. 한편 holding하면 「주식」이란 뜻의 TOEIC 필수어휘!

🏃 TOEIC 점수를 쑥쑥 올려주는 표현들

hold back 연기하다, 억제하다	**hold up** 연기하다, …을 막다
hold it! 그만해!	**get hold of** …을 얻다, …와 연락이 되다
hold off 연기하다, 피하다	**(license) holder** (면허증) 소지자
hold on 기다리다, 계속하다	**policy holder** 보험계약자
hold on to[onto] …에 매달리다	**shareholder** 주주

🦘 TOEIC 시험에 꼭 나오는 문장들

1. The company has decided to **hold off** on doing a stock split for a few months. ⇨ 그 회사는 몇달동안 주식분할을 연기하기로 결정했다.

2. We are trying to **hold onto** the leading sales position, but it is not an easy task. ⇨ 우리는 판매에 있어서 주도적인 위치를 고수하려 하지만 쉬운 일이 아니다.

3. Trucks are supposed to use the loading dock so they don't **hold up** traffic. ⇨ 트럭은 하역장을 이용하도록 되어 있어서 교통을 막지 않는다.

4. I'm dying to **get hold of** those reports, so that I can understand why so many people quit their jobs at that company. ⇨ 나는 그 보고서들을 손에 넣고 싶어 죽겠어. 왜 그렇게 많은 사람들이 그 회사를 그만두었는지 알 수 있게 말이야.

5. The officers of every company must balance the best interests of their **shareholders** and their employees. ⇨ 어떤 회사든지 임원들은 주주와 직원들의 이익이 극대화되도록 균형을 잘 맞추어야 한다.

honor _ n. 명예 v. 수표를 받다, 경의를 표하다

「명예」,「존경」,「우등」이란 뜻으로, 동사로 쓰이면 「경의를 표하다」라는 의미와 함께 은행이나 비즈니스에서 사용하는 용어로 「채무를 상환하다」,「(계약을) 체결하다」 등의 의미도 갖는다.

🏃 TOEIC 점수를 쑥쑥 올려주는 표현들

honorable 명예로운, 각하
be honored by …에 의해 존경받다
be honored for …에 대해 표창받다
honor a check 수표를 받다
do the honors 주인 노릇을 하다

in honor of …을 기념하기 위해서
honor a ticket[voucher]
표를[상품권을] 유효로 인정하다
honor one's visit
…의 초대를 받아들이다

🏌 TOEIC 시험에 꼭 나오는 문장들

1. A ruling by the California State Court forced the company to **honor** its agreements. ⇨ 캘리포니아 주법원의 판결에 따라 그 회사는 계약을 이행해야 했다.

2. The crippled athlete **was honored for** his courage and strength at the Special Olympics. ⇨ 그 지체장애 선수는 장애자 올림픽 대회에서 용기와 강한 의지로 표창을 받았다.

3. The bank decided to **honor the check** even though it was three weeks old. ⇨ 은행은 수표가 3주 전에 발행된 것이지만 유효 수표로 취급해주기로 했다.

4. We do **honor checks** at our retail stores, so I recommend that you make your purchase at one of them instead of over the phone. ⇨ 우리 소매점들에서는 수표를 받으니까 전화로 주문하시는 것보다는 그중 한곳에 들러 물건을 구입하시기를 바랍니다.

5. We were asked to **do the honors** and cut the cake. ⇨ 우리는 주빈이 되어 케익을 잘라 달라는 요청을 받았다.

house _ n. 집, 회사 v. 소장하다

「집」으로만 알던 house가 놀랍게도 「회사」라는 의미로도 사용되어 in-house는 「사내(社內)의」를 뜻하는 형용사이고, open house하면 학교, 기관 등의 공개행사나 파티를 일컫는 표현이 된다.

🏃 TOEIC 점수를 쑥쑥 올려주는 표현들

housing 주택공급, 내집마련	**open house** (학교, 기관 등의) 공개행사
housing cost 주택마련비	**penthouse** (빌딩 옥상의) 고급주택
household goods 가재도구	**tenement house** 공동주택
housekeeper 주부, 가정부	**warehouse** 창고
brokerage house 투자중개기관	**in-house** 사내(社內)의
courthouse 법원	**on the house** 업소 부담으로

🏃 TOEIC 시험에 꼭 나오는 문장들

1. You have reached the Value Department Store, provider of one stop shopping for **household goods.** We are open every day, except on holidays, from 10 a.m. to 5:30 p.m. ⇨ 여러분은 가재도구를 한곳에서 모두 구입할 수 있는 밸류 백화점에 연결되셨습니다. 저희는 휴일을 제외하고 매일 오전 10시부터 오후 5시 30분까지 개장합니다.

2. In order to sell a stock short, you must first acquire loan stock from another investor or **brokerage house.** ⇨ 주식을 공매(公賣)하기 위해서는 우선 다른 투자가나 투자 중개기관에서 전환사채를 취득해야 한다.

3. I would like to take this opportunity to invite all of your friends and relatives to our annual **open house** next week. Cookies and coffee will be served. ⇨ 나는 이 기회를 이용하여 여러분의 친구와 가족들을 모두 다음 주에 열리는 우리의 연례 공개행사에 초대하고 싶습니다. 과자와 커피가 제공될 겁니다.

4. Because of the poor rating we received during the last safety check, we need to review some of our factory floor and **warehouse** procedures. ⇨ 지난번 안전 검사에서 낮은 등급을 받았기 때문에 공장과 창고의 작업 방법을 일부 검토할 필요가 생겼다.

| Keywords | **improve ~ know**

199 improve _ v. 개선하다, 향상시키다

부족한 점을 「개선(개량)하다」(make better), 상황이 「나아지다」(get better) 등 진취적이고 발전적인 느낌을 주는 단어. 또한 improve에는 완전히 나은게 아니지만 「병세가 호전되다」란 의미도 있다.

🏃 TOEIC 점수를 쑥쑥 올려주는 표현들

improved 향상된, 개선된
improved efficiency 향상된 능률
improvement 향상, 개선
quality improvement 품질개선
improve a company's ability
　회사의 기량을 향상시키다
improve employee morale
　직원들의 근로의욕을 높이다

improve safety features
　안전조치를 개선하다
improve sales abroad
　해외판매를 신장시키다
improve the competitiveness
　경쟁력을 높이다
if the weather improves
　날씨가 좋아지면

🏃 TOEIC 시험에 꼭 나오는 문장들

1. The sales manager was concerned that the company did not concentrate enough on **improving sales abroad.** ⇨ 판매부장은 회사가 해외판매 신장에 제대로 노력을 기울이지 않는 것을 걱정하였다.

2. In order to improve the company's image, the consulting firm recommended that the company **improve its customer service department.** ⇨ 회사 이미지를 향상시키려면 고객지원 부서를 개선해야 된다고 자문회사는 권고했다.

3. One of the best ways to increase productivity is to **improve employee morale.** ⇨ 생산성을 증대시키는 가장 좋은 방법중의 하나는 직원들의 근로의욕을 고취시키는 것이다.

4. The golf tournament will take place as scheduled **if the weather improves** by the weekend. ⇨ 날씨가 주말까지 좋아진다면 골프 게임은 예정대로 개최될 것이다.

increase _ n. 증가, 증대 v. 증가하다, 늘리다

「증가하다」라는 동사라고만 알기 쉽지만, 「증가」, 「증대」란 뜻도 있는 동 · 명사가 동형인 단어로 반대
말은 decrease. 참고로 decrease는 「감소하다」라는 뜻으로 reduce보다는 감소의 정도가 약하다.

🏃 TOEIC 점수를 쑥쑥 올려주는 표현들

be on the increase 증가 일로에 있다   **salary increase** 봉급인상

increase (up) to …까지 증가하다   **increased demand** 수요 증가

increase prices 가격을 인상하다   **increase employee**

increase profits 이윤을 증대시키다   **productivity** 직원의 생산성을 증대시키다

an increase in …상의 증가(상승)   **increased traffic congestion**

sales increase 판매신장   악화된 교통혼잡

🐒 TOEIC 시험에 꼭 나오는 문장들

1. We expect the Japanese yen will **increase** in value, **up to** 100 yen for every dollar. ⇨ 우리는 일본의 엔화 가치가 달러당 100엔까지 상승할 것으로 예상한다.

2. The manager has decided to **increase prices** by 10% starting next year. ⇨ 그 경영자는 내년부터 가격을 10%까지 인상하기로 결정했다.

3. We have noticed **an increase in** cases of lung cancer among non-smoking females. ⇨ 우리는 비흡연 여성들 사이에서도 폐암 환자가 증가했다는 것을 알게 되었다.

4. **Increased demand** forced the company to hire more workers. ⇨ 수요가 증가하여 그 회사는 직원들을 더 많이 채용하지 않을 수 없었다.

5. A consultant was called in to help **increase employee productivity.** ⇨ 직원의 생산성 증대를 도울 컨설턴트가 초빙되었다.

industry _ n. 산업, 업계

key industry(기간산업)와 같이 「산업」의 의미로도 쓰이지만, heavy industry(중공업)처럼 특정 「업계」(業界)를 말하기도 한다. 한편 industrial은 「산업에 관련된」, industrious는 「근면한」이란 뜻.

🏃 TOEIC 점수를 쑥쑥 올려주는 표현들

industrial 산업의
industrial accidents 산업재해
industrial pollution 산업활동에 따른 오염
industrialist 생산업자, 실업가
industry leader 업계리더
industry sector 산업부문

industry standards 산업기준
entertainment industry 연예산업
fishing industry 수산업
growing industry 성장산업
high-tech industry 첨단기술산업
insurance industry 보험업

🦘 TOEIC 시험에 꼭 나오는 문장들

1. Most **industrial accidents** happen because of negligence on the part of the company. ⇨ 산업재해는 대부분 회사측의 부주의로 발생한다.

2. We are proud of the fact that our company was chosen as the **industry leader** by a leading business magazine. ⇨ 우리 회사가 유력한 비즈니스 잡지에서 업계를 선도하는 기업으로 선정된 것이 자랑스럽다.

3. The inspector was responsible for ensuring that the company was up to **industry standards** in terms of safety. ⇨ 감독관은 회사가 안전 면에서 산업 표준을 지키도록 할 책임을 지고 있었다.

4. Computer software development is just one area of the rapidly growing **high-tech industry.** ⇨ 소프트웨어 개발은 급속히 발전하는 첨단기술 산업의 한 분야에 불과하다.

TOEIC 어휘력 증강비법

eu 우수한, 뛰어난

• **eugenics** n. 우생학
• **euphoria** n. 행복감
• **eulogy** n. 칭찬, 송덕문
• **euthanasia** n. 안락사
• **euphemism** n. 완곡어법

information _ n. 정보, 통지

「정보나 지식을 주다」, 「알리다」라는 의미의 동사 inform의 명사형. 특히 동사 inform은 of 혹은 about과 어울리는데 반하여, information은 about이나 on과 함께 사용되며 복수형이 불가하다.

🏃 TOEIC 점수를 쑥쑥 올려주는 표현들

informed 소식에 밝은

informative 유익한, 지식을 주는

keep informed 정보를 주어 알게하다

inform A of B B에 관해 A에게 알리다

information kiosk 안내소

information on …에 관한 정보

background information 뒷조사

informercial 생활정보광고

automated information line 자동안내전화선

for more[further] information (on) (…에 대한) 상세한 정보를 얻으려면

🐾 TOEIC 시험에 꼭 나오는 문장들

1. It is imperative that you **keep** your clients **informed** about what is happening with the stocks that they are holding. ⇨ 당신은 고객이 보유하고 있는 주식에 관련된 정보를 계속 고객에게 알려주어야 한다.

2. Our associate needs to **inform** us **of** changes to the agreement we signed. ⇨ 우리 제휴사는 우리가 서명한 협정사항을 바꿀 시 우리 쪽에 알려주어야 합니다.

3. Do you have any **information on** the recent trends in the stock market? ⇨ 최근 주식시장의 동향에 대한 정보가 뭐 좀 있습니까?

4. You can inquire about your account balance by calling our **automated information line;** we are here 24 hours to serve you. ⇨ 계좌 잔액을 알고 싶으시면 저희 자동정보라인으로 연락하십시오. 24시간 언제든지 알려드리고 있습니다.

5. **For more information on** the rapid industrialization of lesser developed countries please call the LDC Information Hot Line.
   ⇨ 개발 도상국의 급속한 산업화에 관한 더욱 상세한 정보를 원하신다면 LDC 정보 핫라인으로 연락을 주십시오.

insurance _ n. 보험

insure는 보험회사의 입장에서 「…의 보험을 계약하다」, 보험계약자의 입장에서는 「…의 보험에 들다」라는 의미로 쓰인다. 한편 「보험에 들다」라고 할 때는 동사 buy나 purchase를 쓴다.

🏃 TOEIC 점수를 쑥쑥 올려주는 표현들

the insurer 보험회사, 보험업자	**insurance fee** 보험료
the insured 피보험자	**auto insurance** 자동차보험
buy insurance 보험에 들다	**health insurance** 건강보험
purchase insurance 보험에 가입하다	**liability insurance** 배상책임보험
insurance agent 보험대리점	**life insurance** 생명보험
insurance benefits 보험금	**travel insurance** 여행자보험
insurance company 보험회사	

🦘 TOEIC 시험에 꼭 나오는 문장들

1. If **the insurer** refuses to pay, you can take him to small claims court or call the police. ⇨ 보험업자가 지급을 거부할 경우, 그 사람을 소액 청구 재판에 회부하거나 경찰을 부를 수 있다.

2. The man asked his wife to **purchase** travel **insurance** before they went away on their trip to the Bahamas. ⇨ 남자는 바하마로 여행을 떠나기 전에 아내에게 여행자 보험을 들라고 했다.

3. The policy holder was responsible for showing the **insurance agent** the receipts before his claim was paid. ⇨ 보험계약자는 보험금을 지급받기 전에 보험대리점에 영수증을 제시해야 했다.

4. **Health insurance** is mandatory for all students attending college in the States and must be purchased prior to getting accepted. ⇨ 건강보험은 미국의 대학 재학생들에게는 의무사항이므로 입학허가를 받기 전에 가입을 해야만 한다.

5. It's a good idea to take out a **liability insurance** policy if you are the driver of a motor vehicle. ⇨ 자동차 운전자라면 책임보험을 드는 것이 좋다.

「관심」, 「흥미」라는 뜻 외에 「이자」란 뜻으로 금융관련 지문에 자주 출몰한다. interest 뒤에 rate를 덧붙이면 「이율」이 되고 복수형으로 쓰이면 「이익」(advantage), 「이해관계」 등의 의미도 갖는다.

🏃 TOEIC 점수를 쑥쑥 올려주는 표현들

interesting 흥미있는
be interested in …에 흥미가 있다
bear interest 이자가 붙다
lose interest in …에 흥미를 잃다
interest charge 금리비용
disinterest 이해관계가 없음, 무관심

charge high interest rates
고이율을 부과하다
sell one's interest in
…의 이권(利權)을 팔다
interest earning account
이자가 붙는 계좌

🏃 TOEIC 시험에 꼭 나오는 문장들

1. The banker **was interested in** learning more about the whole financial process. ⇨ 그 은행가는 금융업무 처리 전과정을 좀더 배우는 데 관심이 있었다.

2. The certificates of deposit were scheduled to **bear interest** at a rate of 12% per annum. ⇨ 그 양도성 예금증서에는 연(年) 12%의 이자가 붙게 되어 있었다.

3. The boss was worried that the workers were going to **lose interest in** making quality products. ⇨ 사장은 직원들이 양질의 상품을 생산하는 데 흥미를 잃을까 염려했다.

4. The company decided to **charge** its customers very **high interest rates** on all outstanding balances. ⇨ 회사는 고객의 미결제액에 대해서 모두 고금리를 부과하기로 결정했다.

5. The president was getting old and he decided to **sell his interest in** the project to his younger brother. ⇨ 사장은 늙어서 그 사업에 대한 이권을 동생에게 팔아 넘기기로 결심했다.

interview _ n. 면접 v. 면접하다

취업의 필수관문인 「면접」을 나타내는 단어로 「면접을 받는 사람」은 interviewee, 「면접관」은
interviewer, 그리고 「면접일정을 잡다」는 set up(schedule) an interview라고 한다.

🏃 TOEIC 점수를 쑥쑥 올려주는 표현들

interviewee 피면접자	**prepare for an interview** 면접을 준비하다
interviewer 면접자	
press interview 기자회견	**present oneself at an interview** 면접에서 자신을 표현하다
conduct the interview 면접을 행하다	**schedule an interview with** …와의 면접 일자를 잡다
attend a job interview 취직면접을 보다	**score more points in the interview** 면접에서 더 많은 점수를 따다
do a personal interview 개인면접을 보다	

🏋 TOEIC 시험에 꼭 나오는 문장들

1. The president of the company asked his secretary to **interview
   the young girl who was applying for a summer position.** ⇨ 그 회
   사 사장은 비서에게 여름철 아르바이트 자리를 지원했던 젊은 여성을 면접하라고 했다.

2. We will **conduct the interview** behind closed doors in order to
   protect the witness. ⇨ 우린 목격자를 보호하기 위해서 비공개로 인터뷰를 할 것이다.

3. He always **prepares for an interview** by getting a good night's
   sleep and wearing his lucky tie. ⇨ 그 남자는 항상 밤잠을 잘 자고 자신의 행
   운의 넥타이를 매는 것으로 면접 준비를 한다.

4. I tried to **schedule an interview with** the manager yesterday,
   but he was out all day long. ⇨ 난 어제 부서 책임자와 면담 일정을 잡으려고 했
   지만, 그 사람은 하루종일 출타중이었다.

5. You **score more points in an interview** if you are quiet and
   polite rather than loud and aggressive. ⇨ 요란하고 공격적인 것 보다는 조
   용하고 예의바르면 면접에서 점수를 더 딸 것이다.

inventory _ n. 재고(품)

「재고품」(stock), 그리고 특정 장소에 보관된 재고품들에 대해 정리한 「재고목록」을 의미한다. take (an) inventory하면 「재고품을 조사하다」라는 뜻으로 자주 쓰이는 표현이다.

🏃 TOEIC 점수를 쑥쑥 올려주는 표현들

clear out inventory 재고를 처분하다   **inventory status** 재고 상태
sell off inventory 재고를 처분하다   **unsold inventory** 판매되지 않은 재고품
take (an) inventory 재고조사하다   **liquidate unsold inventory**
inventory calculation 재고산출   판매되지 않은 재고품을 청산하다

🏃 TOEIC 시험에 꼭 나오는 문장들

1. There was a great sale at Lotte Department Store, as they had to **clear out inventory.** ⇨ 롯데 백화점에서 대박 세일을 했는데, 이것은 백화점에서 재고를 정리해야 했기 때문이다.

2. The company was forced to **liquidate** all **unsold inventory** before the end of the month. ⇨ 그 회사는 그 달 말까지 판매되지 않은 재고를 모두 정리해야 했다.

3. They **sold off inventory** so that they could avoid declaring bankruptcy at the end of the year. ⇨ 그 사람들은 올해 말 파산을 면하기 위해서 재고를 모두 처분했다.

4. We need to stop and **take inventory** of how much we have left before we continue to sell. ⇨ 물건을 파는 걸 멈추고 남은 수량이 얼마인지 재고조사를 해봐야겠어요.

5. The president of the company asked the product manager about the **inventory status.** ⇨ 그 회사 사장은 제품 관리자에게 재고 상황에 대해 물어보았다.

207 **investment** _ n. 투자, 투자의 대상

비즈니스 필수단어. 「투자하는 행위」 내지 「투자된 것」을 의미하는 것으로 investor는 「투자가」, investment portfolio하면 투자대상으로 보유하고 있는 「유가증권」을 말한다.

🏃 TOEIC 점수를 쑥쑥 올려주는 표현들

investor 투자가	**return on investment** 투자수익
invest in stock 주식에 투자하다	**institutional investor** 기관투자가
investment analysis 투자 분석	**diversify one's investment** 투자를 다각화하다
investment company 투자회사	
investment advisor 투자 고문	**serve one's investment needs** …의 투자수요에 부응하다
investment portfolio 투자목록	
investment specialist 투자전문가	**risk-averse investor** 모험을 꺼리는 투자가
investment strategy 투자 전략	

🏃 TOEIC 시험에 꼭 나오는 문장들

1. If you want to **invest** money **in stocks,** you should know the risks that are involved. ⇨ 돈을 주식에 투자하고 싶다면 거기에 따르는 위험을 알아야 한다.

2. In order to **invest** safely **in the stock market,** it is important that you **diversify your investments.** ⇨ 주식시장에 안전하게 투자하려면, 투자를 다각화하는 것이 중요하다.

3. **Investment analysis** is a very important tool for determining the future earnings potential of a company. ⇨ 투자 분석은 회사의 앞으로의 잠재적인 수익을 결정하는 데 있어 매우 중요한 수단이다.

4. My **investment portfolio** is not doing well right now because it is not varied enough. ⇨ 내가 보유한 금융자산은 그렇게 다양하지 못했기 때문에 현재 수익성이 별로 좋지 않다.

5. The **return on investment** promised by the fund was much higher than anyone had expected. ⇨ 투자신탁이 약속한 투자수익은 예상보다 훨씬 더 높았다.

208 issue _ n. 논쟁, 발행 v. 발행하다

명사로는 논쟁의 대상이 되는 「주제」, 「화제」 또는 「발행」, 「수확물」, 「주식」 등을 가리키며, 「(명령·법률 등을) 내다」, 「(출판물 따위를) 발행하다」 등의 동사로도 다채롭게 활용된다.

🏃 TOEIC 점수를 쑥쑥 올려주는 표현들

issue a statement 진술하다
issue shares 주식을 발행하다
make an issue of …을 문제삼다
environmental issue 환경문제
legal issue 법률적인 문제(논쟁)

at issue 논쟁 중으로, 미해결의
past issue of the magazine 잡지의 과월호
issue building permits 건축허가증을 발행하다

🎿 TOEIC 시험에 꼭 나오는 문장들

1. Our factory may be closing due to a number of **environmental issues** that have been raised. ➪ 우리 공장은 계속 제기되어 왔던 여러가지 환경문제로 인해 문을 닫을 지도 모른다.

2. That's just a small **legal issue** that we'll leave for our expert, Mr. Jones, to handle. ➪ 그건 그다지 중요하지 않은 법률문제일 뿐이니까 그 일에 전문가인 존스씨에게 맡기도록 하지.

3. Please refer to the **past issues of that magazine** for further information on global warming. ➪ 지구온난화에 관해 더 알고 싶으시다면 과월호를 참고해 주세요.

4. The government has stopped **issuing building permits** for that area of town. ➪ 정부는 그 지역에 대해 건축허가증 발급을 중지시켰다.

💡 TOEIC 어휘력 증강비법

simil/simul 유사한

- assimilate v. 동화시키다
- similarity n. 유사
- assimilation n. 동화, 흡수
- simulate v. 가장하다
- similar a. 유사한
- simultaneous a. 동시의

일반적으로 「직업」(employment)으로만 알고 있지만 「일자리」(position), 「업무」, 「의무」 등의 의미도 있다. 참고로 「직업」을 가리키는 단어 중에 career는 「평생 종사하게 되는 전문직업」을 뜻한다.

🏃 TOEIC 점수를 쑥쑥 올려주는 표현들

do a good job 잘해내다	**job opening** 결원, 구인, 직원모집
land a job 일자리를 얻다	**job placement** (직장 내) 보직선정
post the job 결원이 있음을 게시하다	**job-related stress** 업무관련 스트레스
job description 직무기술서	**job seeker** 구직자
job fair 취업 설명회, 채용 박람회	**job sharing** 업무분담, 공동업무
job hopping (상습적) 전직	**challenging job** 도전적인 일
job interview 취업 면접	**on-the-job training** 현장 연수
job notice 결원게시	

🏃 TOEIC 시험에 꼭 나오는 문장들

1. The printers have assured us that they will **do a good job** on the overseas brochures. ⇨ 그 인쇄업자는 해외용 상품 광고책자를 잘 찍어내겠다고 우리를 안심시켰다

2. The new **job description** states that our employees are now responsible for their own inventory. ⇨ 새 직무기술서에는 직원들이 자신의 재고를 책임진다고 명시되어 있다.

3. There will be a **job opening** in the next two weeks for a full time accountant. ⇨ 앞으로 2주 후에 전임 회계사직에 사람을 모집할 것이다.

4. Currently we need to fill many internal positions, and they are displayed on the **job placement** board. ⇨ 현재 우리는 내근직을 많이 보충할 필요가 있기 때문에, 그 직책들은 보직선정 게시판에 공시될 것이다.

5. During the summer months, all office staff will be required to take part in the **job-sharing** program. ⇨ 하절기 동안, 회사의 전 직원이 업무분담 프로그램에 참여해야 할 것이다.

210 **keep** _ v. 지키다, 고수하다

「계속…하다」(keep + ~ing)로 잘 알려진 동사. keep in mind나 keep up with처럼 「…을 가지고 있다, …을 따라가다」라는 의미도 있고, earn one's keep과 같이 「생활비」란 뜻의 명사로도 쓰인다.

🏃 TOEIC 점수를 쑥쑥 올려주는 표현들

keep + ~ing 계속 …하다

keep abreast of …의 최신 정보를 알다

keep ~ afloat 파산하지 않다

keep in mind 명심하다

keep away from …을 멀리하다

keep sby posted …에게 근황을 알리다

keep sby from …를 ~못하게 하다

keep track of 놓치지 않고 따라가다

keep up with …에 뒤떨어지지 않다

earn one's keep 생활비를 벌다

keep in contact with
…와 계속 연락하다

keep one's fingers crossed
…을 위해 행운을 빌다

🏃 TOEIC 시험에 꼭 나오는 문장들

1. Continuing education is crucial to **keep abreast of** the changes in technology and stay competitive in business. ⇨ 지속적인 교육은 기술 변화에 뒤떨어지지 않고, 사업에서 경쟁력을 유지하는 데 긴요하다.

2. The old manager was blind to the changes that needed to be done in order to **keep** his business **afloat.** ⇨ 노령의 경영자는 사업이 도산하지 않도록 하는데 필요한 변화에 깜깜 무소식이었다.

3. It's difficult to **keep track of** our records when they aren't filed properly. ⇨ 서류들을 제대로 정리하여 보관하지 않으면 그것들이 어디에 있는지 찾기 어렵다.

4. We must **keep up with** current technology in order to be competitive. ⇨ 우리가 경쟁력을 유지하기 위해서는 최신 기술을 부지런히 쫓아가야 한다.

5. My father always told me that it is better to **earn one's keep** than to be given a stipend. ⇨ 내 아버지는 항상 나에게 용돈을 받는 것보다 생활비를 버는 것이 더 낫다고 말씀하셨다.

211 know _ v. 알다, 이해하다

know하면 곧바로 떠오르는 의미인 「알다」 외에도 「…와 아는 사이이다」(be familiar with), 「…에 정통하다」(be good at), 「이해하다」, 「식별하다」(recognize) 등의 의미가 있다.

🏃 TOEIC 점수를 쑥쑥 **올려주는 표현들**

knowledge 지식	**also known as** 일명 …인
be known for …로 알려지다	**as far as I know** 내가 아는 한
know by heart 외우다	**without knowing it** 자기도 모르게
know of …에 대해 알고 있다	**not that I know of** 내가 알기로는 아니다
know-how 비법, 실제적 지식	**know better than to + V**
You never know 결코 모를 것이다	…할 만큼 어리석지 않다
well-known 잘 알려진, 유명한	

🏃 TOEIC 시험에 꼭 나오는 문장들

1. The musician **was** extremely well **known for** his long and exciting performances. ⇨ 그 음악가는 오랫동안 흥미진진하게 연주하는 것으로 매우 유명하다.

2. I **know of** a good place where you can go to relax and nobody will bother you. ⇨ 긴장을 풀 수 있고 누구도 너를 귀찮게 안 할 좋은 장소를 알고 있다.

3. That guy **is also known as** The Dog, because he takes care of stray dogs in his home. ⇨ 저 친구는 일명 「개」라고 하는데, 집잃은 개들을 자신의 집에서 보살피기 때문이다.

4. There are no more scheduled changes to our staffing **as far as I know.** ⇨ 내가 아는 한 더 이상 직원변동은 없는 듯 하다.

5. The man with the sleeping disorder claimed that he killed his wife **without knowing it.** ⇨ 불면증을 앓는 그 남자는 의식하지 못한 상태에서 자기 아내를 살해했다고 주장했다.

6. We should **have known better than to** try to talk her into coming with us to the party. ⇨ 우리는 그 여자에게 그 파티에 함께 가자는 어리석은 말을 하지 말았어야 했어.

Chapter

12

| Keywords | **labor ~ look**

labor _ n. 노동, 노동자 v. 노동하다

「노동(하다)」라는 뜻으로 집합적으로 「노동자」, 「근로자」를 말한다. labor union은 「노동조합」이고
labor dispute는 근무여건 등의 문제에 대한 「노사(labor and management)간의 마찰」을 말한다.

🏃 TOEIC 점수를 쑥쑥 올려주는 표현들

labor conflict 노사분규	**labor market** 노동시장
labor dispute 노사분쟁	**labor and management** 노사
labor force 노동력	**labor problem** 노사문제
labor law 노동법	**labor union** 노동조합

🦘 TOEIC 시험에 꼭 나오는 문장들

1. The **labor dispute** finally ended with all parties agreeing to a
    few changes in workers' contracts. ⇨ 당사자들이 모두 고용계약 조건을 약
    간 수정하는 것에 합의를 보자 노사분규가 마침내 종결되었다.

2. The new **labor law** in Korea makes it easier for large
    companies to fire workers. ⇨ 한국에서는 노동법이 새로 만들어졌기 때문에 대
    기업이 근로자들을 해고하기가 더 용이해졌다.

3. The Vice President of Human Resources must have
    considerable experience with **labor law.** ⇨ 인사담당 부사장은 노동법에
    대해서 상당히 잘 알고 있어야 한다.

4. The new committee we arranged to make decisions about
    labor and management will have its first meeting today. ⇨ 노사
    관련 문제에 대해 결정을 내리기 위해 우리 회사에서 새로 구성한 그 위원회는 오늘 처음으
    로 회의를 열 것이다.

5. The **labor union** was not very powerful because its leader was
    not well liked. ⇨ 노동조합은 조합장의 인기가 없어 그 영향력이 미미했다.

land _ n. 땅, 토지 v. 손에 넣다, 착륙하다

「비행기가 착륙하다」, 그리고 land a job처럼 직업이나 계약 따위를 「손에 넣다」라는 의미의 동사로 자주 쓰이며, 명사로는 「농지」, 「나라」, 또한 복수로 「소유지」, 「부동산」 등의 뜻으로도 사용된다.

🏃 TOEIC 점수를 쑥쑥 올려주는 표현들

landing 착륙, 상륙	**landmark** 획기적인 사건, 경계표
land a job 일자리를 얻다	**landscape** 조경, 풍경, 조경공사를 하다
land the order 주문을 따내다	**landscaper** 조경사
landfall 상륙	**retail landscape** 소매업계의 상황
landfill 쓰레기 매립지	**land the new account**
landlord 집주인	고객을 새로 확보하다

🐒 TOEIC 시험에 꼭 나오는 문장들

1. For the passengers' safety, portable electronic devices are not allowed to be used during taxi, takeoff, or **landing.** ⇨ 승객의 안전을 위해 항공기의 활주 및 이착륙시에는 휴대용 전자제품 사용이 금지된다.

2. The new salesman **landed the** biggest order in the history of the company. ⇨ 그 신입 영업사원은 회사 역사상 가장 큰 주문을 얻어냈다.

3. If you find that you are not able to **land a good job** after graduation, you should consider attending our Personal Power Seminar. ⇨ 졸업 후 일자리를 구할 수 없다고 생각되면 저희 퍼스널 파워 세미나에 참석하도록 해보세요.

4. The workers were instructed not to **landscape** without the prior approval of their supervisor. ⇨ 인부들은 감독의 사전 승인 없이 조경을 시작하지 말라는 지시를 받았다.

5. The sales manager was determined to **land the new account** in Hong Kong. ⇨ 영업부장은 홍콩에 고객을 새로 확보하기로 결정했다.

214 law _ n. 법률

law가 넓은 의미의 「법률」을 말한다면, statute는 「성문화된 법령」, 그리고 bylaw는 「조직의 내규」를 뜻한다. 한편 outlaw는 「법적 보호를 받을 수 있는 권리를 박탈하다」 혹은 「무법자」란 의미.

🏃 TOEIC 점수를 쑥쑥 올려주는 표현들

lawyer 변호사	**outlaw** 법적 보호를 받을 권리를 빼앗다
law school 법과대학	**patent law** 특허법
lawsuit 소송, 고소	**zoning law** 도시계획법
bylaw 규칙, 조례, 내규	**consult a lawyer**
copyright law 저작권법	변호사의 자문을 구하다

🐨 TOEIC 시험에 꼭 나오는 문장들

1. In order to gain acceptance to a reputable **law school,** you must first have a high LSAT score. ⇨ 명문 법대에 입학하기 위해서는 먼저 LSAT 점수를 잘 받아야 한다.

2. The company's **bylaws** state the vote must pass unanimously. ⇨ 회사내규에 의하면 투표는 만장일치로 통과되어야 한다.

3. **Copyright laws** have become very strict in the last several years due to the global media explosion. ⇨ 미디어의 전세계적인 폭발적 증가로 인해 최근 몇년 동안 저작권법들이 매우 엄격해졌다.

4. The item's unique system of converting its handle to form a luggage cart is patented under EU and International **patent laws.** ⇨ 가방 손잡이를 조절해 짐수레를 만드는 독특한 장치는 유럽 연합 및 국제특허법에 의해 특허를 받았다.

5. It is your constitutional right to **consult a lawyer** before answering any of the questions. ⇨ 어떤 질문이든 대답하기 전에 변호사의 자문을 구하는 것은 헌법으로 보장된 당신의 권리입니다.

215 lay _ v. 놓다, 두다

「반듯하게 놓다」,「뉘다」,「적절한 순서 · 위치에 놓다」라는 의미를 기본으로, 벽돌 등을 「쌓다」, 알을 「낳다」,「해결하다」, 계획을 「마련하다」, 의무, 세금 따위를 「부과하다」 등이 모두 lay의 의미들이다.

✘ TOEIC 점수를 쑥쑥 올려주는 표현들

lay aside 떼어두다	**lay to rest** 잠재우다, 가라앉다
lay claim to …의 소유권을 주장하다	**lay off** 정리해고하다
lay down 내려놓다, 기공하다	**layout** 배치, 설계, 구상
lay it on thick 과장하다	**layover** 기착
lay the blame on …에 책임을 전가하다	

✦ TOEIC 시험에 꼭 나오는 문장들

1. The company **laid claim to** an abandoned steel mill 100 miles north of the city. ⇨ 회사는 도시에서 북쪽으로 100마일 떨어진 곳에 방치된 제강소에 대한 소유권을 주장했다.

2. The bad student tried to **lay the blame on** his sister, but the teacher did not buy his story. ⇨ 그 불량 학생은 책임을 자신의 누이에게 씌웠지만 선생님은 그 학생의 이야기를 받아들이지 않았다.

3. The company has decided to cut back on its surplus labor force by **laying off** all foreign employees. ⇨ 회사는 외국인 직원들을 모두 해고하여 잉여 노동력을 삭감시키기로 결정했다.

4. The **layout** of the company's new industrial complex is absolutely incredible. ⇨ 그 회사의 새로운 산업단지설계는 정말로 엄청난 것이다.

5. The scheduled **layover** at Pearson International Airport in Toronto has been cancelled due to poor runway conditions. ⇨ 토론토의 피어슨 국제공항에서 기착하기로 예정되었지만 활주로 사정의 악화로 인해 취소되었습니다.

216 lead _ n. 예비 고객명단, 정보 v. 이끌다, 야기하다

선두에서 「길을 안내하다」라는 의미에서 파생하여 어떤 일을 밝혀줄 「정보」나 「단서」(clue), 그리고
증권 · 보험 · 부동산 등에서 앞으로 「고객이 될 가능성이 있는 사람의 명단」이란 의미도 있다.

🏃 TOEIC 점수를 쑥쑥 올려주는 표현들

lead the discussion 토론을 이끌다
lead to sales 판매를 촉진시키다
lead singer 리드싱어
corporate leader 업계 선두주자
sales leads 잠재고객명단
leading retailer 선도적인 소매업체
leading cause of auto accidents
자동차 사고의 주요원인

leading manufacturer
선도적인 제조업체
**lead the project development
team** 사업개발팀을 이끌다
generate[develop] sales leads
잠재고객명단을 개발하다
with regular unleaded
보통 무연 가솔린으로

🏃 TOEIC 시험에 꼭 나오는 문장들

1. The new color copier has many important features and a low
   price that will **lead to sales.** ⇨ 그 새 칼라복사기는 중요한 기능도 많고 가격도
   저렴해 판매가 잘 될 것이다.

2. In order to remain the **corporate leader** in the computer
   industry, we must continue to focus on R&D. ⇨ 컴퓨터업계에서 계속
   선두를 차지하려면 우리는 끊임없이 연구개발에 초점을 맞추어야 한다.

3. After the director resigned, a seasoned professional was called
   in to **lead the project development team.** ⇨ 그 이사가 사퇴한 후 숙련
   된 전문가가 사업개발팀을 이끌도록 영입되었다.

4. The office manager was looking for someone who could
   generate sales leads for the brokers. ⇨ 업무부장은 중개인에게 줄 잠재
   고객명단을 만들어낼 사람을 찾고 있었다.

5. The man asked the gas station attendant to fill the car up **with
   regular unleaded** gasoline. ⇨ 그 남자는 보통 무연 가솔린으로 탱크를 가득
   채워달라고 주유소 종업원에게 말했다.

217 lease _ v. 빌리다, 임대하다 n. 차용계약

동사로는 「임대(임차)하다」, 명사로는 「차용계약(증서/기간)」을 의미. 사용료를 내고 일정기간 빌딩, 토지 등을 빌려주거나 빌리는 것으로 장기간이라는 점에서 rent와 다르다.

🏃 TOEIC 점수를 쑥쑥 올려주는 표현들

sublease 재임대하다

lease out property 부동산을 임대하다

renew the lease 임대를 연장하다

leasehold 임차한, 정기임차권

lease back 매각한 부동산을 (산 사람에게 다시) 임대하다

🏃 TOEIC 시험에 꼭 나오는 문장들

1. When I went away for a training seminar last summer, I decided to **sublease** my apartment in order to save some money. ⇨ 지난 여름 연수를 위해 떠날 때, 나는 돈을 절약하기 위해 임대한 아파트를 다른 사람에게 다시 임대하기로 했다.

2. My parents retired and **leased out their property** in the city so they could move to the country. ⇨ 우리 부모님은 퇴직한 후 시골로 가려고 도시에 있던 집을 세 놓았다.

3. After a year living in our rental, we decided to **renew the lease** and continue to stay in the same apartment. ⇨ 임대 아파트에서 산 지 1년 후에 우리는 임대를 연장하여 계속 이 아파트에서 살기로 했다.

4. In the event that you wish to keep the apartment, you must **renew the lease** on a yearly basis. ⇨ 그 아파트에서 살고 싶으면, 1년마다 임대를 연장해야 한다.

5. Before we approve your loan, we need to know the size of the **leasehold.** ⇨ 대출을 승인하기 전에 우리 은행은 당신이 현재 임대하고 있다고 기재한 부동산을 얼마에 임대하고 있는지 알아야 합니다.

261

218 **leave** _ v. 떠나다, 남겨두다

leave는 「…를 떠나다」란 뜻 말고도 「…을 남겨두다」로도 많이 쓰인다. 가령, leave a message하면 「메시지를 남겨라」는 말이 된다. 한편 명사로 쓰이면 「휴가」로 주로 on leave의 형태로 사용된다.

🏃 TOEIC 점수를 쑥쑥 올려주는 표현들

leave for …로 출발하다

leave a message 메시지를 남기다

leave the company 회사를 나가다

leave behind 남겨두고 떠나다

leave out 빠뜨리다, 제외하다

leave sby alone …를 내버려 두다

be on leave 휴가중

leftover 남은 음식, 나머지의

leave A up to B
B에게 A에 대한 결정권을 주다

Take it or leave it
이걸 받아들이든지 아니면 없었던 걸로 해라

🏃 TOEIC 시험에 꼭 나오는 문장들

1. The office manager asked the secretary to **leave** the door open. ⇨ 업무부장은 비서에게 문을 열어두라고 했다.

2. The bus is scheduled to **leave for** the airport at 6:00 this evening. ⇨ 그 버스는 오늘 저녁 6시에 공항으로 출발하기로 예정되어 있다.

3. If she doesn't answer the phone, please **leave a message** and say that she should get back to you as soon as possible. ⇨ 그 여자가 전화를 받지 않으면 최대한 빨리 당신한테 연락하라는 메시지를 남기도록 하세요.

4. The manager threatened to **leave the company** if his request for a salary increase was denied. ⇨ 그 관리자는 임금인상 요구가 거절된다면 회사를 나가겠다고 으름장을 놓았다.

5. Dr. Anderson **is on leave** at the moment, but he should be back in six months' time. ⇨ 앤더슨 박사는 지금 휴가중이지만 6개월 뒤에는 돌아올 겁니다.

6. My mother asked me to put the **leftover** food into a container and put the container into the refrigerator. ⇨ 어머니가 나더러 남은 음식은 용기에 담아서 냉장고에 넣어두라고 하셨다.

219 let _ v. …하게 하다, 세를 놓다

기본 개념은 「허용하다」로, 'Let sby/sth + 동사원형' 이나 'Let' s ~' 의 형태로 쓰여 권유 · 명령 · 허가 · 제안의 의미를 갖는 사역동사로 쓰인다. let sby go하면 「해고하다」의 완곡한 표현.

🏃 TOEIC 점수를 쑥쑥 올려주는 표현들

let alone …은 말할 것도 없고

let go of 놓아주다, 해고하다

let in 들여보내다

let on 비밀을 누설하다

let sby down …를 실망시키다

let up 줄어들다

house to let 셋집

🚶 TOEIC 시험에 꼭 나오는 문장들

1. The company's manager was not able to make the employees happy, **let alone** turn a profit. ➪ 그 회사의 부장은 이윤을 내는 것은 고사하고, 직원들을 만족시켜줄 줄도 몰랐다.

2. We had to **let go of** three more workers this month due to a cash shortage. ➪ 우리는 자금부족으로 인해 이달에 직원을 세명이나 더 해고시켜야만 했다.

3. The company's top brass did not **let on** that they were in the process of selling the company. ➪ 그 회사의 고위층들은 자기들이 회사 매각을 진행시키고 있다는 것을 누설하지 않았다.

4. Although the boss told her secretary to stop harassing the clients, she just wouldn't **let up.** ➪ 사장이 비서에게 고객들을 그만 괴롭히라고 지시했는데도 그 여자는 기세를 누그러뜨리려 하지 않았다.

5. The advertisement in the newspaper stated that there was a two-bedroom **house to let.** ➪ 그 신문에 난 광고에는 침실 두개짜리 집이 세가 나온 것이 있다고 했다.

> TOEIC 어휘력 증강비법

mal 나쁜

• **malady** n. 질병 • **malediction** n. 범죄 • **malpractice** n. 배임행위, 의료사고

263

letter _ n. 편지, 글자 자체의 뜻

capital(small) letter(대/소문자)처럼 「글자」를 나타내거나 「글자 자체의 뜻」이란 의미가 있어 to the letter하면 「문자 그대로」란 의미로 법률, 계약 등을 「글자그대로 충실히」 따른다고 할 때 쓴다.

🏃 TOEIC 점수를 쑥쑥 올려주는 표현들

send off a letter 편지를 보내다	**letter of recommendation** 추천장
forward a letter 편지를 전송하다	**cover letter** 커버레터
letter carrier 우편배달부	**newsletter** 회보
letter head 회사용 편지용지	**to the letter** 문[글]자 그대로
letter of credit(L/C) (무역)신용장	

🏃 TOEIC 시험에 꼭 나오는 문장들

1. Applicants should **forward** a résumé and **three letters of recommendation.** ⇨ 지원자는 이력서와 추천서 세 통을 제출해야 합니다.

2. The lady sent her son to the post office to **send off a letter** to America. ⇨ 그 여자는 자기 아들을 우체국에 보내 미국으로 편지를 부쳤다.

3. A **cover letter** should accompany every résumé and should be neat and concise. ⇨ 커버레터는 이력서에 모두 첨부되어야 하며 간단명료해야 한다.

4. The ceramics industry **newsletter** is distributed to all employees on the first Monday of each month. ⇨ 요업회보는 매달 첫 번째 월요일에 전직원들에게 배부됩니다.

5. A good investment banker always makes sure that he follows his contract of employment **to the letter.** ⇨ 유망한 투자 은행가는 항상 자기 스스로도 고용계약을 철저히 따른다.

TOEIC 어휘력 증강비법

agi/ago 움직이다

- **actual** a. 현실의, 실제의
- **agile** a. 기민한
- **agenda** n. 예정표
- **agitation** n. 동요, 흥분
- **agent** n. 대리인, 대리점
- **agitate** v. 동요시키다

level _ n. 수평, 수준 v. 수평하게 하다

명사, 동사, 형용사, 부사 모두 동형인 단어로 「수평」, 「표준」, 「한결같은」, 「평평하게 하다」 등의
의미로 쓰인다. 특히 동사의 경우 level with하면 「…에게 솔직하게 털어놓다」란 의미.

TOEIC 점수를 쑥쑥 올려주는 표현들

level with …에게 솔직하게 털어놓다
the highest level in …에서 최고 수준
sound level 음향 수준
salary level 급여 수준
noise level 소음 수준
upper level manager 고위 경영자
on the level 정직한, 믿음직한
on the first level 1층에
level the economic difficulties
경제적 어려움에 대해 숨김없이 말하다

level the economic differences
경제적 차이를 균등하게 하다
proceed to the next level
다음 단계로 나아가다
**reduce the level of blood
pressure** 혈압 수치를 낮추다
rise to the level of …로 승진하다
high cholesterol level
높은 콜레스테롤 수치

TOEIC 시험에 꼭 나오는 문장들

1. The developer decided to **level** the house and construct a
new building. ⇨ 개발업자는 집을 부수고 빌딩을 새로 짓기로 결정했다.

2. **Salary levels** of employees holding senior positions have
risen substantially over the past ten years. ⇨ 고위직에 있는 직원들의
임금수준이 지난 10년간 현저히 향상되었다.

3. The **sound levels** in the studio were far greater than the
engineer had wanted. ⇨ 스튜디오 안의 음향 수준은 기술자가 기대했던 것보다
훨씬 더 좋았다.

4. The president tried to **level the economic difficulties** at the
summit meeting in Vancouver. ⇨ 대통령은 밴쿠버에서 열린 정상회담에서
경제적 어려움에 관해 거론하려고 했다.

limit _ n. 한계, 제한 v. 제한하다, 한정하다

고속도로 상의 표지판 중에 가장 많이 볼 수 있는 것이 speed limit. 「경계」, 「한도」, 「한계」, 「제한」 등의 명사 뿐만 아니라 「제한하다」, 「한정하다」라는 의미의 동사로도 많이 쓰인다.

🏃 TOEIC 점수를 쑥쑥 올려주는 표현들

limit oneself to 자신을 …에 제한시키다	**credit limit** 신용 한도
limited corporation 유한책임회사	**duty-free limit** 면세 한도
be limited 제한되다	**liability limits** 책임 범위
age limits for vehicles 차량나이제한	**speed limit** 속도 제한

🐨 TOEIC 시험에 꼭 나오는 문장들

1. Never **limit yourself to** something that you don't want to do or are not good at doing. ⇨ 자신이 하고 싶지 않은 일이나 익숙하지 않은 일에 결코 얽매이지 말아라.

2. The man went on a shopping spree and quickly reached his **credit limit.** ⇨ 그 남자는 마구 물건을 사들여서 곧바로 신용한도에 이르렀다.

3. The **duty-free limit** is two bottles of alcohol and two cartons of cigarettes. ⇨ 면세 한도는 술 두 병과 담배 스무 갑이다.

4. The dry cleaner's liability **is limited** to twenty dollars per article of clothing. ⇨ 세탁소의 배상 책임은 옷 한 벌당 20달러로 제한된다.

5. Please try to stay within the **speed limit** when operating your vehicle. ⇨ 차를 운전할 때는 제한속도 내에서 속도를 유지하도록 해야 한다.

> TOEIC 어휘력
> 증강비법

lav/laut 씻어내다

- deluge n. 대홍수
- dilute v. 희석시키다
- laundry n. 세탁물(소)
- lava n. 용암, 화산암
- lavatory n. 세면대
- lavish a. 사치스런 v. 낭비하다

line _ n. 제품류, 생산 라인, 전화(선)

선, 줄이란 의미에서 「직종」이나 on-line, off-line 등 「네트워크」까지도 뜻한다. 또한 「제품류」를 뜻하기도 하고, production line하면 기계와 장비를 이용하여 제품을 생산하는 과정을 말한다.

🏃 TOEIC 점수를 쑥쑥 올려주는 표현들

line up 일렬로 늘어서다	**bottom line** 순이익
be in line with …와 일치하다	**business line** 업종(業種), 사업분야
drop sby a line …에게 몇줄 써 보내다	**byline article** 필자명을 넣은 기사
go on-line 컴퓨터 네트워크에 연결하다	**check-out line** 계산대 줄
stay on the line 수화기를 들고 있다	

🐾 TOEIC 시험에 꼭 나오는 문장들

1. According to the reporter, the fans were **lined up** for miles outside of the stadium. ⇨ 그 기자에 의하면, 팬들이 스타디움 밖에서 수마일에 걸쳐 줄서 있다고 한다.

2. The company's estimate seems to **be in line with** our previous earnings forecast. ⇨ 그 회사의 추정치는 우리가 전에 예측했던 소득 수준과 일치하는 것 같다.

3. They **went on-line** at a popular computer website for two weeks, soliciting ideas from the public for improving their product line. ⇨ 그 사람들은 자기네 회사의 제품군을 개선시키기 위해 한 인기있는 인터넷 사이트에 연결하여 2주 동안 대중들로부터 아이디어를 구했다.

4. Please **stay on the line** while your call is transferred to a customer service representative. ⇨ 귀하의 전화를 고객 서비스 담당자에게 돌려 연결시키는 동안 수화기를 들고 계십시오.

5. Ford's new **lineup** of pickup trucks is the best the company has introduced in many years. ⇨ 포드 社의 새로운 픽업트럭군은 동사(同社)가 수년에 걸쳐 내놓은 것 중 최고의 것이다.

credit line/line of credit 신용한도액	**product line** 제품군(群)
deadline 마감	**production line** 조립생산라인
line worker 생산직 근로자	**top-of-the-line** 최고급품의
lineup 제품군, 라인업	**down the line** 곧 언젠가
private line 직통전화선	**on the line** 당장에, 위험에 처한

6. The manager of the marketing department plans to unveil our new **product line** at the trade show on Friday. ⇨ 마케팅부의 부장은 금요일에 업계 전시회에서 우리의 신상품을 발표할 계획이다.

7. I would appreciate it if all of the designers that are responsible for the fall **product line** would come up to my office immediately. ⇨ 가을 제품을 맡았던 디자이너들은 모두 즉시 내 사무실로 와 주시면 감사하겠습니다.

8. Management at the company expects that the **production line** will be operating at full capacity by the weekend. ⇨ 회사의 경영진은 생산 라인이 주말까지 완전가동될 것이라고 예상하고 있다.

9. Although we do not have a place in our office for you at the moment, we may have one **down the line**. ⇨ 비록 당장은 우리 사무실에 자리가 없지만 언젠가는 곧 자리가 하나 날 것이다.

10. The company's reputation is **on the line** due to the shoddy work that it did constructing the department store. ⇨ 백화점을 엉터리로 지었기 때문에 그 회사의 평판은 위기에 처해 있다.

TOEIC 어휘력
증강비법

grad/gress 단계, 걸어가다		
• **aggressive** a. 활동적인	• **degrade** v. 강등(타락)시키다	• **degree** n. 등급, 단계
• **gradation** n. 단계, 등급	• **grade** n. 등급, 계급	• **gradual** a. 점증적인
• **graduation** n. 졸업	• **progress** n. 진행, 발전 v. 전진(진보)하다	

일반적으로 알려진 「목록」, 「일람표」란 뜻 외에 「상장주」란 의미도 있다. 한편, 동사로는 「목록을 만들다」, 「싣다」 그리고 「주식을 상장하다」 등으로 사용된다.

🏃 TOEIC 점수를 쑥쑥 올려주는 표현들

be listed as …로서 열거되다	**sales list** 판매 목록
make a list of …을 표로 작성하다	**listed company** 상장(上場)회사
list price 표시가격	**listed stock** 상장(上場)주식
client list 고객 명부	**listed below[above]** 아래[위]에 열거된
checklist 대조표, 점검표, 선거인 명부	**renew one's listing in**
price list 정가표, 가격 목록	…에 기재되어 있는 정보를 갱신하다

🐾 TOEIC 시험에 꼭 나오는 문장들

1. Please **make a list of** all the items that you would like to have installed in your new car. ⇨ 당신의 새 차에 설치하고 싶은 품목들을 전부 적어 주세요.

2. It has a suggested **list price** of $189.99 and it can be purchased directly from MacAdoo Sales or through commercial kitchen suppliers. ⇨ 권장가격은 189달러 99센트이며 맥아두 세일즈로부터 직접 구입하시든지 식당용 부엌 용품 공급업자를 통하여 구입하실 수 있습니다.

3. It is important to check the **price lists** before ordering supplies because we must stay within our budget. ⇨ 예산을 초과하면 안되기 때문에 사무용품을 주문하기 전에 가격표를 점검하는 것이 중요하다.

4. He didn't know who to call, so he checked the directory for a **listed company** in his immediate area. ⇨ 그 남자는 누구에게 전화해야 할 지 몰라서 인근 지역에 있는 상장회사의 인명부를 조사했다.

5. In order to **renew your listing** in the 2004 telephone directory, you must contact your telephone company before November 2003. ⇨ 2004년 전화번호부에 여러분의 기재사항을 갱신하려면 2003년 11월까지 전화 회사에 연락해야 합니다.

little _ a. 작은, 어린 ad. 거의 …아닌

규모가 「작은」, 양이 「적은」, 시간·거리가 「짧은」, 「어린」, 「시시한」 등의 형용사를 비롯해, 「거의 …아닌」, 「전혀 …아닌」, 「조금(밖에 …않다)」, 「다소」, 「얼마간」 등 부사와 명사로도 활약하는 단어.

🏃 TOEIC 점수를 쑥쑥 올려주는 표현들

think less of …을[를] 경시하다

do-little 게으른 사람

little by little 조금씩, 점차, 천천히

little more than 불과 …인

a little bit 약간, 다소

at (the) least 최소한, 적어도

in less than …이내에

not in the least 전혀 …아닌

not less than 적어도

nothing less than …과 다르지 않다

last but not least
끝으로 중요한 말이 있는데

make little of
…을 얕보다, 거의 이해 못하다

🏃 TOEIC 시험에 꼭 나오는 문장들

1. Kelly Fresno is such a good boss that her department has very **little** turnover. ⇨ 켈리 프레스노는 아주 유능한 상사여서 그녀의 부서는 거의 직원이동이 없다.

2. There is **a little bit** more work here than I expected, so I'll need more time. ⇨ 여기 일이 내가 생각했던 것보다 약간 더 많군요, 그래서 시간이 더 필요하겠어요.

3. Profits over the past five years have advanced at a compound annual rate of **at least** 11%. ⇨ 지난 5년간의 수익은 연복리로 적어도 11% 상승했다.

4. I need to get to the bus station **in less than** a half an hour. ⇨ 나는 30분 안에 버스 정류장에 도착해야해.

5. **Last but not least,** I'd like to thank my wife for her support.
⇨ 끝으로 옆에서 힘이 되어준 아내에게 고맙다는 말을 꼭 전하고 싶습니다.

loan _ n. 대부(금), 융자(금) v. 빌려주다

동사로 쓰이면 「타인에게 무언가를 빌려주다」를 의미하며, 명사로 쓰이면 「융자금」을 뜻하여 apply for a loan하면 「융자를 신청하다」, bad loan은 「부실 채권」을 각각 의미한다.

🏃 TOEIC 점수를 쑥쑥 올려주는 표현들

apply for a loan 융자를 신청하다	**loan portfolio** 대출금융자산
loan commitment 대부약정	**loan proceeds** 실대출금
loan company 개인 융자 금융회사	**loan stock** 전환사채
loan officer (금융기관의) 대출계원	**bad loan** 불량대출, 대손(貸損)
loan payment 융자금 상환	**term loan** (중장기) 융자

🏃 TOEIC 시험에 꼭 나오는 문장들

1. Two months after they were married, the young couple went to the bank to **apply for a loan.** ⇨ 결혼 2개월 후, 그 젊은 부부는 융자를 신청하러 은행에 갔다.

2. The **loan commitment** included monthly payments of $500 over a period of ten years. ⇨ 그 대부약정에는 10년간 매달 500달러의 지급이 포함되어 있었다.

3. **Loan proceeds** must be deposited into a special trust account at the main branch. ⇨ 실대출금은 본점의 특별 신탁 계정에 예치되어야 한다.

4. The number of **bad loans** held by American banks this year has decreased substantially. ⇨ 올해 미국 은행들이 보유하고 있는 불량대출 건수는 상당히 줄었다.

5. When you need capital to add equipment, expand your business, or buy real estate, a **term loan** is often the best solution. ⇨ 여러분이 설비를 추가로 마련하거나 사업을 확장하거나 부동산을 매입할 자본금을 필요로 할 때 중장기대부가 최상의 해결책이 되는 경우가 많습니다.

거주하고 있는 특정 지역내에서 제공되는 혹은 그 지역 특유의 서비스나 건물, 사람 등을 나타낼 때 쓰이는 단어. 「지방」이라 해서 countryside(시골)와 같은 의미로 오해하지 말 것!

🏃 TOEIC 점수를 쑥쑥 **올려주는 표현들**

locally 지역적(국부적)으로	**local dealer** 현지 판매인
local bank 지역 은행	**local government** 지방자치
local business community 지역업계	**local newspaper** 지역신문
local calling card 지역 전화카드	**local (telephone) call** 시내통화
local company 현지 회사	**local weather** 지역 날씨

🐾 TOEIC 시험에 꼭 나오는 **문장들**

1. Most of the fruits and vegetables are grown **locally,** but are sold in the city. ⇨ 과일과 채소들은 대부분 인근지역에서 재배되지만, 도시에서 팔린다.

2. The **local bank** is only able to exchange American dollars, and cannot exchange any other currency. ⇨ 그 지방 은행은 미국달러만 바꿀 수 있고 그밖에 다른 통화는 환전할 수 없다.

3. If it were not for the generous donations of the **local business community,** we would not have a retraining program. ⇨ 지역 업계의 후한 기부금이 없다면 우리는 재교육 프로그램을 갖출 수 없을 것이다.

4. Recently, the **local government** has given tax breaks to any company willing to invest in the community. ⇨ 최근 그 지방자치 정부는 그 지역사회에 투자 의사가 있다면 어떤 회사라도 감세조치를 해주었다.

5. The hotel does not charge for any **local telephone calls.** ⇨ 그 호텔은 시내통화료를 한푼도 받지 않는다.

TOEIC 어휘력 **증강비법**

ridi/risi/ri 웃다

• **deride** v. 비웃다   • **derisive** a. 보잘것없는   • **ridiculous** a. 우스운, 말도 안되는

location _ n.장소, 부지, 입지

「…의 장소를 정하다」란 뜻의 동사 locate의 명사형으로, 「장소」 또는 건물이 세워진 「부지」 등을 가리킨다. 한편, relocate는 「이전시키다」란 뜻으로 relocation benefit하면 「이전 수당」을 말한다.

🏃 TOEIC 점수를 쑥쑥 올려주는 표현들

locate …의 위치를 정하다, …을 발견하다
be located in …에 위치하다
be located close to …에 가까이 있다
strategic location 전략적 위치
tourist locations 관광지

relocation benefits 이전수당
locate the seminar
    세미나 개최장소를 정하다[찾아내다]
move to a new location
    새 장소로 옮기다

🦍 TOEIC 시험에 꼭 나오는 문장들

1. The president of the company was contemplating leasing a **location** in the central business district. ⇨ 그 회사의 사장은 상업중심지구의 한 부지를 임대하는 것을 고려하고 있었다.

2. The hospital **is located** next to the big shopping mall on 42nd Street. ⇨ 병원은 42번가의 커다란 쇼핑몰 옆에 위치해 있다.

3. Our company offers excellent **relocation benefits** to all newly-recruited executives who agree to move to our new headquarters. ⇨ 우리 회사는 새로운 본사가 있는 곳으로 이사하기로 한, 새로 채용된 간부 직원에게는 모두 이사비용을 많이 드립니다.

4. The two businessmen walked around the block and finally **located the seminar.** ⇨ 그 두명의 사업가들은 그 블록 주변을 배회하다가 마침내 세미나 장소를 찾아냈다.

5. The company sold the warehouse and **moved** all operations **to a new location.** ⇨ 그 회사는 창고를 처분하고 영업장소를 모두 새로운 곳으로 옮겼다.

look _ v. 보다, 주시하다

「의도적으로」, 「주의깊게」 본다는 의미를 내포한 단어로 「…처럼 보인다」란 의미의 look like를 비롯해 look out(조심해라), look after 등 주요 표현이 많으니 주의깊게 정리해 둔다.

🏃 TOEIC 점수를 쑥쑥 올려주는 표현들

look after 돌보다, 보살피다	**look out** 내다보다
look around 둘러보다	**look over** …을 훑어보다
look for …을 찾다, 날씨가 …로 예상된다	**look up** (사전에서 단어를) 찾다
look forward to …을 학수고대하다	**onlooker** 구경꾼, 목격자
look into …을 조사하다	**outlook** 전망, 조망
look like …처럼 보이다, …와 비슷하다	**overlook** 내려다보다, 감독하다

🏃 TOEIC 시험에 꼭 나오는 문장들

1. The boy was told to **look after** his sister when his parents were not at home. ⇨ 그 남자애는 부모가 집에 없을 때 누이를 돌보라는 말을 들었다.

2. He said he was really **looking forward to** meeting us, but for some reason I didn't think he was telling the truth. ⇨ 그 사람은 우리와 만날 것을 정말로 고대했다고 말했지만, 어쩐지 나는 그 남자가 사실을 말하는 것 같지 않았다.

3. The private investigator said that he would **look into** the matter. ⇨ 그 사립탐정은 그 문제를 조사하겠다고 말했다.

4. The editor was responsible for **looking over** the entire magazine before it went to print. ⇨ 그 편집자는 인쇄에 들어가기 전에 잡지 전부를 검토할 책임을 지고 있었다.

5. If you ever decide to come to Seoul, **look** me **up** and I'll show you around. ⇨ 서울에 올 기회가 있으면 나를 찾아와. 그러면 내가 서울 구경을 시켜줄게.

6. The **outlook** is bleak due to continuing sluggishness in the domestic economy. ⇨ 국내경제가 계속 부진을 면치못하고 있기 때문에 경기전망이 좋지 않다.

Chapter

13

| Keywords | **mail ~ number**

mail _ n. 우편물, 우편

편지, 소포 따위의 「우편물」을 가리키는 단어로, mail a letter과 같이 「(편지 · 소포 등을) 보내다」라는 동사로도 쓰인다. mailroom은 「우편실」, mailbox는 「우편함」, e-mail은 「전자우편」을 말한다.

🏃 TOEIC 점수를 쑥쑥 올려주는 표현들

bulk mail permit 대량 우편물 허가
certified mail 등기우편, 배달증명우편
priority mail 우선우편
regular mail 정기일반우편
voice mail 음성사서함
by mail 우편으로

via air mail 항공우편으로
mailman 우편배달부
handle out-going mail
발송우편물을 취급하다
send by express mail
속달로 발송하다

🏃 TOEIC 시험에 꼭 나오는 문장들

1. Please leave a message on my **voice mail** and I'll return your call as soon as possible. ⇨ 저의 음성사서함에 메시지를 남겨주시면 가능한 한 빨리 다시 연락드리겠습니다.

2. The clerk assured his boss that the parcel was sent to the immigration office **by mail.** ⇨ 그 사무원은 자신의 상사에게 그 소포를 우편으로 이민국 사무실에 보냈다고 확실히 말했다.

3. The university sent out one thousand letters of acceptance on Friday **via air mail.** ⇨ 그 대학은 금요일에 항공우편을 통해서 1,000통의 입학허가서를 보냈다.

4. Besides answering the phones, your responsibilities include greeting clients, passing out mail, and **handling out-going mail.** ⇨ 전화를 받는 것 외에도, 당신의 직무에는 고객을 접대하고, 우편물을 배포하고, 발송 우편물을 취급하는 것이 포함됩니다.

5. If you want to send documents in a hurry, you should send them **by express mail.** ⇨ 서류들을 빨리 보내려면 속달우편으로 부쳐야 합니다.

231 **maintain** _ v. 지속하다, 부양하다

일반적으로 어떤 상태나 하던 일을 「계속해서 유지하다」란 의미. 그밖에도 기계 · 물건 등이 제대로 작동되도록 「유지(보수)하다」, 「주장(단언)하다」, 「옹호하다」, 「부양하다」 등 다양한 뜻으로 사용된다.

✗ TOEIC 점수를 쑥쑥 올려주는 표현들

maintenance 유지, 지속, 부양(비)
maintenance man 정비공
maintenance shop 정비공장
maintain the parks 공원을 관리하다
maintain a routine (매일) 규칙적인
생활을 하다, 판에 박힌 일을 계속하다
maintain a safe distance
안전거리를 유지하다

maintain client confidentiality
고객의 비밀을 지키다
maintain effective customer relations 효과적인 고객관계를 유지하다
maintain environmental quality
좋은 환경을 유지하다
maintain one's high standards
고결한 윤리관을 지키다

✗ TOEIC 시험에 꼭 나오는 문장들

1. The car was due for a **maintenance** check and an oil change.
   ⇨ 그 차는 정비를 하고 오일을 갈 때가 되었다.

2. An apartment's **maintenance man** has a very interesting and important job. ⇨ 아파트 관리인이라는 직업은 매우 흥미롭고 중요한 일이다.

3. They say parking meter enforcement's really strict around here because the city needs the money from fines to **maintain the parks**. ⇨ 시(市)에서 공원을 유지하려면 벌금으로 들어오는 돈이 필요하기 때문에 이 근방의 주차 미터기 규제는 꽤 엄격하다고 들었어요.

4. The manager was told to **maintain effective customer relations**. ⇨ 그 관리자는 고객과의 관계를 효과적으로 유지하라는 지시를 받았다.

5. I want you to try to **maintain your high standards** for the rest of your life. ⇨ 평생 고결한 윤리관을 계속 지키시기 바랍니다.

232 make _ v. 만들다, 제조하다

사역동사의 대표주자. 기본의미인 「만들다」에서 시작해 「준비하다」, 「…이 되다」, 「일으키다」, 「성공하다」(succeed)에 이르기까지 의미의 다양성과 사용빈도면에서 단연 돋보이는 동사.

🏃 TOEIC 점수를 쑥쑥 올려주는 표현들

make an announcement 발표하다	**make sense** 말이 되다, 앞뒤가 맞다
make an effort 노력하다	**make sure** 확실히 하다
make do with …로 그럭저럭 때우다	**make time** 서두르다, 시간을 내다
make it 성공하다, 도착하다	**make up for** …을 보상하다
make much of …을 중요시하다	**make up one's mind** 결심하다
make out 이해하다, 업무를 수행하다	

🏃 TOEIC 시험에 꼭 나오는 문장들

1. The lady stood at the podium and waited for absolute silence before she **made the announcement**. ⇨ 그 여성은 연단에 서서 발표를 하기 전에 좌중이 완전히 조용해지기를 기다렸다.

2. The president **made an effort** to meet with each of the managers every week. ⇨ 그 사장은 매주 부장들을 한 사람씩 만나려고 노력했다.

3. My mother always told me that I should **make do with** what I had and not be greedy. ⇨ 어머니는 항상 현재 내가 가진 것으로 만족해야지 욕심을 부려서는 안된다고 말씀하셨다.

4. Although he did not seem to **make sense** at the time, I later realized what he meant. ⇨ 그 당시에는 그 사람의 말을 이해할 수 없었지만, 후에 무슨 말이었는지 깨달았다.

5. They were hoping that she would **make up her mind** quickly and choose a dress. ⇨ 그 사람들은 그 여자가 빨리 마음의 결정을 내려 옷을 선택하기를 바라고 있었다.

management _ n. 관리, 경영, 경영진

management는 추상명사로 「관리」, 「경영」 등의 비즈니스 용어로 쓰이는 경우가 태반이며 또는 무관사(혹은 the와 함께)로 집합적인 「경영진」이라는 뜻으로 사용된다.

🏃 TOEIC 점수를 쑥쑥 올려주는 표현들

manage 경영하다, …을 하는 데 성공하다
managerial 관리의, 경영의
managerial skill 경영수완
manage one's anxiety 불안을 다스리다

management policy 경영방침
management rights 경영권
management skills 경영기술
management style 경영방식

🏃 TOEIC 시험에 꼭 나오는 문장들

1. **Management** at the company has neither confirmed nor denied the rumor that was reported in this morning's economic journal. ⇨ 회사의 경영진은 오늘 조간 경제신문에 보도된 소문을 확인도, 부인도 하지 않았다.

2. We **managed** to get tickets to the baseball game featuring the New York Yankees vs. the Arizona Diamondbacks. ⇨ 우리는 뉴욕 양키스 대 아리조나 다이아몬드백스가 나오는 야구 경기의 표를 구하는 데 성공했다.

3. Mr. Johnson told the young lady that she must learn to **manage her anxiety.** ⇨ 존슨 씨는 그 젊은 여자에게 자신의 불안감을 다스리는 법을 배워야 한다고 말했다.

4. Advertising and publicity can be done by outside specialists, and, if a staff is required, office **management consultants** can be called in to choose senior staff. ⇨ 광고나 홍보활동은 외부전문가가 수행할 수 있으며, 직원필요시, 사무실 경영컨설턴트에 의뢰하여 경력있는 직원을 선발할 수도 있다.

5. The training seminar on **Management Information Systems (MIS)** will take place in the auditorium. ⇨ 경영정보시스템 관련 연수 세미나가 강당에서 개최될 것이다.

management system 경영체제	**management consultancy firm** 경영 컨설팅 회사
management strategy 경영전략	**management development** 경영(자) 교육
management technique 경영기술	
middle management 중간관리자층	**management guru** 저명한 경영 컨설턴트
money management 자금관리	
pain management drugs 진통제	**management training course** 관리자 교육과정
property management 자산관리	
risk management 위기관리	**MIS**(Management Information System) 경영정보시스템
stress management 부동산관리	**TQM**(Total Quality Management) 전사적(全社的) 품질관리
time management 시간관리	
management consultant 경영 컨설턴트	**under the new management** 새 경영진 하에서

6. We found the company's **management policies** to be far too conservative. ⇨ 우리는 회사의 경영 방침이 지나치게 보수적이라는 것을 알게 되었다.

7. All of the big mutual funds have at least one department dedicated to professional **money management.** ⇨ 대규모 투자신탁 회사는 모두 자금관리 전담 부서가 적어도 하나는 있다.

8. The company offered a course on **risk management** to help executives evaluate the uncertainties of business decisions. ⇨ 회사는 이사진이 경영 의사결정의 불확실성을 평가하는데 도움이 되도록 위기관리에 관한 강좌를 마련했다.

9. Many young professionals are taking courses dealing with **stress management.** ⇨ 젊은 전문직 종사자들 중에는 스트레스 관리법을 다루는 강좌를 수강하는 사람들이 많다.

10. The **TQM** training seminar is designed to help middle managers improve small group productivity. ⇨ 전사적 품질관리 연수 세미나는 중간 관리자들이 소그룹의 생산성을 향상시키는 데 도움이 되도록 계획되었다.

manager _ n. 부장, 감독(자), 책임자

manager처럼 포괄적으로 두루두루 쓰이는 단어도 흔치 않다. 일반적으로 department의 책임자인 「부장」의 의미로 쓰이는데, 어쨌든 하나의 특정 소그룹의 「장」(長)을 호칭할 때 붙일 수 있다.

🏃 TOEIC 점수를 쑥쑥 올려주는 표현들

apartment manager 아파트 관리소장
branch manager 지점장
construction manager 현장소장
fund manager 투자신탁의 자금운용담당
general manager 총책임자
marketing manager 마케팅부장
office manager 사무실장, 소장
operation manager 공장장, 생산부장

project manager 프로젝트 매니저
sales manager 영업부장
section manager 부서장, 과(계)장
shift manager 교대근무담당 매니저
store manager 상점지배인
managing director 전무, 상무
human resource manager
인사부장(= personnel manager)

🏃 TOEIC 시험에 꼭 나오는 문장들

1. James Hickock is the **branch manager** of the bank located in the Plaza Building. ⇨ 제임스 힉칵은 플라자 빌딩에 위치한 은행의 지점장이다.

2. The **fund manager** had a very conservative investment strategy and he only traded in bonds and blue chip equities. ⇨ 그 투자신탁 자금운용 담당자는 매우 보수적인 투자 전략을 가지고 있어서 공사채 및 우량 증권만을 거래했다.

3. The **operations manager** was concerned that a threatened strike could cripple production. ⇨ 그 공장장은 파업이 실제로 일어나면 생산이 저해될까봐 염려했다.

4. The **sales manager** was determined to land the new account in Hong Kong. ⇨ 영업부장은 홍콩에서 신규 고객을 확보하기로 결정했다.

5. Rumor has it you're in line to become the new **managing director**. ⇨ 듣자하니 당신이 신임 전무이사로 유력하다고 하던데요.

235 **manufacture** _ n. 제조(업), 제품 v. 제조하다

manufacture는 기계설비를 이용하여, 원재료를 가공해 「공장에서 대규모 제품을 생산하는」 것을 의미한다. 명사로는 「제조(업)」, 「제품」이란 의미도 있다.

🏃 TOEIC 점수를 쑥쑥 올려주는 표현들

manufacturer 제조업자, 생산자	**manufacturing defect** 제조결함
car manufacturer 자동차 생산업자	**manufacturing plant** 제조공장
manufacturing 제조의, 제조업	**manufacturing process** 제조공정
manufacturing company 제조회사	

🏃 TOEIC 시험에 꼭 나오는 문장들

1. My father's company **manufactures** clothes in Brazil and sells them in America. ⇨ 우리 아버지 회사는 브라질에서 의류를 생산해서 미국에서 그것들을 판매한다.

2. Consumer plastics **manufacturers** have been hit hard by the recent increase in petrochemical prices. ⇨ 소비재 플라스틱 제조업체들은 최근 석유화학제품의 가격인상으로 심한 타격을 받았다.

3. The **manufacturing company** is expected to post strong earnings this quarter. ⇨ 그 제조회사는 이번 분기에 탄탄한 소득을 올렸다고 발표할 것으로 예상된다.

4. The company recalled all of its color monitors due to a **manufacturing defect.** ⇨ 그 회사는 제조결함 때문에 자사의 컬러모니터를 모두 회수했다.

TOEIC 어휘력 증강비법

cede/ced/ce 걸어가다, 양보하다		
• accede v. 동의하다	• cease v. 멈추다	• deceace n,v. 사망(하다)
• exceed v. 초과하다	• intercede v. 중재(조정)하다	• proceed v. 나아가다
• recession n. (경기)후퇴	• concede v. 인정(양보)하다	• concession n. 양보, 구내매점

marketing/market _ n. 마케팅

제품과 서비스를 소비자에게 원활히 전달하려고 벌이는 홍보, 판촉 등 전반적인 판매활동을 뜻하며, market은 거래가 이루어지는 유·무형의 시장 및 「물건을 내놓다」란 동사.

🏃 TOEIC 점수를 쑥쑥 올려주는 표현들

marketer 시장상인, 마케팅 담당자	**marketing plan** 마케팅 기획
marketing campaign 마케팅캠페인	**marketing research** 시장조사
marketing executive 마케팅담당이사	**marketing strategy** 마케팅전략
marketing firm 마케팅 회사	**marketing survey** 시장조사
marketing manager 마케팅매니저	

🏃 TOEIC 시험에 꼭 나오는 문장들

1. The **marketing campaign** was very successful due to the creativity of the marketing staff. ⇨ 마케팅 캠페인은 마케팅 담당 직원들의 독창성 덕분에 매우 성공적이었다.

2. In order to successfully introduce a product, a careful **marketing plan** must be in place. ⇨ 성공적으로 제품을 출시하기 위해서는 신중한 마케팅 계획이 있어야 한다.

3. The company decided to change its **marketing strategy** in order to capture the teenage market. ⇨ 그 회사는 10대들의 시장을 확보하기 위해 마케팅 전략을 바꾸기로 결정했다.

4. The Coca Cola Company has utilized various **mass marketing** techniques for over 68 years. ⇨ 코카콜라 社는 68년이 넘는 기간 동안 다양한 대량판매 기술을 활용해왔다.

5. The company's **telemarketing** department was the most efficient in the nation. ⇨ 그 회사의 텔레마케팅 부서는 전국에서 가장 능률적이었다.

6. In order to successfully **market a product,** many companies employ advertising agencies. ⇨ 성공적으로 상품을 판매하려고 광고회사를 이용하는 기업들이 많다.

mass marketing 대량 판매	**emerging market** 신흥시장
telemarketing 텔레마케팅	**financial market** 금융시장
be in the market for …을 사려하다	**flea market** 벼룩시장
come on the market 출시되다	**futures market** 선물시장
market a product 상품을 판매하다	**open-air market** 노천시장
enter the market 시장에 진입하다	**stock market** 주식시장
expand the market 시장을 확대하다	**test market** (제품의) 시험판매 시장
market awareness 시장 인지도	**upmarket** 고가품 시장
market climate 시장 환경	**volatile market** 급변하는 시장
market downturn 시장침체	**target one's market**
marketplace 시장, 장터	판매대상 시장을 선정하다
market share 시장 점유율	**marketable securities**
market value 시가(市價)	시장성 높은, 매매가 쉬운 유가증권
bond market 공사채시장	

7. Our company **is** always **in the market for** new and innovative ideas. ⇨ 우리 회사는 항상 새롭고 혁신적인 아이디어들을 구한다.

8. It will probably be several months before this new fuel injection system **comes on the market.** ⇨ 앞으로 몇 달이 더 있어야 이 연료 주입 시스템 신제품이 시장에 나올 겁니다.

9. Many companies view exporting as a way to **expand their markets** and increase sales. ⇨ 수출을 시장을 확대하고 매상고를 늘리는 방법으로 여기는 기업들이 많다.

10. Focusing on **market share** growth without concern for profit has hurt a number of large Korean conglomerates. ⇨ 이익을 고려하지 않고 시장지분을 늘리는 데 중점을 두었기 때문에 손실을 입은 재벌들이 한국에는 많다.

11. Many **emerging markets** are suffering because of the currency crisis. ⇨ 통화위기로 어려움을 겪고 있는 신흥 시장이 많다.

measure _ n. 치수, 기준, 방책 v. 측정하다

「치수」, 「정도」, 「기준」이란 의미 외에도 주로 복수형으로 「수단」, 「방책」의 뜻으로도 쓰인다. 명사형 measurement는 「치수재기」라는 뜻으로 take a measurement 형태로 자주 쓰인다.

🏃 TOEIC 점수를 쑥쑥 올려주는 표현들

measurement 신체치수, 치수재기
measure one's foot 발치수를 재다
protective measure 예방책
take measurements 치수를 재다

take (on) a small measure of risk 위험부담을 약간 감수하다
measure one's stress level 스트레스 정도를 측정하다

🏃 TOEIC 시험에 꼭 나오는 문장들

1. A tape **measure** was used to check the woman's foot size at the shoe store. ⇨ 신발 가게에서는 여성의 발치수를 재는 데 줄자를 사용했다.

2. The tailor **took the lady's measurements** and recorded them in his black book. ⇨ 재단사는 그 여자의 치수를 재서 장부에 기록했다.

3. After a lengthy debate, our executive committee decided to **take on a small measure of risk** in order to accept your proposal. ⇨ 오래 논의한 끝에 우리 간부회의에서는 위험부담을 약간 감수하더라도 당신의 제안을 받아들이기로 결정을 내렸습니다.

4. The doctor asked the woman to come back on Friday so he could **measure her stress level.** ⇨ 의사는 그 부인에게 금요일에 다시 와서 스트레스 정도를 측정하자고 했다.

> 🔑 TOEIC 어휘력 증강비법

ten/tent/tain 유지하다

- **contain** v. 포함하다
- **maintain** v. 유지(주장)하다
- **content** n. 내용물, 목차
- **retain** v. 보류하다
- **tenant** n. 임차인, 거주인
- **sustain** v. 유지하다

238 meet _ v. 만나다, 충족시키다

「만나다」라는 의미 외에 「함께 모이다」, 「(필요 · 요구 등을) 충족시키다」(satisfy a need, demand etc.), 그리고 make ends meet과 같이 「맞추다」, 「일치하다」의 의미로도 자주 쓰인다.

🏃 TOEIC 점수를 쑥쑥 올려주는 표현들

meet a deadline 마감시간을 맞추다	**meet with** …와 만나다
make ends meet 수지를 맞추다	**attend the meeting** 회의에 참석하다
meet the challenge 도전에 직면하다	**have a meeting** 회의를 하다
meet the expenses 비용을 감당하다	**meeting notice** 회의 통지서
meet the needs of 욕구를 충족시키다	**meeting schedule** 회의 일정

🏃 TOEIC 시험에 꼭 나오는 문장들

1. Distribution of the magazine was often delayed due to an inability to **meet publishing deadlines.** ⇨ 마감시간을 맞출 수가 없어서 잡지의 보급이 지연된 경우가 많았다.

2. The president told us that his company was having a difficult time trying to **make ends meet.** ⇨ 사장은 회사가 수지 균형을 이루는데 어려움을 겪고 있다고 우리에게 말했다.

3. She was ready to **meet the challenge** of climbing the face of the mountain. ⇨ 그 여자는 그 산을 정면으로 올라가는 도전에 맞설 준비가 되어있었다.

4. We have to work overtime in order to **meet the expenses** of our children's education. ⇨ 우리는 아이들의 교육비를 감당하기 위해 초과근무를 해야만 한다.

5. We hope that our seminar will **meet the needs of** the people who enrolled. ⇨ 우리는 이 세미나가 등록한 사람들의 욕구를 충족시킬 수 있길 바란다.

6. The **shareholders' meeting** was cancelled due to a power failure. ⇨ 주주총회가 정전으로 취소되었다.

budget meeting 예산회의	**meet safety regulation** 안전 규칙을 충족시키다
council meeting 위원회의	**conduct the meeting** 회의를 진행하다
general meeting 총회	**prepare for a meeting** 회의 준비를 하다
shareholders' meeting 주주총회	**reschedule the meeting** 회의일정을 다시 잡다
meet anticipated standards 예상 기준을 충족시키다	**summarize the meeting** 회의내용을 요약하다
meet one's expectation …의 예상과 일치하다	
meet publishing deadlines 출판 마감시간에 맞추다	

7. As long as the sales figures **meet my expectations,** I will give everyone a bonus at Christmas. ⇨ 판매액이 내 예상과 맞기만 한다면, 크리스마스에는 모든 사람에게 보너스를 주겠다. 부사장은 회의를 진행하고 모든 질문에 적절히 답을 해달라는 요청을 받았다.

8. The vice president was asked to **conduct the meeting** and field all questions. ⇨ 부사장은 회의를 진행하고 모든 질문에 적절히 답을 해달라는 요청을 받았다.

9. We will **have a meeting** next week to discuss the implementation of the new assembly line. ⇨ 우리는 조립 라인을 새로 설치하는 문제에 대해 논의를 하기 위해 다음 주에 회의를 할 것이다.

10. The president asked his secretary to **summarize the meeting** for him. ⇨ 사장은 비서에게 회의내용을 요약해 달라고 부탁했다.

TOEIC 어휘력
증강비법

duc/doce/duct 이끌다

- abduct v. 유괴하다
- conductive a. 전도력있는
- induce v. 설득(야기)하다
- reduce v. 줄이다

- conduct v. 행위, 지도
- deduct v. 공제하다, 빼다
- introduce v. 도입하다
- seduce v. 부추기다

- conducive a. 도움이 되는
- educate v. 교육하다
- produce v. 제조(생산)하다

239 **money** _ n. 돈, 화폐, 재산, 부

뭐니뭐니해도 머니(money)인 단어를 빼놓으면 섭섭! key money는 임대 아파트를 계약할 때 지급하는 「보증금」, plastic money는 「신용카드」, 형용사 monetary(금융의)는 IMF의 M에 해당하는 단어.

🏃 TOEIC 점수를 쑥쑥 **올려주는 표현들**

money-back guarantee 환불보증	**key money** 보증금
money order 우편환	**plastic money** 신용카드
grant money 보조금	**IMF**(the *International Monetary Fund*) 국제 통화 기금
hot money 투기성 단기자금	

🦘 **TOEIC 시험에 꼭 나오는 문장들**

1. The salesman promised us that his company offered a **money-back guarantee** on the product. ⇨ 판매원은 회사가 상품에 대해 환불보증을 한다고 약속했다.

2. The best way to prevent money you send through the mail from being stolen is to send a personalized check or **money order.** ⇨ 우편을 통해서 돈을 보낼 때 분실을 막는 가장 좋은 방법은 개인 수표나 우편환으로 보내는 것이다.

3. The landlord asked for a $3000 deposit and $500 **key money.** ⇨ 집주인은 3천달러를 예치하고 보증금으로 500달러를 내라고 했다.

4. One of the biggest problems facing America today is the increasingly widespread use of **plastic money.** ⇨ 미국이 겪고 있는 가장 큰 문제의 하나는 점점 확산되고 있는 신용카드 사용이다.

> TOEIC 어휘력 증강비법
>
> **mob/mot/mov 움직이다**
>
> • emotion n. 감정, 감동   • immovable a. 부동의   • mobilize n. 동원하다
> • motivation n. 동기부여   • motive n. 동기, 목적   • mover n. 이삿짐운송업자

much _ a. 많은, 다량의 ad. 훨씬

little과 함께 양(量)에 관계된 대표단어. 명사나 so, too 등에 붙어 「다량의(많은) (것)」이란 형용사 또는 명사로 쓰이거나 혹은 부사로 「대단히」, 「훨씬」이란 의미이며 비교 · 최상급은 각각 more와 most.

🏃 TOEIC 점수를 쑥쑥 올려주는 표현들

much less 하물며[더군다나] …은 아니다	**this[that] much** 그만큼, 여기까지는
as much 그 만큼의, 똑같이	**too much** 터무니 없는, 지독한, 대단한
make much of …을 중요시하다	**too much for** …에게 너무 어려운
not[nothing] much 거의 없는	**much too** …이 너무한
twice as much …의 두 배의	**It's not that much**
so much for 이로써 끝내다	그렇게 많은 …은 아니다

🦘 TOEIC 시험에 꼭 나오는 문장들

1. On average, the new plan will cost employees about the same amount of money but it will allow **much more** flexibility with respect to benefits. ⇨ 평균적으로 말하자면 새로운 제도를 실시해도 직원들이 부담하는 비용은 같지만 혜택은 훨씬 융통성있게 적용됩니다.

2. There was twice **as much** work to do after they returned from their business trip. ⇨ 그 사람들이 출장에서 돌아오니 업무량이 두배가 되었다.

3. It's kind of sad, but nobody at the office ever **makes much of** birthdays or other personal celebrations. ⇨ 좀 유감스러운 일이긴 하지만 우리 사무실에는 생일이나 다른 사람의 개인적인 기념일을 중요하게 생각하는 사람이 한 명도 없습니다.

4. We got some information about the product, but it won't be helpful because **it's not that much.** ⇨ 우리는 그 상품에 관한 정보가 몇 가지 있는데, 그렇게 대단한 게 아니라 별 도움이 안된다.

241 **name** _ n. 이름, 명성 v. 이름을 붙이다, 임명하다

「이름」, 「명성」, 「욕」, 「명목」 등으로 다양하게 쓰이는 단어. 또한 동사로 「이름을 붙이다」, 「이름을 대다」, 「임명하다」(choose or appoint)라는 의미로도 사용된다.

🏃 TOEIC 점수를 쑥쑥 올려주는 표현들

name after …의 이름을 따서 이름을 짓다
name it 먹고 싶은 걸 말해보라
call sby (bad) names …를 욕하다
clear one's name 오명을 씻다
brandname 상표
household name 잘 알려진 이름
legal name 법적이름
in sby's name …의 명의로
to name a few 조그만 예를 들면

under the name of …의 이름을 빌어
be named to succeed
…직(職)을 승계하도록 지명되다
make sby's name
이름을 날리다, 유명해지다
There's no one here by that name
(전화) 여기에 그런 사람이 없습니다
the name of the game
…에게 가장 소중한 것

🦘 TOEIC 시험에 꼭 나오는 문장들

1. I'd like you to meet John Junior, **named after** his father, of course.
   ⇨ 잔 주니어를 소개할게, 주니어가 붙었으니 물론 자기 아버지 이름을 따서 지은 이름이지.

2. Although the house is really Tim's, it is **in my name** for financial reasons. ⇨ 사실 그 집은 팀의 소유이지만, 재정적인 이유 때문에 내 명의로 되어 있다.

3. We have a lot of potential importers of our new product, like buyers in France and Germany, **to name a few** countries. ⇨ 우리 신상품을 수입할 가능성이 있는 구매자들이 많아, 일부만 예를 들자면 프랑스와 독일의 구매담당자들같은 사람들이지.

4. I expect that the chairman's son will **be named to succeed** the president next week. ⇨ 내 예상엔 담주 회장 아들이 사장후임으로 지명될 거야.

5. If **the name of the game** is corruption, then we don't want to be a part of it. ⇨ 부정을 저지르자는 것이 이 일의 골자라면 우리는 관여하고 싶지 않다.

need _ n. 필요, 결핍 v. 필요하다

must나 have to에 비해 어떤 물건이나 일의 「필요성」이 부각되는 느낌을 준다. 「필요(한 물건)」, 「해야 할 의무」, 「궁핍함」, 「결핍」이란 의미의 명사로도 많이 쓰이니 소홀히하지 말 것.

🏃 TOEIC 점수를 쑥쑥 올려주는 표현들

need to+V …할 필요가 있다, 해야 한다　**budget needs** 예산상의 욕구
don't need to+V …할 필요는 없다　**marketing needs** 마케팅에 필요한 것
be in need of …이 필요하다　**needed job** 수요가 있는 직업
meet the needs of 욕구를 충족시키다　**needless to say** 말할 것도 없이
the need for …의 필요성

🐒 TOEIC 시험에 꼭 나오는 문장들

1. You **don't need to** bring your letters of recommendation to the interview tomorrow morning. ➯ 내일 아침 면접에 추천서를 가지고 올 필요는 없습니다.

2. We **are in need of** a customer service manager who speaks both English and Korean. ➯ 우리는 영어와 한국어 둘 다 할 수 있는 고객 서비스 담당자가 필요하다.

3. Our company is very small, but we believe we can **meet the needs of** our customers. ➯ 우리 회사는 소규모이긴 하지만, 고객들의 욕구를 충족시킬 수 있다고 확신한다.

4. Computer Programming is a **much-needed job** in these days of high technology. ➯ 컴퓨터 프로그래밍은 요즘같은 최첨단 기술 시대에는 매우 수요가 많은 직종이다.

5. **Needless to say,** the position requires that you have a valid driver's license and your own vehicle. ➯ 말할 것도 없이, 그 일에는 합법적인 운전면허증과 자기 차를 가지고 있어야 한다.

negotiate _ v. 협상하다, 잘 처리하다

노력하여 어떠한 결정이나 협상을 이룬다는 의미로 negotiate a contract하면 「계약을 협상하다」라는
의미. 또 어려운 일 따위를 「잘 처리하다」(to succeed in dealing with)라는 의미로도 쓰인다.

🏃 TOEIC 점수를 쑥쑥 올려주는 표현들

negotiate for …에 대한 협상을 하다
negotiate a contract
협상을 하여 계약을 체결하다
negotiate a lower price
협상하여 더 낮은 가격으로 결정하다
negotiate a merger
협상하여 합병하다
negotiate a settlement
협상하여 합의하다

negotiate curves 커브길을 잘 통과하다
negotiate securities
유가증권을 매도하다
negotiate the terms of
…의 조건을 협상하다
break off negotiations
협상을 중단하다
start negotiations with
…와 협상을 시작하다

🏃 TOEIC 시험에 꼭 나오는 문장들

1. The union is trying to **negotiate for** higher wages and better
benefits. ⇨ 노조는 임금 인상과 복지 혜택 개선에 대해 협상하고 있다.

2. Sports agents help players **negotiate their contracts** and
make sure they receive a fair deal. ⇨ 스포츠 에이전트들은 선수들의 계약협
상을 도와주며 공정한 대우를 받도록 보장해준다.

3. It is likely that the tobacco industry will **negotiate a settlement**
before the end of this month. ⇨ 이달 말이 되기 전에 담배회사가 협상하여 합
의를 볼 것 같다.

4. That car can **negotiate curves** better than any other vehicle I
have ever driven. ⇨ 그 차는 내가 지금까지 운전해본 다른 어떤 차보다 커브길을 잘
통과할 수 있다.

5. The UAW union has **broken off negotiations** with Ford and
intends to call a general strike by Friday. ⇨ 미국 자동차 노동조합은 포드
와의 협상을 중단했으며 금요일까지 총파업을 선언하려한다.

244 **note** _ n. 통지, 메모, 어음 v. 적다, 주의하다

「메모」, 「통지」라는 의미로 잘 알려져 있지만 실용영어에서는 「지폐」, 「어음」, 「증권」 그리고 전치사 of와 함께 「주목」, 「주의」란 뜻으로도 쓰이며 「주의하다」라는 의미의 동사로도 활약한다.

🏃 TOEIC 점수를 쑥쑥 올려주는 표현들

get accurate notes 정확히 노트하다
take notes 적어두다
promissory note 약속어음
a noted expert 저명한 전문가
It should be noted that ~
　…라는 사실에 특히 주목해야 한다
Please note that ~
　…라는 사실에 주목해 주십시오

send a thank-you note
　감사의 편지를 보내다
show one's notes to
　…에게 ~의 메모를 보여주다
write a note for
　…에게 짤막한 편지를 쓰다

🏋 TOEIC 시험에 꼭 나오는 문장들

1. It is important that those present at the meeting assist others in **getting accurate notes** of the subject matter. ⇨ 회의에 참석한 사람들은 참석하지 않은 사람들도 회의 주제에 관해서 정확하게 요약한 것을 받을 수 있도록 돕는 것이 중요하다.

2. The company issued a **promissory note** in lieu of a cash payment. ⇨ 그 회사는 현금지급 대신 약속어음을 발행했다.

3. **It should be noted that** the accused tried to contact the police when he found the body. ⇨ 피고인이 시체를 발견했을 때 경찰에 연락하려고 했다는 사실에 주목해야 한다.

4. **Please note that** no batteries are included with the toy. ⇨ 장난감에 건전지가 들어가 있지 않았다는 사실에 주목해 주십시오.

5. I have to **send a thank-you note** to my cousin. ⇨ 나는 내 사촌에게 감사의 편지를 보내야 한다.

notice _ n. 통지, 통고 v. 알아채다, 주의하다

「통지〈문〉」이란 뜻외에, 「주목」(attention), 「비평」 또는 「주의하다」, 「알아채다」라는 동사로도 많이 쓰인다. give, until 등과 결합할 때는 불가산 명사이므로 관사나 복수형을 쓸 수 없음에 유의한다.

🏃 TOEIC 점수를 쑥쑥 올려주는 표현들

give notice of …을 통지하다	**on such short notice** 사전에 충분한 예고없이, 급히
take notice of …에 주목(주의)하다	**until further notice** 추후 통지가 있을 때까지
legal notice 법 통지문, 법적 공고	
meeting notice 회의 통지문	**be subject to change without (formal) notice** (공식) 통보없이 바뀔 수 있다
overdue notice 연체료 고지서	
subscription notice 구독통지서	

🏃 TOEIC 시험에 꼭 나오는 문장들

1. We need to **take notice of** any potential problems on the assembly line and report them immediately. ⇨ 우리는 생산라인에 어떤 잠재적 문제거리라도 예의주시해서 즉시 그 사항들을 보고해야 한다.

2. The **meeting notice** was put up in the staff room two weeks ago; everyone is expected to attend. ⇨ 회의 통지문을 2주 전에 직원휴게실에 붙여두었으니까 직원들이 모두 참석할 것으로 예상된다.

3. Unfortunately we can not give you a refund **on such short notice,** but we can offer you a free night's stay. ⇨ 유감스럽게도 그렇게 갑자기 통보하시면 대금을 환불해 드릴 수는 없습니다만, 다음번에 하룻밤 무료로 숙박할 수 있도록 해드리겠습니다.

4. All employees will have to refrain from smoking in the entranceway **until further notice.** ⇨ 전 직원은 추후 통지가 있을 때까지 출입구에서 금연해야 할 것이다.

5. Duties at this plant will **be subject to change without notice** until the renovations are complete. ⇨ 수리가 끝날 때까지 통보없이 이 공장에서의 교대 근무조가 바뀔 수 있다.

「지금」, 「현재」란 부사를 비롯해 from now on에서처럼 명사로 쓰이거나 「…이니까」(because)란 뜻의 접속사 Now (that) 등 다른 단어와 어울려 수많은 표현을 만들어 내는 활용도 높은 단어.

🏃 TOEIC 점수를 쑥쑥 올려주는 표현들

by now 지금쯤은	**now that** …이므로
every now and then 때때로	**right now** 현재는
for now 지금으로서는	**until now** 지금까지는
from now on 지금부터	**up to now** 지금까지는
nowadays 현재에는	

🚶 TOEIC 시험에 꼭 나오는 문장들

1. I thought the maintenance crew would have plowed the parking lot **by now.** ⇨ 나는 관리과 직원들이 지금쯤은 이미 주차장의 눈을 치워 놓았을 것으로 생각했다.

2. We like to take a vacation **every now and then,** so we plan our holidays together. ⇨ 우리는 이따금 휴가를 가는 것을 좋아해서 함께 휴일계획을 세운다.

3. They said that they would try to be more cautious **from now on.** ⇨ 그 사람들은 앞으로는 보다 더 조심하도록 노력하겠다고 말했다.

4. **Now that** the vacation is over, most students will have to go back to school. ⇨ 방학이 끝났으므로 학생들은 대부분 학교로 돌아가야만 할 것이다.

5. The situation has been fine **up to now,** but I don't know what will happen in the long run. ⇨ 상황이 지금까지는 좋았으나 장기적인 안목에서 볼 때 무슨 일이 발생할지 모른다

TOEIC 어휘력 증강비법

pict/picto 묘사하다

- **depict** v. 그리다, 묘사하다
- **picture** n. 그림, 사진
- **pictorial** a. 그림의 n. 화보
- **picturesque** a. 그림과 같은, 아름다운

295

247 **number** _ n. 숫자, 번호 v. 세다, 번호를 매기다

「숫자」, 「번호」 등의 기본의미외에도 숫자와 관련해 「수를 세다」, 「…에 번호를 매기다」라는 뜻으로 사용되며 그밖에 「총계가 …이 되다」(to reach as a total), 「…가운데 포함하다」란 뜻도 있다.

🏃 TOEIC 점수를 쑥쑥 올려주는 표현들

a number of 다수의, 얼마간의
(the) number of …번, …(횟)수
account number 계좌번호
identification number 주민등록번호
license number 등록번호

policy number 보험증서 번호
social security number 사회보장번호
toll-free number 수신자 부담 전화번호
numbered label 번호가 적힌 딱지

🦘 TOEIC 시험에 꼭 나오는 문장들

1. There have been **a number of** complaints about our voice-mail system in the last few days. ⇨ 지난 며칠 동안 음성사서함에 대한 불평이 많았다.

2. Due to **the** low **number of** applicants for the job posting, we will continue to accept resumes until next week. ⇨ 모집하는 자리에 지원자들의 수가 저조해서 다음주까지 계속해서 이력서를 접수받을 것이다.

3. In order to process your insurance claim quickly, you must give us your **policy number.** ⇨ 귀하의 보험금을 빨리 지급받으시려면, 보험증서 번호를 저희에게 알려주십시오.

4. We need to file the contracts in order, using the **numbered label** on the top right hand side of each contract. ⇨ 우리는 계약서의 오른쪽 상단에 번호가 적힌 딱지를 붙여서 순서대로 철해야 한다.

TOEIC 어휘력
증강비법

nasc/nat 탄생하다

- innate a. 타고난
- naive a. 순수한
- nascent a. 초기의, 미성숙의
- nationality n. 국적, 국민
- nativity n. 출생, 탄생
- natural a. 자연의, 천연의

Chapter

14

| Keywords | **odd ~ power**

248 odd/odds _ n. 홀수 a. 이상한

odd와 odds는 엄연히 다른 단어. odd는 「홀수」에서 출발해 짝이 맞지 않아 「튀는, 이상한, 색다른, 특별한」 그리고 odds는 「차이」, 그에서 비롯되는 「다툼, 불화」, 「가망성, 승산, 확률」을 각각 뜻한다.

🏃 TOEIC 점수를 쑥쑥 올려주는 표현들

odds 차이, 불화, 승산, 유리한 조건
be at odds with …와 의견이 대립하다
the odds are against[in favor] …의 가능성이 없다[있다]

odds-on (선거 등) 당선이 확실한, 승산있는
against all odds 모든 역경을 딛고
odd lot 단주(端株), 거래 단위에 미달하는 수의 주

🏌 TOEIC 시험에 꼭 나오는 문장들

1. I've **been at odds with** the new manager over his plan to cut vacation time for employees. ⇨ 나는 새로 온 부장이 사원들의 휴가기간을 줄이려고 하는 문제를 놓고 그 사람과 다투었다.

2. In spite of what you might think, **the odds are against** our team in the semi-final match this year. ⇨ 네가 어떻게 생각할 지 모르지만, 우리 팀은 올해 준결승 전에서 이길 가망이 없는 것 같다.

3. I'm afraid I have to admit that **the odds are in favor of** my opponent in this tennis match. ⇨ 이 테니스 경기에서 내 상대가 이길 가능성이 있다는 사실을 인정할 수밖에 없다.

4. **Against all odds,** my partner and I managed to convince the committee to accept our proposal and fund our project. ⇨ 모든 역경을 딛고 파트너와 나는 위원회가 우리의 제안을 받아들여 프로젝트 자금을 지원하도록 하는 데 성공했다.

5. The trader was having a difficult time selling the **odd lot.** ⇨ 그 주식매매인은 단주 판매에 곤란을 겪고 있었다.

offer _ n. 제언, 제의 v. 제공하다, (값·금액) 부르다

「제의(하다)」,「제공(하다)」라는 의미로 쓰이는 명·동사 동형의 단어로, 오퍼상이라고 말하는 것에서도 알 수 있듯 상품 매매에 관련된 문맥에서 자주 사용된다.

🏃 TOEIC 점수를 쑥쑥 올려주는 표현들

offering 신청, 팔 물건, 제공	**offer low fares** 낮은 요금을 제공하다
offer advice 조언을 주다	**make a counteroffer** 역(逆)제의하다
offer a full refund 완전환불을 제공하다	**make a firm offer** 확정매매제의를 하다
offer discounts 요금을 할인하다	**job offer** 직업제의

🏃 TOEIC 시험에 꼭 나오는 문장들

1. According to the brochure, other interesting tourist **offerings** include guided tours through the jungle and hunting trips. ⇨ 광고 책자에 의하면 여타 제공되는 흥미로운 것은 안내인 대동 정글 투어와 사냥 여행이 있다.

2. The guidance counselor was responsible for **offering** sound **advice** to the students. ⇨ 지도교사는 학생들에게 건전한 충고를 주어야할 책임이 있다.

3. The travel agency down the hall is currently **offering discounts** on all fares to the Caribbean. ⇨ 복도 저쪽에 있는 여행사는 현재 카리브해행의 모든 여행요금을 할인하고 있다.

4. The real estate agent advised the man to **make a counteroffer** to the seller of the property. ⇨ 부동산 중개업자는 집을 팔려는 사람에게 역제의를 하라고 그 남자에게 충고했다.

5. The secretary posted the **job offer** on the bulletin board in the main foyer of the school. ⇨ 그 비서는 학교 휴게실의 게시판에 구인광고를 게시했다.

250 **office** _ n. 사무소, 사업소

「사무실」, 비즈니스가 행해지는 「사업소」 등을 가리키는 단어로 business, branch, head같은 단어와 결합해서 TOEIC에 꼭 등장하는 표현. 또한 officer는 기업의 「임원」이란 의미로 많이 사용된다.

TOEIC 점수를 쑥쑥 올려주는 표현들

operate offices 사무소를 운영하다	**field office** 현장 사무실
office automation 사무자동화	**corporate officer** 기업의 임원
office complex 사무단지	**customs official** 세관원
office supplies 사무용품	**immigration officer** 이민국직원
bank officer 은행임원	**loan officer** (금융기관의) 대출계원
box office 매표소, 흥행의 수익	**commercial lending office[institution]** 상업대출소
business office 사업소	

TOEIC 시험에 꼭 나오는 문장들

1. BC Cellular, one of the smallest cellular telephone companies in Canada, has just announced that it will begin to **operate offices** in Russia and the Ukraine by early next year. ⇨ 캐나다에서 가장 작은 규모의 휴대폰 회사 중 하나인 BC 무선전화사는 내년 초 러시아와 우크라이나에 영업소를 개설할 계획을 막 발표했습니다.

2. The company will send all of its employees to a seminar dealing with the benefits of **office automation.** ⇨ 그 회사는 직원들을 모두 사무 자동화의 혜택을 다루는 세미나에 보낼 것이다.

3. The movie had a poor showing at the **box office,** even though two famous actors had lead roles. ⇨ 그 영화는 유명 배우 두 명이 주연을 맡았지만 흥행 성적이 저조했다.

4. The newspapers reported that one of the company's **corporate officers** was not present at the celebration due to a sudden illness. ⇨ 신문들은 그 회사의 임원중 한사람이 갑작스런 발병으로 축하식에 참석하지 않았다고 보도했다.

order _ n. v. 주문(하다), 명령(하다), 정돈(하다)

비즈니스에서 order는 file, process, place 등의 동사와 어울려 「주문」 관련 문맥에서 애용된다. 한편, in order to는 「…하기 위해서」란 뜻으로 (be) in order(순서대로)와 혼동하지 않도록 유의하자.

🏃 TOEIC 점수를 쑥쑥 올려주는 표현들

orderly 순서대로, 정연하게	**mail order** 우편 주문
be on back order 미처리 주문 상태이다	**money order** 우편환(換)
issue an order 명령을 내리다	**purchase order** 구입 주문서
place an order 주문하다	**in order** 순서대로
process an order 주문을 처리하다	**in order to** …하기 위하여
take an order 주문을 받다	**sleep disorder** 불면증
made-to-order food 주문해 만든 음식	

🚶 TOEIC 시험에 꼭 나오는 문장들

1. The material for the bridesmaids' dresses **is on back order** from the textile company. ⇨ 신부 들러리의 드레스 재료가 직물 회사에서 미처리 주문 상태에 있다.

2. When the commander in charge **issues an order,** it must be followed without question. ⇨ 담당 지휘관이 명령을 할 때는 이유 불문하고 따라야 한다.

3. The customer called the department store and **placed an order** for twenty pairs of running shoes. ⇨ 그 고객은 백화점에 전화를 해서 운동화 스무 켤레를 주문했다.

4. To **process the order** on time, we must have the parts delivered by Friday. ⇨ 주문을 제 시간에 처리하기 위해서 부품들이 금요일까지는 도착해야 한다.

5. The waitress was asked to **take an order** from the diners at table number five. ⇨ 그 웨이트리스는 5번 테이블 손님의 주문을 받으라는 지시를 받았다.

organization _ n. 조직, 기업

「조직하다」, 「구성하다」라는 동사 organize의 명사형. 「조직」, 「구성」이란 뜻 외에 「기업」
(business), 「단체」(association)의 의미로도 많이 쓰인다.

🏃 TOEIC 점수를 쑥쑥 올려주는 표현들

organize 조직하다, 편성하다
organizer 조직자, 창립자, 주최자
organization chart 회사의 조직기구도
non-profit organization 비영리단체
organizational structure 조직구조

organized protest 조직적 항의, 시위
organizing committee 조직위원회
disorganized 산만한
reorganize 재편하다

🏃 TOEIC 시험에 꼭 나오는 문장들

1. On televised cooking programs, the cooks usually keep their
   kitchen counter top very clean and **organized.** ⇨ 텔레비전의 요리 프
   로그램을 보면 요리사들은 보통 부엌 조리대를 아주 청결하게 정돈한다.

2. To keep up with the accelerating rate of competition,
   organizations are being forced to reshape themselves. ⇨ 가속화되
   어가는 경쟁에 뒤쳐지지 않기 위해 기업의 재편성이 불가피해지고 있다.

3. I heard that she works for some **non-profit organization** in
   New York City. ⇨ 나는 그 여자가 뉴욕시에 있는 어느 비영리 단체에서 일한다고 들었다.

4. The marketing and sales divisions are going to be **reorganized**
   into a single business unit. ⇨ 마케팅과 영업 부서는 단일 부서로 재편될 것이다.

TOEIC 어휘력
증강비법

pos/pon 위치하다

• **deposit** v. 맡기다, 예금하다
• **opposite** a. 반대의

• **dispose** v. 배치하다
• **postpone** v. 연기하다

• **expose** v. 폭로하다
• **posture** n. 자세

outlet _ n. 전기 콘센트, 판매 대리점, 직영소매점

「배출구」 또는 「콘센트」. 본체에서 직접 연결된 출구라는 의미에서 주로 재고품이나 결함상품 (factory second)을 할인판매하는 「제조업체」, 「직판점」 또는 「할인점」을 뜻하기도 한다.

TOEIC 점수를 쑥쑥 올려주는 표현들

outlet mall 직영 할인상가	**retail outlet** 직영 할인 소매점
electrical outlet 전기 콘센트	**sales outlet** 판로, 대리점
factory outlet 공장 직영점	**warehouse outlet** 창고직영점
mill outlet 공장 직거래 매장	

TOEIC 시험에 꼭 나오는 문장들

1. The **outlet mall** is located just off the highway that leads into Los Angeles. ⇨ 직영 할인상가는 로스앤젤레스로 가는 고속도로를 조금 벗어난 곳에 위치해 있다.

2. It is important that you tell your children not to play with the **electrical outlets** in your home. ⇨ 가정에서 자녀들에게 전기 콘센트를 가지고 장난하지 않도록 말해두는 것이 중요하다.

3. The **factory outlet** was famous for its deep discounts. ⇨ 그 공장 직영점은 할인을 많이 해주는 것으로 유명했다.

4. You must apply for a special license in order to operate a **retail outlet** in America. ⇨ 미국에서 직영 할인점을 운영하려면 특별 면허를 신청해야 한다.

TOEIC 어휘력 증강비법

mitt/miss 보내다

- **admit** v. 인정(수용)하다
- **emit** v. 방출하다, 발하다
- **remit** n. (돈) 송금하다
- **commit** v. 위탁하다, 맡기다
- **intermittent** a. 간헐적인
- **submit** v. 제출하다, 복종하다
- **dismiss** v. 해고하다
- **permit** v. 허가하다
- **transmit** v. 발송하다

254 **parking** _ n. 주차

「공원」으로 유명한 park에 「주차하다」라는 의미가 있으며, 이때 명사형에 해당하는 단어가 바로 이 parking이다. 뒤에 attendant가 붙으면 「주차요원」이란 말이고, parking space는 「주차공간」.

🏃 TOEIC 점수를 쑥쑥 올려주는 표현들

parking attendant 주차요원	**parking ticket** 주차위반 딱지
parking lot 주차장	**handicapped parking** 장애인주차
parking meter 주차 미터기	**public parking** 공공주차장
parking spot 주차 장소	**overnight parking** 철야주차
parking sticker 주차 스티커	**valet parking** 대리주차

🏃 TOEIC 시험에 꼭 나오는 문장들

1. The **parking attendant** is looking out of the window. ⇨ 주차요원이 창 밖을 내다보고 있다.

2. Underground parking is available for everyone who displays a convention **parking sticker** in their car window. ⇨ 차창에 회의참석자용 주차스티커가 붙어있는 사람이라면 누구나 지하주차장을 이용하실 수 있습니다.

3. I'll lend you my car if you promise not to park in a handicapped **parking spot** or any other kind of tow away area. ⇨ 장애인 주차 지역이나 그외의 견인지역에 주차하지 않겠다고 약속하면 차를 빌려줄게.

4. No **overnight parking** or camping is allowed. Unattended cars are subject to towing after 10:00 p.m. ⇨ 밤새도록 주차하거나 야영하는 것은 금지됩니다. 밤 10시 이후에 사람이 안 탄 차는 견인됩니다.

5. We offer **valet parking** for a small fee or you can park your car in the parking lot on 47th Street. ⇨ 저희가 약간의 요금을 받고 주차를 대신 해드리거나 47번가의 주차장에 차를 주차하실 수 있습니다.

255 part/parts _ n. 부분, 부품 v. 나누다, 분리하다

「부분」이라는 기본의미로부터 복수로 기계의 일부분인 「부품」을 나타내기도 한다. 한편 「나누다」, 「분리하다」라는 의미의 동사로도 종종 쓰이니 함께 정리해 둔다.

🏃 TOEIC 점수를 쑥쑥 올려주는 표현들

the best part of …의 대부분	**out-of-stock parts** 재고없는 부품
take part in …에 참가하다, 관여하다	**recycled parts** 재활용 부품
part-time employee 시간제근무자	**replacement parts** 교체부품
component parts 구성요소	**worn-out parts** 수명 다한 부품
defective parts 결함이 있는 부품	

🦘 TOEIC 시험에 꼭 나오는 문장들

1. I didn't want to **take part in** the heist so I went to the police station. ⇨ 나는 그 강도짓에 관여하고 싶지 않았으므로 경찰서로 갔다.

2. Many of the company's **part-time employees** were laid off after the company went into receivership. ⇨ 회사가 법정 관리에 들어가자 정리해고된 시간제 근로자들이 많았다.

3. All **defective parts** must be returned to the manufacturer within one week. ⇨ 결함있는 부품들은 모두 1주일 내에 제조회사에 반환되어야 한다.

4. For purchasers of our brand-name appliances, we are now offering **replacement parts** at a discounted price. ⇨ 저희 상점에서 메이커 가전제품을 구매한 고객에게는 지금 할인가격으로 교체부품을 제공하고 있습니다.

5. The warranty extends to all **worn-out parts,** provided that they were not purchased more than three years ago. ⇨ 구매한 지 3년이 지나지 않았으면 수명이 다한 부품에 대해서도 모두 제품 품질보증이 적용된다.

TOEIC 어휘력 증강비법

tui/tuit/tut 가르치다		
• intuition n. 직관	• tuition n. 수업(료)	• tutor n. 가정교사, 지도교사

305

party _ n. 계약 당사자, 정당

「파티」, 「모임」으로 친숙한 단어. 하지만 계약이나 소 의 「당사자」 또는 opposition party(야당)와 같이 「정당」을 가리키기도 하며, 동사로는 「(파티 등에서) 즐겁게 놀다」라는 의미로도 쓰인다.

🏃 TOEIC 점수를 쑥쑥 올려주는 표현들

be a party to …에 관계하다

throw a party 파티를 열다

party line 당의 정책노선

third party 제 3자

party animal 파티에 가는 것을 좋아하 는 사람(=party-goer)

surprise party 본인에게 알리지 않고 몰래 준비하여 놀라게 하는 파티

the parties concerned (어떤 사건이나 일에 개입·연루된) 당사자들

🦘 TOEIC 시험에 꼭 나오는 문장들

1. We will meet the other **party** in the contract talks tomorrow.
   ⇨ 우리는 내일 계약협상에서 상대편을 만날 것이다.

2. According to a poll conducted by NBC, the Republican **party** is rapidly gaining voter support. ⇨ NBC 방송이 실시한 여론조사에 따르면, 공화당은 급속도로 유권자들의 지지를 얻어가고 있다고 한다.

3. The contract states that both **parties** have an obligation to keep all transactions with other companies confidential. ⇨ 계약서에는 양측 이 모두 쌍방간의 거래는 다른 기업들에게는 비밀로 해야 할 의무가 있다는 것을 명시하고 있다.

4. No matter what anyone says, I'**m** not **a party to** that kind of dishonest behavior and would never condone it. ⇨ 누가 뭐라고 하든 간에 나는 그런 부정직한 행동에 관여되어 있지 않으며, 또한 그러한 일을 용인하지 않겠다.

5. The workers decided to **throw a party** for their manager as he was retiring at the end of the week. ⇨ 직원들은 그 주 말에 퇴직하는 부장 을 위해 파티를 열기로 결정했다.

past _ n. 과거 a. 지나간, 노련한

「지난」, 「끝난」(finished), 「이전의」(previous)라는 뜻으로 「과거」라는 명사로도 쓰이며, 공간이나 시간의 어느 지점을 「지나다」란 의미의 전치사 혹은 부사로도 다양하게 활용된다.

🏃 TOEIC 점수를 쑥쑥 올려주는 표현들

past performance 지난 성과   **in the past six months** 지난 6개월간
past-due billings 기한이 지난 청구서들   **this past year** 작년
past-due notice 시한이 지난 통고   **over the past decade**
pastime 기분전환, 소일거리   지난 10년에 걸쳐
in the past 과거에, 종래

🚶 TOEIC 시험에 꼭 나오는 문장들

1. The company posted record sales and improved its productivity this **past** year. ⇨ 그 회사는 지난 한해 동안 기록적인 판매를 기록했으며 생산성을 향상시켰다.

2. The boy ran **past** a dog that was sprawled out on the hot pavement. ⇨ 그 남자애는 뜨거운 포장도로 위에 축 처져있는 개의 옆을 지나서 달렸다.

3. The **past performance** of a mutual fund is not necessarily indicative of the fund's future performance. ⇨ 투자신탁의 과거 실적을 검토해본다고 해서 반드시 미래의 실적을 알 수 있는 것은 아니다.

4. Payment for **past-due billings** will not be accepted after the second day of November. ⇨ 기간이 지난 청구서들의 지불은 11월 2일 이후에는 받아주지 않을 것이다.

5. The level of technology employed in everyday jobs has ballooned **over the past decade.** ⇨ 일상적인 일에서 사용되는 기술의 수준은 지난 10년간에 걸쳐 급속히 팽창되었다.

pay _ n. 임금 v. 지불하다

물건값을 「지불한다」(pay for)거나 「빚 따위를 청산한다」(settle a debt)고 할 때 딱~인 단어. 명사로는 salary, income, wage 등 노동의 대가로 받는 「임금」을 일반적으로 지칭하는 말.

🏃 TOEIC 점수를 쑥쑥 올려주는 표현들

pay in installments 할부로 지불하다	**pay phone** 공중전화
pay the bill (청구된 비용을) 지불하다	**payment option** 지불방법 선택(권)
pay overtime 초과근무수당을 지급하다	**payment terms** 지급조건
pay cut 임금 삭감	**pay raise** 임금인상
pay day 급여일	**payroll** 직원급여

🏃 TOEIC 시험에 꼭 나오는 문장들

1. If you go to a night club in Korea, you must bring enough money to **pay the bill** in full. ⇨ 한국에서 나이트클럽에 가려면, 비용을 전부 지불할 수 있는 충분한 돈을 가져가야 한다.

2. The car dealer informed us that we could either **pay for** our vehicle today or we could pay for it in monthly installments. ⇨ 자동차 판매인은 우리가 차의 가격을 오늘 지불하거나 월부로 지불할 수 있다고 알려주었다.

3. The **pay phone** is located next to the vending machine. ⇨ 공중전화기가 자판기 옆에 설치되어 있다.

4. As a result of the award, the supervisor will receive a **pay raise** from the company. ⇨ 우리 상사는 상을 받았기 때문에 회사에서 월급을 올려줄 것이다.

5. All **payroll** clerks are required to attend a meeting to discuss the benefits of the new taxation system ⇨ 직원급여 담당자들은 모두 새로운 세제가 실시되는 것에 따르는 혜택에 대해 논의하는 회의에 참석해야 한다.

6. The director of the research department has decided to implement an **incentive pay** system. ⇨ 그 연구부서의 소장은 장려급제를 시행하기로 결정했다.

incentive pay 장려금	**interim payment** 중도금
initial pay 최초 임금	**pay-as-you-go plan**
loan payment 융자금 상환	(세금) 원천 징수 방식, (임금) 현금지불 방식
balance of payments 국제수지	**automatic deposit payment**
debt repayment 채무지불	자동이체 예금
delinquent payment 연체금	**accounts payable**
down payment (할부판매시 첫)인도금	지불계정, 지불계정부, 외상납입금

7. One of the most difficult things for a young couple to do these days is to come up with the money for a house **down payment.** ⇨ 오늘날 젊은 부부들에게 가장 어려운 일은 주택을 구입할 때 인도금을 마련하는 것이라고 할 수 있다.

8. The IRS has initiated a **pay-as-you-go plan** that allows taxpayers to pay their taxes based solely on their monthly income. ⇨ 美 국세청은 납세자들의 월수입만을 근거로 세금을 내게 하는 원천징수 방식을 도입했다.

TOEIC 어휘력
증강비법

pel/puls 누르다, 추가하다

- **compel** v. 강제하다
- **expel** v. 물리치다, 추방하다
- **propel** v. 추진하다
- **pulse** n. 맥박, 파동
- **dispel** v. 일소하다, 쫓아버리다
- **impel** v. 재촉하다
- **propulsion** n. 추진(력)
- **repel** v. 격퇴하다, 몰아내다

259 **performance** _ n. 실행, 성과, (기계의) 성능

perform의 명사형으로 「실행」, 「성과」 등의 의미를 가진다. 특히 performance appraisal하면 업무에 대한 「실적 평가」 즉 「인사고과」를 뜻하며 performance rating이라고도 한다.

🏃 **TOEIC 점수를 쑥쑥 올려주는 표현들**

perform 수행하다	**perform maintenance on the machine** 기계를 정비하다
perform an operation 수술하다	
corporate performance 영업실적	**performance appraisal system** 인사고과제도
performance rating 업무달성도평가	**performance review[evaluation]** 업무(달성도) 평가
performance record 업무기록	
dance performance 무용공연	**Sunday's matinee performance** 일요일의 주간공연
perform loan portfolio administration duties 대출관리 업무를 수행하다	

🐾 **TOEIC 시험에 꼭 나오는 문장들**

1. The overall **corporate performance** of the company increased 6% after Mark implemented measures to improve efficiency. ⇨ 마크가 효율성을 증진시키기 위한 조처들을 이행한 후에 그 회사의 전반적인 영업실적이 6% 향상되었다.

2. Compared to all of the other departments last quarter, we received the highest **performance rating.** ⇨ 지난 분기엔 다른 부서들과 견주어서 우리가 최고 등급의 업무평가를 받았다.

3. The woman was hired to **perform loan portfolio administration duties.** ⇨ 그 여자는 대출관리 업무를 수행하기 위해 고용되었다.

4. If you feel that you should be considered for a promotion, you ought to request a **performance appraisal** in writing. ⇨ 당신이 승진대상자라고 생각한다면, 서면으로 실적평가를 요구해야 한다.

5. **Sunday's matinee performance** will be postponed until further notice. ⇨ 일요일의 주간 공연은 추후통지가 있을 때까지 연기될 것이다.

pick _ v. 고르다, 데려오다, 나아지다

「선택하다」는 의미로 대개 pick up의 형태로 쓰이며 사람이나 물건이 있는 곳으로 가서 「…을 데리고 〔가지고〕 오다」 또는 경기 등이 「나아지다」라는 뜻으로 쓰인다.

🏃 TOEIC 점수를 쑥쑥 올려주는 표현들

pick on …를 비난[혹평]하다, 괴롭히다	**pick up the tab** 계산하다
pick out 고르다, 선택하다, 분간하다	**pick-up** 경기 회복
pick up a passenger 승객을 태우다	**pickpocket** 소매치기하다
pick up sales 판매를 증진하다	**pick up** 고르다, 차로 데리고 오다, (경기·건강 등이) 좋아지다, (기술을) 습득하다
pick up speed 속력을 내다	

🐒 TOEIC 시험에 꼭 나오는 문장들

1. He asked me where I wanted to eat, so I **picked** an Italian restaurant. ⇨ 그 남자가 내게 어디서 먹고 싶냐고 물어서 난 이탈리아 음식점을 골랐다.

2. The old man was having a difficult time **picking out** an interesting magazine from the magazine stand. ⇨ 그 노인은 잡지 가판대에서 흥미있는 잡지를 고르는데 어려움을 겪고 있었다.

3. Our office manager gave us an ultimatum; **pick up** our **sales** volume or find a new job. ⇨ 우리 업무부장은 판매를 증진시키거나 아니면 새 일자리를 알아보라며 우리에게 최후 통첩을 보냈다.

4. The airplane was **picking up speed** as it taxied down the slippery runway. ⇨ 비행기는 미끄러운 활주로를 활주하면서 속도를 높였다.

5. My boss told me that I should go out shopping and **pick up** a few new suits. ⇨ 우리 사장님은 내게 쇼핑가서 양복을 새로 몇벌 사도록 하라고 했다.

> 💡 TOEIC 어휘력
> 증강비법
>
> **graph 쓰다**
>
> - calligraphy n. 달필
> - graphology n. 필적학
> - graphic a. 생생한
> - bibliography n. 서지학
> - graphite n. 석연
> - biography n. 전기, 일대기

place _ n. 장소, 자리, 집 v. 두다, 주문하다

명사로 「장소」를, 동사로 「두다」, 「주문하다」, 「임명하다」 등을 의미하지만 「인칭 소유격 + place」 형태로 쓰이면 주로 「집」을 의미한다. 기타 주요표현으로 「광고를 싣다」(place an ad) 등이 있다.

🏃 TOEIC 점수를 쑥쑥 올려주는 표현들

business place 영업[사업]장	**take place** 발생하다
in the first place 애당초	**in place** 적소에, 적절한(↔ out of place)
marketplace 시장, 장터	**placement** 배치, 채용, 고용
misplace 둔 곳을 잊다	**placement agency** 직업소개소
place A in B A를 B에 넣어두다	**outplacement service** 전직 알선 서비스
place an order 주문하다	
place of purchase 구입처	**take one's place** (어떤 특정한) 지위를 차지하다
place an ad 광고를 내다	

🐾 TOEIC 시험에 꼭 나오는 문장들

1. After the movie ended, we all went back to my **place** and played cards until the morning. ⇨ 영화가 끝난 후, 모두 우리집으로 가서 아침까지 포커를 쳤다.

2. I may have **misplaced** the document you gave me yesterday.
   ⇨ 어제 당신이 준 서류를 잃어버린 것 같아요.

3. Please inform all of the customers that they should **place their orders** at the service counter on the second floor. ⇨ 모든 고객들에게 2층 주문 카운터에서 주문을 해야 한다고 알려주시기 바랍니다.

4. Proof of date, price, and **place of purchase** is required for all returns. ⇨ 구입 제품을 반품하려면 모두 구매 날짜, 가격 그리고 구입 장소를 증명할 수 있어야 합니다.

5. The secretary received six hundred dollars for tuition from her former employer's **outplacement service.** ⇨ 비서는 그 여자의 이전 고용주로부터 전직 알선비로 6백 달러를 받았다.

262 **plan** _ n. 계획, 안, 방식 v. …을 계획하다

어떤 「안」(案)이나 일의 「방식」, 「방법」 그리고 「…을 계획하다」라는 의미의 동사로도 사용된다. 참고로 매우 어렵거나 중요한 일에 대한 종합적이고 기본적인 계획은 master plan이라고 한다.

🏃 TOEIC 점수를 쑥쑥 올려주는 표현들

plan to + V …할 계획이다
business plan 사업 계획
marketing plan 마케팅 기획
retirement plan 퇴직금 제도

pay-as-you-go plan
(세금) 원천 징수 방식 (임금) 현금지불 방식
ESOP(Employee Stock Ownership
Plan) 종업원 지주제도

🏃 TOEIC 시험에 꼭 나오는 문장들

1. The third part of the current **business plan** focuses on overseas expansion. ⇨ 현 사업 계획의 제 3단계는 해외 확장에 초점을 맞추고 있다.

2. The **marketing plan** for the new business should be ready by tomorrow afternoon. ⇨ 새 사업에 대한 마케팅 기획안은 내일 오후까지 준비되어야 한다.

3. Several seminars are scheduled to present the firm's new **retirement plan** to employees. ⇨ 직원들에게 회사의 새로운 퇴직금 제도를 알리는 세미나를 몇 번 열도록 예정되어 있다.

4. The university has decided to adopt a **pay-as-you-go plan** for its part-time students. ⇨ 그 대학은 신청 학점이 적은 비정규 학생들에게는 등록금을 현금으로 내라는 제도를 채택하기로 했다.

5. Through an **ESOP** 18 months ago, United Airlines employees accepted a 15% pay cut in return for 55% of the company. ⇨ 18개월 전 종업원 지주제를 실시하는 데 따라 유나이티드 항공의 종업원들은 회사 지분의 55%를 받는 대가로 임금을 15% 삭감하는 안을 받아들였다.

313

263 plant _ n. 식물, 공장, 건물 v. 심다, 뿌리다

「식물」이란 뜻이 먼저 떠오르지만 TOEIC에서는 주로 「공장」이란 뜻으로 쓰여 assembly plant하면 「조립공장」을, 「발전소」는 power plant라고 한다. 또 「심다」, 「씨를 뿌리다」라는 동사로도 쓰인다.

🏃 TOEIC 점수를 쑥쑥 올려주는 표현들

plantation 재배지, 농원, 농장	**manufacturing plant** 제조공장
plant seeds 씨를 뿌리다	**power plant** 발전소
build a plant 공장을 짓다	**processing plant** 가공 공장
water a plant 식물에 물을 주다	**implant** 이식하다
assembly plant 조립 공장	**transplant** 옮겨 심다

🦘 TOEIC 시험에 꼭 나오는 문장들

1. My father woke up early every day last week in order to **plant** vegetables in his garden. ⇨ 우리 아버지는 밭에 야채를 심으려고 지난 주 매일 일찍 일어났다.

2. The banana **plantation** was located on the outskirts of the town and employed most of the townspeople. ⇨ 바나나 농장은 마을 외곽에 위치해 있는데, 마을 주인 대부분을 고용하고 있었다. 그 부인은 이웃사람에게 자기가 휴가 여행을 떠난 동안 자기 아파트에 있는 화초에 물을 좀 줄 것을 부탁했다.

3. The woman asked her neighbor to **water the plant** in her apartment while she was away on vacation. ⇨ 그 부인은 이웃사람에게 자기가 휴가 여행을 떠난 동안 자기 아파트에 있는 화초에 물을 좀 줄 것을 부탁했다.

4. The company's new **assembly plant** is expected to be fully operational before the end of this year. ⇨ 회사의 새로운 조립공장은 올 연말 이전에 완전히 가동 준비가 될 것으로 예상되고 있다.

5. The **power plant** will produce 1,500 megawatts of power and cost more than fifteen million dollars. ⇨ 그 발전소는 1,500 메가와트의 전력을 생산하며, 1,500만 달러가 넘는 비용이 들어갈 것이다.

264 point _ n. 핵심, 요지 v. 지시하다, 지적하다

「뾰족한 끝」(sharp end)에서 「사물의 핵심」, 「말의 요지」라는 의미로도 쓰이는데, have a point하면 「핵심을 잡았다」, 즉 「일리가 있다」라는 뜻이고 case in point하면 「적절한 예」를 말한다.

🏃 TOEIC 점수를 쑥쑥 올려주는 표현들

pointless 무의미한, 요령없는	**point of no return** 돌이킬 수 없는 상태
point out 지적하다	**point of view** 관점
point to …을 가리키다	**case in point** 적절한 예
get to the point 요점을 말하다	**to the point** 적절한

🏋 TOEIC 시험에 꼭 나오는 문장들

1. I tried to **point out** that his calculations were slightly off, but he was too stubborn to listen. ⇨ 나는 남자가 한 계산에 다소 오류가 있다는 것을 지적하려고 했지만, 그 사람이 워낙 완고해서 내 말에 귀기울이지 않는다.

2. I don't want to waste your time, so I will **get** right **to the point.** ⇨ 네 시간을 낭비하고 싶지는 않으니까 본론부터 얘기할게.

3. The company has been losing money for years now and it's close to the **point of no return.** ⇨ 회사는 현재까지 여러해동안 손실을 보아서 거의 돌이킬 수 없는 상태가 되었다.

4. She sees things from a woman's perspective, which is often quite different from a man's **point of view.** ⇨ 그 여자는 그것을 여성의 관점에서 보았는데 그것은 남성의 관점에서 보는 것과 상당히 다른 경우가 많다.

5. Driving while under the influence of alcohol, as a **case in point,** is a dangerous things to do. ⇨ 적절한 예로, 술취한 상태에서 자동차를 운전하는 것은 위험한 행동이다.

🔺 TOEIC 어휘력 증강비법

pli/plic/ply 접다

- **complicated** a. 복잡한
- **diploma** n. 졸업증서, 면허장
- **diplomatic** a. 외교상의
- **display** v. 전시하다
- **explicit** a. 명백한, 숨김없는
- **imply** v. 의미(암시)하다

265 **policy** _ n. 정책, 방침, 보험증서

TOEIC 초보자들에게 뜻밖의 놀라움을 주는 단어. 정책으로만 알고있지만 TOEIC에서는 좀더 폭넓게 쓰여서 일정한 (행동) 「방침」을 그리고 나아가 「보험증서」를 뜻하는 경우가 태반이다.

🏃 TOEIC 점수를 쑥쑥 올려주는 표현들

cancel a policy 보험을 해지하다	**draft policy** 정책 초안
establish a policy 정책을 수립하다	**foreign policy** 외교 정책
policy changes 정책 전환	**open-door policy** 개방 정책
policyholder 보험 계약자	**pension policy** 연금 제도
policy number 보험 증권 번호	**transportation policy** 운송정책
company policy 회사 (경영) 방침	**comply with a new policy**
cost-saving policy 비용절감정책	새 방침에 따르다

🐾 TOEIC 시험에 꼭 나오는 문장들

1. The **policyholder** had insurance that covered his house, his car and his health. ⇨ 그 보험 계약자는 자신의 집과 자동차, 그리고 건강까지 보장해주는 보험에 들었다.

2. Please remember to have your **policy number** handy when you file a claim with our office. ⇨ 우리 사무실에 지급 요청서를 제출하실 때에는 당신의 보험증권 번호를 댈 수 있도록 준비하시기 바랍니다.

3. It was **company policy** not to let workers smoke in the hallways or the bathrooms. ⇨ 회사 방침상 직원들은 복도나 화장실에서 담배를 피울 수 없었다.

4. The boss implemented an **open-door policy,** which made complaining and voicing our opinions much easier. ⇨ 사장이 시행한 개방 정책으로 인해 불만사항을 제기하고 의견을 말하는 것이 훨씬 수월해졌다.

5. The company was told to **comply with** the government's **new policy** or face prosecution. ⇨ 그 회사는 정부의 새 방침에 따르지 않으면 고발 조치 당할 것이라는 통보를 받았다.

「기둥」이란 뜻이 있어 기둥에 notice 등을 붙이는, 즉 「게시판에 붙이다」로 쓰이며 또한 기업이 신문 등을 통해 결산공시를 하는데서 파생, 「분개(分介)하다」, 「장부에 기록하다」란 의미도 있다.

🏃 TOEIC 점수를 쑥쑥 올려주는 표현들

post the job 결원이 있음을 게시하다   **postpaid card** 요금선납 엽서

keep sby posted …에게 근황을 알리다   **postage** 우편요금

post a loss (회계장부상) 손실을 공고하다   **postage meter** 우편요금계기

post a notice 공지사항을 게시하다   **postage-due stamp** 추가요금우표

post office 우체국   **postage paid** 요금별납

postmark 소인(消印), 소인을 찍다   **postal money order** 우편환

🏃 TOEIC 시험에 꼭 나오는 문장들

1. The company is expected to **post** revenues in excess of one billion dollars this fiscal year. ⇨ 그 회사는 올 회계년도에 10억 달러가 넘는 수입을 기록할 것으로 예상되고 있다.

2. The manager told his secretary to **post the job** opening on the bulletin board in the main lobby. ⇨ 부장은 비서에게 중앙 로비의 게시판에 일자리 공고를 붙이라고 했다.

3. The company was not profitable after it had to **post a loss** last year. ⇨ 그 회사는 작년에 손실을 공고할 수 밖에 없었는데, 그 후 수익을 낼 수가 없었다.

4. Please **keep** me **posted** on the latest developments in the design of the new building, and let me know if I can help with anything. ⇨ 새로 짓는 빌딩의 설계에 대해 새로운 사항이 생기면 계속 나에게 알려주세요. 그리고 제가 도와드릴 일이 있으면 알려주시구요.

5. I watched the clerk **postmark** the letters before he put them into the box. ⇨ 나는 우체국 직원이 편지를 상자 속에 넣기 전에 소인 찍는 것을 보았다.

267 **power** _ n. 힘, 효력 v. 동력을 공급하다, 강화하다

물리적 힘 뿐만이 아니라 「권력」, 「능력, 재능」, 「영향력」 등 추상적 힘까지 포함하는 단어로 약의 「효력」이라든지 기계의 「동력」, 그리고 「…에 동력을 공급하다」라는 의미의 동사로도 쓰인다.

🏃 TOEIC 점수를 쑥쑥 올려주는 표현들

power outage[failure] 정전(기간)   **gas-powered car** 가솔린 차
power station[house] 발전소   **manpower** 인적 자원, 인력
power steering 파워 핸들   **nuclear power** 원자력
power tool 동력기구   **purchasing power** 구매력
the powers that be 당국, 권력자

🏋 TOEIC 시험에 꼭 나오는 문장들

1. There was a severe **power outage** in the north end of the city, so we are behind schedule. ⇨ 도시 북단에 심각한 정전사태가 일어나 우리 작업 진행이 예정보다 늦어졌다.

2. That **power station** is going to be a major drawback in the marketing of the new townhouses in the area. ⇨ 저 발전소가 이 지역에 새로 지은 연립주택을 판매하는 데 커다란 장애물이 될 것이다.

3. You can speed up production and maintain high quality standards at the same time with Dynamo **power tools.** ⇨ 다이나모 동력 공구로 여러분의 작업 속도를 높이면서 동시에 높은 질을 유지할 수 있습니다.

4. The small company lacked the **manpower** to win the manufacturing contract. ⇨ 그 중소기업은 인력이 부족해서 제조 계약을 따내지 못했다.

5. The **purchasing power** of the Canadian dollar, compared to the US dollar, has dropped substantially over the last decade. ⇨ 캐나다달러의 구매력은 미국달러와 비교해볼 때, 지난 10년간에 걸쳐 상당히 떨어졌다.

Chapter

15

| Keywords | **practice ~ quotation**

practice _ v. 실행하다, (의사·변호사가) 개업하다

practice하면 「실행(연습)하다」부터 떠올리기 쉽지만, 「의사·변호사가 자신의 진찰실이나 사무실을 개업하다」라는 의미도 있다. 예를 들어 practice law하면 「변호사 일을 하다」라는 뜻.

🏃 **TOEIC 점수를 쑥쑥 올려주는 표현들**

practitioner 개업의, 개업 변호사
sole practitioner 단독 개업자
put into practice 실행에 옮기다
practice tips 연습이 잘 되는 비결
daily practice 매일 하는 연습
medical malpractice 의료사고
practical experience 실제경험

impractical 비현실적인, 비실용적인
practice the instrument
　악기를 연습하다
practice an environmentally friendly lifestyle
　환경에 유익한 생활습관을 실천하다

🦘 **TOEIC 시험에 꼭 나오는 문장들**

1. The law firm has expanded its **practice** to include personal injury litigation. ⇨ 그 법률 사무소는 개인상해 배상소송도 다루도록 업무범위를 확장했다.

2. I think that after all of our discussions, it's time to **put** our ideas **into practice** and see how they work. ⇨ 논의는 많이 했으니, 이제 우리의 아이디어를 실행에 옮겨서 그게 얼마나 효과가 있는지 알아봐야할 때라고 생각합니다.

3. When my grandmother suffered unnecessarily after her heart surgery, our family decided to sue the hospital for **medical malpractice.** ⇨ 할머니가 심장 수술을 받고 불필요한 고통에 시달리자 우리 가족은 병원을 상대로 의료사고에 대한 소송을 하기로 결정했다.

4. The teacher told the students to **practice their instruments** as much as possible. ⇨ 교사는 학생들에게 가능한 한 악기 연습을 많이 하라고 말했다.

💡 TOEIC 어휘력 증강비법

put 생각하다, 계산하다

• **compute** v. 계산하다, 평가하다
• **deputy** n. 대리인

• **depute** v. …을 대리로 명하다, 위임하다
• **dispute** v. 논의하다, 토론하다

present _ v. 발표하다, 주다

「선물하다, 주다」라는 의미도 있지만 실용영어에서는 「발표하다」라는 동사로 가장 많이 쓰인다. 「발표회」는 presentation, 그리고 「발표하는 사람」은 presenter라고 한다.

🏃 TOEIC 점수를 쑥쑥 올려주는 표현들

presently 현재	**present oneself in an interview** 면접을 보다
be not present at …에 있지 않다	
present A with B A에게 B를 주다	**cancel the presentation** 발표회를 취소하다
present an award 상을 수여하다	
present a proposal 제안하다	**get ready for a presentation** 발표회 준비를 하다
at the present time 오늘날, 현재	**award is presented by** 상(賞)이 …에 의해 수여되다
sales presentation 판매 발표회	
the first presenter 첫번째 발표자	

🏃 TOEIC 시험에 꼭 나오는 문장들

1. Please stand by as we are **presently** experiencing technical difficulties. ⇨ 저희가 현재 기술적인 문제로 화면이 좋지 않으니 좀 기다려 주십시오.

2. The sales clerk **was not present at** the counter to take the customer's order. ⇨ 점원은 고객의 주문을 받는 카운터를 비웠다.

3. We are proud to **present** Hyundai **with** this award of excellence in craftsmanship. ⇨ 우리는 현대 그룹에 이 기능 우수상을 수여하는 바입니다.

4. The **sales presentation** went well despite the initial problems with the sound system. ⇨ 판매 발표회는 처음에 음향설비에 문제가 좀 있었지만 잘 진행되었다.

5. **The first presenter** will speak about the problems of conducting business in China. ⇨ 첫번째 발표자가 중국에서 사업을 하면서 발생하는 문제점들에 대해 발표할 것입니다.

price _ n. 가격, 값, 시세 v. 값을 매기다

「상품의 구입시 지불해야 되는 금액」, 즉 「가격」(價格)을 지칭하는 단어. 한편, cost는 「원가」(原價)나 「비용」(費用)으로 이윤이 제외된 점에서 price와는 차이가 있으니 구분해 둘 것

🏃 TOEIC 점수를 쑥쑥 올려주는 표현들

pricing 가격책정	**raise prices** 가격을 올리다
pricey 비싼	**price structure** 가격구조
priceless 대단히 귀중한	**affordable price** 알맞은 가격
increase prices 가격을 인상하다	**asking price** 호가
keep prices down 가격을 억제하다	**catalogue price** 카탈로그가격

🦘 TOEIC 시험에 꼭 나오는 문장들

1. We've had a hard time coming together in terms of a decision on the **pricing** of our new products. ⇨ 우리는 신제품의 가격책정에 대한 의견 일치를 보는 데 어려움을 겪었다.

2. I love that restaurant, but it's kind of **pricey** and these days I've been trying to save money. ⇨ 그 레스토랑을 좋아하긴 하지만 가격이 좀 비싸. 요즘 돈을 절약하려고 애쓰고 있단 말이야.

3. The company I work for has decided to **keep** its **prices down** this year. ⇨ 내가 다니는 회사는 올해 제품의 가격인상을 억제하기로 결정했어.

4. I decided to purchase my phone from another company because they have **competitive prices** and better after-sales service. ⇨ 나는 다른 회사의 전화기를 구입하기로 결정했어. 그 회사가 상대적으로 가격이 저렴하고 애프터 서비스도 좋거든.

5. I think we should go the department store that has the most **reasonable prices** so that we aren't stuck having to spend so much money. ⇨ 나는 가격이 가장 싼 그 백화점으로 가야 한다고 생각해. 그러면 꼼짝없이 돈을 엄청나게 쓰지 않아도 되거든.

competitive price 경쟁력이 있는 가격	**special price** 특가
discount price 할인가	**unit price** 단가
factory price 공장도가	**at reduced prices** 할인가격으로
low price guarantee 저가보장	**S + bear list prices ranging from A to B** …의 가격은 A에서 B에 걸쳐 있다
reasonable price 비싸지 않은 가격	
regular price 정가	**offer the lowest price** 가장 저렴한 가격으로 제공하다
retail price 소매가	

6. Even though the store charges **regular prices,** their products are known to be very high quality. ⇨ 그 상점은 정가로 팔기는 해도, 상점 물건들의 품질이 매우 뛰어난 것으로 정평이 나 있다.

7. Our store offers **retail prices** that can't be beat by our competitors. ⇨ 우리 매장은 경쟁 매장들이 따라올 수 없는 소매가로 판매하고 있다.

8. When you calculate the individual **unit prices,** you realize that they are ripping us off when they send us large shipments. ⇨ 단가를 계산해보면 그 사람들이 물건을 대량으로 보낼 때 우리에게 바가지를 씌우고 있다는 것을 알게 될거야.

9. The new laser printers **bear list prices ranging from** 900 **to** 2500 U.S. dollars. ⇨ 레이저 프린터 신기종들은 900에서 2500달러에 이르는 가격대에 걸쳐있다.

10. Many of the stores that promise **low price guarantees** do not really offer the lowest prices in town. ⇨ 저가보증을 약속하는 많은 상점들이 실제로 우리 지역에서 가장 저렴한 가격을 제공하지는 않는다.

TOEIC 어휘력
증강비법

mem 기억하다

- commemoration n. 축하, 기념
- memorabilia n. 기억할 만한 사건
- memorandum n. 각서, 비망록
- memory n. 기억
- memento n. 기념품(물)
- memorable a. 기억할 만한
- memorial a. 기념의 n. 기념물(비)
- remembrance n. 기억, 기념(품)

primary _ a. 주요한, 1차적인

「최고의」, 「주요한」, 「전성기」란 뜻의 prime에서 파생된 단어로 「가장 주요한」(chief; main), 「1차
적인」이란 의미. 예를 들어, 병원의 1차 진료는 primary care이다.

🏃 **TOEIC 점수를 쑥쑥 올려주는 표현들**

prime 첫째의, 최초의, 전성기	**primary care physician** 1차 진료의
primarily 처음에는, 주로, 본래는	**primary color** 원색
prime minister 수상	**primary concerns** 주된 관심
prime rate 우대금리	**primary evaluation** 1차 감정
prime-time rate TV의 골든아워요금	**primary goal** 주요 목표
prime rib dinner (최고급의) 갈비정식	**primary reason** 주원인

🏃 **TOEIC 시험에 꼭 나오는 문장들**

1. The guide told the tourists that the castle was now used **primarily** for art exhibitions. ⇨ 그 가이드는 관광객들에게 그 성이 현재는 주로 미술전람회장으로 이용된다고 말했다.

2. The central bank set the **prime rate** at 6.5% in order to slow down economic growth. ⇨ 중앙은행은 경제성장 속도를 늦추기 위해 우대금리를 6.5%로 정했다.

3. The major TV networks charge **prime-time rates** for advertising during peak viewing hours. ⇨ 전국적인 방송망을 가진 주요 TV 방송국들은 시청률이 최고인 시간대에 광고하는 것에 골든아워요금을 부과한다.

4. Many health insurance policies in the US require that employees designate a **primary care physician**. ⇨ 미국에서는 직원 들에게 1차 진료의를 지정하도록 요구하는 의료보험이 많다.

5. The real estate agent conducted a **primary evaluation** of the couple's home. ⇨ 부동산 중개업자는 그 부부 집의 1차 감정을 실시했다.

272 **priority** _ n. 우선권, 우선 사항

prior라는 형용사의 명사형으로 「가장 중요하고 긴급한 사항」을 뜻한다. 그래서 「최우선 사항」을 top priority라 하고, priority mail하면 일정 무게 이하의 1종 우편물인 「등기」를 가리킨다.

🏃 TOEIC 점수를 쑥쑥 올려주는 표현들

give priority to …에 우선권을 주다	**prior to** …보다 전에, 먼저
take priority 우선권을 가지다	**prior engagement** 선약
priority mail 빠른 우편	**have priority over**
top priority 최우선 사항	…보다 우선권이 주어지다

🏃 TOEIC 시험에 꼭 나오는 문장들

1. I'd **give priority to** Miss Johnson because she is the new chairman's niece. ⇨ 존슨씨는 새로 취임한 회장의 조카여서 그 여자에게 우선권을 주어야 했다.

2. It was sent using **priority mail,** so you should have received it at your office by now. ⇨ 빠른 우편으로 보냈으니 지금쯤 너의 사무실에 도착했을 것이다.

3. Please give this assignment **top priority** this week, as it must be completed before the weekend. ⇨ 이 문제를 금주의 최우선 사항으로 해주십시오. 주말이 되기 전에 끝내야 하니까요.

4. She talked to him in the elevator, **prior to** his meeting with the chairman. ⇨ 그 남자가 회장과 만나기 전에 여자는 남자와 엘리베이터 안에서 얘기했다.

TOEIC 어휘력 증강비법

fin/finis 끝나다, 제한하다

- **define** v. 정의하다
- **final** a. 최종의 n. 결승전
- **affinity** n. 인척관계, 유사성
- **financial** a. 재정상의
- **definitive** a. 결정적인
- **infinite** a. 무한의
- **finish** v. 끝내다, 완성하다
- **finance** n. 재정, 금융 v. 자금을 조달하다
- **confine** v. 제한하다
- **refine** v. 정제하다
- **finis** n. 마지막, 종말

325

273 **procedure** _ n. 순서, 절차

어떤 일의 순서 또는 절차를 의미하는 단어. 한편, 「나아가다」, 「계속되다」란 동사 proceed가 명사로 쓰여 복수형이 되면 「수익」, 「수입」이란 의미가 된다는 것도 기억하자.

🏃 TOEIC 점수를 쑥쑥 올려주는 표현들

proceeds 수익, 수입	**fire drill procedures** 소방훈련절차
proceedings 소송절차	**operating procedures** 운영절차
proceed 나아가다, 계속하다	**safety procedures** 안전절차
procedure for …에 대한 절차	**bankruptcy proceedings** 파산소송
proceed with[to] …로 나아가다	**cost cutting procedures** 비용절감절차
filing procedures 고소절차	

🏃 TOEIC 시험에 꼭 나오는 문장들

1. All of the **proceeds** from the fashion show will be donated to the Sick Children's Foundation. ⇨ 그 패션 쇼의 모든 수익금은 투병 어린이 재단에 기부될 것이다.

2. The soldiers conducting the mine sweep in Saudi Arabia were told to **proceed with** caution. ⇨ 사우디 아라비아에서 지뢰 제거작업을 하고 있는 군인들은 조심해서 작업하라는 지시를 받았다.

3. The US government has one of the most complicated **filing procedures** that I have ever seen. ⇨ 미정부의 고소절차는 내가 경험한 것 중 가장 복잡한 것에 속한다.

4. One of the company's most stringently enforced rules involves adhering to **safety procedures** that have been selected by the company's fire marshal. ⇨ 회사에서 가장 엄격하게 시행되는 규칙 중의 하나는 사내(社內) 소방담당관이 선택한 안전절차를 준수하는 것이다.

5. Following the company's inability to repay a number of loan payments, they entered into **bankruptcy proceedings.** ⇨ 회사가 여러가지 대부금을 상환하지 못하게 되자 회사는 파산절차를 밟기 시작했다.

produce _ n. 농산물 v. 생산하다, 일으키다

「제품을 생산하거나 농산물을 재배한다」는 뜻. 한편, production은 제품을 생산하는 행위를 나타내고, product는 그러한 생산 활동을 통해 얻어진 산물을 의미한다.

TOEIC 점수를 쑥쑥 올려주는 표현들

produce a movie 영화를 제작하다

test products 제품을 검사하다

product brochure 제품 안내서

product design 제품 디자인

product line 제품군(群)

product specifications 제품명세서

agricultural product 농산품

by-product 부산물

GDP(Gross Domestic Product) 국내총생산

produce long range consequences
장기적인 결과를 가져오다

produce more cholesterol
콜레스테롤이 더 생기게 하다

arrange the display of produce
농산물을 진열하다

TOEIC 시험에 꼭 나오는 문장들

1. The director made a lot of money this year and now plans to **produce** his next **movie.** ⇨ 그 영화감독은 올해 큰 돈을 벌었으며, 현재 새로운 영화 제작을 준비중이다.

2. The new **product line** will be available from the end of the fourth quarter. ⇨ 신상품군이 4/4분기 말부터 상품화될 것이다.

3. The **product specifications** were needed in order to set up the machinery in the factory. ⇨ 공장에 그 기계를 설치하기 위해서 제품 명세서가 필요했다.

4. The gasoline is a **by-product** formed when crude oil is transformed into kerosene. ⇨ 가솔린은 원유를 등유로 가공할 때 생기는 부산물이다.

5. The cashier was called to the back of the supermarket and asked to **arrange the display of produce.** ⇨ 계산대 직원은 수퍼마켓 뒤쪽으로 불려가서 농산물을 진열하라는 지시를 받았다.

profit _ n. 이익, 영리 v. 이익을 내다

「수익」, 특히 「수익」 중에서도 소요된 비용(costs)을 뺀 나머지 알짜배기 「이익」(利益)을 뜻하는 말.
반대로 「손실」은 loss. 그래서 profit and loss account라고 하면 「손익계산서」라고 한다.

🏃 TOEIC 점수를 쑥쑥 올려주는 표현들

profitability 수익성	**non-profit organization** 비영리단체
profit & loss 이익과 손실, 손익(損益)	**pre-tax profit** 세금을 내기 전의 이익
profit margin 이윤폭	**profit-making company** 영리회사
make a profit 이윤을 내다	**paper profit** 가공이익, 장부상의 이익
net profit 순익	

🐾 TOEIC 시험에 꼭 나오는 문장들

1. We calculated the **profit and loss** for this year's financial report, and it doesn't look good. ⇨ 올해 재무 보고서에 올릴 손익을 계산해 보니 만족스러워 보이지 않는다.

2. A distributor's income is derived from three sources: retail **profit margins,** monthly network discounts, and yearly bonuses. ⇨ 유통업자의 수입은 다음 세가지 소득원에서 얻어지는 것입니다. 즉, 소매 이윤, 매달 유통업체에게 할인해 주는 것, 그리고 연간 보너스입니다.

3. What was last year's **profit margin** on sales of new products to foreign investors? ⇨ 지난 해 외국투자자 대상 신상품의 이윤폭이 얼마였지?

4. If you read the annual report carefully, you can see that the company actually made a **pre-tax profit.** ⇨ 그 연차 보고서를 주의깊게 읽어보면, 그 회사는 사실상 세금을 내기 전의 이익을 냈다는 것을 알 수 있다.

5. The president claimed that his company made a **paper profit** of $375,000 in the stock market last year. ⇨ 그 사장은 자기네 회사가 지난해 주식시장에서 375,000달러의 장부상의 이윤을 냈다고 발표했다.

276 **program** _ n. 프로그램 v. 프로그램을 짜다, 계획을 세우다

명사 뿐 아니라 「프로그램을 짜다」, 「계획을 세우다」란 동사로도 쓰인다. 한편, program은 「프로그램」 자체를 나타내는 데 반해, programming은 「프로그램을 짜는 행위」에 초점을 맞춘 표현.

🏃 TOEIC 점수를 쑥쑥 올려주는 표현들

programmer 프로그램 작성자
programming 프로그램 (편성)
programmed learning 프로그램학습
exercise program 운동 프로그램
software program 소프트웨어프로그램

special program 특별 프로그램
employee fitness program
사원 건강 프로그램
be programmed to
…하도록 예정[계획]되어 있다

🏋 TOEIC 시험에 꼭 나오는 문장들

1. The **programming** will take about three weeks and cost $4,000.00. ⇨ 그 프로그램을 짜는데는 대략 3주가 걸리고, 4천달러의 비용이 들 것이다.

2. **Programmed learning** is one of the best ways to teach a child how to speak another language. ⇨ 프로그램 학습은 아이들에게 외국어를 말하는 법을 가르치는 가장 좋은 방법 중의 하나다.

3. A new **software program** has been developed that can make calculations faster than any other program currently available.
   ⇨ 소프트웨어 프로그램이 새로 개발되었는데, 현재 사용되는 다른 어떤 프로그램보다도 계산 속도가 빠르다.

4. The **employee fitness programs** will start at the beginning of next month. ⇨ 사원 건강 프로그램은 다음달 초에 시작될 것이다.

5. The alarm clock **was programmed to** go off at precisely four o'clock. ⇨ 그 알람시계는 정각 4시에 울리도록 맞춰져 있었다.

277 **project** _ n. 안(案), 계획 v. 입안하다, 계획하다

우리말된 외래어로, 새로운 것을 만들어 내거나 특별한 문제를 처리하기 위해 오랜기간 많은 노력
이 요구되는 「계획」 내지는 「계획된 행동」(planned activity)을 뜻한다.

🏃 TOEIC 점수를 쑥쑥 올려주는 표현들

projection 투영, 예측	**project on** (감정을)투사하다
projectile 투사물	**project manager** 사업 담당자
projector 영사기	**overhead projector** 투사기
be projected to …이 될 것으로 예측되다	

🏃 TOEIC 시험에 꼭 나오는 문장들

1. Management **projects** that fourth quarter losses will reach one million dollars. ⇨ 경영진은 4/4분기 손실이 100만달러에 달할 것으로 예측하고 있다.

2. Imports **are projected to** grow about eight percent annually through the year 2050. ⇨ 수입은 2050년까지 해마다 8% 정도씩 증가할 것으로 예측된다.

3. The **project manager** is responsible for all aspects of product development. ⇨ 그 사업 담당자는 제품개발의 모든 부문에 대해 책임을 지고 있다.

4. **Overhead projectors** are handy and have largely replaced blackboards at trade conventions. ⇨ 오버헤드 프로젝터는 간편해서 업계 회의에서는 칠판 대신 거의 대부분 이 투사기가 사용된다.

TOEIC 어휘력
증강비법

scrib/scrip 쓰다

- description n. 기술, 묘사 • inscription n. 비명, 비문   • scribble v. 낙서하다
- script n. 원고, 대본   • scripture n. 성서   • subscribe v. 구독하다
- subscription n. 정기구독, 기부   • prescription n. 명령, 규정, (약)처방전

promote _ v. 상품을 선전하다, 승진시키다

「상품선전」 및 「승진」이 대표의미. 또한 promote는 「승진시키다」라는 타동사로 「…으로 승진하다」라고 할 땐 반드시 ´be promoted to (be) + 직책´의 형태로 써주어야 한다.

🏃 TOEIC 점수를 쑥쑥 올려주는 표현들

promotion 판매촉진	**promotional literature** 광고 안내책자
promotional 선전용의	
promote sales 판매를 촉진시키다	**promotional product** 판촉상품
receive a promotion 승진되다	**promote a product** 상품의 판매를 촉진시키다
export promotion 수출촉진	
production promotion 제품판촉	**promote one's business** 사업을 촉진시키다
promotional materials 판촉용자료	**promote strong hair** 모발을 튼튼하게 하다
promotional flyer 광고전단	

🚶 TOEIC 시험에 꼭 나오는 문장들

1. We have to **promote sales** in the mid-sized automobile division if we want to reach our sales target this year. ⇨ 이번 해 우리의 판매 목표를 달성하려면 중형자동차 부분의 판매를 증진시켜야 한다.

2. The young boys were paid three dollars per hour to deliver **promotional flyers.** ⇨ 남자애들이 시간당 3달러를 받고 선전용 전단을 배포했다.

3. It has been proven that active **product promotion** is the most effective way to increase product sales. ⇨ 상품의 판매를 증가시키는 데에는 적극적인 제품 판촉 활동이 가장 효과적인 방법이라는 것이 입증되었다.

4. One of the best ways to **promote a product** is to have a famous person's name associated with it. ⇨ 상품 판촉을 위한 최상의 방법중의 하나는 그것을 유명 인사의 이름과 결부시키는 것이다.

5. The young man stood outside of his pet shop in a gorilla suit in order to **promote his business.** ⇨ 젊은 남자가 자기 사업 판촉을 위해 고릴라 차림으로 애완동물가게 앞에 서 있었다.

279 prospect _ n. 유력 후보자, 유망고객

앞으로 일어날 어떤 일에 관해 가능한 「희망」, 「전망」을 나타내는 단어. 특히 TOEIC에선 입사시험 등의 「유력후보자」 또는 단골 손님이 될 듯한 사람, 즉 「유망 고객」이란 뜻으로 자주 쓰인다.

🏃 TOEIC 점수를 쑥쑥 올려주는 표현들

future prospect 장래의 가능성
prospective customer 잠재고객
prospective enterprise 유망기업

prospective employee 고용후보자
prospective mother 어머니가 될 사람
in prospect 고려 중인, 예상되어

🏃 TOEIC 시험에 꼭 나오는 문장들

1. The presentation went badly so the **prospects** of us landing the account are dim. ⇨ 발표회가 너무 형편없어서 우리가 그 건을 따낼 수 있는 전망이 희박하다.

2. We didn't really do anything at the meeting except talk about our **future prospects.** ⇨ 회의에서 우리는 장래의 가능성에 관한 얘기 말고는 아무 것도 하지 않았다.

3. Be extra kind to that man in the blue suit, as he is one of our **prospective customers.** ⇨ 파란색 정장을 입고 있는 저 남자에게 특별히 친절히 대해라. 그 남자는 물건을 살 사람으로 보이니까.

4. Now that mutual funds are legal, perhaps that would be a good **prospective enterprise.** ⇨ 투자신탁이 합법화 되었으니까 그 회사는 유망한 사업체가 될 것 같다.

5. We'll keep that idea **in prospect,** and maybe it can be used in the future. ⇨ 우리가 그 아이디어를 계속해서 고려하면 향후에 쓸모가 있을지도 모른다.

🍎 TOEIC 어휘력 증강비법

cise 자르다, 절단하다

- **concise** a. 간결한
- **excision** n. 삭제
- **decide** v. 결심(결정)하다
- **incise** v. 절개하다, 조각하다
- **decisive** a. 결정적인
- **precise** a. 정확한, 명확한

280 provide _ v. 제공하다

offer는 어떤 것을 사라고 또는 받으라고 「제시하다」라는 뜻인데 반해, provide는 실제로 뭔가를 「제공하다」라는 의미를 가지고 있다. provide A with B의 용법은 영어표현의 고전(古典).

🏃 TOEIC 점수를 쑥쑥 올려주는 표현들

provider 공급자, 제공자
provided …을 조건으로, 만약 …이면
be provided by …에 의해 제공되다
provide A with B A에게 B를 제공하다
provide a credit reference
　신용조회를 해주다
provide answers to questions
　질문에 대한 답을 해주다

provide a wide range of services 광범위한 용역을 제공하다
provide Internet service
　인터넷 서비스를 제공하다
provide working capital
　운영자본을 제공하다

🏃 TOEIC 시험에 꼭 나오는 문장들

1. You can continue studying here at Bards Academy **provided** that you don't cause any more trouble. ⇨ 만일 네가 더 이상의 문제를 일으키지 않는다면 이곳 바즈 아카데미에서 계속 공부할 수 있다.

2. In prehistoric times, men were the sole **providers** of food, shelter, and clothing. ⇨ 선사시대에 남자들만 의식주(衣食住)를 해결하는 역할을 담당했다.

3. I have to **provide** you **with** all of the details before you leave for Paris. ⇨ 나는 네가 파리로 떠나기 전에 상세한 내용을 모두 알려주어야 한다.

4. The tutor was hired to **provide answers to questions** that the children might have. ⇨ 그 가정교사는 아이들에게 의문이 생기면 대답해주라고 고용되었다.

5. We **provide a wide range of services** and back our products with a money-back guarantee. ⇨ 우리는 서비스를 광범위하게 해드리며, 제품에 만족하지 못하시면 환불을 보증해 드립니다.

333

public _ n. 공중, 대중 a. 공공의, 공개의

활용도 면에서 둘째가라면 서러운 단어. 특히 경제 관련용어인 go public(주식을 공개하다), public offering(주식공개) 그리고 「홍보」, 「선전」이란 뜻의 publicity 등은 TOEIC 필수표현.

🏃 TOEIC 점수를 쑥쑥 **올려주는 표현들**

publication 발표, 출판	**go public** 주식을 공개하다
publicity 평판, 홍보	**float public shares** 공개주를 발행하다
publicist 홍보 담당자	**public attention** 대중적 관심
publicly 공식적으로, 공공연히	**public company** 상장회사

🐾 TOEIC 시험에 꼭 **나오는 문장들**

1. The television journalist received a lot of negative **publicity** after speaking out against the Catholic church. ⇨ 그 TV 방송기자는 카톨릭 교회에 반대하는 발언을 한 후에 세간의 혹평을 많이 받았다.

2. The marketing director hired an advertising agency to help him with **publicity**. ⇨ 마케팅 이사는 홍보 분야에서 도움을 얻기 위해 광고 회사를 고용했다.

3. After our company **went public,** business improved greatly and we had a more diverse client base. ⇨ 우리 회사의 주식을 공개한 후 사업이 엄청나게 잘 되어서 우리는 보다 다양한 고객층을 가지게 되었다.

4. According to the company's prospectus, the president of the company has decided to **float** additional **public shares.** ⇨ 그 회사의 투자안내서에 따르면 그 회사의 사장은 주식을 추가로 발행하여 공개하기로 결정했다고 한다.

5. Because it was a **public company,** Red Anchor, Inc. had to have its books audited on an annual basis. ⇨ 레드 앵커 社는 상장회사 였기 때문에 매년 회계감사를 받아야만 했다.

public corporation 공(公)기업	**public reaction** 대중의 반응
public hearing 공청회	**public relations** 홍보활동
public holiday 공휴일	**public school** 공립학교
public offering 주식공개	**public telephone** 공중전화
initial public offering 최초주식공개	**public transportation** 대중교통
public official 공무원	**public utility** 공익사업, 공공사업회사
public parking 공공주차장	**notary public** 공증인
public property 공유지	

6. Next week there will be **public hearings** regarding the use of the most unproductive farmland as a new airport. ⇨ 다음 주에는 가장 비생산적인 농지를 신 공항 부지로 사용하는 것에 대한 공청회가 열릴 예정이다.

7. Management at the investment firm decided to postpone XYZ Company's **initial public offering** until the fourth quarter. ⇨ 그 투자회사의 경영진은 XYZ 社의 최초 주식공개를 4/4분기로 연기하기로 결정했다.

8. The **public transportation** system in Japan is considered to be the best in the world. ⇨ 일본의 대중교통 체계는 세계최고로 간주된다.

9. Please line up in front of the second teller if you are here to pay your **public utility** bill. ⇨ 공과금을 납부하시려면 두번째 창구직원 앞에 줄을 서 주시기 바랍니다.

10. All of the documents were signed and witnessed in the presence of a **notary public.** ⇨ 서류는 모두 공증인의 입회하에 서명되고 입증되었다.

TOEIC 어휘력 증강비법

aud/aus 듣다

- audible a. 들리는
- audit v. 회계감사하다, (대학강의) 청취하다
- auditor n. 회계감사관, 청강자
- inaudible a. 알아들을 수 없는
- audience n. 청중, 시청자
- audition n. 청력, 오디션
- auditorium n. 강당
- obey v. 복종하다

335

pull _ v. 잡아 당기다

pull up하면 고삐를 잡아당겨 말을 멈추듯이 「차를 멈추다(대다)」라는 뜻이 되고, 또한 pull에는 「…을 해내다」(to succeed in doing)란 뜻도 있어 pull off하면, 「어려운 일을 해내다」가 된다.

🏃 TOEIC 점수를 쑥쑥 올려주는 표현들

pull away 나아가다	**pull off** (어려운 일을) 해내다
pull back 물러나다, 후퇴하다	**pull over** 차를 길가로 붙이다
pull down 내리다	**pull out** 빠져 나오다, 손을 떼다
pull into[out of] …로 들어오다[나가다]	**pull up** (차가) 멈추다, 멎다

🦘 TOEIC 시험에 꼭 나오는 문장들

1. The freight train is just **pulling out of** the station. ⇨ 그 화물기차는 역을 막 빠져나가고 있다.

2. In order to combat drinking and driving, the police occasionally **pull over** vehicles and question the drivers. ⇨ 음주운전을 퇴치하기 위해, 경찰은 이따금 차량들을 길가로 붙이게 하고는 운전자들을 검문한다.

3. The big yellow school bus was last seen **pulling up** in front of the house at the end of the street. ⇨ 커다란 노란 학교버스가 길 끝에 있는 집앞에 차를 세울 때였다.

4. I really want to get a raise at work, but I'm not sure I'll be able to **pull** it **off** until a later time. ⇨ 회사에서 월급을 올려주면 정말 좋겠는데, 나중에나 올려받을 수 있을 것 같애.

5. When the market started to spiral downward, investors began to **pull out** and a huge panic settled over the financial industry.
    ⇨ 주식시장이 급전직하로 폭락하기 시작하자 투자자들이 손을 떼기 시작하여 금융업계가 거대한 공황에 빠졌다.

> **TOEIC 어휘력 증강비법**
>
> **ambi/amb** 양쪽, 주변
>
> • **ambiguous** a. 애매한 • **ambiguity** n. 모호함 • **ambivalence** n. 유동, 주저

purchase _ n. 구입, 구입품 v. 구입하다

「사다」를 보다 공식적인 용어로 말하면 「구입하다」가 되는 것처럼 buy의 공식적인 용어가 바로 purchase. 명사로는 「구입」 또는 「구입한 물건」이란 의미로도 쓰인다는 것에 유의한다.

🏃 TOEIC 점수를 쑥쑥 올려주는 표현들

purchaser 구매자
purchase insurance 보험에 가입하다
make a purchase 구입하다
purchase cost 구입비용
purchase order 구입주문
loan purchaser 융자인
place of purchase 구입장소

proof of purchase 구입증명서
purchasing agent 구매담당
purchasing power 구매력
purchase the coverage
…이 적용되는 보험을 구입하다
put the purchases into a paper bag 구입품을 종이봉투에 넣다

🏃 TOEIC 시험에 꼭 나오는 문장들

1. After debating which dishwasher to buy, we finally decided on the Maytag and went to the store to **make a purchase.** ⇨ 식기세척기를 어떤 걸로 살지 의논한 끝에 우리는 메이텍 제품으로 결정하고 물건을 사러 상점으로 갔다.

2. The secretary called down to the warehouse and asked them to send up the **purchase order.** ⇨ 비서는 구입주문서를 올려보내라고 밑에 있는 창고에다 대고 소리쳤다.

3. The salesman told the customer that he must present a receipt as **proof of purchase** in order to receive a refund. ⇨ 세일즈맨은 고객에게 환불을 받으려면 영수증을 제출해서 구입한 것을 증명해야 한다고 말했다.

4. All employees eligible for company-paid medical insurance may **purchase the** same **coverage** for their dependents. ⇨ 회사가 지불하는 의료보험 수혜 자격이 있는 직원은 모두 부양가족에 대해서도 동일한 보험을 구입할 수 있다.

5. The cashier asked the stock boy to help her **put the** customer's **purchases into a paper bag.** ⇨ 계산원은 창고에서 일하는 사환에게 손님이 구입한 물건들을 종이봉지에 넣는 것을 도와달라고 했다.

284 put _ v. (상태·장소에) 놓다, 두다

「놓다」란 기본의미를 바탕으로 각종 전치사와 어울려 「표현하다」, 「적다」, 「시간을 투자하다」 등 다양한 의미로 활용된다. put on(옷을 입다)의 반대말이 put off(연기하다) 아닌 take off임에 유의.

🏃 TOEIC 점수를 쑥쑥 올려주는 표현들

put down 값의 일부를 치르다, …에 적다	**put out** 불을 끄다
put forth 내밀다, 발휘하다	**put on** 입다, …인 척하다, 부과하다
put in + 시간명사 …에 시간을 투자하다	**put on hold** 전화로 기다리게 하다
put in for …에 신청[응모]하다	**put together** 모으다, 준비하다
put in an order 정돈하다	**put up with** …을 참다
put it 표현하다(= express)	**put sby through a telephone call** …에게 전화를 연결시키다
put off 연기하다(= postpone)	

🐾 TOEIC 시험에 꼭 나오는 문장들

1. Although he **put forth** his best effort, Frank did not win the dance competition. ⇨ 프랭크는 최선의 노력을 다했지만, 댄스경연대회에서 우승하지 못했다.

2. In total, I put in more than 200 hours of volunteer work last year. ⇨ 나는 작년에 자원봉사에 총 200시간이 넘는 시간을 투자했다.

3. Give me a few days to have my lawyers **put** the papers **in order.** ⇨ 내 변호사들이 그 서류들을 정리할 수 있도록 며칠만 시간 여유를 주세요.

4. The morning meeting had to be **put off** due to a power failure.
   ⇨ 아침회의는 정전 때문에 연기해야만 했다.

5. I was **put on hold** for an hour and a half by a customer service representative. ⇨ 어떤 고객서비스 직원이 날 한시간 반동안이나 전화를 끊지 않고 기다리게 만들었다.

6. The president of the company **put together** a presentation to show the board of directors. ⇨ 사장은 이사들에게 보고할 프리젠테이션을 준비했다.

quality _ n. 품질 a. 품질이 좋은

TOEIC에는 주로 제품의 「품질」이란 의미로 많이 등장한다. 특히 be qualified for와 같이 주로 수동의
형태로 어떤 일에 대한 「(능력 · 자격을) 갖추다」는 의미를 갖는 동사 qualify의 쓰임새에 주목할 것.

🏃 TOEIC 점수를 쑥쑥 올려주는 표현들

qualification 자격
qualify 자격을 주다
disqualify 자격을 박탈하다
be of poor quality 품질이 나쁘다
quality assurance 품질보증
quality control 품질관리
quality service 양질의 서비스

quality standards 품질기준
qualification for …에 대한 자격을 주다
be the better qualified for
　둘 중 하나가 …에 대한 능력이 더 뛰어나다
TQM (Total Quality Management) 전사적
　(全社的) 품질관리

🚶 TOEIC 시험에 꼭 나오는 문장들

1. The customers have expressed satisfaction with the **quality** of
   our products and our service. ⇨ 고객들은 저희 제품과 서비스의 질에 만족을
   표시했습니다.

2. One reason for the company's success is its insistence on
   adhering to high **quality assurance** standards. ⇨ 그 회사가 성공할 수
   있었던 이유의 하나는 회사의 수준높은 품질 보증 기준을 지속적으로 고집해왔기 때문이다.

3. If we don't want to get complaints from customers, we have to
   maintain our high level of **quality control**. ⇨ 고객들로부터 불평을 듣고
   싶지 않다면, 높은 수준의 품질 관리를 유지해야 한다.

4. The **TQM** training seminar is designed to help middle
   managers improve small group productivity. ⇨ 전사적 품질 관리 연수
   세미나는 중간 관리자들이 소그룹의 생산성을 향상시키는데 도움이 되도록 계획되었다.

「인용구」로만 배웠던 quotation이 TOEIC에서는 「시세」, 「가격표」, 「희망판매가격」이란 의미로 쓰이며, quote라고도 한다. 주식에 관련되어서는 「주가」를 뜻한다.

🏃 TOEIC 점수를 쑥쑥 올려주는 표현들

quote 시세를 매기다, 주가 상장표
cost quotation 가격시세표
quote a firm price 고정가를 매기다

price quote 가격시세
stock quote 주식시세

🏃 TOEIC 시험에 꼭 나오는 문장들

1. The teacher was notorious for reciting long **quotations** from Shakespeare during her lectures. ⇨ 그 교사는 강의중에 셰익스피어에서 긴 인용구를 암송하는 것으로 악명높다.

2. The broker called down to his floor trader and asked him for a **quotation** of the current market index. ⇨ 중개인은 밑에 있는 매장에다 대고 주식매매인에게 현재 주가지수를 알려달라고 소리쳤다.

3. The car dealer **quoted** the customer **a firm price** of $22,500 for the mini-van. ⇨ 자동차 판매인은 고객에게 미니밴의 확정가격이 22,500달러라고 말했다.

4. The man called his broker to get a **price quote** on one of the stocks he bought last week. ⇨ 그 남자는 중개인에게 전화해서 지난주에 매입한 주식들중 하나에 대한 시세를 물었다.

5. An investor called up his broker and asked for a **stock quote** on IBM. ⇨ 한 투자가가 중개인에게 전화해서 IBM의 시세를 물었다.

TOEIC 어휘력 증강비법

seco/sectus 자르다, 절단하다

• **section** n. 절단, 구분
• **dissection** n. 절개, 해부
• **sector** n. 분야, 부분
• **intersect** v. 교차하다
• **segment** n. 단편, 부분
• **intersection** n. 교차로

| Keywords | **raise ~ run**

raise _ n. 임금 인상 v. 올리다

명사, 동사 동형인 단어로 주로 수직 방향으로 들어 올리는 것을 말한다. TOEIC에서는 「(돈을) 모으다」, 「임금(가격) 인상」의 의미로 자주 등장하며, 그 외에도 「아이를 기르다」라는 의미로도 쓰인다.

🏃 TOEIC 점수를 쑥쑥 올려주는 표현들

raise interest rates 금리인상하다	**deserve a raise** 임금인상을 받을 만하다
raise money 돈을 모으다	**get a raise** 임금 인상을 받다
raise one's hand 손을 들다	**pay raise** 임금 인상
raise wages 임금을 인상하다	**raise the cholesterol level**
seek a raise 임금 인상을 요구하다	콜레스테롤 수치를 올리다

🦘 TOEIC 시험에 꼭 나오는 문장들

1. An official at the Ministry of Finance has stated that the government may **raise interest rates** sometime this year. ⇨ 재무부의 한 관리의 말에 따르면 정부가 올해 중으로 금리를 인상할 지도 모른다고 한다.

2. The student **raised his hand** and shouted out a question to the teacher. ⇨ 그 학생은 손을 들고 큰소리로 교사에게 질문했다.

3. Never **seek a raise** unless you strongly feel that you deserve one. ⇨ 당연히 임금을 인상받을 자격이 있다고 느끼지 않는 한 절대 임금 인상을 요구하지 마라.

4. The man asked his boss if he could have a **pay raise** at the end of the month. ⇨ 남자는 이달 말에 자신의 임금을 인상받을 수 있는지 사장에게 물어봤다.

5. The doctor told his patient to be careful not to **raise his cholesterol level** too much when visiting Italy. ⇨ 의사는 환자에게 이탈리아에 가면 콜레스테롤 수치를 너무 많이 올리지 않도록 주의하라고 했다.

TOEIC 어휘력
증강비법

gam 결혼

- bigamy n. 중혼
- monogamy n. 일부일처제
- digamy n. 재혼
- polygamy n. 일부다처제

288 range _ n. 범위 v.…의 범위에 걸치다

「범위」, 「한도」를 나타내는 단어로 동사로는 「정렬하다」, 「…의 범위에 걸치다」라는 의미가 있다.
range from A to B는 「A에서 B의 범위에 이르다」라는 의미로 출제빈도가 상당히 높은 표현.

🏃 TOEIC 점수를 쑥쑥 올려주는 표현들

park ranger 공원 관리요원
price range 가격대
a range of …의 범위
wide range of 방대한 범위의

range from A to B
범위가 A에서 B에 이르다
long-range consequences
장기적인 영향력

🏃 TOEIC 시험에 꼭 나오는 문장들

1. A **price range** is set by the manufacturer and cannot be changed by the retailer. ⇨ 가격대는 제조업자에 의해 정해지며 소매업자가 바꿀 수는 없다.

2. The company offers a **wide range of** products to suit the needs of every carpenter. ⇨ 그 회사는 어떤 목수의 욕구도 충족시킬 수 있는 광범위한 제품을 내놓는다.

3. The models we carry in our showroom **range** in price **from** $40,000 to $180,000. ⇨ 우리가 전시장에 전시해놓은 차들은 가격이 4만에서 18만 달러에 이르는 것들이다.

4. The **long-range consequences** of a plan like this must be carefully scrutinized. ⇨ 이런 종류의 계획은 장기적인 영향을 주의깊게 검토해야 한다.

TOEIC 어휘력 증강비법

vis/vid 보다

- **evidence** n. 증거
- **revise** v. 개정하다
- **visible** a. 명백한
- **vista** n. 전망
- **provide** v. 제공하다
- **revision** n. 개정, 교정
- **vision** n. 시력, 광경
- **visual** a. 시각의
- **provision** n. 공급, 준비
- **visage** n. 얼굴, 모습
- **visit** n. 방문하다

343

rate _ n. 비율, 가격 v. 평가하다, 등급을 매기다

rate는 특히 「서비스나 노동에 대한 요금」을 뜻하는데, 백분율(%)로 나타내는 interest rate(금리)나 tax rate(세율) 또는 hourly rate(시간당 요금)처럼 「단위당 사용료」를 의미한다.

🏃 TOEIC 점수를 쑥쑥 올려주는 표현들

be rated by …에 의해 등급이 매겨지다
rate A as B A를 B로 평가하다
rate sby's work …의 작품을 평가하다
closing rates (주식 거래소) 종가(終價)
rate cuts 가격인하
competitive rates 경쟁력있는 요금
employment rates 취업률
exchange rate 환율(換率)
fixed rate 고정금리

variable rate 변동금리
growth rate 성장률
hotel room rates 호텔객실 이용요금
interest rates 금리
occupancy rates (객실 등의)이용률
shipping rates 선적료
subscription rate 구독료
utility rate 공공요금
by hourly rate 시간당 요금으로

🏃 TOEIC 시험에 꼭 나오는 문장들

1. I would **rate** the Hilton as the best hotel in Los Angeles. ⇨ 나는 힐튼호텔을 로스엔젤레스 최고의 호텔로 평가하고자 한다.

2. The panel of critics took three hours to **rate the artist's work.** ⇨ 심사위원단이 그 미술가의 작품을 심사하는데 3시간이 소요됐다.

3. The **rate cuts** are expected to spur competition within the petrochemical industry. ⇨ 그 가격인하는 석유화학 업계내의 가격경쟁을 촉발시킬 것으로 예상된다.

4. **Unemployment rates** in the US are at a 50-year low. ⇨ 미국의 실업률은 50년만의 최저 수치를 기록하고 있다.

5. We do not expect any further **interest rate** hikes. ⇨ 우리는 금리가 더 오를 것이라고는 기대하지 않는다.

6. The **occupancy rates** in the beachfront hotels are close to 100% all year. ⇨ 해변 호텔들의 객실 이용률은 연중 내내 100%에 가깝다.

receive _ v. 받다, 수령하다

degree, benefit 또는 fax, letter 등을 목적어로 받는 공식적(formal)인 표현. 특히 receive의 파생어 receipt(영수증), reception(환영회), receiver(수납원)는 TOEIC에서 자주 등장하는 표현들이다.

🏃 TOEIC 점수를 쑥쑥 올려주는 표현들

receiver 수령인, 수납원	**original sales receipt** 영수증원본
receive a discount 할인을 받다	**host a reception** 환영회를 베풀다
receive a full refund 전액을 상환받다	**reception area** 환영회 장소
receive an offer 제안을 받아 들이다	**reception desk** 접수대, 프론트
date of receipt 수령일, 영수일	**dinner reception** 만찬 환영회

🐒 TOEIC 시험에 꼭 나오는 문장들

1. We never **received** an invoice so we cannot forward the payment. ⇨ 우리는 송장을 받은 적이 없기 때문에 돈을 지불할 수 없습니다.

2. All customers paying with cash are entitled to **receive a** 25% **discount.** ⇨ 현금으로 지불하는 고객들은 모두 25%의 할인을 받을 수 있습니다.

3. In order for us to process the complaint, we need to know the **date of receipt** stamped on that letter. ⇨ 우리가 그 불만사항을 처리하기 위해서는 우선 그 편지에 찍힌 접수 날짜를 알아야 합니다.

4. Please present an **original sales receipt** to the customs clerk at the border. ⇨ 국경의 세관 직원에게 판매 영수증 원본을 제출해 주십시오.

5. We will **host a reception** in honor of the newlyweds at the Hilton Hotel in Toronto. ⇨ 우리는 토론토의 힐튼 호텔에서 신혼부부들을 위한 축하 환영회를 베풀 것이다.

recommend _ v. 추천하다, 권하다

좋은 물건(또는 사람)을 「추천」하거나 바람직한 행동을 하도록 「권고」할 때 쓰는 동사. 타동사이므로
recommend + sby/sth 같이 전치사없이 곧바로 목적어가 오거나 that절과 결합한다.

🏃 TOEIC 점수를 쑥쑥 올려주는 표현들

recommendation 추천, 제안	**letter of recommendation** 추천장
recommend that …할 것을 추천하다	**give sby one's highest**
be recommended for …에 권장되다	**recommendation**
	…에게 최상의 추천장을 주다

🏃 TOEIC 시험에 꼭 나오는 문장들

1. We **recommend** you stay inside this weekend as the
   temperature is expected to fall to 25 degrees below zero. ⇨ 이번
   주말 기온이 영하 25도까지 떨어지겠으므로 시청자 여러분은 바깥 출입을 삼가하도록 권장
   합니다.

2. Most doctors **recommend that** you don't use soft drinks such
   as cola to wash down medication. ⇨ 의사들은 대부분 약을 먹을 때 콜라같
   은 청량음료로 약을 내려가게 하지 말라고 권고한다.

3. Cycling and jogging **are** not **recommended for** people who
   have weak hearts or are suffering from high blood pressure. ⇨
   싸이클과 조깅은 심장이 약하거나 고혈압으로 고생하는 사람들에게는 권장할 만한 것이 못된
   다.

4. The **letter of recommendation** was clear, concise, and
   covered the duties he'd performed in his previous job. ⇨ 그 추천
   장은 간결 명료했으며 그 사람이 전 직장에서 맡아서 했던 업무에 관해서 모두 언급했다.

5. After awarding an A+ to his best student, the professor
   promised to **give** him **his highest recommendation.** ⇨ 교수는 가
   장 우수한 학생에게 A+을 준 후에 그 학생에게 최상의 추천장을 써 주기로 약속했다.

「경력(이력)」, 스포츠 경기 「기록」 등을 의미하는 단어로 record profit처럼 「전에 없이 많은(뛰어난)」 즉, 「기록적인」이란 형용사로도 애용된다. 또 recorded message와 같이 「녹음하다」란 의미도 있다.

🏃 TOEIC 점수를 쑥쑥 올려주는 표현들

recording 녹음, 녹음된 것
beat the record 기록을 깨다
put on record 기록에 남기다
set the record 기록을 세우다
record profit 기록적인 수익

track record 경력
record-breaking 공전의
off the record 비공식의
have a proven record in
···을 했다는 것을 입증할 수 있다

🏃 TOEIC 시험에 꼭 나오는 문장들

1. Minus 15 degrees Celsius is the lowest temperature ever **recorded** in Cheju-do. ⇨ 섭씨 영하 15도는 제주도에서 기록된 최저기온이다.

2. The insurance company made **record profits** this year. ⇨ 그 보험 회사는 올해 기록적인 수익을 냈다.

3. A qualified candidate must **have a** proven **record** in sales management. ⇨ 지원자격을 갖추려면 영업관리 부문에 종사했다는 것을 입증할 수 있어야 합니다.

4. Fruit growers **set** new production **records** last year. ⇨ 과일 재배자들은 지난해 생산 신기록을 세웠다.

5. **Off the record,** I really don't think we can offer you this position now due to our financial budget crisis. ⇨ 비공식적으로 하는 말인데요, 우리 회사의 재정상태가 위기에 처해 있기 때문에 당신에게 이런 자리를 맡아달라고 할 수 있는 형편이 정말 못될 것 같아요.

293 **refer** _ v. 언급하다, 참고하다

Questions 81~82 refer to…식으로 TOEIC에 늘상 등장하는 바로 그 단어! 명사형 reference는 「참고」, 「언급」이란 뜻 외에도 지원자의 자격을 보증 · 추천해줄 수 있는 「참고인」이란 의미가 있다.

🏃 TOEIC 점수를 쑥쑥 올려주는 표현들

reference 문의, 참고, 언급

referral 추천, 소개하기

reference book 참고서

reference desk 참고 문헌 담당자

in[with] reference to …에 관하여

make reference to
…에 대해 언급하다

🦘 TOEIC 시험에 꼭 나오는 문장들

1. Questions 163~165 **refer to** the following advertisement. ⇨ 163 번에서 165번은 다음의 광고에 관한 문제입니다

2. Your fax to Mr. Fox in the marketing department has been **referred** to me. ⇨ 당신이 마케팅 부서의 폭스씨에게 보낸 팩스는 나한테 넘어 왔습니다.

3. I got a good **reference** from the magazine. ⇨ 나는 그 잡지에서 좋은 참고자료를 얻었다.

4. The new clients came to us as a **referral** from a downtown law firm. ⇨ 그 신규고객은 도심지에 있는 한 법률회사의 추천으로 우리를 찾아왔다.

5. The lawyer **made reference to** another case in order to prove his point. ⇨ 변호사는 자신의 논지를 증명하기 위해서 다른 사건에 대해 언급했다.

6. Please take any questions you might have to the **reference desk**, where a librarian is stationed to assist you in your research. ⇨ 궁금한 사항이 있으시면 참고 도서실 담당자에게 물어보세요. 거기에 여러분이 찾는 것을 도와줄 사서가 있습니다.

regular _ a. 규칙적인, 정기의, 정규의

「규칙적인」이란 뜻을 기반으로 다양한 파생어를 자랑하는 단어. 「통제하다」라는 동사 regulate와 「규제」를 의미하는 regulation, 그리고 regular가 명사로 「단골손님」이란 의미도 있음에 유의한다.

🏃 TOEIC 점수를 쑥쑥 올려주는 표현들

regularly 정기적으로
regulatory 규제하는, 단속하는
irregular 불규칙한
regular check-up 정기 건강 검진
regular customer 단골손님

regular plastic 표준 플라스틱
regular price 규정 가격
send regular 정기 우편으로 보내다
regular unleaded gasoline 보통 무연 가솔린

🐾 TOEIC 시험에 꼭 나오는 문장들

1. The blocks that the children were playing with were **irregular** in shape and size. ⇨ 아이들이 가지고 놀고 있었던 블록들은 모양과 크기가 일정하지 않았다.

2. The old Polish man was a **regular customer** of the pastry shop. ⇨ 그 나이든 폴란드 남자는 페이스트리 과자 가게의 단골손님이었다.

3. The company uses **regular plastic** to package its products.
⇨ 그 회사는 생산품을 포장하는데 표준 플라스틱을 사용한다.

4. The **regular price** of the dress was much more than the schoolgirl could afford. ⇨ 드레스의 정가는 여학생이 살 수 있는 것보다 훨씬 더 비싼 것이었다.

5. Most motorists in America use **regular unleaded gasoline.**
⇨ 미국의 운전자들은 대부분 보통 무연 가솔린을 사용한다.

TOEIC 어휘력
증강비법

ven/veni/vent 오다		
• advent n. 도래, 출현	• adventure n. 모험	• convenience n. 편리
• convention n. 집회	• event n. 사건, 결과	• invention n. 발명(품)
• prevent v. 막다, 예방하다	• preventive a. 예방적인	• revenue n. 소득, 수입

295 release _ v. 공개하다, 발표하다 n. 발표, (신제품) 출하

기본의미는 「풀어주다」. 나아가 잡았던 줄을 풀어놓듯이 뭔가 손에서 「떨어져 나가다」, 그 결과 「새로이 나타나다」란 뜻으로 비즈니스 용어로 「신제품이 출시되다」라는 의미로도 쓰인다.

🏃 TOEIC 점수를 쑥쑥 올려주는 표현들

be released from …로부터 풀려나다

release form 허가서, 인가증

book release 책출시

press release 보도자료

be released to the press
언론에 공표되다

minimize toxic releases
유독가스 배출을 최소화하다

secure the release of the package
소포 받는 것을 확실히 하다

expected release date for the new computer 신기종 컴퓨터 예상발매일

public release of the annual report 연례보고서의 공표

🦍 TOEIC 시험에 꼭 나오는 문장들

1. The young Canadian author has just **released** the second edition of his book. ⇨ 그 젊은 캐나다인 작가는 자신이 집필한 책의 두번째 판을 내놓았다.

2. Please have your parents sign the **release form** so that you can participate in the class excursion. ⇨ 반 소풍에 가려면 허가서에 부모님의 서명을 받아오세요.

3. The chemical plant used special scrubbers and smokestacks in order to **minimize toxic releases.** ⇨ 화학공장은 유독가스의 배출을 최소화하기 위해 특수한 집진기와 굴뚝을 사용했다.

4. The customs official was sent to the border to **secure the release of the package.** ⇨ 소포반출을 확실히 하기 위해 국경지역으로 세관원을 파견했다.

5. The company will stage a **public release of its financial report** at the shareholders' meeting this Friday. ⇨ 그 회사는 이번 금요일 주주총회에서 자사의 재무보고서를 공개할 예정이다.

replace _ v. 대체하다, 교체하다

「…의 자리를 대체하다」 또는 다른 것으로 「교체하다」란 의미. 의미가 유사한 substitute의 경우 substitute B for A로 바뀌는 대상이 뒤에 오는 데 비해 replace는 replace A with B의 형태로 써준다.

🏃 TOEIC 점수를 쑥쑥 올려주는 표현들

replacement 교체, 교체자   **replacement card** 대체 카드

replace A with B A를 B로 교체하다   **replacement parts** 교체품

a replacement for …를 대신할 후임자

🏋 TOEIC 시험에 꼭 나오는 문장들

1. The mechanic told the man that he would have to **replace** the entire air conditioning unit. ⇨ 수리공은 그 남자에게 에이콘을 통째로 교체해야 할 거라고 말했다.

2. The workers on the production line were getting tired of waiting for their **replacements** to show up. ⇨ 생산라인의 근로자들은 교대 근무자들이 나타나는 것을 기다리느라 진력이 났다.

3. The company decided to **replace** its head of research with the vice president of sales. ⇨ 그 회사는 연구팀장을 판매담당 부사장으로 교체하기로 결정했다.

4. The warranty stipulates that all **replacement parts** must be installed by a licensed mechanic. ⇨ 보증서에 의하면 교체부품들은 모두 자격증이 있는 수리공이 설치를 해야 한다고 규정하고 있다.

> TOEIC 어휘력 증강비법

junct/join 합치다

- adjoin v. 인접하다
- join v. 결합(합류)하다
- conjunction n. 결합, 접속사
- junction n. 연합, 접합점
- disjunction n. 분리, 분열
- joint n. 모이는 장소, 관절

representative _ n. 대표자, 대행자 a. 대표[대리]하는

형용사로도 명사로도 쓰이는 단어. 「대리인」, 「대표자」란 의미로 정치, 경제, 비즈니스계에 두루 등장한다. 예를 들어 TOEIC에 지겹도록 나오는 sales representative는 「판매담당자」를 말한다.

🏃 **TOEIC 점수를 쑥쑥 올려주는 표현들**

represent 나타내다, 대표하다
representation 표현, 묘사, 대표
account representative 고객담당자
legal representative 유언집행인
sales representative 판매원
service representative 서비스대행

be representative of
···을 나타내다, 대표하다, 실례(實例)가 되다
contact one's representative
···의 담당자에게 연락하다
the House of Representatives
美 하원

🏃 **TOEIC 시험에 꼭 나오는 문장들**

1. The manager of the company hired a lawyer to **represent** him in the trial on Friday. ⇨ 회사의 책임자는 금요일 공판에서 자신을 변론할 변호사를 고용했다.

2. You can place your order right over the phone with one of our **account representatives.** ⇨ 저희의 고객 담당자에게 전화로 즉시 주문하실 수 있습니다.

3. The **sales representative** was told not to offer anymore discounts to customers. ⇨ 판매원은 손님에게 더이상 할인을 해 주지 말라는 지시를 받았다.

4. The company's success **was representative of** the fact that the laws had changed and the corporate climate was getting better. ⇨ 그 회사의 성공은 법규를 바꿔서 회사의 상태가 점차 개선되어진 대표적인 본보기였다.

5. Please **contact your representative** in order to receive your free gift. ⇨ 경품을 받으려면 담당자에게 연락하세요.

298 require _ v. 요구하다, 필요로 하다

「필요로 하다」, 「정당한 권리로 요구하다」라는 의미로 require sby to + V 또는 be required of sby 형태로 자주 사용된다. 명사형 requirement은 TOEIC 빈출단어로 「요구사항」, 「필요조건」.

🏃 TOEIC 점수를 쑥쑥 올려주는 표현들

requirement for …에 필요한 요건
require sby to …에게 ~하라고 요구하다
be required of …에게 ~이 요구된다
education requirements 학력요건

be required of all applicants
…이 신청자들에게 모두 요구된다
fire codes require
소방수칙은 …을 규정하고 있다

🏃 TOEIC 시험에 꼭 나오는 문장들

1. What are your department's **requirements for** hiring professors to teach in the writing program? ⇨ 당신 과의 작문 담당 교수의 채용 조건이 뭐죠?

2. The law **requires** me **to** inform the authorities if you leave. ⇨ 법에 따라 당신이 떠나면 난 당국에 알려야 된다.

3. Attention to difficult tasks will **be required of** you if you accept the job. ⇨ 네가 그 일을 받아들이면 너에게 여러모로 힘든 임무가 주어질 것이다.

4. Punctuality **is required of all applicants** so that we can conduct the interview process efficiently. ⇨ 면접이 능률적으로 진행될 수 있도록 신청자는 모두 시간을 엄수해야 한다.

5. **Fire codes require** that an exit be placed over there. ⇨ 소방수칙에 따르면 저쪽에 비상구를 설치하도록 되어 있다.

TOEIC 어휘력
증강비법

fix 고정하다

• affix v. 첨부하다, 붙이다
• fixture n. 비품, 설비
• fix v. 고정하다, 수리하다
• transfix v. 꿰뚫다, 고정시키다
• fixation n. 고착, 고정

reserve _ v. 예약하다

「예약하다」외에 전치사 for와 함께 어떤 목적을 위해 「준비해두다」란 의미로도 쓰인다. 또한 법률용어로 권리나 이익을 「전유(專有)하다」란 뜻도 있는데, All rights reserved가 바로 이런 예.

🏃 TOEIC 점수를 쑥쑥 올려주는 표현들

reservation 예약, 보류
reservation slip 예약전표
flight reservation 항공편 예약
reserved seat (식당, 극장 등의)예약석
reserve a table for two for tonight 오늘 저녁 2인분의 테이블을 예약하다

All rights are reserved
모든 권리를 유보하다
Federal Reserve Board
美 연방준비제도 이사회(=Fed)
make a dinner reservation for
…를 위한 저녁식사를 예약하다

🏃 TOEIC 시험에 꼭 나오는 문장들

1. When do you expect to receive written confirmation of our **reservation?** ⇨ 예약이 되었다는 서면 확인서를 언제 받게 되어있나요?

2. The hotel manager kept apologizing to the young couple for misplacing their **reservation slip.** ⇨ 호텔 매니저는 예약전표를 둔 곳을 잊어버린데 대해 그 젊은 부부에게 계속해서 사과했다.

3. **All rights are reserved** under International and Pan American Copyright Conventions. ⇨ 모든 권리를 국제 및 판아메리카 판권법에 의해 보유합니다.

TOEIC 어휘력 증강비법

stru/struct 건축하다

- **construct** v. 건축(설립)하다 • **construe** v. 해석(추론)하다 • **destroy** v. 파괴하다
- **destruction** n. 파괴 • **instructor** n. 교사 • **instrument** n. 도구, 악기

300 retail _ n. 소매(小賣) a. 소매로 v. 소매하다

명사, 동사, 형용사 동형의 단어. 의미는 오로지 한가지 「소매(小賣)」에 집중되어 쓰인다. retail이란 생산자(producer)나 도매상(wholesaler)에게 산 물건을 소비자를 대상으로 파는 일.

🏃 TOEIC 점수를 쑥쑥 올려주는 표현들

retailer[retail dealer] 소매상	**retail price** 소매가
retail chain 소매점 체인	**retail representative** 소매담당자
retail market 소매시장	**retail sales** 소매판매(고)
retail outlet 소매점	**retail store** 소매상점

🏋 TOEIC 시험에 꼭 나오는 문장들

1. Our **retailers** have increased their profits by two hundred percent. ⇨ 우리 소매상들의 이윤이 200%까지 증가했다.

2. Our research indicates that our product is better suited for the American **retail market.** ⇨ 조사에 따르면 우리 제품은 미국 소매시장에 더 적합한 것으로 나타났다.

3. Most of our **retail outlets** are conveniently located in large shopping malls. ⇨ 우리 소매점들은 대부분 큰 쇼핑몰에 자리잡고 있어 위치가 좋다.

4. Since we are buying in such large volumes, we should not be paying the **retail price.** ⇨ 우리는 대량으로 구매하고 있기 때문에 소매가로 구매해서는 안된다.

5. A **retail representative** should greet the customers at the major entrances to the store. ⇨ 소매 담당자는 상점 정문에서 손님들을 맞이해야 한다.

6. In the last few years, the wages for **retail sales** people have been frozen. ⇨ 지난 몇 년새 소매점에서 일하는 직원들의 임금이 동결된 상태이다.

301 **return** _ n. 반환, 수익 v. 반환하다, (이익 따위를) 낳다

비즈니스를 주테마로 하는 TOEIC에서는 「수익」, 「소득세 신고서」란 뜻의 명사로도 자주 등장하며 동사로도 「반환하다」, 「(이익 따위를) 낳다」, 「(전화 등에) 답신하다」 등 다양한 의미를 자랑한다.

🏃 TOEIC 점수를 쑥쑥 올려주는 표현들

return A to B A를 B에게 돌려주다
return one's call 답신 전화를 하다
return to one's job 일자리에 복귀하다
return to oneself 제정신이 들다
return on investment(ROI) 투자수익
return receipts 수취인 수취확인증
income tax return 소득세신고(서)
no returns 반환[환불] 불가

point of no return 돌이킬 수 없는 상태
rate of return 수익율
reason for the return 반환사유
in return for[to] …의 답례[회답]로
leave the return date open
돌아올 날짜를 미정으로 남겨두다
overnight return flight to
…행(行) 야간 회항편

🏃 TOEIC 시험에 꼭 나오는 문장들

1. Please **return my phone call** before the weekend. ⇨ 주말 전으로 내게 전화 좀 해 줘.

2. The woman had to **return to her job** after she had her baby. ⇨ 그 여자는 출산 후에 직장에 복귀해야 했다.

3. The **return on investment** was more than any of the investors had anticipated. ⇨ 투자수익은 투자가들이 예상했던 것보다 많았다.

4. I had to pay an exorbitant fee last year because I was late filing my **income tax return.** ⇨ 나는 작년에 소득세 신고서를 늦게 제출해서 엄청난 벌금을 지불해야 했다.

5. Before deciding on where to invest, you should inquire about the **rates of return.** ⇨ 투자할 곳을 결정하기 전에 우선 수익률에 관해 알아봐.

302 ride _ v. 차를 타다

동사로도 쓰이지만 give sby a ride(…를 차에 태워주다)처럼 give, get 등의 동사들과 어울려 명사적 용법으로도 자주 사용되는데, 이때 ride 앞에 부정관사 a가 온다는 사실에 유의한다.

🏃 TOEIC 점수를 쑥쑥 올려주는 표현들

be riding high 의기양양하다	**have a ride** 차를 타다
ride the train[bus] 기차[버스]를 타다	**need a ride to** …하는 차편이 필요하다
ride to work 차로 출근하다	**share a ride home** 함께 타고 집에 가다
give sby a ride …를 차를 태워주다	

🏋 TOEIC 시험에 꼭 나오는 문장들

1. I usually **ride the train to work,** but since there was a huge accident last week, I've been taking the bus. ⇨ 나는 보통 기차를 타고 출근하지만 지난 주에 큰 사고가 난 다음부터는 버스를 타고 다닌다.

2. Please wake me up early tomorrow morning as I am **giving** the boss **a ride to work.** ⇨ 내일 아침 나 좀 일찍 깨워줘. 내 차로 사장을 태우고 출근해야 하거든.

3. My car is being repaired all day long tomorrow and I'm going to **need a ride to work.** ⇨ 내 자동차는 내일 하루종일 수리를 받아야 하니까 출근할 때 좀 태워줬으면 좋겠어.

4. Would you like to **share a ride home** today so that we don't have to take both cars into town? ⇨ 시내에 둘 다 차를 몰고 갈 필요 없이 오늘 집에 갈 때 나랑 같이 타고 갈래?

TOEIC 어휘력 증강비법

claim/clam 큰 소리로 부르다

- acclaim v. 갈채하다
- claim v. 요구(청구)하다
- clamor n. 소란
- disclaim v. 포기(거절)하다
- exclaim v. 큰소리로 외치다
- proclaim v. 선언(공포)하다

road _ n. 도로

도로(道路)를 가리키는 가장 대표적인 단어. 차가 다닐 수 있도록 포장되어 있는 길은 모두 road라 지칭한다. 한편, 상점이나 주택가 양옆의 보도를 포함한 마을(시) 자체 내의 도로는 street이다.

TOEIC 점수를 쑥쑥 올려주는 표현들

close the road 도로를 폐쇄하다	**road repair** 도로 보수
repair the road 도로를 보수하다	**road sign** 도로표지
pave the road 도로를 포장하다	**crossroads** 교차로
road closure 도로폐쇄	**off road** 포장도로를 벗어난
road conditions 도로상황	**toll road** 유료도로
road construction 도로건설	**unpaved road** 비포장 도로
road map 도로지도	

TOEIC 시험에 꼭 나오는 문장들

1. The traffic report on the radio informed us that there was a **road closure** ahead. ⇨ 라디오의 교통 상황 보도에 따르면, 전방에 도로폐쇄를 하는 곳이 있다고 했다

2. I'm sorry I'm late, traffic was slower than usual because of **road construction.** ⇨ 늦어서 죄송합니다. 도로건설 공사 때문에 보통 때보다 길이 막혔어요.

3. The bus driver did not know which way to turn when he came to the **crossroads.** ⇨ 그 버스 운전기사는 교차로에 다다르자 어디로 가야할지 몰랐다.

4. My car is stranded about five kilometers down that **unpaved road.** ⇨ 제 차가 저 비포장 도로를 5km 정도 간 지점에서 꼼짝 못하고 있어요.

TOEIC 어휘력
증강비법

trib 분배하다

• **attribute** v. …의 탓으로 돌리다　• **contribute** v. 기부(여)하다　• **distribute** v. 분해하다
• **distribution** n. 분배, 유통　　• **redistribute** v. 재분배하다　• **tribute** n. 조세, 찬사

「예금인출 사태」, 「경영하다」, 「…에 출마하다(for)」 그리고 temperature나 fever가 나오면 「열이 나다」, 또 비용을 목적어로 하면 「…의 비용이 들다」 등 다양한 의미를 갖는 놀라운(?) 단어.

🏃 TOEIC 점수를 쑥쑥 올려주는 표현들

run across 우연히 만나다	**run a great risk of** 큰모험을 무릅쓰다
run away 달아나다, 피하다	**run errands for** …의 잔심부름을 하다
run a business 경영하다	**run for** …에 입후보하다
run a check 조사하다, 확인하다	**run low on** …이 부족하다
run a fever 열이 나다	**run the slide show** 슬라이드를 돌리다

🏃 TOEIC 시험에 꼭 나오는 문장들

1. In order to **run a business** successfully, you should have determination, intelligence, and some money. ⇨ 사업체를 잘 경영하려면 확고한 의지, 지적 능력 그리고 돈이 있어야 한다.

2. The private investigator called his friend at the FBI and asked her to **run a check** on a license plate. ⇨ 그 사립 탐정은 FBI에 있는 자기 친구에게 전화하여 자동차 번호판 하나를 확인해 달라고 부탁했다.

3. I'm really worried about my wife because she's been **running a fever** of 39 degrees Celsius for two days now. ⇨ 아내가 정말 걱정이예요. 요 이틀간 계속 열이 섭씨 39로 오르거든요.

4. The secretary was constantly being asked to **run errands for** the office workers. 사무실 직원들은 계속해서 비서에게 심부름을 부탁했다.

5. The labor union's top representative will **run for** political office in the fall. 노조 위원장은 가을에 정치적인 자리에 입후보할 것이다.

6. If you take the car to New York, you have to make sure you don't **run low on** gas. ⇨ 차를 가지고 뉴욕에 가려면, 연료가 모자라지 않도록 확인해야 한다.

> **run the special price** 특가로 내놓다
> **run-down** 낡아빠진
> **run on the bank** 예금 인출 사태
> **runny nose** 콧물이 흐르는 것
> **production runs** 생산조업
> **for three years running** 3년간계속
>
> **in the long run** 결국에는
> **runner-up** 차점자, 2위(팀)
> **run two eight-hour shifts**
> 8시간 근무 2개조를 운영하다
> **running board of the truck**
> 트럭의 발판

7. The young intern was asked to **run the slide show** at the monthly meeting. ⇨ 젊은 인턴사원은 매월 회의에서 슬라이드를 상영하라는 지시를 받았다.

8. It will be hard to avoid a **run on the bank** if the public finds out how much money we lost last quarter. ⇨ 우리가 지난 분기에 돈을 얼마나 잃었는지 시민들이 알게 되면 은행의 인출사태를 피하기가 매우 힘들 것이다.

9. In order to keep up with swelling orders, the company will operate two additional **production runs** each day. ⇨ 늘어나는 주문들에 맞추기 위해, 회사는 매일 생산 라인 두 개를 더 가동할 것이다.

10. The president of our company has won the squash tournament **for three years running.** ⇨ 우리 회사 사장은 스쿼시 경기에서 3년 연속으로 우승했다.

TOEIC 어휘력 증강비법

clud/clus 닫다, 끝내다

- conclude v. 마치다, 결론을 내리다
- exclude v. 배제하다
- exclusive a. 배타적인, 독점적인 n. 독점권
- inclusion n. 포함
- preclude v. 제외하다, 막다
- seclude v. 분리시키다

- conclusion n. 결론
- exclusion n. 제외, 배제
- include v. 포함하다
- occlusion n. 폐색, 차단
- recluse a. 은둔한

| Keywords | sales ~ special

sales _ n. 판매, 염가판매, 매상

sale은 물건을 파는 행위 자체, 즉 「판매」 및 「매각」을 뜻하기도 하고, 우리가 「세일」이라고 부르는 「염가판매」를 의미하기도 한다. 예로 for sale은 「팔려고 내놓은」, on sale은 「염가로」라는 뜻.

🏃 TOEIC 점수를 쑥쑥 올려주는 표현들

pick up sales 판매를 증진시키다	**sales increase** 판매 신장
sales call 판매 통화, 방문판매	**sales list** 판매 목록
sales data 판매 자료	**sales loss** 판매 손실
sales display 판매전시품	**salesmanship** 판매술
sales figure 판매고	**sales pitch** 판매화법

🦘 TOEIC 시험에 꼭 나오는 문장들

1. The secretary informed the customer that he would have to come back tomorrow as the manager was out on a **sales call.**
   ⇨ 비서는 고객에게 부장이 영업을 하느라 외출중이므로 내일 다시 와달라고 했다.

2. Why don't we take the **sales display** with us to Malaysia? ⇨ 말레이지아에 판매 전시물을 같이 가져가는 것이 어때요?

3. **Sales figures** for December will be available in early January.
   ⇨ 12월의 총판매액은 1월초에 알 수 있다.

4. Good **salesmanship** is important when a business wants to increase profit. ⇨ 기업체가 이윤을 증가시키려면 뛰어난 영업기술이 중요하다.

5. Even astute customers sometimes have difficulty distinguishing between legitimate **sales pitches** and exaggerated claims. ⇨ 빈틈없는 소비자들도 어떤 때는 세일즈맨이 하는 말 중에서 어떤 것이 정당한 말이고 어떤 것이 과장된 말인지 구별하는데 어려움을 겪는다.

6. The cashier told her assistant to write up a **sales receipt** for the customer. ⇨ 출납원은 조수에게 구입 영수증을 고객에게 써주라고 했다.

sales presentation 판매 설명회	**sales territory** 영업구역
sales promotion 판촉	**sales volume** 판매량, 판매고
sales receipt 구입 영수증	**after-sales service** 판매후 서비스
sales representative 판매[영업]직원	**credit sale** 외상
sales staff 영업사원들	**on sale** 판매중인, 염가판매중인
sales tax 판매세	**overall[total] sales** 총매상고
sales tactics 판매 전술	**sale-priced item** 세일 품목

7. My **sales territory** is Argentina and Chile. I visit the area every three or four months for about two weeks at a time. ⇨ 제 영업 지역은 아르헨티나와 칠레입니다. 저는 3, 4개월마다 한번에 약 2주씩 그 지역에 갑니다.

8. Our representative in Germany reported that his **sales volume** rose by five percent last month. ⇨ 독일의 우리 대리점은 지난달 판매고가 5% 증가했다고 보고했다.

9. Our **sales volume** has increased greatly since we implemented our new marketing procedures. ⇨ 우리 회사는 새로운 마케팅 방식을 시행하자 판매량이 엄청나게 증가했습니다.

10. In response to consumer requests, the company has decided to operate a 24 hour **after-sales service** center. ⇨ 소비자요청에 따라 회사는 24시간 A/S센터를 운영하기로 결정했다.

11. Tickets will be on sale in the lobby after the doors open at 9:00 a.m. ⇨ 표는 오전 9시 개장 후 로비에서 판매된다.

TOEIC 어휘력 증강비법

tact/tang/tig/tag/ting 접촉하다	
• contact v. 접촉하다 n. 접촉	• contagion n. 전염병
• contagious a. 전염병의	• contingency n. 우연성, 우발사고
• intangible a. 무형의	• tact n. 재치, 요령
• tactile a. 촉각의	• tangible a. 확실한

say _ n. 결정권 v. 말하다, …라고 씌어져 있다

「말하다」란 동사에는 speak, tell, talk 등이 있지만 가장 일반적이고 광범위한 쓰임새를 갖는 단어가 바로 say. 음성으로 하는 말은 물론 심지어 신문, 서적같은 문자로 된 말의 경우에도 쓸 수 있다.

🏃 TOEIC 점수를 쑥쑥 올려주는 표현들

have a say in 발언권이 있다
I would say that 아마 …일 걸요
You can say that again 동감이야
You don't say! 설마!
not to say …은 말할 것도 없이
that is to say 즉, 바꿔 말하면

to say nothing of …은 말할 것도 없이
to say the least 에누리해서 말한다 해도
It goes without saying that
말할 것도 없이

What do you say (if)?
(만약…라면) 어떻게 생각해?

🦘 TOEIC 시험에 꼭 나오는 문장들

1. **I would say that** if he doesn't accept the offer, then he probably has another job in mind. ⇨ 그 남자가 그 제안을 수락하지 않는다면 아마도 다른 직장을 생각하고 있다고 봐야 되겠죠.

2. I don't think she's any good at programming, but **that's not to say** that she can't learn. ⇨ 그 여자가 프로그램을 다룰 줄 안다고는 선혀 생각하지 않지만, 그렇다고 해서 프로그램을 배울 수 없다는 얘기는 아니야.

3. It was an informative evening **to say the least.** ⇨ 아무리 에누리해서 말한다 해도 그날은 유익한 저녁시간이었지요.

4. **It goes without saying that** you are our best sales representative. ⇨ 당신이 우리회사 최고의 영업사원이라는 것은 말할 것도 없죠.

5. I'd like to hire you to manage our factory in Poland. **What do you say?** ⇨ 당신을 채용해서 폴란드에 있는 공장을 운영하는 일을 맡기고 싶은데, 어떻게 생각하십니까?

schedule _ n. 예정, 시간표 v. 예정하다, 표에 기재하다

우리말화된 단어. 「일정」, 「예정표」, 열차 등의 「시간표」를 가리키기도 한다. be scheduled to(for)(…하기로 예정되어 있다)와 같이 수동형으로 자주 쓰이는데, 이때 for 다음에는 명사가 온다.

🏃 TOEIC 점수를 쑥쑥 올려주는 표현들

meeting schedule 회의 일정
payment schedule 지불일정
production schedule 생산일정
ahead of schedule 예정보다 빨리
behind schedule 예정보다 늦게
on schedule 예정대로

be scheduled to …(하기)로 예정되어 있다
schedule an appointment
약속 일정을 정하다
make the schedule
일정을 잡다, 일표표를 만들다
reschedule the appointment
약속일정을 다시 잡다

🏃 TOEIC 시험에 꼭 나오는 문장들

1. The company apologized for being **behind schedule** on the final testing of its new product. ⇨ 그 회사는 자사 신제품의 마지막 테스트가 예정보다 늦어진 데 대해 사과했다.

2. The bus to Boston will not be running **on schedule** today due to poor weather conditions. ⇨ 보스톤 행 버스는 오늘 악천후로 인해 예정대로 운행되지 않을 것입니다.

3. I'm **scheduled to** be in Frankfurt on Friday to meet with the CEO of a small drug company. ⇨ 나는 한 소규모 제약회사의 최고 경영자와 만나기 위해 금요일에 프랑크푸르트로 갈 예정이다.

4. We do not want to **schedule any appointments** this week due to the inclement weather. ⇨ 우리는 궂은 날씨 때문에 이번주에는 어떤 약속도 잡고 싶지 않다.

5. I **made the** new work **schedule**, but I'm not sure where to put it. ⇨ 제가 업무 일정표를 새로 만들었지만 이걸 어디다 걸어두어야 할지 모르겠습니다.

308 **season** _ n. 계절, …철 v. 길들이다, 조미하다

「계절」로만 철썩같이 믿었던 season이 동사로는 「…에 맛을 내다」, 「단련하다, 길들이다」라는 의미.
또 과거분사형 seasoned는 「노련한」(much experienced)이라는 의미의 형용사로 자주 쓰인다.

🏃 TOEIC 점수를 쑥쑥 올려주는 표현들

seasoned 노련한	**off-season** 비수기의
seasoning 조미료, 양념	**end-of-season merchandise**
be seasoned with …으로 맛을 내다	철지난 상품

🦍 TOEIC 시험에 꼭 나오는 문장들

1. We are looking for a **seasoned** technical writer to take over the responsibilities of editing computer manuals. ⇨ 우리는 새로운 컴퓨터 설명서를 편집하는 책임을 맡을 노련한 기술관계 필자를 찾고 있습니다.

2. The company just hired a **seasoned** investment specialist in an attempt to improve their financial situation. ⇨ 그 회사는 회사의 재정 상태를 개선시키려고 노련한 투자 전문가 한 사람을 방금 고용했다.

3. Some of the tastiest dishes in the world **are seasoned with** freshly ground rosemary leaves. ⇨ 세계에서 가장 맛있는 음식들 중 몇가지는 갓 같은 로즈마리 잎으로 맛을 낸다.

4. **Off-season** travelers to Europe can enjoy lower fares and less competition for inexpensive seats. ⇨ 비수기때 유럽으로 가는 사람들은 저렴한 요금이라는 혜택을 받을 수도 있고 가격이 싼 좌석을 차지하려는 경쟁을 별로 하지 않아도 된다.

5. Our **end-of-season merchandise** needs to be discounted and liquidated by the end of next quarter. ⇨ 우리 회사의 철지난 상품들은 가격을 할인해서 다음 분기말까지는 처분되어야 한다.

second가 동사로 쓰이면 동의나 제안 따위를 「찬성하다」라는 의미. 한편 복수형 seconds는 결함이 있어 판매용으로 부적합한 「2급품」이란 뜻으로 factory seconds하면, 「공장 불합격품」을 말한다.

🏃 TOEIC 점수를 쑥쑥 올려주는 표현들

secondary 2류의, 보조의	**second-rate** 이류의, 평범한
second a motion 동의에 찬성하다	**on second thought** 곰곰히 생각해 보니
second job 부업	**have seconds on**
factory seconds 공장불합격품	같은 음식을 두 그릇째 먹다

🦘 TOEIC 시험에 꼭 나오는 문장들

1. The **second** edition of the Daycon Travel Guide has been successfully expanded into the most comprehensive guide available ⇨ 데이콘 여행 안내서의 제 2판은 성공적으로 확장 개편되어서 시중에 나온 것 중에서 가장 포괄적인 안내책자가 되었다.

2. I'll **second the motion** for a pay increase as long as we make the proposal tactful and carefully worded. ⇨ 우리가 임금인상 건의서를 요령있게 잘 만들고 표현을 조심스럽게 한다면 나도 찬성이야.

3. Robert worked a **second job** moonlighting as a computer consultant to help pay for his new car. ⇨ 로버트는 새 차의 대금을 갚으려고 컴퓨터 컨설턴트로 아르바이트를 했다.

4. The **factory seconds** were shipped to the outlet mall and sold at deep discounts. ⇨ 공장불합격품들은 대리점 쇼핑센터에 보내져서 헐값에 팔렸다.

TOEIC 어휘력
증강비법

gest 지니다, 옮기다

- **congest** v. 넘치게 하다
- **gesture** n. 몸짓, 태도
- **digestion** n. 소화, 동화
- **suggestion** n. 제안

see _ v. 보다, 이해하다

주어의 의지가 없이 「그냥 보이는」 것을 말한다. 단, 영화나 연극, 스포츠 관람 등에는 예외적으로 see를 써준다. 단순히 눈으로 보는 것에서 나아가 「경험이 있다」, 「이해하다」 등으로 사용된다.

🏃 **TOEIC 점수를 쑥쑥 올려주는 표현들**

see a doctor (의사에게) 진찰을 받다	**see to it that** …하도록 하다
see a problem 문제점을 발견하다	**See you later!** 안녕!
see eye to eye 견해가 일치하다	**wait and see** 관망하다, 추세를 보다
see if …인지 알아보다	**go sightseeing** 관광을 가다
see off 배웅하다	**oversee** 내려다보다, 감독하다

🦘 **TOEIC 시험에 꼭 나오는 문장들**

1. If your coughing persists for more than one week, you should **see a doctor.** ⇨ 한 주가 넘어도 계속 기침이 나면 의사에게 진찰을 받아야 한다.

2. Did you call the appliance store to **see if** the new freezer was in? ⇨ 가전 제품 판매점에 새 냉동고가 들어왔는지 전화로 알아봤어?

3. The couple took a taxi to the airport to **see off** their only son.
   ⇨ 부부는 택시를 타고 공항까지 가서 외아들을 배웅했다.

4. They asked me to **see to it that** the documents were mailed on time. ⇨ 그 사람들은 그 서류가 제 때에 우송되도록 신경쓰라고 나에게 지시했다.

5. After arriving in New York, we dropped off our bags at the hotel and **went sightseeing.** ⇨ 뉴욕에 도착한 후, 우리는 호텔에 짐을 놔두고 관광을 나갔다.

TOEIC 어휘력 증강비법

mor/mori/mort 죽다

- immortal a. 불멸의, 영원한
- immortality n. 불사, 불멸
- moribund a. 소멸해가는
- mortal a. 치명적인
- mortality n. 사망(률)
- mortgage n. 저당(권)

send _ v. 보내다

「(물품을) 보내다」, 「(사람을) 파견하다」 등 「보내다」라는 의미를 기본골격으로 한다. 편지나 소포 (package, parcel) 뿐 아니라 「전보를 치다」라고 할 때도 send를 써서 send telegrams라 한다.

🏃 TOEIC 점수를 쑥쑥 올려주는 표현들

send away for …을 우편으로 주문하다
send down 내려보내다, …로 보내다
send off a letter 편지를 보내다
send out 보내다, …에서 물건을 구하다
send ~ overnight 속달로 보내다

send through …을 통해 보내다
send one's best wishes for
…가 ~하기를 간절히 바라다
return to the sender
발신인에게 반송하다

🏃 TOEIC 시험에 꼭 나오는 문장들

1. The company will **send** all of its employees to a seminar dealing with the benefits of office automation. ⇨ 그 회사는 직원들을 모두 사무 자동화의 혜택에 대해서 논의하는 세미나에 보낼 것이다.

2. If you **send away for** the book today, you will receive a 20% discount off the cover price. ⇨ 만일 당신이 오늘 그 책을 우편으로 주문한다면 정가에서 20% 할인을 받게 됩니다.

3. The woman **sent** her son **down** to the post office to mail a letter to America. ⇨ 그 여자는 자기 아들을 우체국으로 보내어 미국으로 가는 편지를 부치게 했다.

4. The best way to prevent money you **send through** the mail from being stolen is to use a personalized check or money order. ⇨ 우편으로 돈을 보낼 때 분실을 막는 가장 좋은 방법은 개인 수표나 우편환을 이용하는 것이다.

5. Since the letter went to the wrong address, it was **returned to the sender.** ⇨ 편지가 잘못된 주소로 배달됐기 때문에, 발신인에게 회송되었다.

service _ n. 서비스 (제공 회사) v. 수리하다, 편리하게 하다

「서비스」, 그리고 통신, 컨설팅 등 제조와는 무관한「서비스 제공회사」를 일컫는다. 특히 동사의 경우,「부채의 이자를 갚다」(pay the interest on a debt)란 엉뚱한(?) 의미도 있음에 요주의.

🏃 TOEIC 점수를 쑥쑥 올려주는 표현들

serve 봉사하다, 임기동안 근무하다	**service fee** 서비스 요금
serve a customer 고객을 상대하다	**service representative** 서비스담당
serve time 임기동안 근무하다, 복역하다	**service station** 주유소
service the debt 부채를 갚다	**after-sales service** 판매후서비스
service bureau 서비스 사무소	**courier service** 택배 서비스 회사

🏃 TOEIC 시험에 꼭 나오는 문장들

1. The property management company decided to find another mowing **service,** as the one they had used in the past was no longer in business. ⇨ 그 부동산 관리회사는 과거에 이용했던 잔디깍기 용역회사가 문을 닫았기 때문에 다른 곳을 찾아보기로 결정하였다.

2. In order to reach the **service bureau,** you must first dial area code 718. ⇨ 서비스 사무소에 연락하려면 먼저 시외국번 718번을 누르시오.

3. Please wait while I connect you through to a **customer service representative.** ⇨ 고객 서비스 담당자에게 연결시켜드릴 동안 기다려주시기 바랍니다.

4. Clients may call the **customer service number** at corporate headquarters to track international shipments. ⇨ 외국에서 오는 화물이 현재 어떻게 되어 있는지 알고 싶은 고객들은 본사의 고객 서비스 번호로 전화하시면 됩니다.

5. The factory worker's **dedicated service** was rewarded with a large bonus. ⇨ 공장근로자는 헌신적인 근무의 대가로 보너스를 많이 받았다.

6. The man parked his car beside the pump at the **self-service gas station** and then took out his credit card. ⇨ 그 남자는 자가 주유소의 주유기 옆에 차를 세우고 신용카드를 꺼냈다.

7. Our **outplacement service** specialist should be able to assist you with any of your pressing questions. ⇨ 우리 회사의 전직 알선 서비스 전문가는 여러분의 시급한 문제들을 도와줄 능력이 있습니다.

8. All customers wishing to **subscribe to the on-line service** must have a valid credit card. ⇨ 온라인 서비스 회원을 희망하는 고객들은 모두 유효기간이 지나지 않은 신용카드를 소지해야 한다.

TOEIC 어휘력
증강비법

test 증명하다

- **attest** v. 증명하다
- **detest** v. 증오하다
- **protest** v. 항의하다, 주장하다
- **testify** v. 증언하다
- **testimony** n. 증언
- **contest** v. 경쟁하다 n. 논쟁, 경쟁
- **intestate** v. 유언을 하지 않은
- **testament** n. 유언, 항의
- **testimonial** n. 증명서, 추천장
- **testmarket** v. 시험판매하다

set _ v. 놓다, 준비하다, 설치하다

동사 용법으로는 「놓다, 두다」를 기본의미로 「(때·장소를) 정하다」, 「(시계를) 맞추다」, 「준비하다」 등의 의미가 있으며, 「프로그램을 설치하다」는 말 역시 set up이란 표현으로 가능하다.

🏃 TOEIC 점수를 쑥쑥 올려주는 표현들

be set for[to+V] …할 준비가 되다	**set back** 좌절시키다, 되돌리다
be set on …에 마음을 쏟다	**set forth** 출발하다, 시작하다
be all set 준비가 완료되다	**set out to + V** …하기 시작하다
set aside 따로 떼어놓다	**set up** 세우다, 프로그램을 설치하다
set a new record 신기록을 수립하다	**onset** 시작, 개시

🏃 TOEIC 시험에 꼭 나오는 문장들

1. She **was set on** finishing the food that was left over from party last night. ⇨ 그 여자는 지난밤 파티에서 남은 음식을 전부 먹어치우는데 신경을 쏟았다.

2. I **set aside** some money to cover the cost of my daughter's education. ⇨ 나는 내 딸의 교육비를 감당하기 위해 얼마간의 자금을 떼어 두었다.

3. They **set forth** to revolutionize the industry with their radical new designs. ⇨ 그 사람들은 혁신적인 새 디자인으로 업계를 완전히 변혁시키기 시작했다.

4. He **set out to** create the most sophisticated software program ever developed. ⇨ 그 남자는 지금까지 개발된 것 중에서 가장 정교한 소프트웨어 프로그램을 만들기 시작했다.

5. The company will **set up** a joint-venture production facility in Buenos Aeries, Argentina. ⇨ 그 회사는 아르헨티나의 부에노스 아이레스에 합작 투자 생산 공장을 설립할 것이다.

TOEIC 어휘력
증강비법

habit 주거하다

• **habitant** n. 주민, 거주자   • **habitat** n. 주거환경   • **habitation** n. 주소, 주택
• **inhabit** v. 살다, 거주하다   • **inhabitable** a. 살기에 적합한   • **inhabitant** n. 주민

ship _ n. 배 v. 선적하다

TOEIC에서는 「발 하 다, 선적하다」라는 의미의 동사로도 많이 쓰인다. shipping은 「운 , 발 」이란 뜻으로 shipping and handling charge(발 및 운 비) 형태로 TOEIC에 자주 등장하는 표현.

🏃 TOEIC 점수를 쑥쑥 올려주는 표현들

ship the product 제품을 선적하다
board a ship 승선(乘船)하다
shipyard 조선소
cruise ship 유람선
by ship 선편으로
shipment documents 선적서류

shipbuilding 조선(造船), 조선업
shipping company 해운 회사
shipping manifest 선적 목록
shipping vessel 화물선
shipping and handling charges 발송 제경비

🚶 TOEIC 시험에 꼭 나오는 문장들

1. The company wanted to **ship the product** to its subsidiary in New York. ⇨ 그 회사는 뉴욕에 있는 지사로 제품을 선적해 보내려고 했다.

2. In order to **board the ship,** you must have a valid passport and a ticket. ⇨ 승선하기 위해서는 합법적인 여권과 표가 있어야 합니다.

3. The **shipment documents** were attached to the crates, and the crates were loaded onto the ship. ⇨ 선적 서류는 나무 상자에 부착되었고, 그 상자는 배에 실렸다.

4. The large **shipping vessel** was moored just off the coast of the Florida Keys for repairs. ⇨ 대형 화물선이 수리를 받으려고 플로리다 키제도의 바로 근처에 정박하고 있었다.

5. All **shipping and handling charges** will be waived if you order today. ⇨ 오늘 주문하면 제반 발송경비는 면제됩니다.

315 show _ v. 보여주다

「보여주다」라는 기본의미만 알아두면 「밝히다」, 「설명하다」, 작품을 「전시하다」, 연극을 「상연하다」 등의 다양한 의미로 유추확장이 가능하다. 명사로는 「공연」, 「전시회」 등의 의미가 있다.

TOEIC 점수를 쑥쑥 올려주는 표현들

show up (회의·모임에) 모습을 드러내다
no-show 예약한 후 나타나지 않는 사람
showroom display 진열장 전시
trade show 업계 전시회
product showcase 상품진열장

matinee showings 낮 공연
premier showing 개봉, 첫 공연
private showing 비공개 전시회
run the slide show 슬라이드 쇼를 마련하다

TOEIC 시험에 꼭 나오는 문장들

1. Did Mr. Clark ever **show up** for his twelve o'clock appointment?
   ⇨ 대체 클라크 씨는 12시 약속에 얼굴을 내밀기나 했나요?

2. Of the six people who registered for the conference, five attended and one was a **no-show.** ⇨ 회의에 등록한 6명 중에 5명은 참석하고 한명은 불참했다.

3. The new **product showcase** is one way to see the latest book releases, but if you are in a hurry, visit our bookstore. ⇨ 신상품 전시장은 신간서적의 발매를 알 수 있는 방법의 하나이긴 하지만, 만약 급한 경우에는 우리 서점을 방문해 주세요.

4. Please call the art gallery and see if you can get me two tickets to the **private showing** this Saturday. ⇨ 미술관에 전화를 해서, 이번 토요일 비공개 전시회의 표 2장을 구할 수 있는지 알아봐주십시오.

5. The sales manager will **run the slide show** at the company's annual shareholders' meeting. ⇨ 영업부장은 그 회사의 연차 주주 총회에서 슬라이드 쇼를 담당할 것이다.

「신호」, 「표지, 간판」, 어떤 일이 일어날 「징후, 조짐」이란 뜻. 또한 「서명하다」라는 동사로도 쓰이는 데 계약서나 수표 등에 하는 공식적인 서명으로, 연예인의 「싸인」은 autograph.

🏃 TOEIC 점수를 쑥쑥 올려주는 표현들

signal 신호, 징후	**road sign** 도로표지
signature 서명	**stop sign** 정지신호
sign the contract 계약서에 서명하다	**turn signal** 방향지시등
sign up for 등록을 신청하다	**undersigned** 아래에 서명한
signboard 안내판	

🐿 TOEIC 시험에 꼭 나오는 문장들

1. Approximate waiting times for this ride are posted on the blue **sign** at the park entrance. ⇨ 이 기구를 타는데 걸리는 대략적인 대기 시간은 공원 입구의 파란색 안내판에 게시해 놓았습니다.

2. The **sign** warned that all vehicles parked overnight would be ticketed and towed away. ⇨ 그 표지판은 밤새 주차시킨 차량들에는 모두 벌금이 부과되며 견인된다는 것을 경고하고 있었다.

3. He's **signed up for** five classes this semester. ⇨ 그 사람은 이번 학기 다섯 과목을 수강 신청했다.

4. In order to pass the driver's examination and receive a driver's license, you must obey all **road signs.** ⇨ 운전 면허 시험에 통과하여 면허를 받으려면 도로표지의 지시사항을 모두 준수해야 한다.

TOEIC 어휘력 증강비법

vinc/vict 정복하다, 승리하다

• victory n. 승리	• convince v. 납득시키다	• evict v. 쫓아내다
• vanquish v. 정복하다	• vincible a. 정복할 수 있는	• convict v. (유죄)입증하다 n. 죄인

sole _ a. 유일한, 단독의 n. 신발 밑창

sole proprietorship(자영업), sole practitioner(개업의, 개업변호사) 등 비즈니스 관련 분야에서
자주 접할 수 있는 단어. 한편, 명사로는 뜻밖에도 「구두창」이란 의미가 있다.

🏃 TOEIC 점수를 쑥쑥 올려주는 표현들

sole agent 총대리인[점]	**sole proprietor** 자영업자
sole leather 구두창용 두꺼운 가죽	**sole proprietorship** 개인회사, 자영업
sole practitioner 개업의, 개업변호사	

🦘 TOEIC 시험에 꼭 나오는 문장들

1. It is important that you remove the dirt from the **soles** of your
   shoes before entering the dance studio. ⇨ 댄스 연습장에 들어가기 전에
   신발 밑창에서 흙을 털어내는 것이 중요하다.

2. XYZ Company is the **sole** distributor of medical ultrasound
   equipment in Australia. ⇨ XYZ 社는 호주에서 의료용 초음파 장비 유통을 담당하
   는 총대리점이다.

3. Although a large firm may be more prestigious, a **sole
   practitioner** often provides better and more personalized legal
   council. ⇨ 규모가 있는 법률회사가 좀 더 명망이 높을지는 몰라도, 대개 개업 변호사가
   보다 우수하고 보다 개인적인 법률 상담을 제공해준다.

4. It is important to understand exactly what you are personally
   liable for when you have **sole proprietorship** of a business. ⇨
   자영업체를 운영하려면, 자신이 개인적으로 책임져야 할 것이 무엇인지를 정확하게 파악하는
   것이 중요하다.

🍎 TOEIC 어휘력
증강비법

hab 지니다, 보유하다

• exhibit v. 전시하다	• exhibition n. 전시	• habit n. 습관
• habitual a. 습관적인	• habituate v. 익숙하게 하다	• inhibit v. 금지하다
• inhibition n. 억제, 금지	• prohibit v. 금지하다	• prohibition n. 금지

318 special _ n. 특별한 것 a. 특별한, 전문의

「특별한」이란 뜻으로 가장 널리 쓰이는 단어. special event나 special concern이라는 말이 보여주듯 성질상 「보통의 것이나 일반적인 것과 다름」(not ordinary, regular, or usual)을 강조하는 말.

🏃 TOEIC 점수를 쑥쑥 올려주는 표현들

specialist 전문가
specialty 전문, 특질
specialization 전문화
specialize in …을 전문으로 하다

special features 특집기사, 특집 편성물
lunch special 점심 특별요리
specialty practice 특수 업무

✒ TOEIC 시험에 꼭 나오는 문장들

1. **Specialization** has always been the key to success. ⇨ 항상 전문화 가 성공의 열쇠였다.

2. The student decided to **specialize in** epidemiology. ⇨ 그 학생은 전염병학을 전문 분야로 삼기로 결심했다.

3. The professor always advises his students to **specialize in** a job with future employment opportunities. ⇨ 그 교수는 항상 자신의 제 자들에게 장래에 취업 가능성이 있는 일을 전문적으로 하라고 권한다.

4. The restaurant at the end of the street was having a **lunch special.** ⇨ 거리 끝에 있는 그 식당에서는 점심 특별요리를 제공하고 있었다.

5. One of the **special features** of this new cell phone is that you can identify the caller before you answer the phone. ⇨ 새로 나온 이 핸드폰의 특수기능에는 전화를 받기 전에 전화 건사람이 누군지 알 수 있는 것이 들어있습니다.

6. The man operated a **specialty practice** out of a small second-floor office. ⇨ 그 남자는 한 작은 2층짜리 사무실에서 특수 업무를 수행했다.

TOEIC 어휘력 증강비법

crea 창조하다

• **create** v. 창조하다   • **creation** n. 창조(물)   • **creative** a. 창조적인

| Keywords | **specific ~ survey**

319 specific _ n. 특성, 명세서 a. 명확한, 특수한

specific은 「특수한」 또는 「세부적이고 명확한」 것을 가리킬 때 쓰는 말로, 복수로 specifics하면 「세부사항」, 그리고 specification은 「명세서」로 자주 등장하는 TOEIC 필수 단어들.

🏃 TOEIC 점수를 쑥쑥 올려주는 표현들

specifics 세부사항

specifications 명세서(spec)

specify 상술하다, 명확히 하다

specified 세분화된, 명시된

specifically 특히, 명확하게

product specifications 제품명세서

specific directions 특별지시사항

specific terms 특수용어

specified weekday hours 명시된 평일 영업시간

🐒 TOEIC 시험에 꼭 나오는 문장들

1. Most **specifics** are included in the report; however, if you need additional information, you can call our research department. ⇨ 그 보고서에는 구체적인 사항이 거의 들어 있습니다. 그러나 정보가 더 필요하다면 우리의 연구부서에 연락주십시오.

2. Please **specify** the color you would like on your order form. ⇨ 주문서에 좋아하는 색을 명확하게 밝혀 주십시오.

3. The sales clerk asked me to **specify** the size, color, and style. ⇨ 판매원이 내게 사이즈, 색상, 그리고 스타일을 구체적으로 말해달라고 했다.

4. **Specifically,** children are not to be left without an adult to watch over them. ⇨ 보다 상세하게 얘기하자면, 아이들을 성인이 돌보지 않은 채 혼자있게 두어서는 안됩니다

5. The **product specifications** were sent to the manufacturer for the final approval. ⇨ 제품 명세서를 제조업자에게 보내 최종적으로 승인을 해달라고 했다.

spot _ n. (특정한) 장소, 현장

「현장」이란 의미로 잘 알려진 단어. spot check이라 하면 세관이나 음주운전 단속시 「불시점검」 또는 공장에서의 「무작위 추출검사」를 뜻한다. 또한 spot은 「TV · 라디오의 짧은 광고」를 의미한다.

✗ TOEIC 점수를 쑥쑥 올려주는 표현들

spotlight 집중조명등, 세인의 주목
be in the spotlight 세인의 주목을 받다
spot announcement 삽입 광고
spot broadcasting 현지(중계) 방송
spot check 임의추출검사, 불시점검
spot delivery 현장 인도

spot sale 현금 판매
parking spot 주차 장소
sore spot[point] 약점, 아픈 곳
on the spot 곧바로, 현장에서
put sby on the spot
…를 대답하기 곤란한 상황에 처하게 하다

🐎 TOEIC 시험에 꼭 나오는 문장들

1. American television stations charge $500,000 for each thirty-second **spot** during the Super Bowl. ⇨ 미국의 TV 방송국들은 수퍼볼 기간 동안 30초짜리 광고를 하나 할 때마다 50만 달러를 청구한다.

2. Because of his incredible popularity, the station decided to give the singer a **spot** on the variety program. ⇨ 그 가수의 엄청난 인기 때문에 방송국은 이 사람을 버라이어티 쇼에 출연시키기로 결정했다.

3. The manager decided that he would conduct periodic **spot checks** of the products that were produced using the assembly line. ⇨ 그 책임자는 조립라인에서 생산된 제품을 주기적으로 임의추출 검사를 실시하기로 결정했다.

4. These "intelligent parking meters" look like ordinary meters, but can count the number of cars that have **parked in a spot** and time how long they have been parked there. ⇨ 이 "인공지능 주차미터기"는 평범한 미터기처럼 보이지만 주차 공간에 자가 몇대나 주차했었는지, 또 얼마나 주차했었는지도 계산한다.

5. If you put him **on the spot**, he may get angry and refuse to talk. ⇨ 만약에 네가 그 남자를 대답하기 곤란한 상황으로 몰고 간다면, 그 사람은 화가 나서 말도 하지 않으려 할 거야.

staff _ n. 참모, 직원 v. …에 직원을 두다

명사, 형용사, 동사 동형의 단어이다. 「참모(의)」, 「직원(의)」라는 의미는 잘 알고 있겠지만, 「…에 직원을 배치하다」(provide the workers for)라는 동사적 쓰임은 낯설 수도 있으니 잘 기억해둔다.

✗ TOEIC 점수를 쑥쑥 올려주는 표현들

staffing 직원배치

be staffed by …에 의해 직원을 충당하다

hire new staff 새 직원을 고용하다

staff meeting 직원 회의

staff turnover 전직, 이직

sales staff 영업직원

secretarial staff 비서진

senior staff 간부급 직원

staff a booth at the job fair
채용 박람회장 사무소에 직원을 파견하다

✗ TOEIC 시험에 꼭 나오는 문장들

1. **Staffing** the new plant was the president's top priority. ⇨ 새 공장에 직원을 충원하는 것이 사장의 최대 선결과제였다.

2. The cafeteria in the retirement home **was staffed by** volunteers from the community. ⇨ 그 양로원의 식당은 그 지역사회의 자원봉사자들로 직원을 충당했다.

3. The manager decided to **hire new staff** members in order to handle the Christmas rush. ⇨ 그 관리자는 크리스마스 대목의 밀려드는 일들을 처리하려고 새 직원을 고용하기로 결정했다.

4. The **staff meeting** will be held at 9:00 on Friday morning. ⇨ 직원 회의는 금요일 아침 9시에 열릴 것이다.

5. Most of the **sales staff** will be laid off after the merger takes place. ⇨ 합병이 되면 영업 직원들은 대부분 정리해고될 것이다.

6. The company was looking to **staff a booth at the job fair.**
⇨ 그 회사는 채용 박람회장 사무소에 직원을 파견할 것을 검토하고 있었다.

stand _ n. 매점, 가판점 v. 나타내다

「서다」라는 기본의미에서 비유적으로 「참다」, 「견디다」라는 의미로 확장되고 뒤에 for를 붙이면 「…을 나타내다」라는 뜻이 된다. 명사로는 신문 등을 파는 「가판대」 혹은 「관람석」을 뜻한다.

✗ TOEIC 점수를 쑥쑥 올려주는 표현들

stand a chance 승산이 있다	**stand up for** …을 옹호하다
stand for …을 나타내다, …에 찬성하다	**standstill** 막힘, 정지
stand out 두드러지다	**magazine stand** 잡지 판매대
stand to reason 이치에 맞다	**outstanding** (주식이나 채권이) 발행된

✗ TOEIC 시험에 꼭 나오는 문장들

1. The weight lifter didn't **stand a chance** against all of the stronger contestants. ⇨ 그 역도 선수는 온통 자기보다 강한 경쟁자들과 겨루어야 했기에 승산이 없었다.

2. The general told his assistant that POW **stands for** prisoner of war. ⇨ 장군은 자신의 보좌관에게 POW는 전쟁포로를 의미한다고 말했다.

3. If you want to **stand out** at your company, you have to be a hard worker. ⇨ 회사에서 두각을 나타내고 싶으면 열심히 일해야 해.

4. He told us that we must **stand up for** the rights of injured workers. ⇨ 그 남자는 우리에게 부상당한 근로자들의 권리를 찾아주기 위해 궐기해야 한다고 말했다.

5. The **magazine stand** is located behind the elevators on the fourth floor of the building. ⇨ 잡지판매대는 그 건물 4층 엘리베이터 뒤에 있다.

TOEIC 어휘력
증강비법

nunci/nounc 선언하다

- **announce** v. 공표하다, 발표하다
- **denunciation** n. 탄핵, 고발
- **renounce** v. 포기하다, 단념하다
- **denounce** v. 공공연히 비난하다
- **pronounce** v. 발음하다, 선언하다
- **renunciation** n. 포기, 기권

「성명」, 「진술」이란 뜻. 그러나 TOEIC test taker라면 statement의 낯설은 의미인 「명세서, 내역서」에 주목해야 한다. tax statement는 「세금 내역서」이고, financial statements는 「재무제표」를 말한다.

🏃 TOEIC 점수를 쑥쑥 올려주는 표현들

state 명시하다

issue a statement 성명을 발표하다

account statement 예금입출금내역서

financial statements 재무제표

income statement 손익계산서

state-of-the-art 최첨단의

cash flow statement
현금 유출입 내역서

consolidated financial statements 연결 재무제표

prices stated in this catalogue
이 목록에 명시된 가격

🐆 TOEIC 시험에 꼭 나오는 문장들

1. The president decided that it would be wise to **issue a statement** to the press about his involvement in the scandal. ⇨ 사장은 자신의 스캔들 연루에 대해 언론에 성명을 발표하는 것이 현명할 것이라고 결정했다.

2. With this comprehensive workshop, you'll be better able to read and understand balance sheets, **income statements, and cash flow statements.** ⇨ 이 종합적인 연수회를 마치면 여러분들은 대차대조표, 손익계산서, 그리고 현금유출입내역서 등을 읽고 이해하실 수 있을 것입니다.

3. The board of directors held a meeting to discuss the contents of this year's **financial statements.** ⇨ 이사회는 올해의 재무제표 내용들을 토의하기 위해 회의를 개최했다.

4. The components we use in our computers are **state-of-the-art** and made in the USA. ⇨ 우리가 컴퓨터에서 사용하는 부품들은 미국산으로 최첨단의 것이다.

5. The **prices stated in this catalogue** are subject to change without notice. ⇨ 이 목록에 명시된 가격은 통고없이 바뀔 수 있다.

324 **step** _ n. 걸음, 계단, 단계 v. 걷다

「걷다」란 뜻으로 한발 한발 내딛는 걸음걸이에 중점을 둔 점에서 walk와 구별된다. 특히 in, out, down 등의 전치사와 결합해 「끼어들다」, 「떠나다」, 「물러나다」 등 다양한 의미로 활용된다. .

✘ TOEIC 점수를 쑥쑥 올려주는 표현들

step aside[down] 사직하다, 물러나다	**step up** 증가시키다, …로 다가가다
step in 개입하다	**stepped-up** 증가된, 확대된, 높인
step into …에 들어가다, 끼어들다	**step by step** 점차적으로
step on it 속도를 내다, 서두르다	**sidestep** 회피하다
step out 나가다, 외출하다	**take steps** 조처를 취하다

✘ TOEIC 시험에 꼭 나오는 문장들

1. I had to **step into** the booth so that I could conduct my business in private. ⇨ 나는 은밀히 일을 수행하기 위해 부스에 들어가야 했다.

2. We're running late, so let's **step on it** before we're so late that everyone has gone home. ⇨ 우린 지금 늦었어, 그러니 너무 늦어서 다들 집으로 가버리기 전에 속도를 내자구.

3. Please **step up** to the counter. Do you have anything to declare? ⇨ 카운터 앞으로 다가와 주십시오. 신고할 물품이 있으십니까?

4. We decided to **step up** the competition by training our athletes with increased intensity before each match. ⇨ 우리는 매 경기에 앞서 선수들에게 보다 강도 높은 훈련을 시켜서 보다 경쟁력을 강화시키기로 결정했다.

5. I asked her for a direct answer but she kept **sidestepping** the issue. ⇨ 나는 그 여자에게 직접적으로 대답해달라고 했지만 그 여자는 계속해서 그 문제를 회피했다.

6. We are **taking steps to** resolve the conflict between management and labor. ⇨ 우리는 노사간의 갈등을 해결하기 위한 조처를 취하고 있는 중이다.

385

동사로 쓰이면 「물건을 팔기 위해 가게에 구비하여 놓다」, 명사로는 「주식」을 의미하는 경우가 많지만, 상거래에서는 대개 판매상이 「사들인 물건」, 즉 「보유품」 또는 「재고품」을 의미한다.

🏃 TOEIC 점수를 쑥쑥 올려주는 표현들

stock A with B A를 B로 채우다	**stockholder** 주주
stock up on 사들이다, 들여놓다	**stock option** 자사주 구입권
split the stock 주식을 분할하다	**stock market** 주식시장
stock bonus 주식 상여금	**stockpile** 비축량, 재고, 비축하다
stock broker 주식중개인	**stock price** 주가(株價)

🏃 TOEIC 시험에 꼭 나오는 문장들

1. The distributor **is stocking** the shelves **with** cheese and cold cuts. ⇨ 유통업자가 치즈와 냉육을 얇게 저민 것을 함께 요리한 식품을 선반에 쌓아두고 있다.

2. The American government has advised petrochemical refiners to **stock up on** raw materials. ⇨ 미국 정부는 석유 화학 정유회사에 원료를 비축해 둘 것을 권유했다.

3. The board of directors decided unanimously that it would be in the best interest of all of the shareholders if the company **split its stock.** ⇨ 이사회는 회사가 주식을 분할한다면 모든 주주들에게 최상의 이익이 될 것이라고 만장일치로 결정했다.

4. Mr. Kahn and his **stockbroker** frequently discuss business while having lunch together. ⇨ 칸 씨와 그의 주식 중개인은 함께 점심을 들면서 사업에 대해 의논을 하는 경우가 자주 있다.

5. The **stock market** continues to advance in spite of weak economic indicators. ⇨ 주식시장이 경제지수의 약화에도 불구하고 계속 상승세를 보이고 있다.

stock room 저장실	**in stock** 재고로 가지고 있는
common stock 보통주	**out of stock** 품절되어
listed stock 상장주식	**restock** 새로 물건을 들여 놓다
loan stock 전환사채	

6. **Stock options** can be used for speculating in a volatile market or for hedging purposes. ⇨ 자사 주식 매입 선택권은 변동이 심한 주식 시장에서 투기를 하거나 위험부담을 줄일 목적으로 이용할 수 있다.

7. Holders of **common stock** are entitled to one vote per share, while holders of preferred stock have no voting rights. ⇨ 보통주 보유자들은 주당 한표를 행사할 권리를 갖고 있는 반면, 우선주 보유자들은 투표권이 없다.

8. The report stated that although XYZ Company trades as a **listed stock,** its parent company is unlisted. ⇨ 보도에 따르면, XYZ 社는 상장주식으로 거래되고 있지만, 모회사는 상장되어 있지 않다고 한다.

9. In order to sell a stock short, you must first acquire **loan stock** from another investor or brokerage house. ⇨ 주식을 공매(空賣)하기 위해서는 우선 다른 투자가나 투자 중개 기관으로부터 전환사채를 취득해야 한다.

10. We have three Volvo station wagons **in stock** right now. ⇨ 우리는 현재 볼보 스테이션 왜건 3대를 재고로 가지고 있다.

TOEIC 어휘력
증강비법

sume/sump 사용하다, 사다, 취급하다

- assume v. 떠맡다, …인 체하다
- consumer n. 소비자
- presume v. 추정하다
- resume v. 다시 시작하다
- assumption n. 가정, 추정
- consumption n. 소비
- presumption n. 가정, 추정
- sumptuous a. 고가의

326 stop _ v. 멈추다, 방해하다

「멈추다, 중단시키다」에서 출발해 「그만두다」, 「방해하다」를 비롯해서 전치사 by나 in과 결합, 「…에 들르다, 머무르다」란 의미까지 갖는다. 특히 명사 용례로 stopover, stoppage 등에 주의한다.

🏃 TOEIC 점수를 쑥쑥 올려주는 표현들

stoppage 중단, 정지, 파업	**stop light** 정지신호
stop by …에 잠깐 들르다	**stopover** 잠깐 들르는 곳, 기착지
stop short of …을 그만두다	**stopping distance** 제동거리
stop in traffic 교통혼잡에 갇히다	**bus stop** 버스정류장
stop for today 일과를 마치다	**one-stop shopping** 한 상점에서
stop-and-go 가다서다 반복하는, 정체된	여러가지 상품을 다 살수 있는 쇼핑

🏃 TOEIC 시험에 꼭 나오는 문장들

1. The police officer **stopped** the speeding car and issued the driver a number of traffic tickets. ⇨ 그 경찰관은 과속 차량을 정지시키고 운전자에게 여러장의 교통위반 딱지를 발급했다.

2. I'll **stop by** the bank before I go to the car repair shop. ⇨ 나는 자동차 수리점에 가기 전에 은행에 잠깐 들를 거예요.

3. The **stopover** will last for about one hour, as the plane will be refueling. ⇨ 비행기에 연료를 다시 채우는 동안 약 한시간 가량 기착하겠습니다.

4. The bus is waiting at the **stop light.** ⇨ 버스가 정지 신호에 기다리고 있다.

5. In a recent road test, the Mercedes 600SL achieved a very short **stopping distance** and earned a safety award. ⇨ 최근 도로 주행테스트에서 머세이디즈 600SL은 매우 짧은 제동거리를 기록해 안전상을 수상했다.

6. The lawyer sat on the bench in front of the **bus stop** and thumbed through the Wall Street Journal. ⇨ 그 변호사는 버스정류장 앞의 벤치에 앉아서 「월 스트리스 저널」지(紙)를 뒤적거렸다.

327 **subject** _ n. 주제, 학과 v. 지배하다 a. …되기 쉬운

대표의미는 「주제」. 이밖에 「학과」나 「주어」, 「원인」으로도 쓰이며, 동사 · 형용사로도 맹활약한다. 형용사 구문 be subject to(…받기 쉽다)와 수동태 be subjected to(…당하다)를 혼동하지 않도록 유의.

✘ TOEIC 점수를 쑥쑥 올려주는 표현들

be subjective 주관적이다   **subject of the report** 보고서주제
be subject to …받기 쉽다, …할 것 같다   **general subject** 전반적인 주제
be subjected to …을 당하다   **subject to** …을 조건으로, …에 따라서
subject catalog (도서관의) 주제별목록   **on the subject of** …에 관하여

✘ TOEIC 시험에 꼭 나오는 문장들

1. The current airfare for a flight from Detroit to Rome is only $880. However, this price **is subject to** change after June 15th. ⇨ 디트로이트에서 로마까지의 현재 항공 운임은 800달러 밖에 안 하지만 이 요금은 6월 15일 이후로 바뀔 듯 하다.

2. The new product **was subjected to** a variety of tests and treatments in order to determine its reliability. ⇨ 신상품은 신뢰도를 측정하기 위해 다양한 시험과 처리를 받았다.

3. In order to find the correct information, you must first look up your topic in the **subject catalogue index.** ⇨ 올바른 정보를 찾으려면 여러분이 다루고자 하는 주제에 관한 것을 먼저 주제별 색인에서 찾아봐야 합니다.

4. Although we discussed several issues, the **general subject** of the meeting was the year-end report. ⇨ 우리는 여러가지 문제를 논의했지만, 회의의 전반적인 주제는 연말 보고서였다.

> TOEIC 어휘력
> 증강비법

jud/judi/judic 선고하다, 재판하다

- adjudication n. 판결   - judge n. 재판관   - judgment n. 재판, 판결
- judicial a. 사법의   - judicious a. 분별있는 - prejudice n. 편견

389

suggest _ v. 제안하다, 권하다

사업상 제의나 회의안건을 제출할 때 쓰는 표현으로 make a suggestion의 형태로 많이 사용된다.
특히 S+suggest that ~에서 that 이하에는 '(should)+동사원형'이 온다는 점에 주목한다.

🏃 TOEIC 점수를 쑥쑥 올려주는 표현들

suggestive 암시하는	**suggestion box** 건의함
suggest that+동사원형 …을 제안하다	**suggestions for** …에 대한 제안
make a suggestion 제안하다	**suggested list price** 권장표시가격
a good suggestion 훌륭한 제안	

🦘 TOEIC 시험에 꼭 나오는 문장들

1. She **suggested that** everyone **take** a five minute break and take their minds off the looming decision ahead. ⇨ 그 여자는 모든 사람들에게 5분간 휴식을 취하면서 중대한 결정을 내리기 전에 머리를 쉴 것을 제안했다.

2. I'd like to **make a suggestion** that I think will save money for our company. ⇨ 나는 우리 회사에 돈을 절약해줄 거라 생각하는 제안을 하나 하고 싶다.

3. If you would like to comment on our restaurant, please fill out one of these forms and place it in the **suggestion box** by the door. ⇨ 저희 레스토랑에 대해서 의견을 내고 싶으시다면 이 설문지에 기입하셔서 문 옆의 제안함에 넣어주세요.

4. The secretary accepted the **suggestions for** the new office layout. ⇨ 비서는 새로운 사무실 배치에 대한 그 제안들을 받아들였다.

5. The **suggested list price** was far higher than the actual selling price. ⇨ 권장 표시가격은 실제 판매가격보다 훨씬 높았다.

TOEIC 어휘력
증강비법

tend/tens/tent 뻗치다, 잡아당겨 늘리다

- **attend** v. 출석하다, 참석하다
- **intend** v. 의도하다
- **intense** a. 격렬한, 심한
- **intensify** v. 증강하다
- **intensive** a. 집중적인
- **intent** n. 의도, 의지
- **intention** n. 의지, 목적
- **tension** n. 긴장, 장력

suit _ n. 소송, 옷 한벌 v. 적합하게 하다

suite[swi:t] (호텔의 응접실 등이 달린 특실)와 헷갈리는 단어로 기억되는 suit[su:t]은 명사로 「소 」, 「정장」, 그리고 동사로는 목적어를 대동하여 목적어를 「만족시켜주다」는 의미로 자주 쓰인다.

🏃 TOEIC 점수를 쑥쑥 **올려주는 표현들**

suitability 적합, 적당	**suit one's needs** …의 필요에 맞추다
suitable 적합한	**suit oneself** 자기 마음대로 하다
suitably 적합하게, 어울리게	**follow suit** 남이 한 대로 따르다
be suitable for[to+V] …에 적합하다	**man's suit** 남성용 정장
suit one's budget …의 예산에 맞추다	**presidential suite** 특급 별실

🏃 TOEIC 시험에 꼭 나오는 문장들

1. The man bought a **suit** from Macy's Department Store and took it to his tailor for alterations. ⇨ 남자는 메이시 백화점에서 정장을 구입한 후 고치려고 양복점에 가지고 갔다.

2. It **is suitable for** young girls to wear short skirts these days, but it wasn't when I was a kid. ⇨ 요즘은 여자애들이 미니스커트를 입는 것이 괜찮지만 내가 어렸을 때는 그렇지 않았다.

3. The young student told her mother that the small apartment **suited her budget.** ⇨ 젊은 학생은 어머니에게 그 조그만 아파트가 자신의 예산에 적절하다고 말했다.

4. The secretary usually took a few days off whenever it **suited her needs.** ⇨ 그 비서는 보통 자기가 필요할 때면 언제나 휴가를 며칠씩 내곤 했다.

5. The publishing company paid for its most important writer to stay in the **presidential suite** of the Hilton Hotel. ⇨ 그 출판사는 자사에 제일 중요한 필자에게 힐튼 호텔의 특급 별실에 체류할 비용을 지불했다.

supply _ n. 공급 v. 공급하다

수요공급(supply and demand)에서 바로 그 공급에 해당하는 단어. 「제공해주다」라는 의미로 supply A with B 형태로 많이 사용된다. 한편 supplier는 「납품업체」를 의미하는 TOEIC 빈출어휘.

🏃 TOEIC 점수를 쑥쑥 올려주는 표현들

supplier 공급자, 납품업체	**supply requisition** 물품 청구서
supplies 공급품	**supply room** 비품실
supply A with B A에게 B를 공급하다	**office supplies** 사무용품
supply and demand 수요와 공급	**supplement** 보충(하다), 추가(하다)
supply depot 물품 창고	**supplementary** 보충의, 추가의

🏃 TOEIC 시험에 꼭 나오는 문장들

1. The **supplier** was charged with false advertising and fined $10,000. ⇨ 그 납품업체는 허위 광고로 고소를 당해서 벌금 만 달러를 물었다.

2. The chemical company was contracted to **supply** the gold mining company **with** sodium cyanide. ⇨ 그 화학제품 회사는 금광채굴 회사에 시안화나트륨을 공급하기로 계약했다.

3. Many economic theories are based on the concept of **supply and demand**. ⇨ 경제 이론들 중에는 수요과 공급의 개념에 그 기초를 둔 것이 많다.

4. As structural engineering students, we must take many field trips to **supplement** our in-class studies. ⇨ 구조 공학을 배우는 학생인 우리는 실내학습을 보완하기 위해서 야외 견학교육을 많이 해야 한다.

5. I decided not to buy the **supplement** to this year's guidebook since they will be publishing an updated version next year. ⇨ 나는 올해에 나온 안내서의 보충판을 구입하지 않기로 결정했다. 내년에 출판사에서 개정판을 펴낼 것이기 때문이다.

331 **sure** _ a. 명백한, 확실한

「의심할 바 없는」, 「명백한」 상태를 나타내는 단어. 주로 명령문 형태로 쓰이는 Be sure to, Make sure to ~구문이나 「확실히」란 의미의 부사구 for sure는 반드시 주지해야 할 표현이다.

🏃 TOEIC 점수를 쑥쑥 올려주는 표현들

surely 확실히, 반드시

be sure to 반드시 …하다

make sure to 반드시 …하도록 하다

sure thing 성공이 확실한 것, 물론이죠

for sure 확실히(≒to be sure, surely)

to be sure 물론, 확실히

I am not sure if[that]
…인지 아닌지 확신이 안 선다

🦾 TOEIC 시험에 꼭 나오는 문장들

1. The doctor told his patient to **be sure to** take the medicine and get plenty of rest. ➪ 의사는 환자에게 반드시 약을 먹고 휴식을 충분히 취하라고 말했다.

2. **Be sure to** back up all of your files on the computer just in case something happens. ➪ 무슨 일이 벌어질 경우를 대비해서 컴퓨터에 있는 네 파일 모두를 반드시 백업시켜 놓도록 해.

3. **Make sure** you switch on the alarm system before you leave tonight. ➪ 오늘밤 퇴근하기 전에 반드시 경보시스템을 작동시켜 놓으세요.

4. The secretary told the manager that the contract was a **sure thing**. ➪ 그 비서는 관리자에게 그 계약은 성공이 확실한 것이라고 말했다.

5. **I'm not sure if** it is okay to ask out one of my co-workers.
➪ 나의 직장 동료 중 한 사람에게 데이트를 청해도 괜찮은지 모르겠어.

🔖 TOEIC 어휘력
증강비법

fac/fact 만들다

- **benefit** n. 이익
- **effect** n. 결과, 효과
- **facility** n. 쉬움, 편의시설
- **factor** n. 요소, 요인
- **confection** n. 과자
- **facile** a. 쉬운, 용이한
- **fact** n. 사실, 현실
- **faculty** n. 능력, 학부
- **defect** n. 결점
- **facilitate** v. 용이하게 하다
- **faction** n. 파벌
- **proficient** a. 숙달된

「관찰하다」, 「조사하다」라는 동사로 잘 알려진 단어. 허나 실제로는 market survey(시장 조사),
financial survey같이 다른 명사와 결합해 「조사」, 「관찰」 등의 명사적 용법으로 많이 쓰인다.

🏃 TOEIC 점수를 쑥쑥 올려주는 표현들

make[carry out] a survey 조사하다	**financial survey** 재정조사
take a survey of …을 한번 훑어보다	**market survey** 시장조사
survey data 조사 데이터	**get a complete survey of**
survey result 조사[관찰] 결과	…을 철저히 조사하다

🐒 TOEIC 시험에 꼭 나오는 문장들

1. I just received the **survey results** and I'm not too sure we
   should publish them. ⇨ 지금 막 조사 결과를 받았는데 그것을 발표해야 하는지 정
   말 확신이 서질 않는다.

2. We must look at our latest **financial survey** results before we
   decide to launch our new product. ⇨ 우리는 신상품 출시를 결정하기 전에
   최근의 재정 조사 결과를 살펴 보아야 한다.

3. Based on our recent **market survey**, we think the product will
   sell very well. ⇨ 최근 우리가 실시한 시장조사에 따르면, 그 제품은 잘 팔릴 것으로 예
   상된다.

4. We need to **get a complete survey of** office products ready
   so we can check customer satisfaction. ⇨ 우리는 사무용품에 관한 고객
   들의 만족도를 체크할 수 있도록 철저한 조사를 할 수 있게 준비해야 돼.

TOEIC 어휘력
증강비법

pend/pen 첨부되다

- appendix n. 부록
- suspend v. 중지하다
- dependent a. 의존하는 n. 피부양가족
- impending a. 임박한, 절박한
- pendant n. 늘어뜨린 장식
- independence n. 독립
- suspension n. 중지

333   take _ v. 가져가다, 취하다 n. 수익, 이익

크게 '이동,' '소유·획득,' '허용'을 나타내며, 「먹다(마시다)」, 「사다」, 「타다」, 「지배하다」 등으로 폭넓게 활용된다. 또 「손에 잡고, 쥐다」라는 의미에서 「(사업상) 이익, 수익」(profits)이란 뜻도 있다.

🏃 TOEIC 점수를 쑥쑥 올려주는 표현들

take A for B A를 B로 오해하다	**take a look at** …를 주시하다
take action 조치를 취하다	**take a risk** 위험을 감수하다
take advantage of …을 이용하다	**take a seat** 자리에 앉다
take after …를 닮다	**take back** 도로찾다, 취소하다
take away 제거하다, 치우다	**take down** 받아 적다

🏃 TOEIC 시험에 꼭 나오는 문장들

1. The employees asked how they could **take advantage of** the group discount rate. ⇨ 그 직원들은 단체할인율을 이용할 수 있는 방법을 물었다.

2. Everyone at the conference thinks that she t**akes after** her father. ⇨ 회의에 참석한 사람들은 모두 그 여자가 자기 아버지를 닮았다고 생각하고 있다.

3. They had to **take away** the office water cooler because it was defective. ⇨ 그 사람들은 그 사무실 냉수기가 하자가 있기 때문에 치워야만 했다.

4. The man took his trousers to the tailor and had the waist **taken in** a few inches. ⇨ 그 남자는 바지를 재단사에게 가져가서 허리를 몇 인치 줄여달라고 했다.

5. Don't **take my word for it;** check it out for yourself. ⇨ 내 말을 있는 그대로 받아들이지 말고 스스로 확인해 봐.

6. We had to **take off** because the situation was becoming far too intense. ⇨ 상황이 너무 심각해지기 시작했으므로 우리는 떠나야만 했다.

take in 끌어들이다, 옷을 줄이다	take over 양도받다, 떠맡다
take it easy 걱정마라, 서두르지 마라	take part in 참여하다
take my word for it 내 말은 정말야	take place 발생하다
take notes 기록하다	take pride in …을 자랑하다
take off 벗다, 제거하다, 떠나다	take sby to+장소 …를 ~로 데려가다
take on (일·책임 따위를) 떠맡다	take for granted 당연한 것으로 여기다
take out 꺼내다, 제외하다	undertake 떠맡다, 보증하다

7. She had to **take on** the role of a mother for her three step children. ⇨ 그 여자는 3명의 의붓자녀들의 어머니 역할을 받아들여야만 했다.

8. We have to find out where the show is going to **take place**. ⇨ 우리는 그 공연이 어디서 개최되는지를 알아내야만 한다.

9. The company officials were known to **take pride in** the craftsmanship skills of their workers. ⇨ 회사 임원들은 직원들의 솜씨를 자랑스러워하는 것으로 알려졌다.

10. They knew that he was going to **undertake** an important responsibility. ⇨ 그 사람들은 그 남자가 중요한 책임을 맡을 것이라는 사실을 알고 있었다.

TOEIC 어휘력
증강비법

jac/jec/ject 던지다

- abject a. 비참한
- dejection n. 낙담, 실의
- injection n. 주입, 주사(액)
- objection n. 반대
- reject v. 거절하다
- subjection n. 정복, 복종, 종속
- conjecture n. 추측, 억측
- ejection n. 분출, 방출
- object n. 물건, 대상, 목적
- project v. 계획하다 n. 계획, 설계
- subject n. 주제, 학과, 주어

tax _ n. 세금 v. 세금을 부과하다

1차적 의미는 「세금(을 부과하다)」(charge a tax on)로, 나아가 「무리한 요구(를 하다)」란 뜻으로도 쓰인다. 의미는 단촐하나 다른 단어와 결합해 수많은 세금관련 표현들을 양산해낸다.

🏃 TOEIC 점수를 쑥쑥 **올려주는 표현들**

taxation 과세, 징세	**tax deduction** 세금공제(액)
levy a tax on 세금을 부과하다	**tax-exempt** 면세의
tax break 감세조치	**tax evasion** 탈세
tax burden 조세부담	**tax form** 세금 신고서
tax cut 감세	**tax haven** 조세회피지(국)

🏃 TOEIC 시험에 꼭 나오는 문장들

1. The government has decided to **levy an** import **tax on** all electronic goods manufactured in Japan. ⇨ 정부는 일본에서 제조된 전자 제품에 대해서는 모두 수입세를 부과하기로 결정했다.

2. Most large movie production companies receive sizable **tax breaks** from the cities in which they film their movies. ⇨ 대규모 영화 제작사들은 대부분 영화를 찍은 도시에서 상당한 감세조치를 받는다.

3. Small business owners complain that the government is imposing too great a **tax burden** on their profits. ⇨ 중소기업주들은 자기네 소득에 대해 정부가 세금을 너무 많이 부과한다고 불평한다.

4. Unfortunately, millions of tourists lose out on **tax refunds** each year because they do not realize how easy it is to obtain them. ⇨ 안타깝게도 수많은 여행객들은 매년 부가세환급을 놓치고 있습니다. 환급받는 것이 얼마나 쉬운지 알지 못하기 때문입니다.

5. Please use the enclosed statement when filing your **tax return** and disregard any other statement you may have received ⇨ 귀하의 소득세 신고서 작성시 동봉한 내역서를 사용하시고 귀하가 받으신 다른 모든 내역서는 무시하시기 바랍니다.

tax increase 증세	**gift tax** 증여세
tax loophole 세법상의 허점	**inheritance tax** 상속세
taxpayer 납세자	**national tax** 국세
tax refund 조세환급	**progressive taxation** 누진과세
tax regime 조세제도	**property tax** 재산세
tax return 소득세 신고(서류)	**transportation tax** 교통세
before-tax 세전의(↔ after-tax)	**VAT**(Value-Added Tax) 부가가치세
capital gains tax 양도소득세	**withholding tax** 원천징수세
corporate tax 법인세	

6. We expect the company will post an **after-tax** profit of more than one million dollars this fiscal year. ⇨ 우리는 회사가 올 회계년도에 세금을 떼고도 백만 달러가 넘는 이윤을 기록할 것으로 예상한다.

7. The US government has decided to cut the long-term **capital gains tax** for individuals. ⇨ 미국정부는 개인이 장기간 보유한 자산에 대한 양도소득세를 삭감하기로 결정했다.

8. The company's **corporate tax** rate has hovered around the 24% mark for the past few years. ⇨ 그 회사의 법인세율은 지난 몇년 동안 24%선을 맴돌았다.

9. Because you are not from the United Kingdom, you should request reimbursement for the **VAT** that you paid during your business trip. ⇨ 영국민이 아니기 때문에, 당신은 출장기간 동안 지불한 부가가치세에 대한 상환을 요청해야 됩니다.

10. Most foreigners conducting business in the United States are subject to a 15% **withholding tax.** ⇨ 미국에서 사업을 하는 외국인들 대부분이 15%의 원천징수세의 과세 대상이 된다.

335 term _ n. 기간, 조건, 용어

「기간」, 「학기」란 의미로 계약, 공판 등의 「기한, 만료기일」을 나타내기도 한다. 또 복수형 terms는
계약시 필히 등장하는 단어로 「계약기간」, 「조건」 또는 「(지불·가격 등의) 약정」을 말하기도 한다.

TOEIC 점수를 쑥쑥 올려주는 표현들

negotiate the terms 조건을 협상하다
term loan (중장기) 융자
term paper 학기말 논문
business terms 비즈니스 용어
contract terms 계약조건
intermediate-term debt 중기부채
long term 장기간

payment terms 지급조건
short term 단기간
in terms of …한 면에서, …의 관점에서
long-term capital gains
장기 보유 자산 양도 소득
refinance short-term debt
단기부채를 상환하려고 다시 돈을 빌리다

TOEIC 시험에 꼭 나오는 문장들

1. The company hired a lawyer to negotiate the **terms** of the contract. ⇨ 회사는 계약조건을 협상하려고 변호사를 고용했다.

2. He wrote a **term paper** about the likelihood of reunification of North and South Korea. ⇨ 그 남자는 남북한의 통일 가능성에 대한 학기말 논문을 작성했다.

3. The company's **intermediate-term debt** was far more than its short-term debt. ⇨ 회사 중기부채는 단기부채보다 훨씬 많았다.

4. The **payment terms** are explained in the appendix in the back portion of the contract. ⇨ 지불조건은 계약서에 추가로 명시되어 있다.

5. **In terms of** quality, our company consistently ranks within the top ten manufacturers nationwide. ⇨ 품질면에서 우리 회사는 계속 전국 제조업체 중 10위안에 있다.

than …보다

'비교'의 접속사 겸 전치사. rather 뒤에선 「…하기보다는 (오히려)」, other 등과 부정문에 쓰이면 except(…외에는)처럼, 그리고 no sooner와 만나면 「…하자마자」로 의미가 변신하니 요주의!

🏃 TOEIC 점수를 쑥쑥 올려주는 표현들

more often than not 대개, 평소에는 **none other than** 다름아닌, 바로

more than any other 다른 것보다 더 **other than** …이외의, …하지 않은

more than enough 충분하고도 남는 **would rather A than B**

more than ~ ever 여느때보다 더 B하느니 차라리 A하는 게 낫겠다

no later than 늦어도 …이전에 비교급 **+ than ever before**

no sooner~than …하자마자 곧 ~한 그 어느 때 보다도 더 …한

🏃 TOEIC 시험에 꼭 나오는 문장들

1. Is there a color you prefer **more than any other,** or should I just make the decision for you? ⇨ 특별히 선호하는 색상이 있나요? 아니면 제가 당신에게 어울릴 만한 걸로 골라드려도 될까요?

2. Remit membership fees by check in the special return envelope, postmarked **no later than** February 1. ⇨ 회비에 해당하는 수표를 특별 반송 봉투에 넣어 늦어도 2월 1일까지는 우체국 소인이 찍히도록 보내주십시오.

3. I'm not really a people-person, so I**'d rather** work in the office **than** on the floor. ⇨ 난 사람 만나기를 좋아하는 사람이 아니라서 거래소보다는 사무실에서 일하는 편이 좋다.

4. I **would rather** quit my job than work for that miserable guy. ⇨ 저 끔찍한 남자 밑에서 일하느니 직장을 그만두는 게 낫겠다.

5. The people that are investing in our company are younger **than ever before.** ⇨ 우리 회사에 투자하고 있는 사람들이 그 어느 때 보다도 더 나이가 어리다.

337   thorough _ a. 완전한, 철저한

through(…을 통하여)와 철자상 혼동하기 쉬운 단어. 무늬는 비슷해도 thorough는 「완벽한」, 「완전히」, 「주의깊은」이란 의미의 똑~ 부러지는 형용사이다.

🏃 TOEIC 점수를 쑥쑥 올려주는 표현들

thoroughly 철저히, 완전히
be thorough in …에 빈틈이 없다
thorough inspection 철저한 조사
thoroughfare 통로, 주요도로
thorough and complete understanding 완벽한 이해

thorough knowledge of
…에 대한 완전한 지식
thorough professional
능수능란한 전문가

🏃 TOEIC 시험에 꼭 나오는 문장들

1. The police searched the house **thoroughly,** but could not find the murder weapon. ⇨ 경찰은 집을 샅샅이 뒤졌지만 살인에 사용된 무기를 찾아내지는 못했다.

2. People should always **be thorough in** everything they do; quality is often more important than quantity. ⇨ 사람은 항상 자신이 하는 모든 일에 빈틈이 없어야 한다. 양보다는 질이 더 중요한 경우가 많으니까.

3. The **thoroughfare** was wide and long and looked as though it had not been used in quite some time. ⇨ 그 통행로는 넓고 길었는데 꽤 오랫동안 사용되지 않은 것처럼 보였다.

4. It was evident that the professor possessed **thorough knowledge of** the topic he was discussing. ⇨ 그 교수는 자신이 논의하고 있었던 주제에 대한 완전한 지식을 가지고 있다는 것이 확실했다.

5. The man who fixed my car last weekend was a **thorough professional.** ⇨ 지난 주말 내 차를 고쳐주었던 그 사람은 능수능란한 전문가였다.

necktie에서 연상할 수 있듯 기본의미는 「매듭」, 「(끈으로) 묶다」. 비유적으로는 「연대, 유대」, 「속박 (하다)」, 「연관이 있다」 등의 의미로도 쓰이는데, tie-up은 「기술제휴」를 나타내는 TOEIC 필수표현.

🏃 TOEIC 점수를 쑥쑥 올려주는 표현들

be tied to …에 묶이다, 연관되어 있다

be tied up 눈코뜰새 없이 바쁘다

tie back one's hair 머리를 뒤로 묶다

tie one's shoelaces 신발끈을 묶다

tie the knots 결혼하다

have (close) ties with …와 친분이 있다

tie-in 함께 끼워 파는 상품

tie-up 교통정체, 두절, (기업의) 제휴

🏃 TOEIC 시험에 꼭 나오는 문장들

1. The professors at Burnfield Academy have maintained **ties to** the greater business community. ⇨ 번필드 아카데미의 교수진들은 보다 광범위한 재계와 유대 관계를 맺고 있다.

2. To prevent the dog from running away, the man **tied** him **to** the tree. ⇨ 개가 달아나는 것을 방지하려고 그 남자는 개를 나무에 묶었다.

3. It's always such a great achievement for young children when they first learn to **tie their shoelaces.** ⇨ 어린 아이들이 신발끈 묶는 것을 처음으로 배우게 되면 아이들은 엄청난 성취감을 느끼기 마련이다.

4. We **have close ties with** the family next door, so if you get locked out of the house you can always just ask them for help. ⇨ 우리는 옆집에 사는 가족과 친하니까 만약에 문이 잠겨서 집에 들어갈 수 없으면 언제나 그 사람들에게 도움을 요청할 수 있어.

TOEIC 어휘력 증강비법

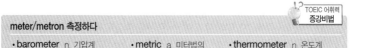

meter/metron 측정하다

• barometer n. 기압계   • metric a. 미터법의   • thermometer n. 온도계

time _ n. 시간, …배

기본의미는 「시간」, 「세월」인데 복수형태로 times하면 「시대」, 「시세(時勢)」를, 수(數)와 함께 쓰이면 「…배(倍)」를 의미한다. 예를 들어 three times하면 「3배」라는 뜻.

🏃 TOEIC 점수를 쑥쑥 올려주는 표현들

timely 시기적절한	**time zone** 시간대
be in time for 시간에 맞추어 가다	**all the time** 줄곧
have a hard time 고생하다	**all-time** 최고의
have the time …할 시간이 있다	**for some time** 잠시, 얼마간
It is time to + V …할 때이다	**for the time being** 당분간
take one's time on …에 시간을 들이다	**in no time at all** 즉시, 곧
time off 일이 없는 시간, 활동의 일시 중단	**in the meantime** 그동안
time-proven 오랜 시간으로 증명된	**on time** 정각에, 시간대로
time sheet 근무 기록표	**this time of year** 연중 이맘때

🐾 TOEIC 시험에 꼭 나오는 문장들

1. Though she **had a hard time** understanding the material, she passed the course. ⇨ 그 여자는 교재를 이해하느라 고생했지만, 그 과목에 합격했다.

2. The editor was not sure if he would **have the time** to look over the manuscript. ⇨ 편집자는 그 원고를 검토할 시간이 있을지 확신이 서지 않았다.

3. The manager of the advertising department wanted us to **take our time on** the project. ⇨ 광고부장은 우리가 그 건에 시간을 들여 천천히 하기를 원했다.

4. The **all-time** high score for a single player in one basketball game was 100 points. ⇨ 한 농구 경기에서 한 명의 선수가 기록한 최고득점은 100점이었다.

5. We will have to make do with what we have **for the time being**. ⇨ 우리는 당분간 우리가 가지고 있는 것으로 임시변통해야 한다.

tip _ n. 기밀정보, 조언 v. 팁을 주다, 뒤집어 엎다

서비스에 대한 감사표시로 주는 돈, 일명 「팁」. 이 밖에도 「팁을 주다」란 동사로도 쓰이며, 「뒤집어 엎다」를 비롯해 명사로는 「기밀정보」, 「조언」 등 다양한 의미로 활용되는 단어이다.

🏃 TOEIC 점수를 쑥쑥 올려주는 표현들

tip off ···에게 제보하다, 정보를 제공하다

tip-off 비밀스런 정보, 귀띔

tip over 뒤집어 엎다

tip the balance 결정적인 영향을 주다

give a tip on ···에 관한 정보를 주다

safety tips 안전수칙

on the tip of sby's tongue
말이 입에서 뱅뱅 돌 뿐 확실히 기억이 안나는

to the tips of one's fingers
완벽하게

🦘 TOEIC 시험에 꼭 나오는 문장들

1. We **were tipped off** by our broker, and we decided to pull out just before the company went down. ⇨ 주식 중개인이 귀띔해줘서 우리는 그 회사가 도산하기 직전에 투자에서 손을 떼기로 했다.

2. Tall vehicles run the highest risk of **tipping over,** especially when navigating sharp turns. ⇨ 차체가 높은 차량은 특히 급회전시 전복될 위험이 가장 크다.

3. That guy **gave** us **a** good **tip on** how to get really cheap theater tickets in New York. ⇨ 그 사람이 우리에게 뉴욕에서 정말 싸게 공연관람권을 구입하는 방법에 대해서 좋은 정보를 주었어.

4. Don't forget to read the **safety tips** before riding your new mountain bike on the trails. ⇨ 새로 산 산악자전거로 산길을 달리기 전에 반드시 안전수칙을 읽어보도록 해라.

5. If one more person votes against the proposal, he or she will **tip the balance** and we might finally be able to have a decision. ⇨ 한 사람만 더 그 제안에 반대표를 던진다면, 그 사람이 결과에 결정적인 영향을 주게 되어 결국은 우리가 결정을 내릴 수 있을지도 모른다.

toll _ n. 대가, 통행료

tollgate에서 보듯 「통행료」란 뜻이 있고, toll-free number의 toll-free는 「전화료 무료」를 의미한다. 마지막으로 사건·사고로 인한 「대가」, 「희생자」란 뜻도 있는데 death toll하면 「사망자수」라는 말.

🏃 TOEIC 점수를 쑥쑥 올려주는 표현들

pay a toll 요금을 지불하다	**toll road** 유료도로
toll bridge 통행료를 지불해야하는 다리	**death toll** 사망자수
toll-free 무료의, 요금을 물지 않는	**toll-free number** 무료 장거리전화, 수신자(受信者)가 요금을 부담하는 전화
tollgate 통행료 징수소	

🐨 TOEIC 시험에 꼭 나오는 문장들

1. The **toll** on the George Washington Bridge is 4 dollars per trip.
   ⇨ 조지 워싱톤 다리의 통행료는 한번 건널 때마다 4달러이다.

2. The company's driver had to **pay a toll** when he drove across the bridge. ⇨ 그 회사의 운전기사는 차로 다리를 건너갈 때 통행료를 지불해야 했다.

3. In order to help pay for maintenance and construction, many waterways in the US have **toll bridges.** ⇨ 미국의 수로들은 유지 및 건설 비를 조달하려고 다리를 건널 때 통행료를 받는 곳이 많다.

4. According to the traffic control board, the **death toll** for traffic accidents swelled 120% this month. ⇨ 교통통제 위원회에 따르면, 교통사 고로 인한 사망자수가 이번 달 120%까지 증가했다고 한다.

5. All customers living outside of greater metropolitan Toronto should use our **toll-free number.** ⇨ 토론토 및 주변도시 이외의 지역에 거주 하는 고객들은 모두 우리의 무료 장거리 전화를 이용하도록 하십시오.

6. Please call our **toll-free number** to order any of the fantastic products that you have seen on the Home Shopping Network.
   ⇨ 홈쇼핑 네트웍에서 보신 멋진 상품을 주문하시려면 저희 수신자 부담 번호로 전화해 주시 기 바랍니다.

touch _ n. 연락 v. 감동시키다

「접촉(하다)」, 「(손으로) 만지다」에서 나아가 「마음을 움직이다」, 「관계하다」(concern)라는 의미를 갖는다. 또 「연락」이란 의미도 있어서 get in touch with하면 「…와 연락을 취하다」란 말.

🏃 TOEIC 점수를 쑥쑥 올려주는 표현들

touchy 다루기 힘든, 성마른	**touch down** 비행기가 착륙하다
touching 감동시키는, 가여운	**touchdown** (미식 축구의) 터치다운
get in touch with …와 연락을 취하다	**touch on** …을 언급하다
touch-and-go 아슬아슬한, 위태로운	**touch-tone phone** 버튼식 전화기

🐾 TOEIC 시험에 꼭 나오는 문장들

1. I must **get in touch with** my wife before she leaves for the airport to tell her my flight has been canceled. ⇨ 나는 아내가 공항으로 떠나기 전에 연락을 취해서 내 비행편이 취소되었다는 얘기를 해줘야 한다.

2. I tried to **get in touch with** you last week before our arrival, but you were unreachable, so we decided to come unannounced. ⇨ 도착하기 전 지난 주에 미리 연락하려고 했는데 연락이 안돼 네게 알리지 않고 오기로 했어.

3. The situation is very **touch-and-go,** and nobody has time to think very long before making a decision. ⇨ 상황이 매우 급박해서 결정을 내리기 전에 오래 생각할 시간적 여유가 있는 사람이 아무도 없다.

4. The plane is expected to **touch down** at approximately 7:00 p.m. ⇨ 비행기는 대략 오후 7시경에 착륙할 것으로 예상된다.

5. The quarterback threw three **touchdown** passes in last night's football game. ⇨ 쿼터백은 지난 밤 축구경기에서 터치다운 패스를 세 개 던졌다.

TOEIC 어휘력 증강비법

fluc/flu/fluv 흐르다

• **affluent** a. 유복한	• **influence** n. 영향(력)	• **fluctuation** n. 동요, 변동
• **fluent** a. 유창한	• **fluid** n. 액체, 유체	• **fluidity** n. 유동성

track _ n. 흔적, 진로 v. 추적하다

「흔적」, 「자취」란 뜻으로 「뒤를 쫓다, 추적하다」라는 동사로도 쓰인다. keep track of하면 「소식이 끊어지지 않도록 하다」, tracking은 「추적」, 그리고 fast track하면 「출세가도」로 TOEIC 단골표현들.

🏃 TOEIC 점수를 쑥쑥 올려주는 표현들

track down …을 추적하다

fast track 출세가도

inside track (승진 등에서) 유리한 위치

in one's tracks …가 있는 바로 그 곳

jump the track (선로나 지시를) 벗어나 다, (계획·생각 등을) 갑작스레 변경하다

keep[lose] track of …의 정보를 얻어내다[놓치다]

🏃 TOEIC 시험에 꼭 나오는 문장들

1. I need you to **track down** the name of the person who filed this complaint so that we can negotiate with them. ⇨ 이런 불만사항을 제기한 사람의 이름을 추적해서 그 사람과 협상을 해주었으면 한다.

2. That guy is definitely on the **fast track** after his promotion last month. ⇨ 지난 달에 승진한 다음부터 그 사람은 완전히 출세가도를 달리고 있다.

3. I appear to have moved to the **inside track** and have a huge advantage over my competitors. ⇨ 나는 유리한 고지를 점령해서 경쟁자들에 비해 이점이 아주 많은 것 같애.

4. I think we need to **keep track of** how much is being spent when ordering new office supplies. ⇨ 사무용품을 새로 주문하려면 우리가 비용이 얼마나 들어가고 있는지 알고 있어야 된다고 생각합니다.

5. Unfortunately, I seem to have **lost track of** your phone number and I'm hoping you might be able to give it to me again. ⇨ 안타깝게도 내가 네 전화번호를 잃어버린 것 같애. 나한테 다시 알려줬으면 좋겠다.

TOEIC 어휘력 증강비법

re 다시, 나중에

• recall v. 생각해내다 • recover v. 회복하다 • reform v. 개혁하다 • remind v. 기억나게 하다

344 trade _ n. 장사, 거래, 무역 v. 장사하다, 무역하다

주로 「무역」, 「장사」, 「거래」 등의 명사로 쓰여 동사의 역할이 강조되지는 않았지만 TOEIC 독해부분을 보면 「장사하다」, 「교환하다」, 「화물을 운 하 다」 등 동사로도 자주 쓰인다.

✗ TOEIC 점수를 쑥쑥 올려주는 표현들

trade in 중고에 웃돈을 얹어 새것과 교환하다	**trade show** 업계 전시회
trade association 업계의 협회	**trade negotiation** 무역협상
trade barrier 무역장벽	**trade transaction** 무역거래
trading company 상사(商社), 무역회사	**trademark** 등록상표
trade deficit[surplus] 무역적자[흑자]	**free trade zone** 자유무역지대
trade delegation 무역대표단	**trading floor** 주식거래장

✗ TOEIC 시험에 꼭 나오는 문장들

1. The owner of the metal shop mentioned that he was considering **trading in** his truck for a van. ⇨ 금속제품점 주인은 트럭에 웃돈을 얹어주고 밴을 살 것을 고려하고 있다고 말했다.

2. Many financial analysts see lowering **trade barriers** as a prerequisite for economic growth. ⇨ 재정분석가들 중에는 경제를 성장시키려면 무역장벽을 낮추는 것이 선행되어야 한다고 생각하는 사람들이 많다.

3. Our reports show that Canada has been experiencing a **trade deficit** for the last six months. ⇨ 우리 보고서에 의하면 캐나다는 지난 6개월 동안 무역적자를 겪고 있다.

4. I won't be able to make our meeting this weekend, as I have to attend a **trade show.** ⇨ 이번 주말에는 업계 전시회에 참석해야 하기 때문에 회의에 갈 수 없을 것 같다.

5. Member nations of the Pacific Union met in Indonesia to discuss the creation of a free **trade zone** in their hemisphere. ⇨ 태평양동맹의 회원국들이 인도네시아에 모여 그 지역에 자유무역지대를 조성하는 것에 대해 토의했다

transfer _ n. 이동, 송금, 양도 v. 이체하다, 양도하다

구체적인 것이든 추상적인 것이든 「이동」의 의미를 담고 있다. 먼저 재산 · 권리를 「양도하다」, 책임을 「전가하다」, 「전직하다」, 「갈아타다」, 「금 하 다」 등 다양한 의미로 빈번하게 쓰인다.

🏃 TOEIC 점수를 쑥쑥 올려주는 표현들

transferable 양도할 수 있는

be transferred to …로 옮기다

automatic transfer 계좌 이체

wire transfer 온라인 이체, 송금

transfer ~ from A (in)to B
…을[를] A에서 B로 옮기다, 이동시키다

transfer property to
…에게 재산을 양도하다

accept a transfer to
…로의 전근을 받아들이다

process balance transfer
잔고를 이체하다

📖 TOEIC 시험에 꼭 나오는 문장들

1. Use your ticket to **transfer** between the subway and any bus in the system. ⇨ 본 교통 연결망에 해당하는 지하철과 버스는 승차권을 사용하여 갈아타십시오.

2. The manager **was transferred to** a new location in Alaska after he screwed up the deal. ⇨ 그 관리자는 거래를 망친 후 알래스카에 있는 새 근무처로 전근갔다.

3. Many companies utilize a banking method that involves the **automatic transfer** of payments. ⇨ 기업들 중에는 은행 거래를 자동 계좌 이체로 하는 곳들이 많다.

4. The **wire transfer** was sent to the wrong bank so the check bounced. ⇨ 온라인 이체가 다른 은행으로 잘못 보내어져서 수표가 부도났다.

5. The secretary was asked to **transfer** all the files **from** the boxes **into** the filing cabinet. ⇨ 비서는 그 상자에 들어 있던 파일들을 모두 파일 정리함으로 옮기라는 지시를 받았다.

6. The old man **transferred** all his **property to** the church before he died. ⇨ 노인은 죽기 전에 자신의 전 재산을 교회에 양도했다.

346 treat _ v. 다루다, 대접하다, 치료하다

「다루다」,「취급하다」를 기본의미로 식당영어에선 「…에게 식사를 대접하다」라는 뜻으로 쓰인다. This is my treat하면 「내가 낼게」, 그리고 medical treatment는 의학적 처리, 즉 「치료(법)」을 의미.

🏃 TOEIC 점수를 쑥쑥 **올려주는 표현들**

treatment 처리, 치료(제)
treat an illness 질병을 치료하다
treat infection 감염을 치료하다
treat one's pain 통증을 치료하다

treat oneself to 큰마음 먹고 …하다
medical treatment 치료(법)
treat high blood pressure
고혈압을 치료하다

🐾 **TOEIC 시험에 꼭 나오는 문장들**

1. The sales manager offered to **treat** me to dinner if I stayed in the office until 8:30 p.m. ⇨ 영업부장은 내가 저녁 8시 30분까지 사무실에 있다면 내게 저녁을 대접하겠다고 제안했다.

2. In order to avoid political embarrassment, the diplomats were extremely careful in their **treatment** of the situation. ⇨ 정치적 곤혹을 피하기 위해, 외교관들은 상황 처리에 각별히 주의해야 했다.

3. The best way to **treat** simple infections is with antibiotics, plenty of fluids, and a lot of rest. ⇨ 경미한 감염증을 치료하는 최선의 방법은 항생제를 먹고, 수분을 많이 섭취하며, 푹 쉬는 것이다.

4. The doctor tried to **treat the man's pain** by giving him a sedative every three hours. ⇨ 의사는 남자에게 3시간마다 진정제를 놓아서 통증을 치료하려 했다.

5. One of the best ways to **treat high blood-cholesterol levels** is to take an aspirin every day. ⇨ 높은 혈중 콜레스테롤 수치를 치료하는 최선의 방법 중 하나는 매일 아스피린을 복용하는 것이다.

6. After a long day at work, I decided to **treat myself to** a nice glass of red wine and a tasty dinner. ⇨ 회사에서 늦게까지 일한 뒤에 나는 고급 적포도주 한잔과 맛있는 저녁식사를 하는 사치를 누리기로 했다.

347 trend _ n. 경향, 추세 v. 향하다, 기울다

trend는 「동향」 또는 「유행」이란 뜻으로 trend line하면 판매동향을 나타낸 선을 말하는 「추세선」을 뜻한다. 한편, trend의 형용사형 trendy는 「최신 유행의」, 「유행을 따르는」이라는 의미.

🏃 TOEIC 점수를 쑥쑥 올려주는 표현들

trendy 최신 유행의	**current trends** 현재의 유행
trend towards …로 향하다	**future trends** 장래동향
trend line (판매동향) 추세선	**market trends** 시장동향
trend-setting 유행을 선도하는	**sales trends** 판매동향
trendsetter 유행을 선도하는 사람	**shopping trends** 쇼핑경향

🏃 TOEIC 시험에 꼭 나오는 문장들

1. The jeans that the young girl was wearing were **trendy**. ⇨ 그 여자
   애가 입고 있었던 청바지는 최신유행이었다.

2. Many Asian countries seem to be **trending towards**
   liberalization and deregulation. ⇨ 아시아에는 자유화와 규제철폐 쪽으로 기울
   고 있는 나라들이 많은 것 같다.

3. Many technical analysts simply follow **trend lines** and do not
   look at fundamentals. ⇨ 주식시장의 내부요인 분석가들 중에는 단순히 추세선을
   주시할 뿐 기업의 근본적인 요건을 보지 않는 사람들이 많다.

4. The football coach was known for his **trend-setting** game
   strategy. ⇨ 그 축구 코치가 구사하는 경기전략은 추세를 선도하는 것으로 알려졌다.

5. My mother always told me to be a **trendsetter** not a **trend
   follower**. ⇨ 우리 어머니는 나에게 항상 유행을 쫓는 사람이 되지말고 유행을 선도하는
   사람이 되라고 말씀하셨다.

6. The latest **sales trends** show that upscale products are being
   purchased at a declining rate. ⇨ 최근의 판매동향을 보면 고가품 구매가 줄어
   들고 있는 것을 알 수 있다.

try _ v. 시도해보다, 시식하다

try에는 「시험삼아 해보다」라는 의미도 있어, 음식과 함께 「먹어보다, 시식하다」란 의미로도 쓰인다.
try on하면 옷 등을 몸에 맞는지 「입어 보다, 걸쳐보다」란 뜻.

🏃 TOEIC 점수를 쑥쑥 올려주는 표현들

try on 몸에 맞는지 입어보다	**try one's best** 전력을 다하다
try out for 시험을 치르다, 테스트하다	**give it a try** 시험해보다
tryout 예선(경기), 자격 시험, 적격 심사	**trial and error** 시행착오
try one's hand at 시험삼아 해보다	**try out for size** 시험삼아 …해보다

🏌 TOEIC 시험에 꼭 나오는 문장들

1. Although the reasons for his behavior are difficult to conceive, we must **try** to understand his situation. ⇨ 그 사람이 왜 그런 행동을 하는지는 이해하기 어렵지만, 그 사람이 처한 상황을 이해하도록 노력해야 한다.

2. I'll have to **try on** the suit, so that they can shorten the pants to the correct length. ⇨ 그 옷을 입어봐야 해. 그래야 바지 길이를 잘 맞춰 줄여줄테니까.

3. I wanted to **try out for** the girls varsity soccer team, but I got sick and missed the tryouts. ⇨ 나는 학교의 여자 축구 대표팀의 테스트를 받아보고 싶었지만, 아파서 받지 못했다.

4. Well, **give it a try** and if you need any help, let me know. ⇨ 글쎄, 한번 해 보렴. 그리고 만일에 도움이 필요하다면, 날 부르구.

5. Why don't you **try** this job **out for size,** and if you don't like it you can always quit. ⇨ 이일이 마음에 드는지 한번 일해보지 그래? 맘에 안들면 언제든지 그만둘 수 있잖아.

6. The only way to learn about this is by **trial and error,** so please don't feel bad about spending so much time trying to get the right answer. ⇨ 이것을 배울 수 있는 방법은 시행착오밖에 없기 때문에 정답을 찾느라 시간을 이렇게 많이 들이는 것을 기분나쁘게 생각하지 말아라.

tune _ v. 조율하다, 조정하다

원래 음악과 관련된 단어로 「곡, 멜로디, 가락」 등을 의미하며 2차적으로 「조화, 일치」를 뜻한다. 동사로는 악기 등을 「조율하다」, 비유적으로 의견 등을 「조정하다」, 「일치시키다」라는 의미.

🏃 TOEIC 점수를 쑥쑥 올려주는 표현들

be in tune with …와 조화를 이루다
tune up 엔진을 정비하다, 악기를 조율하다
tune-up 자동차 엔진의 조정

stay tuned to …을 계속 시청[청취]하다
tune in / stay in tune
(라디오, TV 등의) 주파수를[채널을] 맞추다

🏌 TOEIC 시험에 꼭 나오는 문장들

1. I think my mother has always really **been in tune with** my way of thinking, because she knows me better than anyone. ⇨ 우리 엄마는 나랑 언제나 생각이 잘 통하는 것 같다. 그 누구보다 나를 잘 알고 있으니까.

2. I have to leave my car at the service station for a **tune-up.** ⇨ 차를 정비소에 맡겨 정비를 해야 해요.

3. Regular automobile maintenance (such as **tune-ups,** oil changes, and wheel alignments) will increase the life of your vehicle. ⇨ 정기적으로 엔진 조정, 오일 교환 및 바퀴 방향 조정같은 점검을 하면 차량의 수명이 연장된다

4. **Stay tuned to** TV Eight for more flood details and an update on when the highway will be reopened. ⇨ 홍수 소식에 대한 자세한 사항과 고속도로의 소통재개에 대한 최신 정보를 얻으시려면 계속해서 8번 채널을 시청해 주십시오.

5. The radio announcer told the listeners to **tune in** next week. ⇨ 라디오 아나운서는 청취자에게 다음주에 그 방송을 다시 들어달라고 말했다.

TOEIC 어휘력
증강비법

fugio 도망치다

• fugitive n. 도망자 a. 도망치는   • refuge n. 피난(소)   • refugee n. 피난자

turn _ v. 돌(리)다, 변화하다, …되다

「끄다(켜다)」의 turn off(on)로 친숙한 동사. 이때는 「돌리다」란 '회전'의 의미로, 이밖에도 '방향의 전환,' '변화,' '형성'의 동사로 애용된다. 명사로는 「순번」, 「차례」라는 뜻도 있음을 기억하자.

🏃 TOEIC 점수를 쑥쑥 올려주는 표현들

turn + 나이 …가 넘다	**turn out** …으로 판명되다
turn A into B A를 B로 바꾸다	**turn up** (힘·속력·세기를) 높이다
turn around 뒤돌아 보다, 방향을 바꾸다	**take turns** 교대로 하다
turn down 거절하다	**in turn** 번갈아, 다음에는
turn in 제출하다, 잠자리에 들다	**turnaround specialist** 기업재건전문가
turn left 좌회전하다	**turnover** 생산량, 이직, 직원이동, 총매출
turn off[on] 전원을 끄다[켜다]	

🏌 TOEIC 시험에 꼭 나오는 문장들

1. I wanted to **turn down** the offer, but the salary they were offering was too good to pass up. ⇨ 나는 그 제안을 거절하고 싶었지만 그 회사에서 주겠다고 하는 월급이 너무 많아서 놓칠 수 없었다.

2. The teacher told us to **turn in** our papers at the end of the period. ⇨ 교수는 학기말에 논문을 제출하라고 우리에게 말했다.

3. If you'll substitute for me next week, I'll work for you **in turn** in the future. ⇨ 다음 주에 나를 대신해 주면, 다음번에는 내가 네 대신 일해줄게.

4. Don't worry about that company, because after last month's negotiations, we discovered that they were **turnaround specialists.** ⇨ 그 회사에 대해서 걱정할 필요는 없어. 지난 달 협상을 가진 후에 그 사람들이 기업회생 전문가들이었다는 사실을 우리가 알아냈거든.

5. Companies that are poorly run will usually have a high **turnover** rate among their staff. ⇨ 경영이 부실한 회사들은 보통 직원들의 이직률이 높다.

| Keywords | upgrade ~ yield

upgrade _ n. 향상, 상승 v. 향상시키다, 질을 높이다

어떤 것을 「질」이나 「효과」면에서 「향상시킨다」는 의미이다. 직원에게 「좀 더 중요한 직위를 부여한다」(give a position of more importance to)라는 의미도 함께 알아두자.

🏃 TOEIC 점수를 쑥쑥 올려주는 표현들

upgrade facilities 설비를 개선하다	**upgrade plant equipment** 공장 설비를 개선하다
upgrade a system 시스템을 개선하다	
~will be upgraded 업그레이드 될 것이다	**equipment upgrade measures** 설비 개선 조치
upgrade from business to first class 비즈니스석을 일등석으로 바꾸다	

🐾 TOEIC 시험에 꼭 나오는 문장들

1. I think you need to download the Windows **upgrade** in order to continue to run the programs on your computer. ⇨ 내 생각에 네 컴퓨터에서 그 프로그램을 계속 실행시키고 싶다면 윈도우 업그레이드판을 다운로드 받아야 할 것 같다.

2. Excuse me, but I'd like to **upgrade** my ticket for a first class seat due to my broken leg. ⇨ 실례지만 제 다리가 부러져서 좌석을 일등석으로 바꾸고 싶은데요.

3. The system **will be upgraded** sometime before the end of this year. ⇨ 금년말 이전에 시스템이 업그레이드될 것이다.

4. The budget for the **upgraded facilities** was approved by the board of directors at the annual shareholders' meeting yesterday. ⇨ 어제 연차 주주총회에서 이사회는 설비 개선 예산을 승인했다.

5. The company is searching for a qualified contractor to come in and assess the proper **equipment upgrading measures** that the company should take. ⇨ 그 회사는 설비를 개선해야 하는데, 어떻게 해야 되는지 와서 보고 진단해 줄 자격있는 업체를 물색중이다.

명 · 동사 동형으로 명사일 때는 [ju:s], 동사일 때는 [ju:z]로 발음이 달라진다. used는 used car처럼 「사용된, 중고의」(second-hand)란 뜻이며, get used to는 「…에 익숙하다」(be accustomed to)의 의미.

🏃 TOEIC 점수를 쑥쑥 올려주는 표현들

useless 쓸모없는	**in use** 사용중인
used to+V 전에는 …했지만 지금은 아니다	**end user** 최종 소비자
be used up 다 써 버리다, 바닥나다	**useful item** 유용한 품목
get the most use 최대한 이용하다	**used car** 중고차
get used to …에 익숙해지다	**misuse** 오용하다
make use of …을 이용하다	**reuse** 재사용하다
ready-to-use 즉시 사용할 수 있는	

🏃 TOEIC 시험에 꼭 나오는 문장들

1. The president **used to** run five miles each morning before he had heart surgery. ⇨ 사장은 심장 수술을 받기 전에는 매일 아침 5마일을 달리곤 했다.

2. The photocopy paper **was** all **used up** and there was no more in the storage room. ⇨ 복사기 용지가 다 떨어졌고, 창고에도 여분이 없었다.

3. The man was known for **getting the most use** out of everything he bought. ⇨ 그 남자는 자기가 산 물건을 모두 최대한 이용하는 것으로 유명했다.

4. The janitor had to **get used to** chairs being placed along the corridors of the building. ⇨ 수위는 건물의 복도를 따라 의자가 죽 놓여져 있는 것에 익숙해져야만 했다.

5. The firm **made use of** the spare room in the basement by converting it into a storage space. ⇨ 회사는 지하실 빈 공간을 창고로 바꿔 사용했다.

6. Higher import duties will translate into higher prices for **end users.** ⇨ 수입 관세가 높아지면 결국 최종 소비자가 그만큼 돈을 더 물게 된다.

353 **utility** _ n. 유용, 유익, 공익사업

「프로그램 작성에 유용한 각종 소프트웨어」라는 의미를 가진 컴퓨터 용어로 유명한 단어. 특히 TOEIC에서는 수도, 가스, 교통기관 등의 「공익사업, 공공서비스」란 의미로도 많이 쓰인다.

🏃 TOEIC 점수를 쑥쑥 올려주는 표현들

utilize …을 이용[활용]하다	**utility room** 다용도실
utilization 이용	**utility truck** 다용도 트럭
utility company 공익기업체	**utility value** 효용가치
utility rates[bills] 공공서비스 요금	**public utility** 공익사업

🦘 TOEIC 시험에 꼭 나오는 문장들

1. Management at the **utility company** decided to fire a number of engineers in order to cut costs. ⇨ 그 공익사업체의 경영진은 비용을 절감하려고 기술자들을 여러 명 해고하기로 결정했다.

2. The **utility room** was located at the end of the hall and was stocked with old gym equipment. ⇨ 다용도실은 복도 끝에 위치해 있었는데, 낡은 운동 장비들이 들어있었다.

3. The study proved that using gold as a conductor in computer chips has no **utility value.** ⇨ 컴퓨터 칩에 금을 전도체로 이용하는 것은 아무런 효용가치가 없다는 것이 연구결과 증명되었다.

4. **Public utilities,** such as gas, water, and electricity, are tightly regulated by the government. ⇨ 가스, 수도 및 전기같은 공공사업은 정부의 강력한 규제를 받는다.

TOEIC 어휘력 증강비법

greg 집단

- **aggregate** v. 모이다, 집합하다
- **congregate** v. 집합하다
- **segregate** v. 분리하다
- **egregious** a. 엄청난, 터무니없는
- **aggregation** n. 집합
- **congregation** n. 집합
- **desegregate** v. 인종차별을 폐지하다
- **gregarious** a. 군거하는, 사교적인

value _ n. 가치, 가격 v. 값을 치다, 평가하다

어떤 것의 '값어치,' '교환가치'를 나타내는 대표적인 단어로 '가치를 평가(결정)하는 행위' 까지 포함한다. valuable이 「귀중품」, invaluable은 priceless(매우 소중한)의 의미라는 것에 유의한다.

🏃 TOEIC 점수를 쑥쑥 올려주는 표현들

valuation 평가	**VAT**(Value-Added Tax) 부가가치세
valuables 귀중품	**property value** 재산가치
valuable 귀중한	**valued customer** 우대고객
invaluable 매우 소중한	**valuable material** 귀중한 자료
put a value on …에 가치를 부여하다	

🐵 TOEIC 시험에 꼭 나오는 문장들

1. The trader was **valued** by the company for his seemingly innate ability to smell a good deal. ⇨ 그 증권업자는 좋은 건수의 냄새를 맡는데 천부적인 재능이 있는 것 같았기 때문에 회사가 높게 평가했다.

2. Home insurance is just one of a number of ways to protect your **valuables.** ⇨ 가정보험은 바로 여러분의 귀중품을 보호해주는 여러 방법들 중의 한 가지입니다.

3. The lessons that the young boy learned while at summer camp proved to be **invaluable.** ⇨ 여름 캠프에서 그 남자애가 체득했던 교훈은 가치를 따질 수 없을 정도로 귀중한 것이었다는 점이 밝혀졌다.

4. Americans tend to **put** less **value on** formal education than on individuality. ⇨ 미국인들은 학교교육보다 개인의 능력에 더 가치를 부여하는 경향이 있다.

5. We plan to give all of our **valued customers** a ten percent discount card. ⇨ 우리는 우대 고객들에게 모두 10% 할인카드를 발급할 계획이다.

355 volume _ n. (책의) 권, 양, 대량 a. 대량판매의

Vol.1에서 보듯 책 따위의 「권(卷)」, 혹은 「부피」의 약자인 V로 익숙해졌으나 TOEIC에서는 「양, 분량」, 특히 「거래량(액)」 내지 상품 따위를 「대량으로 취급하는」의 의미로 자주 등장한다.

🏃 TOEIC 점수를 쑥쑥 올려주는 표현들

turn up the volume 볼륨을 높이다	**volume retailer** 대량판매점
volume of …의 양	**volume sales** 대량판매할인
volume discount 대량구입시 할인혜택	**sales volume** 판매고[량]
volume number (책의) 권번호, 거래량	**trading volume** 거래량

🚶 TOEIC 시험에 꼭 나오는 문장들

1. Your remote control allows you to **turn up the volume** with the simple press of a button. ⇨ 리모콘 덕택에 버튼만 누르면 볼륨을 높일 수 있습니다.

2. The **volume of** traffic has tripled since the shopping mall was renovated last year. ⇨ 지난 해 쇼핑몰을 수리한 이래 교통량이 세 배로 늘어났다.

3. If a customer is interested in a **volume discount**, they have to be willing to purchase at least one thousand units. ⇨ 대량 구입 할인 혜택을 받고 싶으시면 최소한 1,000개는 구입해야 합니다.

4. Perhaps we should consider letting go of some of our **volume retailers**, as we have twice the number we expected. ⇨ 우리 대량 판매점이 처음에 생각했던 숫자의 두 배나 돼서 아마도 일부는 처분을 고려해야 될 것 같다.

5. Huge profits are being made because of the **trading volume** that has taken place in the last few months. ⇨ 지난 몇 달간 거래량이 엄청나서 막대한 수익을 올리고 있다.

> **TOEIC 어휘력 증강비법**

mar/mari 바다

• **marine** a. 바다의　　• **mariner** n. 선원　　• **maritime** a. 바다의, 해변의

vote _ n. 투표, 선거 v. 투표하다

「투표」, 「투표하다」, 「투표로 결정하다」란 뜻으로 on, for 등 다양한 전치사와 함께 쓰인다. 그 밖에 투표용어로, ballot은 「무기명 투표」, 즉 「비밀투표」를, 그리고 poll은 「여론」, 「투표결과」란 의미.

🏃 TOEIC 점수를 쑥쑥 올려주는 표현들

vote for …에게 투표하다, …을 제안하다	**take a vote on** …에 대하여 표결하다
vote to + V …하기 위해 투표하다	**vote buying** 매표(賣票), 투표매수
vote in favor of …에 찬성표를 던지다	**vote of confidence** 신임투표
cast one's vote 한 표를 던지다	**floating vote** 부동표
register one's vote 투표권을 등록하다	

🏃 TOEIC 시험에 꼭 나오는 문장들

1. We should all **vote for** Tom Baker, as he will represent our interests in the labor disputes. ⇨ 우리는 노사분규에서 우리의 이해관계를 대표할 사람으로 탐 베이커에게 모두 지지표를 줘야 한다.

2. I **voted in favor of** having you as the president of our US subsidiary. 당신을 미국 자회사의 사장으로 선출하는데 표를 던졌다.

3. We lined up at the ballot box in order to **cast our votes.** ⇨ 우리의 한 표를 행사하기 위해 투표소에 줄을 섰다.

4. **Vote buying** is a common practice in developing countries such as Indonesia and the Philippines. ⇨ 투표매수는 인도네시아나 필리핀 같은 개발도상국에서는 비일비재(非一非再)한 일이다.

TOEIC 어휘력
증강비법

vers/vert 향하다, 회전하다, 변하다		
• adversity n. 불운, 역경	• advertisement n. 광고	• convert v. 전환하다
• diversity n. 다양성	• inverse a. 도치의, 반대의	• invert v. 뒤집다, 역으로 하다
• pervert v. 악용하다	• reverse a. 반대의	• subvert v. 멸망시키다
• version n. 번역, 의견	• versatile a. 재주많은, 변덕스러운	

wait _ v. 기다리다, 대기하다, 시중들다

전치사 for와 어울리면 「…을 기다리다」, 전치사 on과 결합하면 「…의 (식사)시중을 들다」라는 의미.
그밖에 can't wait to하면 「…을 몹시 하고 싶다」라는 뜻으로 I'm dying to와 같은 의미.

🏃 TOEIC 점수를 쑥쑥 올려주는 표현들

wait and see 관망하다	**wait until** …까지 기다리다
wait for 기다리다	**wait up** 잠들지 않고 깨어있다
wait in line 줄서서 기다리다	**can't wait to** 빨리 …하고 싶다
wait on 시중을 들다, …할 때까지 기다리다	**call waiting** 통화중 걸려온 전화
wait to be seated 착석을 기다리다	

🦘 TOEIC 시험에 꼭 나오는 문장들

1. We'll have to **wait and see** what happens in the game before we assess the coach. ⇨ 그 경기에서 어떤 성적을 낼지 지켜본 후에 감독을 평가해야 할거야.

2. We **waited in line** for three hours to clear customs in Rome. ⇨ 우리는 로마에서 통관 절차를 마치는데 3시간 동안 줄을 서서 기다려야 했다.

3. I know you need to use this phone, but I'm going to have to ask you to **wait on** that until I get off the Internet. ⇨ 네가 이 전화를 사용해야 한다는 것을 아는데 내가 인터넷을 다 쓸때까지만 좀 기다려 달라고 부탁할게.

4. I hate it when you're talking to me on the phone and then we get interrupted by **call waiting.** ⇨ 너랑 전화로 통화할 때 네가 다른 전화를 받느라 방해받는 게 너무 싫어.

5. I **can't wait to** finish the book I'm writing so that I'll have some time to enjoy my life. ⇨ 난 이 책을 빨리 끝내고 내 생활을 좀 즐길 시간을 갖고 싶다.

TOEIC 어휘력
증강비법

leg 법률

• legal a. 합법적인   • legislate v. 법률을 제정하다   • legitimate a. 합법의, 정당한

walk _ n. 걷기, 산책 v. 걷다

「walk = 걷다」로 한정하기 쉽지만, 「…를 배웅하다」, 「(동물을) 산책시키다」, 그리고 전치사 out과 함께 「파업하다」라는 의미로도 쓰인다. 또 walk-in하면 「예약없이 오는」이란 TOEIC 단골표현.

🏃 TOEIC 점수를 쑥쑥 올려주는 표현들

walk around 돌아다니다	**walking papers** 면직, 해고 통지
walk away with …을 가지고 도망치다	**walkout** 파업, 퇴장
walk on air 좋아서 어쩔 줄 모르다	**walkover** 독주, 낙승
walk out 파업을 하다, 갑자기 떠나가다	**walk-in** 예약없이 오는, 즉석의
walk over to …로 가다	**walk up to** …로 가다
walk sby to …를 ~에 바래다 주다	**walking stick** 지팡이
walk through …로 들어오다, 지나가다	

🚶 TOEIC 시험에 꼭 나오는 문장들

1. The man in the black suit **walked around** the room passing out handouts. ⇨ 검은 옷을 입은 남자는 유인물을 나눠 주면서 방을 돌아다녔다.

2. The manager asked his secretary to **walk over to** the bank and withdraw some cash ⇨ 부장은 비서에게 은행에 가서 돈을 좀 인출해오라고 했다.

3. The conductor **walked through** the compartments and collected the passengers' tickets. ⇨ 차장이 열차 안을 돌아다니며 승객들의 표를 거두었다.

4. The **walk-in** registration was slated to begin at 4:00 p.m. on the third Friday of the month. ⇨ 즉석등록은 이번달 3째주 금요일 오후 4시에 시작하는 것으로 예정되어 있었다.

5. The man **walked up to** the teller and asked her to look up his account balance. ⇨ 그 남자는 창구 직원에게로 가서 자신의 예금 잔액을 조회해 달라고 했다.

waste _ n. 폐기물, 쓰레기 v. 낭비하다

「낭비(하다)」로 잘 알려진 단어. 과학기술의 발달과 함께 수반되는 어두운 단면이라 할 「(산업)폐기물」, 「쓰레기」라는 의미가 포함되어 있기 때문에 TOEIC에서 자주 접할 수 있다.

🏃 TOEIC 점수를 쑥쑥 올려주는 표현들

waste electricity 전력을 낭비하다
avoid waste 낭비를 피하다
waste of time 시간 낭비
toxic waste 독성 폐기물
waste paper 폐지
treatment of waste paper 폐지처리

turn waste into power
쓰레기를 동력화하다
waste disposal company
쓰레기 처리회사
waste treatment center
쓰레기 처리장

🏃 TOEIC 시험에 꼭 나오는 문장들

1. It has been the goal of many companies to recycle **waste paper** in order to cut costs. ⇨ 비용을 절감하려고 폐지의 재활용을 목표로 삼는 회사들이 많았다.

2. The city's mayor seems committed to cleaning up the **toxic waste** in the harbor. ⇨ 그 도시의 시장은 항구의 독성 폐기물 청소에 전력하는 것 같다.

3. The scientist believed that given enough time, he could come up with a way to **turn waste into power.** ⇨ 그 과학자는 시간만 충분하면 쓰레기를 동력화하는 방법을 생각해낼 수 있을 거라고 생각했다.

4. A local **waste disposal company** was fined one million dollars for dumping garbage into the river. ⇨ 지역 쓰레기 처리회사는 쓰레기를 강에 버려서 백만 달러의 벌금을 부과받았다.

5. The **waste treatment center** was located near the river and far away from the center of the city. ⇨ 쓰레기 처리장은 강 부근에 위치하고 있어서 도심지에서 멀리 떨어져 있다.

360 **way** _ n. 길, 방법, 습관

「길, 거리」를 의미하며, 비유적으로 「방법, 수단, 방식」, 또 「방향」을 가리키거나, 복수로 쓰여 「습관」을 나타내기도 한다. 한편 부사로는 「훨씬」이라는 의미로 전치사나 또다른 부사를 강조한다.

🏃 TOEIC 점수를 쑥쑥 올려주는 표현들

way to go 잘한다, 화이팅
have come a long way 크게 발전하다
get in the way 방해되다
lose one's way 길을 잃다
pave the way for …의 길을 열어주다
there's no way that …할 길이 없다
way back 돌아가는 길
all the way 내내

along the way 길을 따라, 길가에
by the way 그런데, 도중에
by way of …의 대신으로, …할 목적으로
far away 멀리 떨어진
in a way 보기에 따라서는, 어느 정도
no way 조금도 …않다
on the way to …로 가는 도중에

🏃 TOEIC 시험에 꼭 나오는 문장들

1. The company **has come a long way** from when it first started out. ⇨ 그 회사가 창업했던 때를 돌이켜 보면 지금은 장족의 발전을 한 셈이다.

2. Thank goodness that my brother **paved the way for** me to go to business school. ⇨ 형이 내가 경영대학원에 다닐 수 있는 길을 열어주어 참 고맙다.

3. **There is no way that** we can have the report finished and on the president's desk by 9:00 tomorrow morning. ⇨ 내일 아침 9시까지 보고서를 다 작성해서 사장의 책상 위에 올려 놓는 것은 불가능하다.

4. We went **all the way** to the end of the subway line, and it took us only an hour. ⇨ 우리가 멀리 지하철 노선의 끝까지 가는데 불과 1시간 밖에 안걸렸다.

5. **By the way,** sales have ballooned 56% since we implemented the point of purchase marketing campaign. ⇨ 그런데, 우리가 구입 장소 마케팅 홍보를 벌인 이후로 판매가 56% 증가했어.

427

weather _ n. 날씨, 기후 v. 역경을 헤쳐나가다

「날씨」,「기후」라는 뜻으로, 자연(自然)의 힘에 무력했던 과거에는 자연 「곤경」과 「어려움」을 의미하게 되었다. 이런 맥락에서 「어려움을 견디다」,「난관을 극복하다」라는 동사로 많이 사용된다.

🏃 TOEIC 점수를 쑥쑥 올려주는 표현들

weather changes 기상변화	**weather satellite** 기상위성
weather conditions 기상조건	**weather service** 기상소식 전달, 기상청
weather forecast 일기 예보	**inclement weather** 궂은 날씨
weather report 기상통보	**weatherize** 내(耐)기후 구조로 하다

🐒 TOEIC 시험에 꼭 나오는 문장들

1. Everybody at the company believed in the manager's ability to **weather** difficult situations. ⇨ 회사의 직원은 모두 관리자가 어려운 상황을 잘 헤쳐나갈 수 있는 능력이 있다고 믿었다.

2. The manager **weathered** the long question and answer session very well. ⇨ 그 경영자는 오랜시간 계속된 질의·답변을 매우 능숙하게 잘 받아 넘겼다.

3. The **weather conditions** in Miami were excellent all week. ⇨ 마이애미의 날씨는 일주일 내내 정말 좋았다.

4. According to the latest **weather forecast,** the hurricane has shifted its course and is now heading directly for us. ⇨ 최신 일기예보에 따르면, 허리케인은 경로를 변경하여 현재 곧장 우리 쪽으로 향해오고 있다고 한다.

5. The **weather report** will be broadcast after the ten o'clock news. ⇨ 기상통보가 10시 뉴스 다음에 방송될 것이다.

6. The tennis match was postponed due to **inclement weather.** ⇨ 테니스 경기가 궂은 날씨 때문에 연기되었다.

TOEIC 어휘력 증강비법

dorm 자다

• **dormancy** n. 수면, 동면   • **dormant** n. 잠자는, 동면의   • **dormitory** n. 기숙사

withdraw _ v. 인출하다, 철회하다

draw(끌어당기다)에 접두어 with가 결합해 「물러나다, 철수하다」라는 의미. 또 은행용어로는 「돈을 인출하다」라는 의미가 있는데, 명사형 withdrawal은 「예금인출」이란 뜻이 된다.

🏃 TOEIC 점수를 쑥쑥 올려주는 표현들

withdrawal 인출
withdrawal slip 인출 청구서
withdraw from a competition
　　시합을 기권하다
withdraw one's resignation
　　사표를 철회하다

withdraw from school
　　…를 퇴학시키다
withdraw some money from the bank 은행에서 돈을 좀 인출하다
make a withdrawal from
　　…에서 인출하다

🏃 TOEIC 시험에 꼭 나오는 문장들

1. I'm sorry, but I can't process your withdrawal request until you sign a **withdrawal slip** and submit it to me. ⇨ 죄송하지만 인출 청구서에 서명해서 저에게 제출하시지 않으면 예금 인출요청을 처리해 드릴 수 없습니다.

2. The president **withdrew his resignation** after seeing the workers' support for him. ⇨ 사장은 직원들이 자신을 지지하는 것을 보고 사임의사를 철회했다.

3. In order to save time, you should **withdraw some money from the bank** before you go on vacation. ⇨ 시간을 절약하려면 휴가 가기 전에 은행에서 돈을 좀 찾으셔야 합니다.

4. I'd like to **make a withdrawal from** my savings account in the amount of five hundred dollars. ⇨ 제 예금구좌에서 5백달러를 인출하고 싶은데요.

5. It looks like you **made a withdrawal** last month for the amount of three hundred dollars, but you only had two hundred in your account. ⇨ 지난 달에 3백달러를 인출하셨던 것 같은데 구좌에 2백달러 밖에 없었습니다.

work _ n. 일 v. 일하다, 작용하다, 효과가 있다

「일」을 지칭하는 대표단어로 신체적 · 정신적 활동을 모두 포함. workweek(근무시간), workday(근무일)같이 「근(업)무」란 뜻을 비롯 「직업」, 「작품」(artwork), 그리고 「일하다」, 「작동하다」 등 동사로도 활약.

🏃 TOEIC 점수를 쑥쑥 올려주는 표현들

be at work 출근하다	**work out** 제대로 이루어지다, 운동하다
work around the clock 온종일 일하다	**work overtime** 초과근무하다
work for …를 위해 일하다, …에서 일하다	**rate sby's work** 업무를 평가하다
work on …에 관한 일을 하다	**work experience** 경력

🏋 TOEIC 시험에 꼭 나오는 문장들

1. We have to **be at work** before the shift changes to make sure everyone gets to order a new uniform. ⇨ 새 유니폼을 모두 확실히 주문할 수 있도록 우리는 근무조가 바뀌기 전에 출근해야 한다.

2. If we **work around the clock** for the next three days, we might meet the deadline. ⇨ 앞으로 사흘간 쉴새없이 일한다면 마감일을 맞출 수 있을 것이다.

3. At the moment, we **work for** an American manufacturer, but our plant is in Europe. ⇨ 현재 우리는 미국 제조업체에서 일하는데, 공장은 유럽에 있다.

4. We need to **work on** the summer vacation schedule to make sure that production is not affected. ⇨ 여름휴가 계획을 생산량에 지장을 주지 않는 방향으로 짜야 한다.

5. The manager does not believe that the contract with the Chinese government will **work out.** ⇨ 그 관리책임자는 중국 정부와의 계약이 성사되리라고 믿지 않는다.

6. The union will **work out** a new contract for all full-time employees in the office. ⇨ 노조는 회사내 상근직원 전원의 새 근로계약을 체결해 낼 것이다

workflow 업무흐름	**guesswork** 어림짐작
work holiday 휴무일	**contract worker** 계약직
workload 업무량, 작업량	**working paper** 취업허가서
workmanship 기량, 솜씨	**preferred work location** 희망근무지
workstation 업무 공간, 워크스테이션	**modular workspace** 모듈식 작업공간
after work 퇴근 후	**time framework** 시간 편성

7. The pay is very good, but the **workload** is a lot more than I expected. ⇨ 급여는 꽤 괜찮지만, 업무량이 생각했던 것보다 훨씬 많다.

8. All telephone sales representatives will have their own **workstation,** but they will have to share a computer. ⇨ 전화영업 직원은 모두 각자의 업무공간을 갖게 되겠지만, 컴퓨터는 함께 써야 할 것이다.

9. Putting together a complex puzzle with many pieces involves a lot of **guesswork.** ⇨ 조각이 많은 복잡한 퍼즐을 맞추려면 어림짐작을 많이 해야 한다.

10. Only the **contract workers** will receive a pay raise and a bonus at the end of the year. ⇨ 계약직 직원들만 연말에 봉급이 인상되고 보너 스를 받을 것이다.

TOEIC 어휘력
증강비법

tract/trah 잡아당기다

- attract v. 마음을 끌다
- contract n. 계약, 약정
- distract v. 빗나게하다, 혼란케하다
- retract v. 수축시키다, 취소하다
- traction n. 견인력
- attactive a. 매혹적인
- detract v. 줄이다, 손상시키다
- protract v. 연장하다
- subtract v. 빼다, 감하다

364 **write** _ v. 쓰다, 기록하다

「기록〔기입〕하다」, 「편지를 보내다」, 「(수표에) 서명하다」 등 '쓰는 행위'와 돈독한 우애를 과시하는
단어. 한편 파생어 underwrite(일괄 인수하다)은 보험 · 계약과 관련 TOEIC에 자주 출몰한다.

🏃 TOEIC 점수를 쑥쑥 올려주는 표현들

write down 기록해두다	**written authorization** 서면허가
write a check 수표를 발행하다	**written contract** 서면계약
write on the board 칠판에 필기하다	**underwrite** 일괄 인수하다, 서명하다
write off 감가상각하다	**underwriter** 보험업자

🐒 TOEIC 시험에 꼭 나오는 문장들

1. In order to **write down** new ideas, I always carry a notepad
   with me. ⇨ 새로 떠오른 생각을 기록하려고 나는 항상 메모용지첩을 가지고 다닌다.

2. I think I'll **write a check** and have you mail it today. ⇨ 수표를 발행
   해줄테니 오늘 그것을 우편으로 부치세요.

3. The company will **write off** the cost of its new building over the
   next three years. ⇨ 그 회사는 향후 3년간 자기네 회사의 신사옥 건축 비용을 감가
   상각으로 처리할 것이다.

4. Mr. Daniels had to sign a **written contract** before he could
   begin working at ABC Corp. ⇨ 다니엘즈 씨는 ABC 社에서 일을 시작하기 전
   에 서면계약서에 서명해야 한다.

5. The securities company decided to **underwrite** the company's
   IPO. ⇨ 그 증권회사는 그 회사의 최초공개주식을 인수하기로 결정했다.

TOEIC 어휘력
증강비법

dic/dict 말하다, 표시하다		
• condition n. 상태	• contradict v. 모순되다	• dictation n. 받아쓰기
• diction n. 말씨, 어법	• indicate v. 지시하다	• jurisdiction n. 재판권, 사법권

yield _ n. 수확, 투자수익, 이율   v. (이익을) 산출하다

'양보 · 굴복'으로 낯익은 단어. 하지만 일반적으로 토지, 노동 및 자본의 투자에 대한 산출을 나타내며, 특히「자본 투자에 대한 수익」(output from an investment of capital)을 의미.

🏃 TOEIC 점수를 쑥쑥 올려주는 표현들

yield a profit 이윤을 내다
yield to maturity(YTM) 만기이율
crop yield 농작물의 수확량
dividend yield 배당금, 수익
produce a high yield 고수익을 창출하다

the yield on bonds[securities]
채권[증권]의 이율, 수익
high-yielding investment
고수익 투자

🏃 TOEIC 시험에 꼭 나오는 문장들

1. I can't afford to buy any more stock shares that don't **yield a profit** over time. ⇨ 나는 시간이 지나도 이익이 없는 주식을 더 이상 살 능력이 없다.

2. The bank manager informed us that the bond's effective **yield to maturity** will be nearly 45%. ⇨ 은행 지점장은 우리에게 그 채권의 실질 만기이율이 45% 가까이 될 것이라고 알려주었다.

3. The Ministry of Agriculture expects that California grape growers will experience an abundant **crop yield** this year. ⇨ 농무부는 올해 캘리포니아 포도 재배업자들이 풍작을 거둘 것으로 예상하고 있다.

4. Last quarter, my **dividend yield** was much greater than it has ever been before, which I didn't mind at all! ⇨ 지난 분기에 내 배당금 수익률이 지금까지 그 어느 때보다도 훨씬 높았어. 난 전혀 신경도 안쓰고 있었는데!

5. My stocks are not **producing a high yield** so far this quarter, and I'm considering reinvesting. ⇨ 내가 가진 주식이 이번 분기에 아직까지 고수익을 올리지 못해서 재투자를 고려 중이야.

6. The government has set **the yield on** this year's Canadian Savings Bond at 5.75% per annum. ⇨ 정부는 올해 캐나다 저축채권의 이율을 연 5.75%로 정했다.

Supplements

신TOEIC시험직전 **남몰래 살짝 보는 기출어구**

TOEIC 시험에 꼭 나오는 단어

● 달성하다/이루다/성공하다

accomplish v. 완수하다, 이루다
achieve v. 성취하다
attain v. 도달하다, 달성하다, 손에 넣다
complete v. 완수하다 a. 다갖춘(~with)
land v. (계약, 직업 등) 노력해 손에 넣다, 얻다
prevail v. 우세하다, 널리 보급되다
prosper v. 번영하다, 성공하다
consummate v. 완수하다, 완료하다
flourish v. 번창하다, 융성하다

● 설치/설립하다, 실시/시작하다

establish v. 확립하다, 설치[설립]하다
activate v. 활동시키다, 활성화하다
launch v. 착수하다, (신제품) 출시하다 n. 발사
install v. (장비 등을) 설치하다
propel v. 추진하다
commence v. 시작하다, 개시하다
enact v. (법률을) 제정하다
initiate v. 법령 등을 제안하다, 발의하다
institute v. 만들다, 제정하다, 시작하다
found v. 기초를 세우다, 설립하다
inaugurate v. 정식으로 발족(취임)시키다
resume v. 다시 시작하다, 계속하다

● 고안하다/만들다, 조립/구성하다

generate v. 만들어내다, 산출하다, 이루다
manufacture v. 제조하다 n. 제조(품)
produce v. 생산(제작)하다 n. 농산물

yield v. (이익)산출하다 n. 투자수익, 이율
create v. 만들어내다, 창립하다
devise v. 궁리하다, 고안하다
compose v. 조립하다, 구성하다
constitute v. 구성하다, (법령) 제정하다
construct v. 건설하다, 건축하다
project v. (크기, 비율 등을) 산출하다, 계획하다, 투영하다 n. 안(案), 계획
originate v. 생기다, 일어나다
conceive v. 고안하다, 생각하다
contrive v. 고안해내다, 궁리하다
design v. 설계하다, 고안하다
build v. 짓다, 세우다
form v. 형성하다, 만들다
fabricate v. 만들다, 제작하다
fashion v. 만들다, 형성하다
invent v. 발명하다, 처음 만들어내다

● 평가하다/어림잡다

appreciate v. 평가[감상]하다, 감사하다
assess v. 평가하다, 사정하다
estimate v. 평가하다 n. 평가, 견적
evaluate v. 평가하다, 가치를 검토하다
gauge v. 평가[판단]하다

● 관리/통제하다, 지휘/감독하다

administer v. 관리하다, (약) 투여하다
command v. 명령(장악)하다, 전망하다
control v. 통제(관리)하다 n. 통제, 관리

supervise v. 감독하다, 관리하다

direct v. 지휘하다 a. 똑바른, 솔직한

manage v. 경영하다, 다루다, …을 하는
데 성공하다(~to+V)

order v. 주문하다 n. 주문(한 물건)

prescribe v. 지시하다, 처방전을 써주다

dominate v. 지배하다, 우위를 차지하다

govern v. (나라, 국민을) 다스리다, 통치하다

leash v. 속박하다, 억제하다

master v. 주인이 되다, 지배하다, 정복하다

oversee v. 감독하다, 감시하다

rule v. 지배하다, 통치하다, 규정하다

superintend v. 감독하다, 관리하다

● **발전/향상하다**

advance v. 진척시키다 n. 선불 a. 사전
(선불)의

enhance v. 향상시키다, 높이다

evolve v. 발전(진화)시키다, 진화(개발)하다

improve v. 개선하다, 향상시키다

innovate v. 혁신하다

proceed v. 나아가다, 계속하다

progress v. 진행되다 n. 진행, 진척

develop v. 개발하다, (사진)현상하다,
(병)걸리다

better v. 개선하다, 능가하다 a. 개선된

refine v. 개선하다, 불순물을 제거하다

cultivate v. 재배[경작]하다, 양성하다

ameliorate v. 개량하다, 개선하다

● **가입/등록하다**

attend v. …에 참석하다, 시중들다

enroll v. 등록하다, 입회하다[시키다]

participate v. 참여하다, 참가하다

register v. 기록(등록)하다 n. 기록부, 등록

join v. 참가하다, 합류하다

sign v. 서명하다 n. 신호, 표지, 증후

● **계산하다**

account n. 계좌, 거래 v. 차지하다, 원인
이 되다(~for)

amount v. (총계가 …에) 달하다(~to) n.
양, 총계, 총액

figure v. 계산하다, 어림잡다 n. 수치

measure v. 재다, 평가하다

compute v. 계산하다, 평가하다, 추정하다

calculate v. 계산하다, 추정하다

statistics n. (복수) 통계, (단수)통계학

data v. 정보를 수집하다 n. 자료, 데이터

● **알리다/고지하다, 주의주다**

advise v. …에게 충고하다, …에게 알리다

announce v. 알리다, 발표하다

contact v. …와 연락하다 n. 연락, 접촉

inform v. 알리다 (inform A of B)

instruct v. 가르치다, 지시하다

notify v. 통지하다, 공고하다

post v. 게시하다, 기록하다 n. 우편, 지위

caution v. 주의(경고)하다 n. 조심, 경고

alert v. 경고하다 n. 경계, 경보

warn v. 경고하다, 통지하다

● **우세하다/경쟁하다, 이기다/지다**

excel v. …을 능가하다, 탁월하다

surpass v. …보다 낫다, …을 능가하다

compete v. 경쟁하다, 겨루다

rival n. 경쟁자, 적수 v. …와 경쟁하다

beat v. …에 이기다, …를 패배시키다

defeat v. …에 이기다, …를 패배시키다
overcome v. 이기다, (곤란 등을) 극복하다
overwhelm v. 압도하다, …의 기를 꺾다
vie v. 우열을 다투다, 경쟁하다
surrender v. 넘겨주다, 항복하다
outdo v. …보다 낫다, 능가하다, 이기다
subdue v. 정복[진압]하다, 억누르다
subjugate v. 정복하다, 복종시키다
conquer v. 정복하다, 공략하다
vanquish v. 정복하다, 이기다

● 확인/입증/증명하다

ascertain v. 확인하다, 알아내다
attest v. 증명하다, …의 증거가 되다
certify v. 증명하다, 보증하다
confirm v. 확실히 하다, 확인하다
prove v. 증명하다, 시험하다
substantiate v. 구체화하다, 입증하다
validate v. 유효하게 하다, 입증하다
verify v. 진실임을 증명하다, 확인하다
corroborate v. 확실하게 하다, 확증하다
testify v. 증명하다
declare v. 선언[단언]하다
proclaim v. (특히 국가적 중대사를) 선언하다

● 동의/일치하다, 인정/허가하다

agree v. 동의하다, 합의하다, 결정하다
allow v. 허락하다, 허가하다
approve v. 승인하다, …에 찬성하다(~of)
authorize v. 권한을 주다, 허가하다
concede v. 인정하다, 양보하다
admit v. 허락하다, 인정하다
endorse v. (공식적) 승인하다, (어음) 배서하다
recognize v. 알아보다, 인지[확인]하다

permit v. 허가하다, 허용하다
confess v. (사실이) …인 것을 인정하다
assent v. 동의[찬성]하다 n. 동의, 찬성
consent v. 동의[찬성]하다 n. 동의, 찬성
accede v. (제의나 요구 등에) 응하다
accord v. 일치하다, 조화시키다, 허용하다
acquiesce v. (마지못해) 동의하다

● 받아들이다, 채택하다

accept v. 수용하다, 감내하다
receive v. 받다, 수령하다
ratify v. 재가하다, 비준하다, 인가하다
sanction n. 인가, (법률 등의 위반에 대한) 제재 v. 인가하다
adopt v. 양자로 삼다, 채택하다

● 구입/구매하다

acquire v. 손에 넣다, 취득하다, 초래하다
obtain v. 얻다, 손에 넣다
buy v. 사다, 매수하다 n. 싸게 산 물건
purchase v. 구입하다 n. 구입, 구입품
procure v. 획득하다, 조달하다

● 거래하다

bargain v. 매매[거래]하다 n. 매매, 거래, 싸게 산 물건
business n. 경영, 사업, 업무, 매매
commerce n. 상업, 통상, 거래
contract v. 계약하다, (병에) 걸리다 n. 계약(서)
deal v. 거래하다, 처리하다 n. 거래
trade v. 장사하다, 무역하다 n. 거래, 무역
transact v. (사무 등을) 처리하다, 거래하다
exchange v. (물건, 정보 등을) 교환[교

역]하다 n. 교환, 거래소
barter v. 물물교환하다, 팔다

● 경제/금융

economy n. 경제, 절약 a. 값싼, 경제적인
industry n. 산업, 업계
sales n. 판매, 판매고
finance v. …에 자금을 공급하다 n. 재정
fund v. 투자하다 n. 자금, 투자신탁
invest v. 투자하다
market v. 매매하다, 시장에 내놓다 n. 시장
monetary a. 화폐의, 금융의, 재정상의

● 조사/관찰/검사하다

analyze v. 분석하다, 검토하다
check v. 검사하다, 확인하다 n. 수표, 계산서
explore v. 조사하다, 탐사하다
inspect v. 면밀하게 살피다, 조사하다
investigate v. 조사하다, 연구하다
inquire v. 문의하다, 조회하다
research v. 연구(조사)하다 n. 연구
scrutinize v. 세밀히 조사(검사)하다
survey v. 관찰[조사]하다 n. 관찰, 조사
peruse v. 정독하다, 읽다
query v. 질문하다, 의문을 가지다 n. 질문
observe v. 관찰하다, 주시하다
interrogate v. 심문하다, 질문하다
rummage v. 뒤지다, 샅샅이 조사하다
browse v. 이것저것 구경하다
probe v. (진상)규명하다 n. 시험, 철저한 조사
examine v. 검사[조사]하다, 진찰하다

● 연결하다/묶다/부가하다

connect v. (전화) 이어주다, 연결하다

attach v. 붙이다, 첨부하다, 할당하다
secure v. 안전하게 하다, 확보하다 a. 안
　　전한, 확고한
combine v. 결합[합병]시키다
fasten v. 묶다, 조이다, 잠그다
affix v. 첨부하다, 붙이다
annex v. 부가하다 n. 부가(속)물, 별관
add v. 더하다, 추가하다, 합치다
link v. 연접하다, 연합[제휴]하다 n. 유대
hang v. 걸다, 달다, 매달리다
bind v. 묶다, 속박하다, (책을) 제본하다
tie v. 묶다, 매다 n. 넥타이, 동점, (pl.) 유대
unify v. 통일하다, 단일화하다

● 인접하다/둘러싸다

border v. 인접하다, 접해있다 n. 경계, 국경
bound v. 튀다, 되튀다 n. (pl.) 경계, 범위
enclose v. 동봉하다, 둘러싸다
surround v. 둘러싸다
encompass v. 둘러싸다, 포함하다
circumscribe v. 한계를 정하다

● 근접/접근하다, 유사/비교하다

access n. 접근 v. 컴퓨터에 접속하다
approach v. 접근하다, 다가가다
adjoin v. 인접하다
compare v. 비유하다, 비교하다
resemble v. 닮다

● 속하다/포함하다/관련되다

comprise v. 포함하다, …으로 이루어져 있다
contain v. 포함하다, 억누르다
include v. 포함하다
pertain v. 속하다, 관계하다, 적합하다

439

relate v. 관계시키다, 이야기 하다

concern v. …에 관계하다, 염려하다 n. 관계, 배려, 관심사

regard v. …로 여기다, 간주하다

entail v. (필연적인 결과로) …를 수반하다

consist v. …으로 이루어져 있다(~of)

insert v. 끼워(삽입)하다 n. (신문)삽입광고

involve v. 포함하다, 수반하다

belong v. …의 소유이다(~to)

● 흡수/연합/결합하다

absorb v. 흡수하다, 빼앗다

assimilate v. (자기 걸로)소화하다, 동화하다

merge v. 합병하다

associate v. 교제[제휴]하다 n. 동료, 공동경영자

consolidate v. 결합하다, 통합하다

incorporate v. 법인[주식회사]으로 만들다, 주식회사가 되다

integrate v. 통합하다, 조정하다

unite v. 결합하다, 맺다

adhere v. 들러붙다, 집착하다, 고수하다

syndicate v. (기사, 사진 등을) 동시에 여러 매체에 배급하다 n. 기업연합

● 분류/정리하다, 예약/예정하다

arrange v. …을 정하다, …의 준비를 하다

book v. 예약하다 n. 책, 회계장부

classify v. 분류하다

distinguish v. 구별하다, 특징지우다

organize v. 조직하다, 편성하다

sort v. 분류하다, 추리다 n. 종류

reserve v. 예약하다, (권리 · 이익을) 전유 (專有)하다

schedule v. 예정하다, 표에 기재하다 n. 예정, 시간표

systematize v. 조직화하다, 분류하다

program v. 프로그램을 짜다, 계획을 세우다 n. 프로그램

● 주장/단언하다, 요구하다

insist v. 주장하다

affirm v. 단언하다, 긍정하다

assert v. 주장하다, 단언하다

contend v. 다투다, 주장하다

urge v. 재촉하다, 주장하다

claim v. 요구하다, 청구[주장]하다 n. 요구, 청구

require v. 요구하다, 필요로 하다

demand v. 요구하다 n. 요구, 수요

advocate v. 지지(옹)호하다 n. 옹호자

● (안에서 밖으로) 내다/발하다

discharge v. (짐 등을) 내리다, 내보내다 n. 방출, 면제, 퇴원

emit v. (빛, 열) 내뿜다, (의견 등을) 내놓다

issue v. (지폐, 책 등을) 발행하다, 지급하다

unload v. 짐을 내리다

dissipate v. 흩뜨리다, 사라지다

disseminate v. 보급하다

● 공동협력하다, 공모하다

collaborate v. 공동협력하다

cooperate v. 협력하다, 협조하다

scheme v. 계획(모의)하다 n. 계획, 음모

● 숙고하다/깊이 생각하다

consider v. 참작하다, 고려하다

contemplate v. 심사숙고하다, …하려고 계획하다

deem v. …으로 생각하다, 판단하다

deliberate v. 숙고[심의]하다 a. 신중한

speculate v. 추측하다, 투기하다

weigh v. 무게가 …이다, 숙고하다

● 이용/응용/활용하다

apply v. 신청하다, 지원하다, 적용하다

use v. 사용하다, 이용하다 n. 사용, 이용

utilize v. 이용하다, 활용하다

employ v. 고용하다, 이용하다

exploit v. 개척하다, 이용(활용)하다

manipulate v. 교묘하게 다루다

maneuver v. 신중하게 움직이다 n. 책략

● 소비하다/쓰다

consume v. 소비하다, 낭비하다

exhaust v. 다 써버리다 n. 배출, 배기가스

wear v. 닳다, 입고 있다 n. 착용, 마모

deplete v. 고갈시키다

lavish v. 낭비하다 a. 사치스러운

● 신속히 처리하다, 촉진하다

expedite v. 재촉하다, 신속히 처리하다

promote v. 상품을 선전하다, 승진시키다

facilitate v. 용이하게 하다

● 모으다/모이다, 집합하다/집합시키다

accumulate v. 모으다, 축적하다

assemble v. 조립하다, 짜맞추다

collect v. 모으다, 수집하다

compile v. 편집하다, 수집하다

gather v. 모으다, (정보를) 입수하다

rally v. 다시 불러모으다, 회복하다

deposit v. 맡기다, 예금하다 n. 예금, 계약금

store v. 저장하다, 보관하다 n. 상점, 비축

congregate v. 모이다, 모으다

convene v. (모임, 회의를) 소집하다

converge v. 모이다, 집중하다

muster v. 소집하다, 모이다

throng n. 군중 v. 떼를 지어 모이다

horde n. 큰 무리, 다수

● 수정, 새로 고치다/변화를 주다

alter v. 변경하다, 바꾸다

amend v. (의안 등을) 수정하다

convert v. 바꾸다, 개조하다, 전향시키다

modify v. 변경하다, 수정하다

refurbish v. …을 일신[쇄신]하다

remedy v. 치료[개선]하다 n. 치료(약)

renew v. 새롭게 하다, 회복[갱신]하다

renovate v. 혁신하다, 개선하다

restore v. 되찾다, 복구하다, 복원하다

revise v. 개정[수정]하다, 바꾸다

update v. 새롭게 하다 n. 최신 정보 a. 최신의

upgrade v. 향상시키다 n. 향상, 상승

vary v. 바꾸다, 변경하다, 다양하게 하다

reshape v. 재편하다

remodel v. 고쳐 만들다, 개조하다

change v. 바꾸다, 고치다 n. 변화, 잔돈

reform v. (제도) 개선하다 n. 개선

refresh v. 충전[보충]하다

reorganize v. 재편성하다, 개조하다

transform v. 변형시키다, 바꾸다

revamp v. 개조[개편]하다

streamline v. 효율적으로 개선하다

repair v. 수리하다, 치료하다
reverse v. 뒤집다 a. 반대의, 뒤의
switch v. 전환하다 n. 스위치, 전환, 변경

● 제출/제시하다

bid v. 입찰하다(~for) n. 입찰, 매긴값
offer v. 제공하다, (값을) 부르다 n. 제의
submit v. 제출하다, 복종하다
file v. 신청하다, 제출하다 n. 서류, 파일
tender v. 제시하다 n. 제출 a. 상냥한

● 돕다/지지하다

aid n. 원조, 조력 v. 돕다, 원조하다
assist v. 돕다, 원조하다 n. 원조, 조력
encourage v. 용기를 북돋우다, 장려하다
help v. 돕다 n. 도움, 원조
brace v. 떠받치다 n.부목, 치열교정기
subsidize v. 보조금을 지급하다
back v. 후원하다, 후진시키다 n. 뒤, 등
support v. 지지[후원]하다, 뒷받침하다
uphold v. 지지하다
prop n. 버팀목, 지지자 v. 받치다, 지지하다

● 막다/변호하다/방어하다

defend v. 방어하다, 지키다, 옹호하다
guard v. 지키다, 호위(경계)하다 n. 감시(인)
justify v. 정당화하다, 정당성을 입증하다
protect v. 보호하다, 막다

● 강화/보강하다

strengthen v. 강화하다, 증강하다
reinforce v. 강화하다, 힘을 북돋우다
intensify v. 강렬하게 하다, 증강하다
energize v. 격려하다, 기운을 주다

fortify v. (조직, 구조를) 강화하다
bolster v. 강화하다

● 자극하다/고무시키다, 야기하다

stimulate v. 자극을 주다, 격려하다
motivate v. 동기를 부여하다, 자극하다
intrigue v. 흥미를 자아내다
inspire v. 고무시키다, 고취하다
provoke v. (감정, 반항 등을) 불러일으키다
prompt v. 자극(촉구)하다 a. 신속한, 즉시 …하는
cause v. …을 초래하다 n. 이유, 근거
lead v. 야기하다 n. 예비 고객명단, 정보
incite v. 선동하다
arouse v. 깨우다, 자극하다

● 의논/상의하다

consult v. 조언을 구하다
counsel v. 조언하다, 권하다 n. 의논, 조언
refer vi. 언급하다, 참고하다(~ to)
compromise v. 타협하다 n. 타협, 절충안
negotiate v. 협의하다
intervene v. 개입하다, 조정하다
reconcile v. 조정하다, 화해시키다
consensus n. 의견의 일치

● 찬탄/감탄/기념하다

acclaim v. 환호하다 n. 환호, 갈채
praise v. 칭송하다, 환호하다 n. 칭찬, 숭배
compliment v. 칭찬하다 n. 칭찬, 축사
hail v. 칭송하다, (사람, 택시) 소리쳐 부르다
commend v. 칭찬하다, 위탁하다
admire v. 감탄하다, 칭찬하다
celebrate v. 축하하다

commemorate v. 기념하다, 축하하다
esteem v. 존경하다, 존중하다
extol v. 극찬하다
laud v. 칭송하다, 찬미하다

● 실행/이행/작동하다

implement v. (약속 등을) 이행하다 n. (pl.) 도구, 수단, 방법
function v. 작용하다 n. 기능, 행사
operate v. 운영[경영]하다, 작동하다
perform v. 수행하다
run v. 경영하다, 출마하다, (열이) 나다
work v. 일하다, 작용하다, 효과가 있다 n. 일
execute v. 실행하다, 수행하다
conduct v. 인도하다, 집행하다 n. 행동,
honor v. 존중하다, (수표, 어음을) 인수하다
fulfill v. 완수하다, (소망 등을) 달성하다
handle v. 다루다, 취급하다

● 보이다/드러내다

appear v. 나타나다, …인 것처럼 보이다
emerge v. (수면 위로) 떠오르다, 나타나다
disclose v. 드러내다, 폭로하다, 발표하다
reveal v. (비밀을) 누설하다, 드러내다
expose v. 노출시키다, 밝히다
materialize v. 구체적으로 나타나다
manifest v. 표명하다 n. 수하물 목록
loom v. 어렴풋이 나타나다,

● 전시하다/전시장

show v. 보여주다 n. 공연, 전시, 나타냄
display v. 전시하다, 진열하다 n. 전시
fair a. 공평한 n. 박람회, (취업)설명회
exhibit v. 전시(출품)하다 n. 전시(회)

● 나타내다/의미하다

indicate v. 가리키다, 지시하다
denote v. 의미하다, 표시하다
imply v. 함축하다, 암시하다
signify v. 의미하다, 뜻하다, 알리다, 보이다

● 설명/기술하다

explain v. 설명하다, 해명하다
demonstrate v. (상품 및 사용법 등을) 실제로 보여주다, 논증하다
present v. 발표하다, 주다, 나타내다
illustrate v. (실례를 들어) 설명하다, 삽화를 넣다
draft v. 초안을 쓰다, 선발하다
define v. 규정짓다, 한정하다
specify v. 상술하다, 명확히 하다
outline v. …의 윤곽을 그리다 n. 윤곽
clarify v. 명백하게 설명하다
tabulate v. 표로 만들다
illuminate v. 밝게하다, 해명하다
spell v. 철자를 대다
profile v. 인물평을 쓰다 n. 인물소개, 개요
diagram v. 그림[도표]로 나타내다 n. 도표, 도형

● 늘어나다/증가하다

increase v. 증가하다, 늘리다 n. 증가
boost v. 고양시키다 n. 활성화, 증가
expand v. 확장하다, 발전시키다
extend v. 뻗다, 늘이다, 확장하다
raise v. 올리다 n. 임금인상
skyrocket v. 급등하다
accrue v. (이익, 결과가) 생기다
swell v. 부풀다, 팽창하다, 증가하다

443

fluctuate v. 변동하다, 오르내리다
boom v. 갑자기 경기가 좋아지다, 폭등하다
lift v. 올리다, 향상시키다 n. 상승, 들어올림
augment v. 증가[증대]시키다, n. 증가
amplify v. 확대하다, 증대하다
elevate v. 들어올리다, 향상시키다
enlarge v. 크게 하다, 확장하다, 넓어지다
escalate v. 향상되다, (나쁜 일)악화되다
inflate v. 팽창하다, 부풀다

● 줄이다/줄어들다, 공제/할인하다

decrease v. 줄(이)다, 감소하다 n. 감소
reduce v. 줄이다, 축소하다
decline v. 쇠하다, 감퇴하다
deduct v. 공제하다, 빼다
lower v. 낮추다, 하락하다 a. 낮은, 하부의
diminish v. 줄(이)다, 감소시키다
slash v. 대폭 인하[삭감]하다
recede v. 점점 멀어지다, 감퇴[감소]하다
shrink v. 줄어들다
alleviate v. (문제)다소 해결하다, 완화하다
dip v. 내려가다
withdraw v. 인출하다, 철회하다
discount v. 할인하다 n. 할인, 할인액
shave v. (가격 등을) 깎다(~ off)
dwindle v. 점차 감소하다
curtail v. 삭감하다, 단축하다, 줄이다
abate v. 완화시키다, 감소시키다, 줄다
lessen v. 줄이다, 적게 하다
minimize v. 최소화하다.
downturn n. 경기 등의 하강, 침체

● 묘사하다

depict v. 말로 묘사하다, 그림으로 나타내다

describe v. 특징 등을 묘사하다, 기술하다
portray v. (인물, 풍경을) 그리다, 묘사하다
picture v. 그리다, 묘사하다, 상상하다
delineate v. 윤곽을 그리다, 묘사[서술]하다

● 위임하다, 전념하다

commit v. 약속하다, …에 전념하다, 죄를 저지르다
dedicate v. 바치다, 전념하다
devote v. (노력, 시간, 돈을) 바치다
consign v. 위임하다, 위탁하다, 맡기다

● 약속/맹세하다

promise v. 약속하다, 가망이 있다 n. 약속
pledge v. 서약하다 n. 서약
engage v. 약속하다, 계약하다, 고용하다
swear v. 맹세하다, 욕하다 n. 맹세, 서약
vow v. 맹세하다, 서약(단언)하다 n. 맹세,

● 할당/분배/나누다

allocate v. 할당하다, 배분하다, 지정하다
assign v. (일 등을) 할당하다, 선임하다
budget n. 예산, 생활비 v. 계획을 세우다
distribute v. 분배하다, 유통시키다
divide v. 나누다, 분배하다
dispense v. 분배하다, 약을 조제하다
diversify v. (투자대상 등을) 분산시키다
halve v. 반감하다, 2등분하다
disburse v. 지급하다
quota n. 몫, 할당량
allot v. 할당하다, 충당하다
earmark v. (특정 용도에 쓰려고) 지정하다

● 보장/보증/확실히하다

assure v. 보증[보장]하다, 확신하다
ensure v. 보장하다, 확실하게 하다
insure v. 보험을 계약하다, 보증하다
guarantee v. 보증(약속)하다 n. 보증(서)

● 결정/판단하다

determine v. 영향을 주다, 결심하다
conclude v. 결론짓다, 완결하다
resolve v. 용해하다, 해결하다, 결심하다
close v. 문을 닫다, 계약을 맺다
judge v. 판단[심사]하다 n. 재판관
decide v. 결심[결정]하다

● 의도/시도하다, 제안하다

intend v. …할 작정이다, 의도하다
suggest v. 제안하다, 권하다
propose v. 제안하다, 제시하다
mean v. …라는 의미이다, 의도하다
try v. 시도해보다, 시식하다 n. 시도
attempt v. 시도하다 n. 시도
plan v. …을 계획하다 n. 계획, 안, 방식
aim v. 겨누다, 노리다, 목표로 삼다

● 목표/목적

objective n. 목적, 목표 a. 객관적인
goal n. 목적, 목표
purpose v. 작정하다, 의도하다 n. 목적
challenge v. 도전하다 n. 도전, 난제
ambition n. 야망, 야심
venture n. 모험, 모험적 사업 v. 위험을
　　무릅쓰고 …하다
dare v. 감히 …하다

● 노력하다

struggle v. 애쓰다, 분투하다(~to+ V)
exert v. 발휘하다, 노력하다
effort n. 노력, 수고, 성과
endeavor v. 노력하다, 시도하다
strive v. 노력하다, 얻으려고 애쓰다

● 맞게하다/일치시키다

accommodate v. 수용하다, 숙박시키다
adjust v. 맞추다(~to), 조정하다
comply v. 동의하다, 승낙하다, 따르다
　　(~with)
correspond v. 일치하다, 조화하다, …
　　와 서신왕래를 하다(~with)
conform v. (관습, 규칙 등에) 따르다(~to)
fit v. …에 어울리다 n. 발작, 경련 a. 적합한
suit n. 소송, 정장 한벌 v. 적합하게 하다
meet v. 충족시키다, 만나다
tailor v. 재단하다, (용도, 목적에) 맞게 하다
tune v. 조율하다, 조정하다

● 보상/상환/상쇄하다

compensate v. 보상하다, 보완하다
offset v. 상쇄하다, 벌충하다
reimburse v. 변상[배상]하다, 상환하다
reward v. …에게 보답하다, 상을 주다 n.
　　보수, 보답, 현상금
pay n. 임금 v. 지불하다
counteract v. 거스르다, 중화하다
remunerate v. 보수를 주다, (노력 등
　　에) 보상하다

● 대체하다/대신하다

replace v. …에 대신하다, 교체하다

substitute v. 대신하다, 대리하다(~for)
n. 대리인, 보결,
supersede v. …에 대신하다
supplant v. 대신하다, 탈취하다

● 보유/보유하다, 지속하다/반복하다

conserve v. 보존하다, 유지하다, 보호하다
preserve v. 보존하다, 저장하다
continue v. 계속하다, 지속하다
remain v. 남다, …한 채이다 n. (pl.) 유물
persist v. 고집하다, 지속하다
maintain v. 지속하다, 부양하다
sustain v. 유지(계속)하다, 손해를 입다
retain v. 보유하다, 변호사를 고용하다
recur v. 되풀이되다, 되돌아가다
repeat v. 되풀이하다, 반복하다
persevere v. 인내하다, 끈기있게 노력하다
withhold v. 억누르다, 억제하다, 보류하다

● 토론/논의하다, 반대하다

discuss v. 논의하다
dispute v. 논쟁하다, 토의하다 n. 논쟁
debate v. 논쟁[토의]하다 n. 토론, 논쟁
contradict v. 부정[부인]하다, …와 모순되다
confront v. …에 직면하다, 대항하다
conflict v. 모순되다, 다투다 n. 다툼, 충돌
oppose v. 반대하다, 이의를 제기하다
confer v. 의논하다
object v. 반대하다 n. 물건, 대상, 목표
dissent v. 의견을 달리하다 n. 의견차이
protest v. 항의하다, 주장하다 n. 항의
contest v. 논쟁하다, 겨루다 n. 경연, 논쟁
defy v. 거부[반항]하다

● 간청/요청하다, 설득하다

solicit v. 간청하다, (물건 등을 사라고) 끈
질기게 권유하다
request v. 청하다, 요구하다 n. 요구, 요망
convince v. …에게 납득시키다
persuade v. 설득하다
enlist v. 도와달라고 호소하다
appeal v. 간청하다, 호소하다, 항소하다
entreat v. 간청하다, 탄원하다 n. 간청
coax v. 구슬려서 …하도록 시키다
implore v. 간청하다, 탄원하다

● 추론/추정하다

assume v. 추정하다, 떠맡다, 책임지다
infer v. 추론하다, 추측하다
construe v. 해석하다, 추론하다, 설명하다
deduce v. 추론하다
presume v. 추측(상상)하다, …라고 생각하다
pretend v. …인 체하다

● 강제/유인하다

force v. 강요하다 n. 힘, 세력, 효력, 군대
compel v. 무리하게 시키다, 강요하다
oblige v. (부득이) 강요하다, 은혜를 베풀다
attract v. (주의, 흥미 등을) 끌다, 당기다
entice v. 유혹하다, 부추기다
constrain v. 강제하다, 구속하다
tempt v. 유혹하다, 꾀다, …할 생각이 나다
allure v. 꾀다, 유인하다 n. 매력, 유혹
lure v. 꾀다 n. 매혹, 혹하게 만드는 물건
impel v. 재촉하다, 몰아대다, 억지로 시키다
coerce v. 강제하다, 강요하다
seduce v. 부추기다, 꾀다, 유혹하다
induce v. 권유하다, 설득하여 …하도록

시키다, 유발하다

● 지명/지정하다, 선택하다

appoint v. 임명하다, 지명하다, 정하다

choose v. 고르다, 선택하다

pick v. 고르다, 데려오다, 나아지다

prefer v. 오히려 …을 더 좋아하다

select v. 고르다, 뽑다 a. 고른, 정선한

designate v. 명명하다, 지정하다

vote v. 투표하다, 표결하다 n. 투표(권)

● 수여/공급하다, 기증하다

award v. 상을 주다, 지급하다 n. 상, 상품

contribute v. 기부[기여]하다, …의 원인이 되다

donate v. 기부하다

grant v. 수여하다, 승인하다 n. 보조금

provide v. 제공하다

supply n. 공급 v. 공급하다

equip v. (실력, 장비 등을) 갖추어 주다

furnish v. (필요한 것을) 공급하다, (가구, 장치 등을) 갖추다

bestow v. 주다

endow v. (재산을) 증여하다

● 예상/기대하다

anticipate v. 예상하다

suppose v. 가정하다, 상상하다, 추측하다

predict v. 예측하다, 예보하다

forecast v. 예상하다, (날씨)예보하다 n. 예보

expect v. 기대하다, 예상하다

envision v. 상상하다, 계획하다

foresee v. 예견하다, 내다보다

foretell v. 예언하다

prophesy v. 예언하다

imagine v. 상상하다, 짐작하다

● 기억하다, 기억/추억

recall v. 생각나게 하다, 물건을 회수하다

remember v. 기억하고 있다, 생각해내다

remind v. …에게 생각나게 하다

souvenir n. 기념품

token n. 표, 증거, (감정, 사건 등을) 상징하는 것

recollect v. 생각해내다, 회상하다

memorabilia n. 기억할 만한 사건

memento n. 기념물, 유품, 추억거리

keepsake n. 기념품, 유품

● 장식/장식하다, 가다듬다

decorate v. 장식하다

frill n. 가장자리의 주름장식, 허식, 불필요한 것

ornament n. 꾸밈, 장식(품) v. 장식하다

trim v. 정돈하다, 자르다(prune, clip)

adorn v. 꾸미다, 장식하다

adornment n. 장식(품)

emblem v. 상징, 표상, 귀감

embellish v. 아름답게 하다, 장식하다

● 복사/복제하다, 복사물

copy n. 유인물, 복사본, (책 등의) 부, 권 v. 복사[모방]하다

duplicate v. 복사[복제]하다 n. 복제, 사본

reproduce v. 재생하다, 번식하다

replica n. (예술작품 등의) 모사, 복제

clone n. 복제인간, 클론 v. 복제하다

● 배달/발송하다, 이동하다

deliver v. 배달하다, 연설하다, 아이를 낳다

fetch v. 가져오다, (상품이) …에 팔리다

forward v. 회송하다 a. 전방의 ad. 앞으로

convey v. 운반하다, (용건 등을) 전달하다

relocate v. 이전시키다

remit v. (돈을) 송금하다, (빚 등을) 면제하다

transfer v. 이체하다, 양도하다 n. 송금

transport v. 수송하다 n. 수송, 운송

transmit v. 전하다, 전파시키다

send v. 보내다 (cf. sender 발신인)

hand v. 건네주다, 제출하다 n. 일, 도움

● 찾다/발굴하다

discover v. 발견하다

find v. 찾다, 발견하다, 알다

detect v. 발견하다, 간파하다

locate v. 소재를 파악하다, 어떤 위치에 놓다

retrieve v. 되찾다, 회수하다 n. 회복, 만회

unearth v. 밝히다, 폭로하다, 파내다

● 잡다/잡아채다/추출하다

catch v. 잡다, 포획하다 n. 포획물

capture v. 붙잡다, 획득하다 n. 생포, 포획

grab v. 움켜잡다, 낚아채다 n. 부여잡는 것

extract v. 추출[발췌]하다 n. 추출물

grip n. 손으로 꽉 쥠, 통제력 v. 꽉 잡다

seize v. 꽉 쥐다, 체포하다, 파악하다

overtake v. 따라잡다, 만회하다

pluck v. 잡아뜯다, 움켜쥐다

clutch v. 꽉 잡다, 붙들다 n. (기계) 클러치

extricate v. (위험, 곤란에서) 구해내다

● 멈추다, 끝내다, 그만두다

quit v. 그만두다, 끊다

finish v. 끝마치다, 완성하다

stop v. 멈추다, 방해하다

expire v. 만기가 되다, 자격 등이 소멸하다

suspend v. 중지하다, 연기하다, 매달리다

resign v. 사직[사임]하다, 계약 등을 파기하다

retreat v. 물러서다, 손을 떼다,

end n. 목적, 목표, 결과 v. 끝나다

abort v. 낙태시키다[하다], (계획 등을) 중단하다

terminate v. 끝내다, 종결하다, 마무리하다

halt v. 멈추다, 정지하다[시키다] n. 정지

cease v. 그치다, 중지하다 n. 중지

● 연기하다, 연장하다

defer v. 연기하다

postpone v. 연기하다

procrastinate v. 미루다, 꾸물거리다

linger v. 오래 머무르다, 꾸물거리다

loiter v. 빈둥거리다, 게으름 피우다

detain v. 못 가게 하다, 구류하다

retard v. 속력을 늦추다 n. 지체, 방해

delay v. 지연시키다, 지연되다 n. 지연

● …의 탓[공]으로 돌리다

attribute v. …의 탓으로 돌리다(~to) n. 속성

credit v. …에게 (공적을) 돌리다 n. 명예, 공적

owe v. (명예, 성공 등을) …에 돌리다, 빚지다

ascribe v. (원인, 결과 등을) …에 돌리다

impute v. (죄를) …에 전가하다

● (어려움/문제 등을) 경험하다, 견디다

experience v. 경험하다 n. 경험

encounter v. …와 우연히 만나다 n. 만남
undergo v. 겪다, (고난 등을) 견디다
suffer v. (고통을) 입다, 괴로워하다, 앓다
incur v. (좋지 않은 결과에) 부딪치다, (손해를) 입다
bear v. 나르다, 견디다, (열매나 이자를) 낳다
withstand v. 견디다, 참다
inflict v. 가하다, 과하다
weather n. 날씨, 기후 v. 어려움을 견디다
survive v. 생존하다, 살아남다, 견디다
tolerate v. 관대하게 다루다
face v. …에 직면하다 n. 얼굴
stand v. 나타내다, 견디다 n. 매점, 가판점
endure v. 견디다, 참아내다

● 금지하다, 방해하다, 단념시키다

prevent v. 막다, …을 못하게 하다
ban v. 금지하다
forbid v. 금하다, (법률 등으로) 금지하다
ground v. 방해하다, 못하게 하다 n. 땅
interrupt v. 가로막다, 방해하다
hamper v. 방해하다, 제한하다
deter v. 단념시키다, 방지하다(~from)
frustrate v. 꺾다, 헛되게 하다, 좌절시키다
depress v. 낙담시키다, 저하시키다
prohibit v. 금지하다, 불가능하게 하다
inhibit v. 억제하다, 금하다
hinder v. 방해하다, 저지하다
discourage v. 낙담시키다, 방해하다
dishearten v. 실망하게 하다
obstruct v. 막다, 방해하다
thwart v. 방해하다, 좌절시키다
preclude v. 막다, 불가능하게 하다
interfere v. 방해하다, 간섭하다

divert v. …으로 전환하다, 주의를 딴곳으로 돌리다

● 제한하다, 억누르다

confine v. 제한(감금)하다 n. 경계, 범위
restrict v. 제한하다, 금지하다
restrain v. 제지하다, 억누르다
suppress v. (감정) 억누르다
limit v. 제한[한정]하다 n. 한계, 제한
oppress v. 억압하다, 탄압하다
repress v. (욕망, 감정 등을) 억제하다
quell v. 진압하다, (공포 등을) 억누르다

● 사과하다/용서하다

apologize v. 사과하다
excuse v. 용서(사과)하다, 변명하다 n. 변명, 해명, 구실
forgive v. 용서하다
condone v. 용서하다, 묵과하다

● 화나게하다, 괴롭히다, 당황케하다

upset v. 뒤집어 엎다, 당황하게 하다
embarrass v. 난처하게 하다
bother v. 괴롭히다
disrupt v. 혼란스럽게 만들다, 방해하다
disturb v. 방해하다, 저해하다, 막다
harass v. 괴롭히다, 귀찮게 굴다
offend v. 감정을 상하게 하다
irritate v. 짜증나게 하다, 초조하게 하다
annoy v. 성가시게 굴다, 짜증나게 하다
insult v. 모욕하다 n. 모욕, 무례
agitate v. 동요시키다, 흔들다, 휘젓다
affront v. 모욕하다, 무례한 언동을 하다
humiliate v. 자존심을 상하게 하다

disgrace v. 망신주다 n. 불명예, 망신
pester v. 들볶다, 못살게 굴다
irk v. 지루하게 하다
baffle v. 당황하게 하다
molest v. 괴롭히다, 못살게 굴다
vex v. 초조하게 하다, 성가시게 굴다
exasperate v. 매우 화나게 하다
incense v. 몹시 화나게 하다
heckle v. 야유하다, 힐문하다
mortify v. 굴욕을 느끼게 하다, 억제하다
plague v. 괴롭히다, 귀찮게 하다 n. 전염병
unsettle v. 뒤흔들다, 불안하게 하다
humble v. 비하하다 a. 겸손한

● 불평/비난하다

accuse v. 고소하다, 비난하다
blame v. 비난하다 n. 비난
complain v. 불평하다, 하소연하다
criticize v. 비난하다
condemn v. (강하게) 비난하다
censure v. 비난하다, 책망하다
impeach v. 탄핵하다, 비난하다
reprimand v. 질책하다, 꾸짖다
charge v. 비난[고발]하다, (요금을) 청구
하다 n. 고발[고소], 청구액

● 피하다/삼가다

avert v. (위험 등을) 피하다, 막다
avoid v. 피하다
circumvent v. 회피하다
escape v. 달아나다, 벗어나다
evade v. (공격 등을) 피하다, 모면하다
hedge v. 울타리를 치다, 손해를 막다 n.
울타리, 방지책, 장벽

elude v. (위험 등을) 교묘하게 벗어나다
equivocate v. 얼버무리다
abstain v. 기권하다, 삼가다, 절제하다
bypass v. 우회하다, 회피하다 n. 우회로

● 거부/거절하다, 부정/부인하다

deny v. 부인하다, 부정하다
refuse v. 거절하다, 거부하다
reject v. 거절하다, 받아들이지 않다
repel v. 거절하다, 쫓아버리다
disapprove v. 승인하지 않다
repudiate v. 거절하다, 부인하다
veto v. 거부하다, 반대하다 n. 거부권
rebuff v. 거절하다, 방해하다 n. 거절

● 해체/해산하다, 내쫓다

dismiss v. 해고하다, 해산시키다
evacuate v. 대피시키다, 제거하다
exclude v. 제외하다
disband v. (조직을) 해체하다, 해산하다
expel v. (권리, 자격 등을 박탈하여) 쫓아내다

● 버리다/제거하다, 무효로하다

abandon v. 버리다, 단념하다
discard v. 버리다
remove v. 제거하다
dispose v. 처분하다(~of), 배치하다
cancel v. 취소하다
void v. (계약 등을) 무효로 하다 a. 쓸모없는
negate v. 부정하다, 무효로하다
eliminate v. 제거하다, 삭제하다
erase v. 지우다, 삭제하다
delete v. 삭제하다, 지우다
skip v. 건너뛰다, 빼먹다

jettison v. 투하하다, 내버리다
rescind v. 무효로 하다, 폐지하다
annul v. 무효로 하다, (명령 등을) 취소하다
nullify v. (법적으로) 무효로 하다, 파기하다

● 파괴하다, 황폐시키다, 무너지다

ruin v. 붕괴하다, 망치다
catastrophe n. 대참사, 큰 재앙, 파국
collapse v. 무너지다 n. 붕괴, 와해
devastate v. 황폐화시키다, 유린하다
destroy v. 파괴하다
destruct v. 파괴하다
demolish v. 헐다, 파괴하다, 붕괴시키다
wreck v. 조난시키다 n. 난파, 조난
ravage n. 파괴, 손해 v. 파괴(약탈)하다

● 사기치다/속이다, (법, 권리 등을) 침해하다

intrude v. 침입하다, 강요하다, 참견하다
violate v. 위반하다, 어기다
invade v. 침입하다, (권리 등을) 침해하다
cheat v. 속이다, 바람피우다 n. 사기
deceive v. 속이다, 기만하다
betray v. 배반하다, 밀고하다
delude v. 속이다, 현혹하다
swindle v. 속이다, 사취하다
infringe v. 위반하다, 침해하다
encroach v. 침략하다, 침해하다
trespass v. 침입하다, (권리 등을) 침해하다

● 자산/재산/소유

assets n. 자산, 재산, 자질
capital n. a. 자본(의), 수도, 대문자(의)
equity n. 주식, 소유권, 자본

property n. 재산(특히 부동산), 소유물
resources n. 자원, 자산, 자질
possession n. 재산, 소유물
wealth n. 부, 재산
belongings n. 재산, 소지품
holdings n. 보유물, 소유재산, 채권
effects n. 동산, 개인자산, 소유물

● 가격/계산/비용

bill n. 계산서, 지폐 v. 청구서를 보내다
cash n. 현금 a. 현금의 v. 현금으로 바꾸다
charge n. 요금, 청구금액, 비용
cost n. 가격, 원가, 비용 v. …의 비용이 든다
rate n. 비율, 가격 v. 평가하다, 등급을 매기다
fare n. 요금, 교통요금
fee n. 요금, 수수료, 입장료
price n. 가격, 값, 시세 v. 값을 매기다
toll n. 통행료, 사용료, 대가
overhead n. 일반적인 비용, 총경비
expenditure n. 지출, 소비
expense n. 지출, 비용, 소요경비
quotation n. 인용, 시세, 견적서, 주식시세표
rebate v. 환불하다, 환불해주다 n. 환불
defray v. (비용을) 지불하다, 부담하다

● 부피/많음

bulk n. 대량, 대부분 a. 대량으로 판매하는
majority n. 대부분, 대다수, 과반수
volume n. 부피[크기], 대량, 책
bundle n. 묶음, 꾸러미 v. 묶다
magnitude n. 크기, 중요함

● 이익/가치/몫/소득

profit n. 이익, 영리 v. 이익을 내다
benefit n. 혜택 v. … 에게 이롭다
revenues n. (총)수입
dividend n. 배당금
earnings n. 일해서 번 돈, 수입, (회사의)수익
income n. 수입, 소득
share n. 지분, 주식 v. 분배하다, 나누다
value n. 가치, 가격 v. 값을 치다, 평가하다
worth a. …의 가치가 있는 n. 가치, 재산
bonus n. 보너스, 상여금
perquisite n. 부수입, 팁
premium n. 상금, 할증금, 보험료, 할부금
boon n. 혜택, 이익

● 상품/제품

commodity n. 상품, 일용품
goods n. 상품
product n. 제품, 생산(고)
inventory n. 재고(품)
items n. 품목, 항목
merchandise n. 상품, v. 거래하다
stock n. 저장, 재고, 동식물의 족(族), 주식

● 원형/예

prototype n. 원형, 전형, 견본, 시제품
example n. 보기, 모범 v. 본보기가 되다
model n. 모형, 모델, 모범
standards n. 표준, 기준
original n. 원형, 원작 a. 최초의, 독창적인
precursor n. 선구자, 전조
archetype n. 원형, 전형
paradigm n. 이론적 틀, 인식체계, 모범

● 비/비율

fraction n. (수학에서의) 분수, 파편
percentage n. 백분율, 비율, 일정액
proportion n. 비율, 균형, 몫
ratio n. 비, 비율

● 증명서/권한

certificate n. 증서, 증명서
copyright n. 저작권
patent n. 특허(품) v. 특허를 얻다
deed n. 행위, 증서, 권리증
license n. 면허(장) v. 면허를 내주다
manuscript n. 원고, 친필원고
credential n. 신임장, 자격 증명서
voucher n. 증서, 상품권
diploma n. 졸업증서, 학위 증명서
transcript n. 성적증명서
trademark n. 등록상표 v. 상표를 붙이다
document n. 서류, 문헌
piracy n. 저작권 침해, 도용
charter v. 전세내다, 특권을 주다 n. 특허 (장), 전세계약

● 지역/구역/인근/주변

area n. 지역, 범위
district n. 지역, 지구
sector n. 부문, 분야, 지구
zone n. 지대, 지역
territory n. 영역, 세력권, 관할구역
adjacent a. 인접한(next to; beside)
proximity n. 근접, 인근
county n. 군(郡)
premise n. 전제 (pl) 건물이 딸린 토지, 구내
region n. 지역, 영역

precinct n. 구역, 지역, (pl.) 구내

domain n. 소유지, 영토, 세력범위

vicinity n. 근처, 부근

realm n. 범위, 영역

borough n. 자치구

sphere n. 범위, 영역, 천체

environs n. (도시의) 주위, 근교

● 도시(의)

civic a. 시의, 도시의

local a. 특정 지역의

municipal a. 시의, 자치도시의

public n. 공중, 대중 a. 공공의, 공개의

community n. 지역사회, 공동체

urban a. 도시의

metropolitan a. 수도권의, 대도시의

● 대안/선택

alternative n. 대안, 양자택일 a. 대신의

option n. 선택사항, 선택권

chance n. 기회, 가망, 가능성

choice n. 선택, 선택권

opportunity n. 좋은 기회

● 세부/부분

part n. 부분, (pl.) 부품 v. 나누다, 분리하다

portion n. 한조각, 부분 v. 분배하다

component n. 구성요소, 성분

article n. 물건, 품목, (계약 등의) 조항, 기사

detail n. 세부사항, 자세한 정보

factor v. …의 요소를 감안하다, 계산에
넣다 n. 요소, 요인

aspect n. 외관, 국면, 양상

ingredient n. 성분, 재료, 구성요소

trivia n. 사소한 일, 평범한 일

● 부족하다, 빚

lack v. 부족하다 n. 부족

debt n. 부채, 빚

loan n. 대부(금), 융자(금) v. 빌려주다

deficit n. 적자, 부족액

deficiency n. 결핍, 결함, 영양부족

shortage n. 부족, 결핍, 결함

liability n. 책임, 부담, (pl.) 부채

mortgage n. 저당 v. 저당잡히다

arrears n. 연체(금)

debit n. 차변 v. 차변에 기입하다, 외상으
로 달다

● 관세/세금

custom n. 관습, (pl.) 관세 a. 주문한

levy v. (세금 등을) 부과하다, 징수하다

tax n. 세금 v. 세금을 부과하다

duty n. 의무, 세금, 관세

tariff n. 관세 v. 관세를 부과하다

● 경우/상황

circumstance n. 상황, 처치, 환경

condition n. 상태, 상황, 사정, (pl.) 조건

happening n. (우연히 일어난) 사건

status n. 상태, 지위

situation n. 상황, 입장, 위치

case n. 경우, 사건, 사례, 소송사건

event n. 사건, 행사

incident n. 사건

occasion n. 경우, 특별한 일

instance n. 보기, 실례

occurrence n. 발생, 사건

● 법령/규정/원칙

law n. 법률
regulation n. 규정, 법규, 규제
constitution n. 구성, 구조, 헌법
code n. 암호, 규약
principle n. 원리, 원칙
ordinance n. 법령, 조례
decree n. 법령, 명령, 판결 v. (법령으로) 포고[판결]하다
mandate v. 권한을 위임하다 n. 위임
mandatory a. 위임의, 강제의
statute n. 법령, 법규
edict n. 포고, 칙령

● 경향

trend n. 경향, 추세 v. 향하다, 기울다
fad n. 일시적 유행[열광]
propensity n. 경향, 성향
priority n. 우선(중요)사항, 우선권, 긴급사항
tendency n. 경향, 추세
preference n. 선호(하는 물건), 특혜, 우선권
rage n. 분노, 격렬, 대유행
penchant n. 경향, 강한 기호

● 능력/특징

capability n. 능력, 수완, 적응력
capacity n. 수용량, 수용능력, (생산) 시설, 능력, 역할
potential n. 잠재력 a. 잠재적인
proficiency n. 능숙, 능란
feature n. 특징, 특색 v. …의 특징을 이루다
quality n. 품질 a. 품질이 좋은
characteristic a. 특징적인 n. 특성, 특색
ability n. 능력, 기량

skill n. 솜씨, 기술
competence n. 능력, 권한
talent n. 재능, 소질
exercise v. (힘, 능력 등을) 쓰다, 발휘하다
exertion n. 노력, 분발
aptitude n. 기질, 습성, 재능
flair n. 재능, 능력, 성향
trait n. 특성, 특징
merit n. 장점, 공로

● 전망/예상

perspective n. 전망, 시각, 관점
prospect n. 전망, 예상, 기대
viewpoint n. 견해, 관점
landscape n. 조경, 풍경 v. 조경공사를 하다
outlook n. 조망, 경치, 예측, 견해

● 대리인

agent n. 대리인, 대리점, 중매인
representative n. 대표자, 대행자
dignitary n. 고관
delegate n. 대리인, 대표, 사절
deputy n. 대리인, 대표자 a. 대리의, 부의
proxy n. 대리(인), 대리투표
surrogate n. 대리인 a. 대리의, 대용의
envoy n. 사절, 외교관

● 명부

list n. 목록 v. 목록을 만들다, 주식을 상장하다
roster n. (등록) 명부
slate n. 후보자 명부 v. 예정하다, 후보자 명부에 등록하다
roll n. 명부, 목록 v. 구르다, 굴러가다

● 차이/상이/다름

difference n. 의견차이 v. 차이를 짓다
distinction n. 구별, 특성, 탁월, 특징
discrepancy n. 어긋남, 모순
discord n. 불일치, 의견충돌 v. 일치하지 않다
disparity n. 불균형, 불일치
divergence n. 일탈, 의견의 차이
deviation n. 탈선, 일탈, 편향

● 직원

crew n. 팀, 조, 반
personnel n. (전)직원, 사람들, 인사부서
official n. 공무원, 임원 a. 공무상의, 관청의
staff n. 직원(들)
subordinate n. 부하직원 a. (지위)낮은

● 꾸리기/짐

pack n. 꾸러미, 한 상자 v. 짐을 싸다
packet n. 한 묶음, 한 다발
package n. 꾸러미, 소포, 포장(용기) v. 상품을 포장하다
parcel n. 꾸러미, 소포, 소하물 v. 나누다
carton n. 판지상자, 한 상자 분량

● 명명하다

entitle v. …자격을 주다, 제목을 붙이다
label n. 라벨 v. 라벨을 붙이다, 분류하다
name v. 이름을 붙이다, 임명하다 n. 이름
mark n. 표시, 기호, 점수 v. 표시하다

TOEIC 시험에 꼭 나오는 동사구

(be) available for+N[to+V] …에 손
이 비어있다, 이용가능하다

(be) complete with …을 갖춘

(be) keen on …에 열중한, 하고싶은

account for 설명하다, (숫자를) 차지하다.

adhere to …을 고수하다

approve of …에 찬성하다

back up 정체시키다, 백업하다

bargain for 예상하다

be a party to …에 관계하다

be able to + V …할 수 있다

be about to + V 막 …하려고 하다

be accompanied by[with] …을
동반[수반]하다

be accused of …로 고발되다

be accustomed to + V …에게 익숙
해지다(= get used to)

be advised to + V …하라는 권고를 듣다

be appropriate for …에 적당하다

be apt to + V …하기 쉽다

be asked to + V …하라는 요구를 받다

be assured of 확인하다, 확신하다

be attached to …에 부속하다

be attractive to …에게 인기가 있다

be aware of …을 깨닫다

be based on …에 근거하다

be bound to + V …할 예정이다

be busy with …으로 분주하다

be careful to + V …하도록 조심하다

be caught in traffic 교통혼잡에 오도
가도 못하다(= be held up~)

be cautious about …에 대해 조심하다

be committed to …에 전념하다

be compared to[with] …와 비교되다

be concerned about …을 걱정하다

be cut out for …에 제격이다

be designated to + V …하기로 지정되다

be designed to + V …하기로 의도되
다, 예정되다

be desperate to + V …하기 위해 부
산하다, …에 필사적이다

be disposed to + N …의 경향이 있다

be due to + V …할 예정이다

be eager to + V 간절히 …하고 싶어하다

be easy to + V …하기 쉽다

be eligible for+N[to+V] …에 적당하다

be enclosed (in) with …과 함께 동
봉되다

be encouraged to + V …하라는 권
고[격려]를 받다

be engaged in …에 참가하다

be enthusiastic about …에 열광하다

be equal to + N …과 같다

be essential for …에 가장 중요하다

be exempted from …을 면제 받다

be expected to+V …할 것으로 예상되다

be exposed to + N …에 노출되다
be faced with …에 직면하다

be famous for …로 유명하다
be fed up with …에 질리다
be filled with …으로 가득 차다
be forced to + V 억지로 …하다
be good at …에 능숙하다, 재능이 있다
be hard on …에게 심하게 굴다
be honored for …에 대해 표창받다
be in charge of …을 담당하다, 책임지다
be intended to + V …할 예정이다
be known for …로 알려져 있다

be likely to + V …하기 쉽다
be unlikely to + V 좀처럼 …하지 않다
be loyal to …에 충성하는
be made of …으로 이루어지다
be meant to + V …할 작정이다
be obliged to + V 어쩔 수 없이 …하다
be on call 전화대기하다
be on leave 휴가중
be permitted to + V …해도 된다
be pleased with …에 기쁘다, 만족하다

be popular with …에게 인기가 있다
be proud of …을 자랑스러워 하다
be qualified for …의 자격이 있다
be related to + N …와 관계가 있다
be released from …에서 풀려나다
be required to + V …해야 한다
be responsible for …에 책임이 있다
be scheduled to + V[for+N] …
(하기)로 예정되어 있다
be set for[to+V] …에 대한 준비가 되다

be sold out 매진되다

be subject to + N …에 걸리기 쉬운
be supposed to+V …하기로 되어 있다
be sure to + V 반드시 …하다
be tend to + V …하는 경향이 있다
be upset about …으로 화가 나다
be visible to …에게 보이다
belong to …에 속하다
blow up 망치다
break ground (공사/계획 등을) 착공하다
break off 그만두다, 약속을 취소하다.

break out (사건이) 돌발하다
bring back 다시 시작하다, 반납하다
bring in 영입하다, 수입이 생기다
bring out 발표하다, 출시하다
bring up 기르다, 가르치다, (화제를) 꺼내다
call back …에게 회답의 전화를 걸다, 다
시 전화하다
call for …을 요구하다, 날씨가 …일 것이다
call in sick 전화로 병결을 알리다
call it a day 하던 일을 일단 마치다
call off 취소하다

call on …를 방문하다, …에게 부탁하다
call up 전화하다
can't wait to + V 빨리 …하고 싶다
cannot help but + V … 하지 않을
수 없다
care for …을 좋아하다, 돌보다, 염려하다
care to + V …하고자 하다
carry forward[over] 차기로 이월하
다, 계속 진행해 나가다
carry on 계속하다

457

carry out 임무를 수행하다, 실어 내다
cash in on …을 이용하다

catch up with …를 따라잡다
charge A with B A에게 B를 싣다
check in 체크인 하다, 출근부를 찍다
check out 셈을 치르고 나가다, 확인하다
check over 철저하게 조사하다
close[cut] a deal 계약을 체결하다
come down with (병 등에) 걸리다
come in 유행하다, 안에 들어가다
come out (결과를) 낳다
come over …에 들르다

come to …에 이르다, (총액이) …에 달하다
come to think of it 생각해보니
come up with 찾아내다, 생각해내다
come with …에 딸려나오다
commit oneself to …에 전념하다
compare to …에 비유하다
compete with[against] …와 경쟁하다
complain about …에 대해 불평하다
consider A (as) B A를 B로 간주하다
consult with …와 상담하다

count on …을 의지하다(depend on
    bank on, hinge on, rely on, rest on)
credit A with B B에 대한 공을 A에게
    돌리다
cut back on (생산·비용 등을) 줄이다
cut down on (수량·활동 등을) 줄이다
cut out 잘라내다, 분리하다, 옷을 재단하다
date back to …로 거슬러 올라가다
deal with …과 거래하다, …을 처리하다
deduct A from B B에서 A를 공제하다

deem as …로 간주하다
deposit A with B A를 B에게 맡기다

deprive of …을 박탈하다
derive from …에서 파생하다
differ from …과 다르다
dispose of …을 처분하다, 처리하다
drop by (불시에) 들르다
end up + N[~ing] 결국 …으로 끝나다
expect sby to + V …가 ~할 것으로
    예상된다
fall back on …를 믿다[의지하다]
fall behind 뒤쳐지다
fall on (날짜가) …에 해당하다

fall short of 기대치에 이르지 못하다
figure out 계산하다, 이해하다
file a lawsuit against …에 대해 소
    송을 제기하다
file an insurance claim 보험청구하다
file for bankruptcy 파산신청을 하다
fill in 써 넣다, 적어 넣다
fill it up 기름을 가득 넣다
fill out (서식의) 빈 곳을 채우다, 작성하다
find fault with …을 비난하다
find out (진상을) 알아내다

fix up 고치다, 수리하다, 날짜를 정해주다
focus on …에 집중하다
follow suit 남이 하는대로 따르다
follow up 후속조치를 취하다
force sby to +V …에게 ~하라고 강요하다
gain ground 확고한 기반을 쌓다
get ahead of …의 앞으로 가다, (상대
    를) 능가하다

get going 가다, 시작하다
get hold of ⋯을 얻다, ⋯와 연락이 되다
get in touch with ⋯와 연락하다

get involved in ⋯에 관련되다
get ready to[for] ⋯에 대비하다
get sby to + V ⋯에게 ~을 하게 하다
get sth p.p. ⋯을 ~해놓다
get the hang of ⋯의 요령을 터득하다
get through 빠져나가다, 통과하다
get together 모이다, 모으다, 잘 정리하다
get used to ⋯에 익숙해지다
give (sby) a hand 도와주다
give a ride[lift] 차에 태워가다

give away 처분하다, 남에게 주다
give it a second thought 다시 생
　　각하다
give it a try 시도해보다
give out 배포하다, 나눠주다
give up 포기하다
go into effect (새 법이) 실시되다
go off (일이) 행해지다, (경보가) 울리다,
go over 검토하다
go through 통과하다, 경험하다
go[leave] for the day 퇴근하다

had better + V ⋯하도록 해
hand in 건네주다, 제출하다
hand out 나눠주다
hand over 건네주다, 양도하다
hang around with ⋯와 어울리다
hang on to ⋯에 매달리다
hang out [with] 시간을 보내다, ⋯와
　　어울리다

hang up 전화를 끊다, 옷걸이에 옷을 걸다
have a chance 기회를 갖다
have a hunch 예감이 들다

have got to + V ⋯해야만 한다
have no choice but to + V ⋯할
　　수 밖에 없다
have no idea 모르다
have sby + V ⋯에게 ⋯을 시키다
have something to do with ⋯와
　　관계가 있다
have[be] done with ⋯을 끝내다
head for ⋯로 향하게 하다
head off 가로 막다
head out ⋯로 향하다
head up 주재(主宰)하다, ⋯로 향하다

hit bottom 최악의 사태에 빠지다
hit on 생각해내다, ⋯한 생각이 떠오르다
hit the road 여행을 떠나다, 출발하다
hold back 연기하다, 억제하다
hold off 연기하다, 피하다
hold on to[onto] ⋯을 붙잡고 있다
hold up 연기하다, ⋯을 막다
impose on ⋯을 부과하다
inform A of B B에 관해 A에게 알리다
insist on ⋯을 주장하다

instruct on ⋯에 대해 가르치다
invest in ⋯에 투자하다
keep ~ afloat 파산하지 않다
keep ~ing 계속 ⋯하다
keep A off B A를 B에서 떼어놓다
keep away from ⋯을 멀리하다
keep in contact with ⋯와 계속 연

락하다

keep sby company …와 동행하다
keep sby posted …에게 근황을 알리다
keep sth from ~ing …에게 ~못하게 하다

keep track of …을 놓치지 않고 따라가다
keep up with …에 뒤떨어지지 않다
know better than to + V …할 만큼
  어리석지 않다
lay aside 떼어두다
lay claim to …의 소유권을 주장하다
lay off 정리해고하다
lay the blame on …에 책임을 전가하다
lead to …로 이끌다
leave a message 메시지를 남기다
leave for + 장소 …로 출발하다

let alone + 명사 …은 말할 것도 없고
let sby down …을 실망시키다
level with …에게 솔직히 털어놓다
lie with …에게 책임이 있다
link to …에 연결하다
look after 돌보다, 보살피다
look for …을 찾다, 날씨가 …로 예상된다
look forward to …을 기대하다
look into …을 조사하다
look like …인 것 같아 보이다

look over …을 훑어보다
lose out 실패하다
lose[save] face 체면을 잃다[세우다]
make a mistake 실수를 저지르다
make an effort 노력하다
make ends meet 수지를 맞추다

make it 성공하다, 도착하다
make much of …을 중요시하다
make no difference 차이가 없다
make oneself clear 분명히 표현하다

make out 이해하다, 업무를 수행하다
make sure 확실히 하다
make time 서두르다, 시간을 내다
make up 차지하다
make up for …을 보상하다
make up one's mind 결심하다
make use of …을 이용하다
meet a deadline 마감시간을 맞추다
meet the needs of 욕구를 충족시키다
meet with …와 만나다

might as well …하는 것이 낫다
owe to …에게 빚지다
peer into …을 자세히 보다
phase out 점차 없애다
pick out 고르다, 선택하다, 분간하다
pick up 고르다, 차로 데려오다, (건강 등
  이) 좋아지다, (기술을) 습득하다
prefer A to B B보다 A를 선호하다
prepare for …을 준비하다
prevail on …을 설득하다
prevent ~ from ~ing …가 ~하는 것을 막다

provide A with B A에게 B를 제공하
  다(stock A with B, furnish A with B,
  present A with B, supply A with B)
pull into[out of] …로 들어오다[나가다]
pull off (어려운 일을) 해내다
pull out 빠져 나오다, 손을 떼다

pull over 차를 길가로 붙이다
pull up (차가) 멈추다, 멎다
put aside 제쳐놓다
put away 비축하다, 치워두다
put in + 시간명사 …에 시간을 투자하다
put in for …에 신청[응모]하다

put it 표현하다(express)
put off 연기하다(postpone)
put sby through a telephone call
　　…에게 전화를 연결시키다
put sth behind 잊다
put sth in order 정돈하다
put together 준비하다, 종합·편집하다
put up with …을 참다
rake in 돈을 긁어 모으다
range from A to B 범위가 A에서 B에
　　이르다
reach for 손·발을 뻗치다

remind A of B A에게 B를 생각나게 하다
replace A with B A를 B로 교체하다
require sby to + V …에게 ~하라고
　　요구하다
respond to …에 반응하다
run a business 경영하다
run a check 조사하다, 확인하다
run down 뛰어내려가다, 점차 쇠퇴하다
run for …에 입후보하다
run low on …이 부족하다
run the slide show 슬라이드를 돌리다

search for …을 찾다
see if …인지 알아보다

see to it that ~ …하도록 하다
sell off 처분하다, 매각하다
send away for …을 우편으로 주문하다
set a date (약속 등의) 날짜를 잡다
set aside 따로 떼어놓다
set back 좌절시키다, 되돌리다
set forth 출발하다, 시작하다
set out to + V …하기 시작하다

set up (일정 등을) 정하다, 세우다
settle down 정착하다
shape up 구체화하다, (컨디션을)좋게 하다
shop around 찾아 헤매다
show off 자랑해보이다, 드러내다
show up (회의·모임에) 모습을 드러내다
shut down 정지시키다, 폐쇄하다
sign up for …에 등록하다
sort out 구분하다, 문제를 해결하다
speak out 거리낌 없이 털어 놓다

specialize in …을 전문으로 하다
stand a chance 승산이 있다
stand for …을 나타내다, …에 찬성하다
stand out 두드러지다
stand up for …을 옹호하다
stay up all night 밤을 새워 일하다
stop short of …을 그만두다
strive for …을 얻으려고 애쓰다
take ~ into consideration …를 참
　　작하다
take a break 휴식을 취하다

take a look at …를 주시하다
take advantage of …을 이용하다

461

take care of …를 돌보다, …을 처리하다
take notes 기록하다
take on (일 · 책임 따위를) 떠맡다
take over 양도받다, 떠맡다
take part in 참여하다
take place 발생하다
take sby to + 장소 …를 ~로 데려가다

take steps 조처를 취하다
take turns 교대로 하다
tear out 찢어내다.
throw a party 파티를 열다
tip off …에게 정보를 제공하다
touch down 착륙하다
tune in / stay in tune (라디오, TV의)
    주파수를[채널을] 맞추다
tune up 엔진을 정비하다, 악기를 조율하다
turn down 거절하다
turn in 제출하다, 잠자리에 들다

turn into …을 변화하다
turn off 끄다
turn out …으로 판명되다
turn up (힘 · 속력 · 세기를) 높이다
used to + V 전에는 …했지만 지금은 아니다
vote for …에게 투표하다
wait for 기다리다
watch for …을 주시하다, 경계하다
wear out 다 써버리다, 닳아 없어지게 하다
work for …를 위해 일하다

work on …에 관한 일을 하다
work out 결국 …이 되다, 운동하다
work overtime 초과근무하다
wrap up 완성하다
wrestle with …에 전력을 다하다

TOEIC 시험에 꼭 나오는 숙어

above all 무엇보다
according to …에 따르면
across the country 전국적으로
after all 결국
after hours 폐점 후
after work 퇴근 후
ahead of schedule 예정보다 빨리
all but 거의(nearly, almost)
all day long 하루종일
all in all 전반적으로 볼 때

all over the world 전 세계에 걸쳐
all the same 마찬가지인
all the time 줄곧(continuously)
all the way 내내
all time 최고의
all told 전부 합해서(= all together)
around the clock 하루종일
around the corner 모퉁이를 돌아서
as a matter of fact 사실
as a result of …의 결과로

as a rule 대개, 일반적으로
as ever 여느 때와 같이
as expected 예상했던 대로
as far as I know 내가 아는 한
as far as I? concerned 나에 관한 한
as follows 다음과 같이
as for …로서는, …에 관해서는

as good as …와 마찬가지의, …에 못지않는
as if 마치 …처럼
as it is 실제로는, 현 상태로도

as it were 말하자면
as long as …하는 한은
as much 그 만큼의, 똑같이
as of + date …일 현재로
as part of …의 일환으로
as soon as …하자 마자
as usual 여느 때처럼
as well as …뿐만 아니라, …와 마찬가지로
as yet 아직까지
at a discount 할인하여

at a time 한번에
at all 전혀
at all costs 어떤 대가를 치르고서라도
at all times 언제든지
at any rate 어쨌든
at best 기껏해야, 고작
at first 처음에는
at issue 논쟁 중으로, 미해결의
at its sole option 단독 결정으로
at last 마침내

at least 적어도
at length 마침내
at most 기껏해야

at no cost 희생없이, 공짜로
at once 즉시 (cf. all at once 갑자기)
at one? disposal …의 재량에 맡겨
at present 목하, 현재
at stake 위태로운
at that 게다가, 더욱이
at the cost of …을 희생하여

at the end of …의 말에
at the present time 오늘날, 현재
at the risk of …의 위험을 무릅쓰고
at the same time 동시에
because of …때문에
before long 머지않아
behind schedule 예정보다 늦게
between A and B A와 B 둘 중에서
both A and B A와 B 둘 다
by accident[chance] 우연히

by air 비행기로
by chance 우연히
by far 단연
by hand 손으로, 손수
by mail 우편으로
by mistake 실수로
by now 지금쯤은
by rail[ship] 기차로[배편으로]
by the hand 손을 잡고
by the way 그런데

concerning …에 관하여
due to …으로 인하여, …에 기인하여
effective immediately 지금부터 효
　력이 있는
either A or B A와 B 둘 중 하나는 (cf.

neither A nor B A도 B도 아니다)
except for …을 제외하고
far away 멀리 떨어진
far from …에서 멀리, 조금도 …하지 않는
first of all 무엇보다도 먼저
first thing in the morning 아침에
　제일 먼저
for a moment(while) 잠시 동안

for more[further] information
　(on) 상세한 정보를 얻으려면
for nothing 공짜로
for now 지금으로서는
for oneself 스스로, 자기를 위하여
for sure 확실히
for the first time 최초로
for the most part 대개
for the time being 당분간
for three years running 3년간 계속
free of …이 면제된, …이 없는

free of charge 무료로
from now on 지금부터
hardly before …하기가 무섭게, …하자마자
in a bind 곤경에 처한
in a hurry 급히, 서둘러
in a nutshell 간단히 말해서
in a row 일렬로
in accordance with …과 일치하여
in addition to …에 더하여
in advance 미리, 선불로

in all 총, 전부
in an effort to …를 위한 노력의 일환으로
in anticipation of …을 예상하고

in any case 어떤 경우든
in brief 요컨대
in bulk 대량으로
in case (that) …의 경우에 대비해
in case of …의 경우에
in common 공통으로
in conjunction with …와 함께, …와
  관련하여 …와 연락하여

in connection with …와 관련지어
in consequence of …의 결과로
in consideration of …을 고려하여
in danger of …의 위험에 처한
in demand 수요가 있는
in effect 사실상, 요컨대
in exchange for …대신, …와 교환으로
in fact 사실
in force 유효하여, 실시중

in front of …의 앞에
in good faith 선의로
in less than …이내에
in no time 곧, 금세
in no time at all 즉시, 곧
in order 순서대로
in other words 바꾸어 말하면, 즉
in part 부분적으로, 얼마간
in particular 특히
in place 적소에, 적절한
in place of …의 대신에

in practice 실제로는, 개업하여
in private 내밀히, 비공식으로
in progress 진행 중
in question 문제의, 문제가 되는

in regard to …에 관해서는
in reply to …에 답하여
in respect of …에 관해서는, …의 대가로
in response to …에 응하여
in return 답례로
in return for[to] …의 답례[회답]로

in search of …을 찾아
in short 요컨대, 결국
in spite of …에도 불구하고
in stock 재고로 가지고 있는 (cf. out of
  stock 재고가 떨어져)
in succession 계속하여
in sum 요컨대
in terms of …의 관점에서
in that case 그런 경우에는
in the coming years 내년부터는
in the distance 먼 곳에

in the end 마침내, 결국에는
in the final analysis 결국, 최종적으로
in the first place 맨먼저
in the least 조금도
in the meantime 그동안
in the middle of 한창 …하는 중에
in the midst of …의 한가운데에
in the past six months 지난 6개월간
in the rear of …의 뒤에
in those days 그 당시에는

in time 때 맞춰, 조만간
in transit 통과 중
in trouble 곤경에 처해, 고장나서
in turn 번갈아, 다음에는
in use 사용중인

in(to) the bargain 게다가, 더욱이
inasmuch as …이므로
including …을 포함하여
instead of …의 대신에
just in case 만일에 대비하여

last but not least 끝으로 중요한 말이
  있는데
later in the day (그날 중으로) 나중에,
  그날 늦게.
less than …보다 적게, 덜
little more than 불과 …인
more than …보다 많은
near by 가까이에
needless to say 말할 것도 없이
next to …옆에
no doubt 의심할 바 없이, 확실히
no later than 늦어도 …이전에

no longer 더이상 …없다
no more 더이상 …없다, …도 또한 아니다
no sooner than …하자마자 곧 ~하다
not A until B A해서야 비로소 B하다
not at all 전혀 …않다
not better than …에 불과한
not even …조차도 ~않다
not every 모두가 …한 것은 아니다
not in the least 전혀 …아닌
not less than 적어도

not only A but also B A뿐만 아니라
  B도 …하다
not that I know of 내가 알고 있는 한
not to say …은 말할 것도 없이

not[nothing] much 거의 없는
nothing but 다만 …뿐
nothing less than …과 다르지 않다
now that ~ …이므로
off duty 비번으로, 근무시간 외에
off hand 즉석에서
on a business trip 출장차

on a daily basis 하루단위로, 매일
on and off 이따금
on behalf of …의 대신으로
on business 사업차
on credit 외상으로
on duty 당번으로, 근무시간 중에
on hand 마침 갖고 있는, 손 가까이에
on leave 휴가로
on occasion 이따금, 때에 따라서
on purpose 고의로

on sale 판매중인, 염가판매중인
on schedule 예정대로
on such short notice 사전에 충분한
  예고없이, 급히
on the basis of …을 기초로 하여
on the contrary 그 반대로
on the go 계속 움직이는, 끊임없이 활동하여
on the increase[decrease] 증가
  [감소]하여
on the move 활동하고 있는, 이동중의
on the other hand 다른 한편으로
on the spot 곧바로, 현장에서

on the way to …로 가는 도중에
on the whole 대체로

on time 정각에, 시간대로
on[upon] delivery 배달시
on[upon] request 요청시
out of order 고장나 있어
owing to …때문에
prior to …보다 전에, 먼저
regarding …에 대하여
regardless of …와 상관없이

such as …와 같은, 이를테면
superior to …보다 우월한, 나은
sure thing 성공이 확실한 것, (감탄사)
　　물론이죠
that is to say 즉, 바꿔 말하면
the other way around 반대로, 거꾸로
this past year 작년
this time of year 연중 이맘때
throughout the world 세계 전역에서
to begin with 우선
to boot 게다가

to date 지금까지(= until now)
to say nothing of …은 말할 것도 없

고, …은 고사하고
to say the least 에누리해서 말한다 해도
to some extent 어느 정도까지, 다소
twice as much …의 두 배의
under discussion 논의 중인
under pressure 압박을 받고 있는
under repair 수리중인

under the influence of …의 영향으로
under warranty 보증받는
under way 진행중에
until further notice 추후통지가 있을
　　때까지
up to …에 이르기까지
upside down 거꾸로, 뒤죽박죽인
via air mail 항공우편으로
when it comes to …에 관한 한
while you're at it 그것을 하는 김에
with confidence 자신을 갖고
with respect to …에 관하여
without knowing it 자기도 모르게

TOEIC 시험에 꼭 나오는 주의어

발등찍기 전문어	이런줄만 알았는데	요런 뜻도 있다
administer	집행하다	(약 따위를) 복용시키다, 투약하다
carry	가지고 있다, 휴대하다	(상품을) 팔다
cast	던지다, 투표하다	출연배역, 깁스
catch	따라잡다	(물고기 · 사냥감 따위의) 포획물
complex	복잡한, 강박관념	건축 단지, 복합체
complimentary	칭찬의	무료의
concession	양보	구내매점
contract	계약, 계약하다	하청 맡기다, 병에 걸리다
courtesy	예의바름	호의, 무료
credit	신용거래	학점, 이수단위
deed	행위	증서, 권리증
develop	개발하다	사진을 현상하다, 병에 걸리다
honor	경의를 표하다	(수표 · 어음을) 정당한 것으로 인정하다
instrument	도구, 악기	(투자) 증서
lead	이끌다, 야기하다	예비고객 명단
outlet	전기 콘센트	판매 대리점
policy	정책방침	보험증서
retreat	그만두다, 손을 떼다	연수회
return	되돌아 가다	소득세 신고서
run	달아나다	예금인출 사태, 병에 걸리다
season	계절, …철	길들이다, 단련하다, 조미하다
utility	유용, 유익	(수도 · 가스 · 교통기관 등의) 공익사업
weather	날씨	역경을 헤쳐나가다
yield	굴복하다	수확, 농작물, 투자수익, 이율

TOEIC 시험에 꼭 나오는 **직업명사**

● Business People

auctioneer 경매인
auditor 회계감사
stockbroker (주식)중개인
currency trader 외환딜러, 환거래사
entrepreneur 모험심이 강한 사업가
management consultant 경영자문
investment counselor 투자상담가
financial analyst 재무 분석사
fund manager 신탁 자금 운영자
loan shark 고리대금업자

● Professional

dentist 치과의사
family doctor (가정)주치의
hygienist 위생사
optometrist 검안사
pharmacist 약사
physician (일반적) 의사, 내과의
specialist 전문의
surgeon 외과의사
vet(veterinarian) 수의사
attorney 변호사
lawyer 변호사
accountant 회계사
bookkeeper 부기[장부]계원
curator (미술관 등의) 작품 전시물 전문가

● Constructor

assembler 조립공
blacksmith 대장장이
bricklayer 벽돌공
carpenter 목수
construction worker 건설공사 인부
contract worker 계약노동자
contractor 공사 청부업자
subcontractor 공사 하청업자
foreman 십장, 현장주임
laborer 노동자, 인부
logger 벌목꾼
lumberjack 벌채 노동자
mason 석공
mover 이삿짐 운송업자
repairman 수리공
sign maker 간판장이
surveyor 측량기사
welder 용접공

● Educator/scholar

dean 학장
instructor 교사, 전임강사
professor 교수
trainer 훈련자, 지도자
mentor 지도자, 의논상대
archeologist 고고학자
astronomer 천문학자
chemist 화학자

computer scientist 컴퓨터 과학자
economist 경제학자
meteorologist 기상학자
psychologist 심리학자
scientist 과학자
dietician 영양사, 영양학자

● agent

insurance agent 보험모집인
real estate agent 부동산 중개업자
realtor 부동산 중개업자
travel agent 여행 안내업자
IRS agent 국세청 직원

● Service Occupation

taxi driver 택시운전기사
ambulance driver 엠뷸런스 운전자
bus driver 버스운전기사
chauffeur (자가용차의) 운전수
trucker/truck driver 트럭운전자
courier 택배 배달원
carrier 배달원
mailman 우편 배달부
conductor 차장
custodian 건물관리인, 수위
concierge 호텔고객의 특별부탁 담당직원
superintendent 아파트 관리인
bellhop/bellboy 호텔의 짐꾼
caterer 출장요리사
doorman 문지기
maid 호텔에서 방청소를 담당하는 여자
porter (역이나 공항의) 짐꾼
head waiter 급사장
cashier 현금출납원

cash register attendant 현금출납원
gas station attendant 주유소 직원
interpreter 통역자
librarian 도서관 직원, 사서
flight attendant 비행기 승무원
airport guard 공항 안전요원

● Technician

audio technician 음향 기술자
auto mechanic 자동차 정비공
craftsman 장인(匠人)
data processor 정보처리기사
electrician 전기기사
mechanical engineer 기계기술자
plumber 배관공

● Salesperson

dealer 상인, 판매상
automobile dealer 자동차 판매상
merchant 상인
sales clerk 판매원
sales representative 외판원

● Clerk

clerk 사무원, 서기
shipping clerk (화물의) 발송계
stock clerk 창고담당자
secretary 비서
teller 은행 창구직원

● Public Servant

mayor 시장
spokesperson 대변인
civil servant 공무원

fire marshal 소방대장
firefighter/fireman 소방관
detective 탐정, 형사
highway patrol 고속도로 순찰대
marshal 법원 경찰관
policeman/(police) officer 경찰
sheriff 보안관
DA(District Attorney) 지방검사
judge 판사
safety guard 안전요원
sanitation worker 쓰레기 수거청소원
security officer[guard] 경호원
rescue worker 구조요원

● Artist etc

architect 건축가
author/writer 작가
drummer 드럼연주자
musician 음악가
painter 화가, 페인트공
photographer 사진사
barber 이발사
beautician 미용사
hair stylist 미용사
makeup artist 메이크업 아티스트
baker 제빵사
bartender 바텐더
butcher 도축업자
chef 주방장, 요리사
cook 요리사
decorator 실내 장식(업)자
displayer 장식가
gardener 정원사
interior decorator 인테리어 디자이너

landscaper 조경사

● Journalist

anchorperson 앵커맨[우먼]
cameraman 카메라맨
copywriter 광고문안 작성자
editor 편집자
journalist 신문잡지기자
MC(Master of Ceremony) 사회자
newscaster 뉴스방송 해설자
Program Director 프로그램 감독 (PD)
publisher 출판사, 발행인
reporter 기자
weather forecaster 기상캐스터
entertainer 연예인
filmmaker 영화제작자
director 감독

● Etc

astronaut 우주비행사
navigator 항법사
pilot 조종사
ground crew (비행장의) 지상정비원
boatman 뱃사람, 사공
captain 선장
sailor 선원
the first mate 일등 항해사
florist 꽃가게 주인, 화초 재배자

New TOEIC 자가진단 Test 100

`001-010`

001 My husband and I would like some information about **opening an** _____. (은행계좌를 개설하다)

002 Could you _____ me on that flight in first class for Thursday? (예약하다)

003 If we keep up these **record-** _____ sales then we will all be rich! (기록적인)

004 He **began his** _____ in real estate rather late in life. (경력을 시작하다)

005 I need to go to the bank today to _____ **a check**. (수표를 현금으로 바꾸다)

006 You should _____ **a doctor** about that problem before it gets worse. (의사의 진찰을 받다)

007 They found more a **cost-** _____ means to manage the problem. (비용대비 효과적인)

008 When I **went through** _____ in the US, they searched my entire suitcase. (세관을 통과하다)

009 I can't go out for a drink with you until I'**m off** _____. (근무가 비번이다)

010 The country's **unemployment** _____ skyrocketed after the stock market crashed. (실업률)

062 We didn't _____ enough funds to complete the project.(할당하다)

063 A majority of the stockholders voted to retain the _____ directors.(현재의)

064 The high school students sat around the computer room and tried to _____ **into the network**.(네트워크에 연결하다)

065 I would like to notify all employees that a _____ **appraisal** will be conducted this week.(인사고과, 업무평가)

066 The engineers who work in here use _____ **technology** to duplicate a variety of environmental situations.(최신의 기술)

067 When does the fishing boat arrive with the new _____ **of cod**?(대구의 어획량)

068 Please **make an** _____ of the cost so we can go ahead with the proposal.(비용을 산정하다)

069 If sales don't start picking up soon, our company is going to **run into** _____.(빚을 지다)

070 The company _____ their CEO **with** the integrity to lead them out of debt.(…을 …의 공으로 돌리다)

071-080
071 If we keep our costs down, we will survive the current **economic** _____.(경기침체)

072 The shopping mall _____ delivery **to** delivery companies. (배달을 …에 위탁하다)

073 Our company has too many _____ **workers** with insufficient experience.(계약직 근로자)

074 Is it possible to _____ the accommodations **to my credit card**? (신용카드로 결제하다)

075 I think that we'll be **in the** _____ by the end of the month.
(흑자상태로 되다)

076 According to the ATM machine my **bank** _____ is in the red.
(은행잔고)

077 He has a lot of **fringe** _____ that come with that position.
(복리후생비)

078 The _____ **report** will be sent out to all of our stockholders in
April. (연례보고서)

079 Your **job** _____ has to be received by the end of the
month. (입사지원서)

080 His account has been **in** _____ for the last six months.
(연체중인)

081-090

081 I think that there is a **weather** _____ out for this evening.
(기상주의보)

082 We estimate that they have at least ten million dollars in
_____ **assets**. (유동자산)

083 We need to sell several thousand more in order to reach our
breakeven _____. (손익분기점)

084 _____ **to** the inclement weather, the annual company
picnic will be postponed. (…때문에)

085 I have heard that the beaches in Florida are really beautiful **this**
_____ **of year**. (년중 이맘 때쯤)

086 These words _____ what the editors feel is essential
business vocabulary. (구성되어 있다)

087 The back of the coupon stated that only US citizens **were**
_____ **to** win the prizes that were offered. (…할 자격이 있다)

088 Rental income _____ **for** just 3% of the firms overall revenues last quarter. (차지하다, 점하다)

089 The company decided to _____ ___ **in on** all the publicity it had received. (이용하다)

090 Coffee and tea will be served _____ **to** the annual shareholder's meeting.(…하기 전에)

091-100

091 It is important to know as much as possible about your clients and _____ **clients**.(잠재고객)

092 I would like to ask all employees to refrain from _____ **into** the board room when meetings are in progress.(자세히 들여다보다)

093 My company will be _____ me to the Tokyo office on March 22nd.(전근시키다)

094 The health center is reserved for the _____ **use** of the employees that work in the building.(독점사용권)

095 The _____ was so poor that the company decided to shut down its operations. (총매상고)

096 If you **send** _____ **for** the book today, you will receive a 20% discount off the cover price. (우편으로 주문하다)

097 We must receive _____ from shareholders, voting by mail by 5:00 p.m. on June 21st.(위임장)

098 Residents of the Florida Keys are advised to get ready and _____ **themselves for** another hurricane. (마음의 준비를 하다)

099 I was having a hard time _____ **a job**, so I decided to go back to school and study acting for a year.(일자리를 구하다)

100 We must lower our prices below our cost for a few months in order to _____ our competitors **out of business**. (경쟁사를 몰아내다)

001 account	035 expiration	069 debt
002 book	036 board	070 credits
003 breaking	037 bulk	071 depression
004 career	038 downsize	072 consigned
005 cash	039 ends	073 contract
006 consult	040 finance	074 charge
007 effective	041 file	075 black
008 customs	042 fiscal	076 balance
009 duty	043 plan	077 benefits
010 rate	044 productivity	078 annual
011 thing	045 take	079 application
012 opening	046 unanimously	080 arrears
013 in	047 clearance	081 advisory
014 around	048 volume	082 liquid
015 schedule	049 credit	083 point
016 called	050 fill	084 Due
017 check	051 went	085 time
018 due	052 told	086 comprise
019 hand	053 bound	087 eligible
020 run	054 breakthrough	088 accounted
021 taking	055 bring	089 cash
022 extend	056 comes	090 prior
023 inform	057 back	091 prospective
024 reduce	058 policy	092 peering
025 effect	059 meet	093 transferring
026 fill	060 turn	094 exclusive
027 come	061 committed	095 turnover
028 bankrupt	062 allocate	096 away
029 budget	063 current	097 proxies
030 buy	064 tap	098 brace
031 double	065 performance	099 landing
032 Production	066 state-of-the-art	100 drive
033 reconfirm	067 catch	
034 To	068 estimate	

TOEIC 시험직전 **남몰래 살짝 보는 기출어구 333**

- **pass the expiration date**
  [계약 만기일]유통기한이 지나다

- **offer basic tips to**
  …에게 기본정보를 제공하다

- **enhance the product line**
  제품군(群) 라인업을 늘리다[강화하다]

- **accept responsibility fo**
  …에 대한 책임을 지다

- **be paid on a maturity date**
  (지불) 만기일에 지급되다

- **file a lawsuit against**
  …에 대해 소송을 제기하다

- **build a solid client base**
  탄탄한 고객층을 구축하다

- **buy the insurance to cover a variety of diseases**
  다양한 질병을 보장하는 보험에 들다

- **aggravate bottom line**
  수익을 악화시키다

- **be lined up for the customs inspection**
  세관 조사를 위해서 줄지어 있다

- **refuse to accept a transfer**
  전근을 받아들이는 것을 거절하다

- **clean out the balance sheets**
  대차대조의 부실자산을 처리하다

- **stand up for the rights of~**
  …의 권리를 옹호하다

- **do an outstanding job**
  업무를 훌륭히 해내다

- **have outstanding opportunities for~**
  …에 대한 매우 좋은 기회를 갖다

- **establish the ground rules**
  기본원칙을 수립하다

- **buy sth on credit**
  신용카드로 …을 구매하다

- **arrange for a private showing**
  비공개 전시회를 준비하다

- **reveal the groundbreaking ideas**
  획기적인 아이디어를 공개하다

- **file an insurance claim**
  보험을 청구하다

- **arrange the merchandise in the showcase**
  상품진열장에 있는 상품을 정리하다

- **be blamed on the recent tax increase**
  최근의 세금인상에 대해 비난 받다

- **be fair to all parties**
  모든 당사자들에게 공정하다

- **a fair amount of~**
  상당한 양의…

- **staff a booth at the job fair**
  직업 박람회에서 직원을 배치하다

- **need a ride to work next week**
  다음주에 직장에 타고 갈 운송수단이 필요하다

- **attend trade fairs in Tokyo**
  도쿄의 무역박람회에 참가하다

- **be named to succeed**
  ···직(職)을 승계하도록 지명되다

- **draw up a plan for achieving the goal**
  목표를 달성하기 위한 계획을 마련하다

- **have a power failure**
  정전이 되다

- **start the civil case against~**
  ···에게 민사소송을 시작하다

- **ride the train to work**
  기차를 타고 출근하다

- **draw a new business**
  새로운 사업을 유치하다

- **hit bottom in the first quarter**
  1분기에 최악의 사태에 빠지다

- **lack the manpower to~**
  ···할 인력이 부족하다

- **prepare backup power supplies**
  예비전력공급을 준비하다

- **the powers that be**
  (당국) 권력자

- **be tipped off by our broker**
  주식 중개인이 귀띔해주다

- **hold onto the leading sales position**
  판매에 있어서 주도적인 위치를 고수하다

- **hit on a good idea**
  좋은 생각이 떠오르다

- **draw money from an account**
  계좌에서 돈을 인출하다

- **case studies on failures and successes**
  성공과 실패에 대한사례 연구

- **be tied fast to the pier**
  부두에 단단히 묶여져 있다

- **hold off on doing a stock split**
  주식분할을 연기하다

- **present the firm's new retirement plan**
  회사의 새로운 퇴직금 제도를 제시하다

- **pay the difference in cash**
  차액을 현금으로 보상하다

- **iron out the political differences**
  정치적인 의견차를 조정하다

- **hold up to 20 people**
  (방에) 20명까지 수용하다

- **split the difference**
  차액을 등분하다, 양보하다, 절충하다, 타협하다

- **be designed to function differently**
  다르게 기능하도록 설계되다

- **develop ties with area development officials**
  지역 개발 공무원과 유대관계를 형성하다

- **make debit card purchases**
  직불카드로 구매를 하다

- **apply for a credit card through this bank**
  은행을 통해서 신용카드를 신청하다

- **complete the enclosed survey card**
  동봉된 설문조사 카드를 작성하다

- **sign up for the computer seminar**
  컴퓨터 세미나에 등록하다

- **fill an investor's order**
  투자자의 주문대로 처리하다

- **clear out inventory**
  재고를 처리하다

- post the job
  결원이 있음을 게시하다

- employ strict quality control procedures
  엄격한 품질관리 절차를 이용하다

- sign one's name in the register
  명부에 이름을 서명하다

- insist on strict pollution controls for industry
  산업계에 대한 엄격한 오염통제를 주장하다

- bring up the quality control problem at the meeting
  회의에서 품질 관리문제를 제기하다

- provide exceptional customer service
  특별한 고객 서비스를 제공하다

- make a clear position on the issue
  그 문제에 대해서 분명한 입장을 취하다

- more detailed job description
  더 상세한 직무기술서

- be protected by copyright laws
  저작권법의 보호를 받다

- fit into one's schedule
  …의 일정에 맞추다

- help cash-strapped local companies
  돈이 쪼들리는 지역 회사를 돕다

- come very close to perfection
  완벽에 가깝다

- order office supplies
  사무용품을 주문하다

- take part in the job-sharing program
  업무분담 프로그램에 참여하다

- submit a certified copy of a college diploma
  대학당국에서 발행한 졸업증서를 제출하다

- pass the new zoning law
  새로운 도시계획법을 통과시키다

- pay with cash or credit card
  현금이나 신용카드로 계산하다

- boost the employees morale
  사기를 진작시키다

- advances in medical technology
  의학 기술의 진전

- accounts bearing compounding interest
  복리이자가 붙는 계좌

- avoid many common problems in the first place
  애당초 많은 흔한 문제들을 피하다

- commensurate with work experience
  경력과 비례하는

- dominate the car marketr
  자동차 시장을 석권하다

- in plain sight
  잘 보이는 곳에

- lack the maturity
  성숙도가 떨어지다

- bear interest at a compound annual rate of 10%
  연간 10퍼센트의 복리이자를 낳다

- conduct a comprehensive evaluation of~
  …에 대한 종합적인 평가를 하다

- continually dumping pollutants
  계속적으로 오염물질을 버리다

- **instructions for assembly**
  조립을 위한 설명서

- **gauge the reaction of customers**
  고객의 반응을 측정하다

- **go through a financially difficult period**
  경제적으로 어려운 기간을 겪다

- **interpret the exam results**
  시험결과를 이해하다

- **issue a building permit**
  건축 허가를 발급하다

- **present proper identification**
  적합한 신분증을 제시하다

- **replace the wiring**
  배선을 교체하다

- **disclose personal information**
  개인정보를 누출하다

- **with high unemployment rates**
  높은 실업상황 하에서

- **be skilled in motivating employees**
  직원들에게 동기부여를 하는데 능숙하다

- **have already reserved a commodious hotel bedroom**
  이미 공간이 넓은 호텔 방을 예약해 두었다

- **submit the applications forms**
  지원 신청서를 제출하다

- **submit the required tax documents**
  요구되는 세금 서류를 제출하다

- **unauthorized reproduction of the published materials**
  출간된 자료에 대한 무단 복제

- **at the urging of~**
  …의 권고(충고)로

- **acknowledge the receipt of a letter**
  편지를 받았다고 통보하다

- **rise to the level of head of marketing**
  마케팅 부서장 지위에 오르다

- **have the poorest attendance records**
  가장 출석이 저조하다

- **address a problem**
  문제를 다루다, 해결하다

- **promotional offers**
  기획 상품[서비스]

- **what the future holds for~**
  …에 대해 미래(장래)가 어떻게 될지

- **advances in medical technology**
  의학 기술의 발달

- **make the document in duplicate**
  사본을 만들다

- **at a reasonable rate**
  알맞은 요금으로

- **serve as the foundation**
  토대가 되다

- **make out a check**
  수표를 발행하다

- **play a vital role in**
  …에 중요한 역할을 하다

- **at the company's expense**
  회사 비용[부담]으로

- **put on sb victory lane**
  …를 승리하게 만들다

- **take a new attitude**
  새로운 의식이 필요하다

- **run errands for the office workers**
  사무실 직원들 심부름을 하다

- **pull off the side of the road**
  자동차를 길가에 바짝 대다

- **direct participants to a lecture room**
  강의실로 참가자들을 안내하다

- **activate sth ten minutes before use**
  …을 사용하기 10분전에 작동시키다

- **present an original sales receipt**
  판매 영수증 원본을 제출하다

- **process an order on time**
  주문을 제 시간에 처리하다

- **change the retail landscape**
  소매업계의 상황을 바꾸다

- **reduce landfill waste**
  매립지의 쓰레기를 줄이다

- **have health care coverage**
  의료 보장을 받다

- **invest in fixed assets**
  고정자산에 투자하다

- **be close to agreement on~**
  …에 대한 합의에 도달하다

- **close a deal with~**
  …와 거래를 매듭짓다

- **rate one's work**
  …의 업무를 평가하다

- **be forced to lay off**
  …를 해고할 수밖에 없다

- **have one's cast removed**
  …의 깁스를 제거하다

- **work around the clock**
  온종일 일하다

- **agree on a course of action**
  행동방침에 동의하다

- **work out a new contract**
  새 계약을 체결하다

- **be considered for adoption at this time**
  이번에는 채택이 고려된다

- **beat market forecasts**
  시장의 예상을 뛰어 넘다

- **cast doubt on the company's expectations**
  회사의 높은 기대감을 회의적으로 보다

- **catch up with our competition**
  경쟁사를 따라잡다

- **get interrupted by call waiting**
  다른 전화를 받느라 방해 받다

- **financial backup for the plan**
  계획에 대한 재정적 지원

- **sharp increase in unemployment**
  실업의 급격한 증가

- **handle out-going mail**
  발송우편물을 취급하다

- **sharpen the leadership skills**
  지도자 기술을 연마하다

- **end up selling real estate**
  결국 부동산을 파는 것으로 끝나다

- **organize a focus group to test~**
  …을 테스트하기 위해 포커스그룹을 조직하다

- **fulfill expectations for wage increases**
  임금인상에 대한 기대를 충족시키다

- **write off the cost of~**
  …의 비용을 감가상각으로 처리하다

- **the comfortable accommodations**
  안락한 숙박설비

- **have a proven record in~**
  …을 했다는 것을 입증할 수 있다

- **book a flight with a travel agent**
  여행사 직원에게 항공편 예약을 하다

- **implement an incentive pay system**
  장려급제를 시행하다

- **pay the bill with a check**
  (청구된 비용을) 수표로 지불하다

- **level the economic differences**
  경제적 차이를 균등하게 하다

- **deal with behavior problems**
  행동장애를 다루다

- **prevent labor conflicts**
  노사분규를 막다

- **be covered by insurance**
  보험으로 보장받다

- **face increasingly fierce competition**
  점점 더 치열한 경쟁에 직면하다

- **be impacted by the economic uncertainty**
  경제적 불안에 의해 영향을 받다

- **clean up the toxic waste**
  폐기물 청소를 하다

- **be better off going with them**
  그것으로 하는 것이 더 낫다

- **refund shipping costs**
  배송비를 환불하다

- **have a shipping manifest**
  선적목록을 가지고 있다

- **fail to meet a deadline**
  마감시간을 맞추지 못하다

- **head up the project in Japan**
  일본에서 벌이는 사업을 지휘하다

- **overdraw one's bank account**
  …의 예금을 초과 인출하다

- **charge on a bank credit card**
  은행신용카드에 부과하다

- **limit sharp increases in prices**
  가격의 급격한 증가를 제한하다

- **follow the basic tips for safety**
  안전을 위한 기본지침을 따르다

- **field a question without concern**
  걱정하지 않고 질문에 응대하다

- **recovery in the economy**
  경기회복

- **vary according to local regulations**
  지역규정에 따라 다양하다

- **build up strong brand loyalty**
  강한 브랜드 충성도를 형성하다

- **plant seeds for future sales**
  추가 판매를 위해서 씨앗을 심다

- **give children a sense of belonging**
  아이들에게 소속감을 주다

- **increase sales and improve service**
  판매를 증진시키고 서비스를 향상 시키다

- **operate without a valid business license**
  유효한 사업자등록증 없이 운영하다

- **invalidate the warranty**
  보증을 무효로 하다

- **be based on a comparative analysis**
  비교분석에 근거하다

- **send an attachment by e-mail**
  이메일로 첨부파일을 보내다

- **lease out one's property**
  …의 집을 세놓다

- **improve a safety feature**
  특수 안전장치를 향상시키다

- **understand the technical specifications**
  기술설명서를 이해하다

- **file the articles of incorporation**
  회사정관을 제출하다

- **honor checks at one's retail stores**
  소매점들에서는 수표를 받다

- **take notes at the staff meeting**
  직원회의에서 필기하다

- **cover the costs of~**
  …의 경비를 부담하다

- **undergo some career changes lately**
  최근에 직업변화를 겪다

- **underestimate the technical expertise**
  기술적인 전문지식을 과소평가하다

- **get a written estimate from the repair person**
  수리공으로부터 서면 견적서를 받다

- **start packing belongings**
  소지품을 싸기 시작하다

- **implement the new marketing plan**
  새로운 마케팅 계획을 실행하다

- **make a commitment to + V**
  …에 마음을 쏟다, 헌신하다

- **finance a business expansion**
  사업확장에 자금을 대다

- **negotiate a new lease for the headquarters**
  본사 건물의 재 임대건을 협의하다

- **use courtesy airport shuttle**
  무료 공항 셔틀버스를 이용하다

- **review the performance evaluation**
  인사고과를 검토하다

- **be auctioned off to pay the loan**
  대출을 갚기 위해서 경매되다

- **leave a forwarding address**
  회송 주소를 남기다

- **pay dividends to stockholders**
  주주들에게 배당금을 지불하다

- **assess the company's financial stability**
  회사의 재정적 건실도를 평가하다

- **consolidate financial statements**
  재무 재표를 통합하다

- **complete the payment by the due date**
  기일 내에 납부하다

- **put the purchases into a paper bag**
  구입품을 종이봉투에 넣다

- **adhere to safety procedures**
  안전절차를 준수하다

- **enter into bankruptcy proceedings**
  파산절차를 밟기 시작하다

- **measure the stress level**
  스트레스 정도를 측정하다

- **file a complaint to the government**
  정부당국에 불만을 제기하다

- **consult a physician for some advice**
  의사에게 몇 가지 조언을 구하다

- **bear interest beyond the maturity dates**
  만기일이 경과하여 이자가 붙다

- **enhance workplace productivity**
  일터의 생산성을 향상시키다

- **have an exclusive agreement with~**
  …와 독점협약을 하다

- **minimize the environmental impact**
  환경적인 영향을 최소화하다

- **be designed for outdoor use**
  실외 사용을 위해서 설계되다

- **estimate a capital cost for the project**
  프로젝트에 대한 자본비용을 추산하다

- **be subjected to a variety of tests**
  다양한 테스트를 받다

- **provide quality products at the right price**
  적당한 가격에 고품질의 상품을 제공하다

- **public release of the annual report**
  연례보고서의 공표

- **revise the upcoming meeting schedule**
  다가오는 회의 일정을 바꾸다

- **reconfirm the reservation**
  예약을 재확인하다

- **lower a high cholesterol level**
  높은 콜레스테롤 레벨을 낮추다

- **contain errors in the total amount owed**
  전체 부채금액에 오류를 포함하고 있다

- **pay the amount due by the date~**
  …날짜 까지 만기인 금액을 지불하다

- **identify a residential address**
  거주지 주소를 확인하다

- **receive the highest performance rating**
  최고 등급의 업무평가를 받다

- **request a performance appraisal in writing**
  서면으로 실적평가를 요구하다

- **attend an appointment for a medical check-up**
  정기 건강검진 예약에 가다

- **handle the contents with care**
  내용을 주의하여 다루다

- **maintain one's high level of quality control**
  높은 수준의 품질 관리를 유지하다

- **employ strict quality control procedures**
  엄격한 품질 통제 절차를 사용하다

- **go into effect today**
  오늘부터 시행되다[효력이 있다]

- **explore the most cost-effective solutions**
  가장 비용 효율적인 해결책을 조사하다

- **schedule an interview with~**
  …와의 면접 일자를 잡다

- **pose no health risk**
  건강상의 위험성이 없다

- **accommodate multiple meetings**
  여러 개의 회의들을 조정하다

- **promise low price guarantees**
  가장 저렴한 가격을 약속하다

- **offer a comprehensive benefits package**
  종합적인 복지 혜택을 제공하다

- **attend a big trade show for computer**
  업계 큰 컴퓨터 무역 전시회에 참석하다

- **be very cautious about dealing with~**
  …를 다루는데[처리하는데] 주의하다

- **share perspectives with other professionals**
  다른 전문가들과 견해를 공유하다

- **make adjustments to the equipment**
  장비를 조절하다

- **highlight the specific advantages**
  특정 장점들을 강조하다

- **offer a full refund**
  전액환불을 제공하다

- **approve the product specifications**
  제품설명서를 승인하다

- **place a large order**
  대량주문을 하다

- **issue a weather advisory**
  기상주의보를 내보내다

- **levy an import tax on~**
  …에게 수입세를 부과하다

- **send the purchase order to a supplier**
  공급자에게 구매주문서를 보내다

- **verify the statement on~**
  …에 대한 계산서를 확인하다

- **approve the request**
  요구를 승인하다

- **buy back shares by listed company**
  상장(上場)회사에 의한 자사주 매입을 하다

- **arrange the produce display**
  농산물을 진열하다

- **produce long range consequences**
  장기적인 결과를 가져오다

- **tour the newly acquired warehouse**
  새롭게 인수한 창고를 돌아보다

- **build a new complex of residential apartments**
  새로운 주거용 아파트 단지를 건축하다

- **affect customer royalty**
  고객 충성도에 영향을 미치다

- **contact some experienced contractors**
  경험이 있는 도급자들에게 연락하다

- **comply with the government's new policy**
  정부의 새 방침에 따르다

- **meet the requirements**
  필요를 충족시키다

- **unprecedented economic prosperity**
  전례 없는 경제호황

- **check with his associate**
  동료와 의논하다

- **have an account with~**
  ···와 거래하다

- **fill out a complete enrollment form**
  전체 등록서양식을 기입하다

- **liquidate unsold inventory**
  판매되지 않은 재고품을 청산하다

- **receive a volume discount**
  대량 할인을 받다

- **generate a higher employee morale**
  고양된 직원들의 사기를 복돋우다

- **post the job opening on the bulletin board**
  게시판에 일자리 공고를 게시하다

- **be deducted from the employee's paycheck**
  직원 월급에서 공제되다

- **go through customs**
  세관 검사를 받다[세관을 통과하다]

- **check for equipment malfunction**
  장비 오작동을 점검하다

- **settle a dispute with workers**
  직원들과의 분쟁을 해결하다

- **prepare appropriate measures**
  적절한 대책을 세우다

- **send the resume to a prospective employer**
  장래 고용주에게 이력서를 보내다

- **decrease the threat of damage**
  손해위협을 감소시키다

- **make the new work schedule**
  업무 일정표를 새로 만들다

- **treat memory loss due to strokes**
  발작으로 인한 기억상실을 치료하다

- **conduct a series of surveys to determine~**
  ···를 판단하기 위해서 일련의 설문조사를 하다

- **pay all overdue bills**
  지불기한이 넘은 청구액을 모두 지불하다

- **issue a promissory note**
  약속 어음을 발행하다

- **attend an appointment**
  약속에 가다

- **be accompanied by written instructions from~**
  ···로부터 서면 사용설명서와 함께 오다

- **increase employee productivity**
  직원의 생산성을 증대시키다

- **make a counteroffer to the proposal**
  제안에 대해서 역(逆)제의하다

- **repair the defective part of the product**
  상품의 결함이 있는 부분을 수리하다

- **be up for promotion this year**
  이번 년도에 승진후보에 올라있다

- **time-proven sales and marketing plan**
  오랜 시간 입증된 판매와 마케팅 계획

- **look for a suitable replacement**
  적당한 후임자를 물색하다

- **add details to~**
  ···에 상세한 사항을 덧붙이다[추가하다]

- **bring in an expert on quality assurance**
  품질 보증을 위해서 전문가를 데려오다

- eliminate some candidates from consideration
  몇몇 지원자를 고려대상에서 제외하다

- employ the latest technology
  최근 기술을 사용하다

- meet customer demand
  고객의 요구를 충족시키다

- adopt a flexible schedule
  일정을 유연하게 조정하다

- notify the taxpayer of unpaid and overdue taxes
  미납과 연체된 세금에 대해 납세자에게 통지하다

- signal an overall recovery in the economy
  경제의 전반적인 회복을 예고하다

- tap the markets of many emerging countries
  개발 도상국들의 시장을 개척하다

- the annual membership renewal form
  연간 회원 연장 양식

- put together the updated client list
  업데이트된 고객목록을 편집하다

- improve the company's bottom line
  회사의 순익을 향상시키다

- suit one's own particular needs
  …의 특별한 필요를 충족하다

- conduct a primary evaluation of~
  …의 1차 감정을[평가를] 실시하다

- cut energy costs with weatherization
  단열재를 써서 에너지 비용을 줄이다

- project profits for the upcoming year
  다음해에 대한 이익을 예측하다

- learn the benefits of constructive criticism
  건설적인 비판에서 이익을 얻다

- feature a special guest conductor
  특별 초청 지휘자가 출연하다

- conduct periodic spot checks of the products
  주기적으로 생산품의 임의추출 검사를 실시하다

- summarize current demand patterns
  현재수요패턴을 요약하다

- be bound to sprout up in the market
  시장 활성화를 해야 한다

- leading cause of auto accidents
  자동차 사고의 주요원인

- check all additional luggage
  모든 초과 수화물을 부치다

- consist of the mayor and six councilors
  시장과 6명의 의원으로 구성되다

- work on a new product design
  새로운 제품디자인을 작업하다

- make a sizable cash donation to the school
  학교에 많은 액수의 현금을 기부하다

- float additional public shares
  주식을 추가로 발행하여 공개하다

- submit expenses for a business trip
  출장경비를 제출하다

- **adapt to more cut-throat competition**
  좀더 치열한 경쟁에 적응하다
- **service the debt**
  부채 이자를 갚다
- **defer the debt repayment up to 5 years**
  채무지불을 5년까지 연기하다
- **upon expiration of this contract**
  이 계약이 만료되자마자[만료시]
- **allocate available positions**
  비어있는 일자리에 배치하다
- **accumulate enough assets to finance~**
  …에 자금을 대기 위한 충분한 자산을 축적하다[모으다]
- **a strategy for balancing the budget**
  수지를 맞추기 위한 전략
- **maintain a technological edge**
  기술적 경쟁력을 유지하다
- **get a price quote on~**
  …에 대한 시세를 읻다
- **arrange for overnight accommodations**
  하룻밤 숙소를 잡다
- **accommodate several hundred guests**
  수백 명의 손님을 수용하다

- **the stock portion of investors' portfolios**
  투자자의 포트폴리오에서 주식부분
- **learn sustainable farming techniques**
  지속적인 농업기술을 학습하다
- **alleviate the problem**
  문제를 다소 해결하다
- **have access to information**
  정보에 접근하다
- **complete the enclosed questionnaire**
  동봉된 질문지를 작성하다
- **an excellent conductor of heat and electricity**
  뛰어난 난방과 전기 전도체
- **characterize the recent job market**
  최근의 인력 시장을 특징 지우다
- **maintain effective customer relations**
  효과적인 고객관계를 유지하다
- **administer first aid to the victim**
  부상자에 대한 응급처치를 하다